ポルトガルの歴史

小学校歴史教科書

世界の教科書シリーズ 44

アナ・ロドリゲス・オリヴェイラ
アリンダ・ロドリゲス
フランシスコ・カンタニェデ 著
A・H・デ・オリヴェイラ・マルケス 校閲
東　明彦 訳

明石書店

はじめに

本書は、君のことを考えて作られた。歴史の勉強は、以下のアドバイスに従えば、面白く、分かりやすいものになる。

学用品
ポルトガルの歴史と地理の授業のために、次のような学用品を準備しなさい。

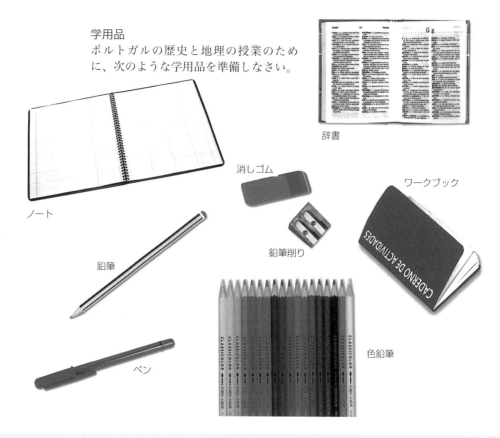

辞書

ノート

消しゴム

ワークブック

鉛筆

鉛筆削り

ペン

色鉛筆

● 語彙集

分析する	注意して見て、結論を引き出す。	調べる	本や場所などで、情報を探す。
指示する	（印で）示す。	定義する	それが何か言う。
計算する	計算する。	画定する	どこで始まり、どこで終わるか言う。
特徴づける	どのようであるのか言う。	叙述する	どのようであるか言う。
分類する	それが属する型を示す。	命名する	名前を付ける。
解説する	特定の問題について意見を言う。	区別する	相違を言う。
比較する	2つ以上のことについて、何が同じで、何が違うか示す。	作成する	する。
		列挙する	求められているものをすべて挙げる。
補完する	欠けているものを書く。	図式化する	... を図で示す。
終結させる、結論する	終わる。結論を引き出す。	例示する	一つ以上の例を挙げる。
考察する、考慮する	... について考える。... に注意を向ける。	説明する	問題を明らかにする。理由を言う。
構成する	する。	対応させる	2つ以上の要素を指示されたやり方で結ぶ。

授業では、
・注意深く聞き ...
・作業に加わり ...
・考えて、答えを出し ...
・疑問を解消する ...

家では、
・勉強したことをすべてもう一度読む。
・教科書でゴシック体になっている重要な語句や文をもとに、内容をまとめる。できれば、図で説明する。
・もしも分からない語句があれば、辞書を引く。疑問が残れば、それらの語句をノートに書き、先生に見せる。

頑張って！
著者一同

識別する	どれか言う。	行動する	与えられた指示に従い進める。
指示する	言う。	述べる	言う。
調査する	知ろうとする。	記録する	書く。メモをとる。
立証する	理由を言う。	関係づける	2つ以上のものを結ぶ。
位置を特定する	それがどこにあるか言う。	選択する	選ぶ。
言及する	言う。	要約する	まとめる。
名前を挙げる	名前を言う。	示唆する	（問題などを）出す。
観察する	理解し、結論を得るために、注意深く見る。	転写する	本文から、文や表現、語句や写し、引用符を付ける。
配列する	順番に並べる。	立証する	情報や結論が正しいか確かめる。
調査する	本や場所などで、情報を探す。		
埋める	空白部分を埋める。		

目 次

はじめに……………………………………………………………………… 2

テーマ A　イベリア半島
―最初の住民からポルトガルの形成(12世紀)まで―

1 自然環境と最初の住民 ———————————————— 14

① ヨーロッパおよび世界の中でのイベリア半島………………………… 16
地球の表し方 16　　地図を見て、イベリア半島の位置を確認する 17
私は、次のことができる 18

② イベリア半島の自然の特徴…………………………………………… 19
主な地形 19　　イベリア半島の地形と主な河川 19
私は、次のことができる 20　　気候と植生 21　　私は、次のことができる 23
図解─要約 24　　もう次のことができる 25

③ 天然資源と人々の定住………………………………………………… 26
最初の狩猟採集民の社会 26　　農耕・牧畜民の社会 27
イベリア人、ケルト人、ケルト・イベリア人 28　　地中海の民族との接触 29
図解─要約 30　　もう次のことができる 31

2 イベリア半島のローマ人 ———————————————— 32

① ローマの征服とイベリア半島の人々の抵抗………………………… 34
ローマ人とローマ帝国 34　　私は、次のことができる 36
イベリア半島の人々の抵抗 37　　私は、次のことができる 39

② イベリア半島のローマ化……………………………………………… 40
ローマ化 40　　私は、次のことができる 42　　キリスト教 43
年代の数え方 45　　私は、次のことができる 45　　異民族（ゲルマン人）の侵入 46
私は、次のことができる 48　　図解─要約 49　　もう次のことができる 50
自主研究 51

3 イベリア半島のイスラーム教徒 ———————————————— 54

① イスラームの半島支配………………………………………………… 56
アラブ人 56　　イスラームの拡大 57　　イベリア半島の征服 57
私は、次のことができる 58

② 国土再征服運動（レコンキスタ）期のキリスト教徒とイスラーム教徒……… 59
キリスト教徒による国土再征服運動 59　　敗者と勝者の共生 60
私は、次のことができる 61

③ イスラームの遺産……………………………………………………… 62

私は、次のことができる　64　　図解―要約　65　　もう次のことができる　66
　　自主研究　67

4 ポルトガル王国の形成 ──────────────── 70

1 アフォンソ・エンリケスと独立への戦い……………………………… 72
　　エンリケ伯の行動　72　　私は、次のことができる　74
　　アフォンソ・エンリケス、伯領の統治を開始　75
　　ポルトガル国王、アフォンソ・エンリケス　76　　私は、次のことができる　77
　　テジョ川流域の征服　78　　私は、次のことができる　80
　　ポルトガル王国の承認　81　　領土の拡大　82　　私は、次のことができる　83

2 ポルトガル・アルガルヴェ王国……………………………………………… 84
　　広がりと国境　84　　民衆の勝利　84　　私は、次のことができる　86
　　図解―要約　87　　もう次のことができる　88
　　旅　90　　「恐れ知らずの勇者」、ジェラルド・ジェラルデス　96　　歴史の中の女性　98
　　12-13世紀ポルトガルの健康の諸相　100
　　ポルトガル史年表とポルトガルの歴代国王　104

テーマ B　13世紀からイベリア統一と再独立（17世紀）まで

1 13世紀のポルトガルと1383-1385年の革命 ─── 108

1 13世紀のポルトガル………………………………………………………… 110
　　地勢と主な河川　110　　海岸線　112　　私は、次のことができる　112
　　気候と植生　113　　私は、次のことができる　115
　　自然の資源　116　　人口　116　　陸地の資源　116　　海と川の資源　117
　　私は、次のことができる　118　　本当の知識を身につける　119

2 日常生活………………………………………………………………………… 120
　　社会集団　121　　私は、次のことができる　123　　修道院にて－聖職者　124
　　私は、次のことができる　126　　所領にて－貴族　127　　私は、次のことができる　129
　　所領にて－農民　130　　私は、次のことができる　132　　コンセーリョ（自治共同体）で　133
　　私は、次のことができる　135　　手工業　136　　商業　136
　　私は、次のことができる　138　　宮廷にて：国王の役割　139
　　私は、次のことができる　141　　文化　142　　私は、次のことができる　143
　　図解－要約　144　　もう次のことができる　145

③ **1383-1385 年の革命**……………………………………………………… 146
 フェルナンドの死と王位継承問題 148
 14 世紀後半のポルトガル 148 王位継承問題 149 私は、次のことができる 150
 民衆の動きと対立する階層 151
 民衆の動き 151 対立する階層 153 私は、次のことができる 153
 カスティーリャの侵略に対する抵抗 154
 リスボンの包囲 154 コインブラの身分制議会 154
 アルジュバロタの戦い 155 私は、次のことができる 156 独立の確立 157
 私は、次のことができる 159 図解－要約 160 もう次のことができる 161
 自主研究 162

2 15 世紀・16 世紀のポルトガル —————————————— 164

① **ポルトガルから大西洋の島々、喜望峰へ**…………………………………… 166
 既知の世界 166 未知の世界 167 私は、次のことができる 168
 陸と海でのモーロ人との戦い 169
 北アフリカでのキリスト教徒のレコンキスタ（再征服運動） 169 セウタの征服 170
 私は、次のことができる 171 アフリカ沿岸の発見 172 航海術 174
 私は、次のことができる 174 アフォンソ 5 世のアフリカ政策 175
 ジョアン 2 世のアフリカ政策 175 私は、次のことができる 177
 コロンブスの航海（クリストヴァン・コロンボ） 178 トルデシーリャス条約 179
 私は、次のことができる 180

② **インドとブラジルへの到達**…………………………………………………… 181
 インドへの到達 181 ブラジルへの到達 182 私は、次のことができる 183

③ **16 世紀のポルトガル帝国**…………………………………………………… 184
 マデイラ諸島とアソレス諸島 184 マデイラ諸島 185 アソレス諸島 185
 私は、次のことができる 186 地勢と水の流れ 187 気候と植生 188
 私は、次のことができる 189
 自然の資源、植民、経済活動 190 マデイラ諸島 190 私は、次のことができる 192
 アソレス諸島 193 カボ・ヴェルデとサン・トメー・イ・プリンシペ 194
 私は、次のことができる 195 アフリカの領土－自然の資源、植民、経済活動 196
 貿易体制 197 布教活動 198 私は、次のことができる 198
 アジアの領土－自然の資源、植民、経済活動 199 アジアの富 199
 植民－インド 199 私は、次のことができる 201 極東地域 202
 アジアでの貿易体制 203 布教活動 203
 アメリカ大陸の領土－自然の資源、植民、経済活動 205 布教活動 206
 私は、次のことができる 207 民族的・文化的多様性 208
 私は、次のことができる 209 図解－要約 210 もう次のことができる 211

自主研究　212　　本当の知識を身につける　214

4 16世紀の都市の生活－16世紀のリスボン·· 216
リスボン市の成長　216　　私は、次のことができる　218　　リスボンの港と貿易　219
出発する人　219　　到着する人　220　　私は、次のことができる　221
リスボン、対照をなす都市　222　　宮廷の生活　223　　私は、次のことができる　224
文化　225　　私は、次のことができる　227　　図解－要約　228
もう次のことができる　229

3 イベリアの統一から再独立まで ──────────── 230

1 セバスティアンの死と王位の継承·· 232
アルカセル・キビルの戦い　232　　王位継承問題　233　　私は、次のことができる　234

2 イベリアの統一と民衆蜂起·· 235
トマールの身分制議会　235　　スペインの国王の統治　236
私は、次のことができる　237

3 1640年12月1日の反乱と再独立戦争·· 238
再独立戦争　239　　私は、次のことができる　240　　図解－要約　241
もう次のことができる　242　　リスボン－発見時代　243
ポルトガル人でただ一人の教皇　244　　ブラガンサ家のカタリーナ、イギリスの王妃　244
ジョアン2世へのインタビュー　245　　ポルトガル史年表とポルトガルの歴代国王　248

テーマC　18世紀のポルトガルから自由主義社会の成立まで

1 18世紀の帝国と絶対王政 ──────────── 254

1 18世紀のポルトガル帝国·· 256
経済開発　256　　領土と天然資源　256　　ブラジル、王国の主要な富の源泉　257
私は、次のことができる　258　　ヒトの移動　259　　奴隷貿易　259
私は、次のことができる　261

2 ジョアン5世時代の絶対王政·· 262
宮廷生活　262　　私は、次のことができる　264
ジョアン5世時代の社会　265　　貴族　265　　聖職者　266　　平民　266
私は、次のことができる　267
文化と芸術　268　　私は、次のことができる　270　　図解－要約　271
もう次のことができる　272

2 ポンバル侯時代のリスボン ———————————— 274

王国の状況 276　1755年の地震 276　私は、次のことができる 278
リスボンの再建 279　私は、次のことができる 281　ポンバル侯の行動 282
私は、次のことができる 284　図解－要約 285　もう次のことができる 286

3 1820年と自由主義 ———————————————— 288

① ナポレオン軍の侵略··· 290
フランス革命 290　大陸封鎖 291　宮廷のブラジルへの脱出 292
私は、次のことができる 292
侵略者への抵抗とイギリスの介入 293　フランス軍の第1次侵攻 293
フランス軍の第2次侵攻 294　フランス軍の第3次侵攻 294
私は、次のことができる 295

② 1820年の自由主義革命·· 296
ポルトガル人の不満 296　私は、次のことができる 298　革命運動 299
革命の先駆け 299　1820年の革命 299　私は、次のことができる 301

③ 制憲議会·· 302
1822年の憲法 302　私は、次のことができる 304

④ ブラジルの独立·· 305
私は、次のことができる 307

⑤ 自由主義者と絶対王政派との戦い························· 308
私は、次のことができる 309　図解－要約 310　もう次のことができる 311

4 19世紀後半のポルトガル ————————————— 312

① ポルトガルの空間··· 314
王国の状況 314
天然資源と技術革新 315
農業 315　私は、次のことができる 316　新しい土地所有者 317
新しい技術 317　農作物 318　私は、次のことができる 319　工業 320
蒸気機関 320　工業が発達した地方 321　私は、次のことができる 322
工場労働者の誕生 323　採掘 324　景観の変化 325　私は、次のことができる 325
交通機関と交通・通信 326
汽車 326　私は、次のことができる 328　道路と海路 329　他の伝達手段 330
私は、次のことができる 331
文化 332　私は、次のことができる 334
芸術 335　建築 335　絵画と彫刻 336　陶芸 337

私は、次のことができる　337
　　教育　338
　　人権の擁護　339
　　私は、次のことができる　340
② **日常生活**⋯⋯⋯⋯⋯⋯⋯⋯⋯⋯⋯⋯⋯⋯⋯⋯⋯⋯⋯⋯⋯⋯⋯⋯⋯⋯⋯⋯⋯⋯⋯　341
　　農村の生活　341　　**労働**　341　　**食事**　342　　**衣服**　342　　**住居**　343
　　私は、次のことができる　343　　　**娯楽**　344　　　私は、次のことができる　346
　　大都市での生活　347　　**人口と活動**　347　　**行商人**　348　　**食事**　349
　　私は、次のことができる　349
　　娯楽　350　　**衣服と流行**　351　　　私は、次のことができる　352　　**変化と近代化**　353
　　住居と生活条件　354　　　**19世紀後半のポルトガル社会**　355
　　私は、次のことができる　355
　　人口　356　　**人口調査**　356　　**人口増加**　356　　　私は、次のことができる　358
　　農村の過疎化　359　　**移民**　360　　　私は、次のことができる　361
　　図解－要約　362　　**もう次のことができる**　363　　**自主研究**　364
　　18世紀・19世紀の私の住んでいる地方　366　　**年表とポルトガルの歴代国王**　400

テーマ D　20世紀

1　王政の崩壊と第一共和政 ──────────── 404
① 共和革命と王政の崩壊⋯⋯⋯⋯⋯⋯⋯⋯⋯⋯⋯⋯⋯⋯⋯⋯⋯⋯⋯⋯⋯⋯⋯⋯ 406
　　苦しい生活状況　406　　**共和党**　407　　**アフリカの領土をめぐる争い**　407
　　私は、次のことができる　408　　**1891年1月31日**　409　　**国王暗殺**　410
　　私は、次のことができる　411　　**10月5日**　412　　私は、次のことができる　414
② 第一共和政⋯⋯⋯⋯⋯⋯⋯⋯⋯⋯⋯⋯⋯⋯⋯⋯⋯⋯⋯⋯⋯⋯⋯⋯⋯⋯⋯⋯⋯ 415
　　共和国憲法　415　　私は、次のことができる　417　　**主な教育政策**　418
　　主な労働政策　420　　私は、次のことができる　420　　**ポルトガルと第1次世界大戦**　421
　　増大する国民の不満　422　　私は、次のことができる　423　　**図解－要約**　424
　　もう次のことができる　425

2　新国家体制 ─────────────────── 426
① 5月28日の軍事クーデター⋯⋯⋯⋯⋯⋯⋯⋯⋯⋯⋯⋯⋯⋯⋯⋯⋯⋯⋯⋯⋯ 428
　　第一共和政の崩壊　428　　**軍事独裁**　429　　私は、次のことができる　430
② サラザールと新国家体制⋯⋯⋯⋯⋯⋯⋯⋯⋯⋯⋯⋯⋯⋯⋯⋯⋯⋯⋯⋯⋯⋯ 431
　　サラザールは、どのようにして政府の首班となったのか　431　　**1933年の憲法**　432

　　　　私は、次のことができる　433
　③ 公共事業政策……………………………………………………………434
　　　　出国移民　436　　　私は、次のことができる　436
　④ 自由の制限……………………………………………………………437
　　　　抑圧　437　　　私は、次のことができる　439
　⑤ 反体制運動……………………………………………………………440
　　　　1945年の選挙　440　　　ウンベルト・デルガドの立候補　441
　　　　私は、次のことができる　442
　⑥ 植民地戦争……………………………………………………………443
　　　　サラザールは、植民地の独立を拒否　443　　　戦争　443
　　　　マルセロ・カエターノ政権　445　　　私は、次のことができる　445　　　図解－要約　446
　　　　もう次のことができる　447

3　1974年「4月25日」と民主制 ─────────────── 448

　① 「4月25日」とポルトガル民主制の確立………………………………450
　　　　独裁の終わり　450　　　民衆は、国軍運動とともに　451　　　私は、次のことができ　452
　　　　自由の回帰　453　　　私は、次のことができる　455
　　　植民地の解放　456
　　　　アフリカの新しい5カ国　456　　　東チモールとマカオ　457
　　　　私は、次のことができる　458
　　　1976年の憲法　459
　　　　私は、次のことができる　461　　　中央権力　462　　　私は、次のことができる　463
　　　　自治地方、マデイラとアソレス　464　　　私は、次のことができる　466
　　　　地方権力　467　　　私は、次のことができる　469　　　図解－要約　470
　　　　もう次のことができる　471　　　自主研究　472　　　20世紀の私の住んでいる地方　474
　　　　ポルトガル史年表とポルトガルの歴代国王・歴代大統領　498

訳者あとがき………………………………………………………………………500
図版出典……………………………………………………………………………503

テーマＡの学び方

君は、ポルトガルの国土と歴史を巡る旅を始める。

旅を楽しく、実り多いものにするためには、ガイドや案内図の利用の仕方を知る必要がある。ここでは、ポルトガルの歴史と地理の教科書、テーマＡの学び方を知る必要がある。

出発の前に、必要な情報をいくつか、君に教えることにしよう。

教科カリキュラムによると、教科書は、２つの大きなテーマに分かれており、各巻で１つの大きなテーマを扱う。大きなテーマは、見開き２ページに示されている。

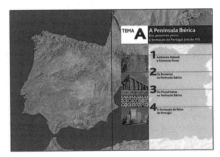

大きなテーマはそれぞれ、小さなテーマに分けられている。それには、次のものが含まれる。

始まりのページ
　その内容：
・全体に関係する画像
・カリキュラムの内容
・年表

動機づけの画像のページ
画像を見ると、学習することに対して関心と好奇心がわいてくる。

展開のページ
そこには、次のものがある。

・本文
・史料
・地図と図表
・写真とイラスト

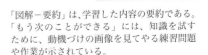

「図解－要約」は、学習した内容の要約である。「もう次のことができる」には、知識を試すために、動機づけの画像を見てやる練習問題や作業が示されている。

「私は、次のことができる」には、「用語集をまとめること」が含まれている。

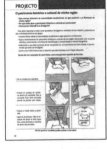

各巻には、２つの自主研究があり、自分で行う、他の教科と関連がある活動が挙げられている。

教科カリキュラムでは、ポルトガル史の最も重要な出来事や人物だけが取り上げられているので、触れられていないこともたくさんある。もう少し知識を増やすために、各巻末には、写真やイラストがある、いろいろな問題を扱った文章を集めた章がある。

そして、学習ノートとワークブックを忘れないように。これらは、これから始める旅で、君の手助けをしてくれるだけでなく、楽しい活動を教えてくれるよい友だちになるだろう。

11

テーマ A　イベリア半島
―最初の住民からポルトガルの形成（12世紀）まで―

1 自然環境と最初の住民

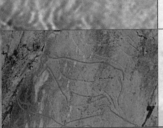

2 イベリア半島のローマ人

3 イベリア半島のイスラーム教徒

4 ポルトガル王国の形成

1 自然環境と最初の住民

1 ヨーロッパおよび世界の中でのイベリア半島
2 イベリア半島の自然の特徴
3 天然資源と人々の定住

1 ヨーロッパおよび世界の中でのイベリア半島
2 イベリア半島の自然の特徴

テーマA　イベリア半島 —最初の住民からポルトガルの形成(12世紀)まで—

1 ヨーロッパおよび世界の中でのイベリア半島

地球の表し方

昔から、地球を表すいくつかの方法がある。最もよく使われているのは、次の方法である。
- 地球儀―球体であるので、大陸や大洋の大きさや位置をより正確に表すことができる(図1)。
- 地図―地表全体、または一大陸、一国、一都市など地表の一部を表すことができる。

図1　地球儀

地表全体を表す地図は、平面球形図―地球表面を平面で表した地図―と呼ばれ、それを見ると、大陸や大洋の位置が分かる(図2)。

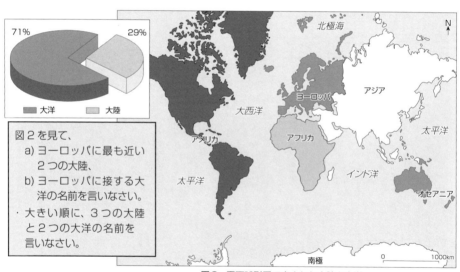

図2を見て、
a) ヨーロッパに最も近い2つの大陸、
b) ヨーロッパに接する大洋の名前を言いなさい。
・大きい順に、3つの大陸と2つの大洋の名前を言いなさい。

図2　平面球形図で表された大陸と大洋

地表の大部分は大洋で覆われ、大陸は地表の3分の1を占めるにすぎない。また、大陸や大洋の大きさを互いに比べると、それには大きな違いがある(図3、図4)。

16

1 自然環境と最初の住民

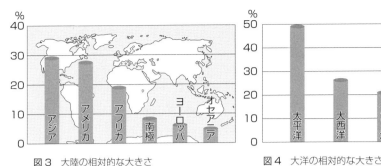

図3 大陸の相対的な大きさ

図4 大洋の相対的な大きさ

> 図3と図4を見て、大陸と大洋の大きさについての皆さんの答えが正しかったかどうか、確認しなさい。

地図を見て、イベリア半島の位置を確認する

地図を利用するときには、地図の主な要素、つまり表題、凡例、方位、縮尺を知る必要がある（図5）。

表題－地図で表す事項あるいは現象を示す。

凡例－地図で使われる色や記号の意味を示す。

アフリカ
アジア
ヨーロッパ
イベリア半島

縮尺－実物を縮小した比率を示す。数字か図表で表す。

1:60000000
0　600　1200km

図5 地図の主な要素

・ヨーロッパの中でイベリア半島がどこにあるか言いなさい。
・どのような自然の境界があるか言いなさい。

方位－矢印または方位盤（コンパスカード）で北を示す。

北 (N)　　北東 (NE)
南 (S)　　北西 (NW)
東 (E)　　南東 (SE)
西 (W)　　南西 (SW)

17

テーマA　イベリア半島 ―最初の住民からポルトガルの形成(12世紀)まで―

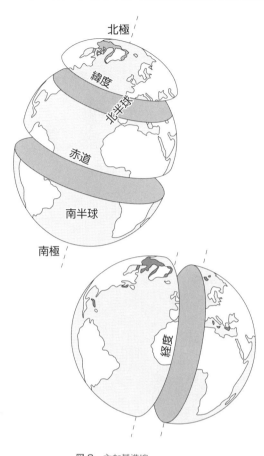

図6　主な基準線

　イベリア半島－半島とは、三方が海で囲まれた陸地－は、ヨーロッパの南西端に位置し、自然の境界として次のものがある。

・北方、西方、南方は、大西洋
・南方、南東は、地中海
・北東は、ピレネー山脈

　地表での位置を示すのに、方位盤のほか、次のような仮想の線が用いられる（図6）。

・地軸　地球の中心を通り、南極と北極を結ぶ仮想の線。
・赤道　地軸に垂直に交わる、地球を北半球と南半球に二分する平面上の線。
・緯度　赤道に平行で、赤道を含む平面よりもより小さな平面上の線。
・経度　両極を通り、地球を二分する、赤道に垂直な平面上の線。

　イベリア半島は、北半球に位置し、その大部分は、基準子午線の西側にある。

私は、次のことができる。

1. 地表を表す主な方法を言うこと。
2. 地図を理解するのに必要な主な要素を挙げること。
3. ヨーロッパの中で、また大西洋との位置関係から、イベリア半島がどこにあるか言うこと。

1 自然環境と最初の住民

2 イベリア半島の自然の特徴

主な地形

イベリア半島の自然の景観は、かなり多様であるが、その理由の一つは、地形―つまり、地表が示す形態―にある。

主な地形には、次のものがある（図1）。
- 山脈　高低差―深い谷と非常に高い頂―が大きく、海抜はふつう 1,000 m 以上。
- 高原　起伏がゆるやかで、海抜は 200 m 以上。古い山脈が、ときとともに、（雨、氷、風、河川、海による）浸食作用により摩耗したもの。
- 丘陵　なだらかに盛り上がり、海抜はふつう 400 m 以下。
- 平野　平らで、海抜は 200 m 以下。浸食作用によりできたものもあれば、大きな河川が運搬した土砂や有機物の堆積、あるいは海での堆積作用により形成されたものもある。

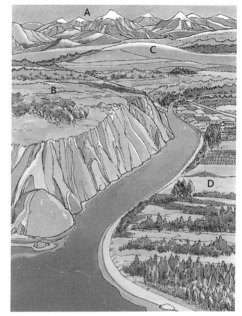

図1　主な地形

図1を見て、各々のアルファベットに対応する地形の名前を言いなさい。

●イベリア半島の地形と主な河川

イベリア半島では、海抜 200 m から 1000 m までの土地、つまり高原地帯が大きな面積を占めている。しかし、いくつかの重要な山脈や広大な平原地帯もある（図2）。

- 図2の凡例を見て、それぞれの色に対応する高さを確かめなさい。
- 半島で最も大きな面積を占める2つの色を言いなさい。
- 次の河川の名前を言いなさい。
  a) イベリア山系に発し、大西洋にそそぐ河川
  b) ベティカ山系に発し、大西洋にそそぐ河川
  c) 地中海にそそぐ河川

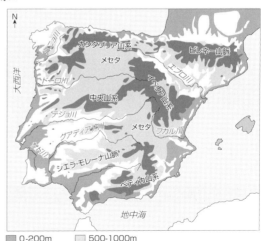

図2　イベリア半島の地形図。この種の地図では、地形の高度は、色の濃淡で表される。

テーマA　イベリア半島 ―最初の住民からポルトガルの形成（12世紀）まで―

図3　メセタ。スペイン北部

図4　ピレネー山脈の景観。スペインのカタルーニャ地方

半島の地勢においては、メセタ、つまりイベリア半島の最古の岩石層の一部をなす広大な高原が大きな面積を占めている（図3）。

メセタは、中央山系、つまりその西端にはエストレラ山脈がある山系で分断されている。

最も重要な山地には、次のものがある。
- 北では、カンタブリア山系
- 南では、ベティカ山系
- 北東では、イベリア山系とピレネー山脈。ピレネー山脈は、イベリア半島とヨーロッパの他の地方との境界をなす重要な山地（図4）。

イベリア半島で最も重要な河川は、これらの山地に源を発し、大西洋や地中海にそそいでいる。
- 大西洋にそそぐ河川　ミニョ川、ドーロ川（ドゥエロ川）、テジョ川（タホ川）、グアディアナ川、グアダルキビル川
- 地中海にそそぐ河川　エブロ川、フカル川

イベリア半島ではまた、河川の流域にいくつかの平野がある。最も重要なのは、次のものである。
- グアダルキビル川流域の平野
- テジョ川流域平野。これは、サド川流域平野と一体をなす（図5）。

> 次の図に見られる地形の名前を言いなさい。
> a) 図3
> b) 図4
> c) 図5

図5　テジョ川流域平野。サンタレン付近

私は、次のことができる。

1. 主な地形を挙げること。
2. イベリア半島にある主な地形の名前を言うこと。
   ① 広大な高原
   ② 4つの山系
   ③ 2つの大きな平野
3. 半島の大きな河川の名前を言うこと。

気候と植生

私たちの日々の生活は、天候―ある特定の場所、ある短い時間に見られる気象の状態―に影響を受ける。天候は、主に、
- 気温　―大気の温度―
- 降水量　―液体（雨）や固体（雪、アラレ、ヒョウ）の形で、地表に降った水―
- 風　―ある一定の方向や速さでの大気の動き―

の影響を受ける。

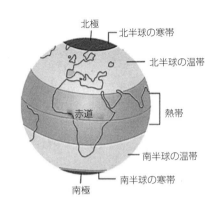

図1　気候帯

ふつう、ある地域では、天候の特徴は、毎年、同じように繰り返される。それを気候―30年もしくはそれ以上の期間、同じように繰り返される天候の状態―という。

地表では、大気候帯に区分される相異なる気候が存在する（図1）。

イベリア半島は、北半球の温帯に位置するので、地方差はあるが、その気候は温暖である（図2、図3）。

> 図1を見て、
> a) 世界にある気候帯
> b) イベリア半島が属する気候帯
> を言いなさい。

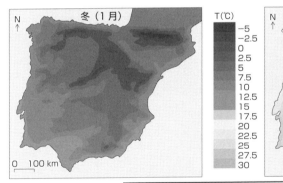

図2　イベリア半島での冬と夏の平均気温

> ・図2を見て、夏でも冬でも、イベリア半島で、気温が
>   a) 最も高い　b) 最も低い、地方を言いなさい。
> ・図3を見て、イベリア半島で降水量が最も多い地域を言いなさい。

図2を見ると、冬でも夏でも、気温が最も高いのは、南部と南東部であることが分かる。北部と北東部は、気温が最も低い。

テーマA　イベリア半島 —最初の住民からポルトガルの形成（12世紀）まで—

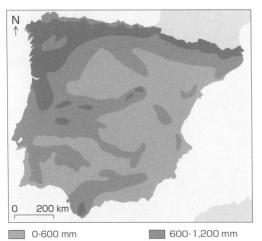

図3からは、降水量が、北部と北西部、それに主な山地で多いのが分かる。山地では、冬にしばしば降雪がある。

このような違いがあるので、イベリア半島を気候の特徴が異なるいくつかの地域に分けることができる（図4）。

■ 0-600 mm　　■ 600-1,200 mm
■ 1,200 mm以上

図3　イベリア半島での年間平均降水量

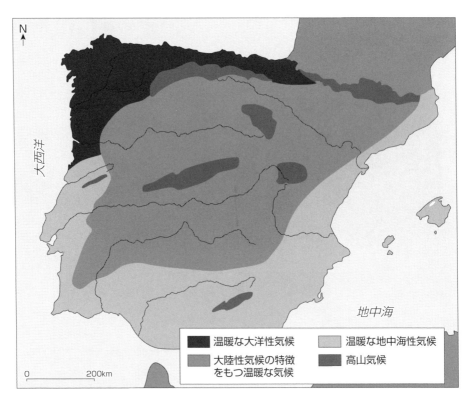

■ 温暖な大洋性気候　　■ 温暖な地中海性気候
■ 大陸性気候の特徴をもつ温暖な気候　　■ 高山気候

図4　イベリア半島の気候区

1 自然環境と最初の住民

温暖な大洋性気候（北部、北西部）
一年を通して暖かい。一年を通して雨が降るが、冬に降水量が多い。落葉樹林（秋に葉が落ちる樹木の林）が多い。ヤナギ、ブナ、クリなど。

大陸性気候の特徴をもつ温暖な気候（半島内陸部）
冬は低温で、夏は高温。降水量は少ない。植生は、低木や丈の低い地被植物が多く、場所や高度により、常緑樹も落葉樹もある。

高山気候（高度が高い山岳地帯）
冬は、長く、きびしい。気温は低く、雪も降る。夏は、温暖になるが、短い。その地域に自生する植生は、低木や丈の低い地被植物。

温暖な地中海性気候（南西部、南部、南東部）
冬も暖かい。夏は乾燥し、高温。降水量は季節により、かたよりがあり、雨は冬に多く降る。その地方に自生する常緑樹（一年を通して葉をつけている樹木）が多い。コルクガシ、トキワガシ、オリーブなど。

私は、次のことができる。

1. イベリア半島の主要な気候のそれぞれについて、以下の点を挙げ、その特徴を述べること。
   ① 各々の気候は、どの地方で見られるか。
   ② 一年を通して、気温はどのように変化するか。
   ③ 一年を通して、降水量はどのように変化するか。
   ④ 各々の気候に自生する植生は、どのようなものか。

用語集をまとめること。
ワークブックに、地表、平面球形図、赤道、縮尺、凡例、気温、降水量の意味を書くこと。

テーマA　イベリア半島 —最初の住民からポルトガルの形成(12世紀)まで—

図解―要約

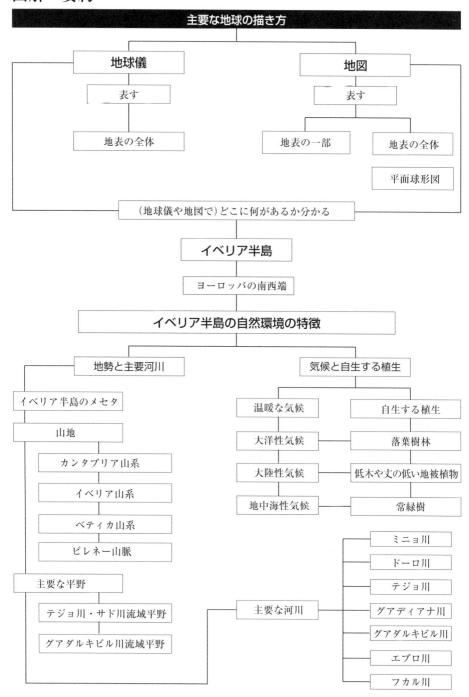

もう次のことができる。

1. 大陸と大洋の名前を知っている。

　　　　　①大きい順に大陸の名前を言うこと。
　　　　　②小さい順に大洋の名前を言うこと。
　　　　　③大陸や大洋が描かれている地図の名前を言うこと。

2. イベリア半島がどこにあるか言うこと。
　　　①ヨーロッパの中で。
　　　②世界の中で。

3. イベリア半島の主要な地形を言うこと。
　①半島の大部分を占めている地形。
　②イベリア半島を他のヨーロッパから
　　区切っている山脈。
　③エストレラ山脈がその一部をなす山系。
　④最大の平野を流れるいくつかの河川。

4. 半島の気候の多様性を知っ
　ている。主な気候が言える。
　①北部と北西部の気候。
　②南部と南東部の気候。
　③半島内陸部の気候。
　④山岳地帯の気候。

5. また、半島に自生する樹木
　の名前も知っている。
　①温暖な海洋性気候の
　　地域には。
　②温暖な地中海性気候
　　の地域には。

テーマA　イベリア半島 —最初の住民からポルトガルの形成（12世紀）まで—

3 天然資源と人々の定住

最初の狩猟採集民の社会

何万年も前、ヒトはアフリカに出現した。その後、ヨーロッパへ拡大し、イベリア半島に到達した。

ヒトの最初の集団は、狩猟や漁労を行い、野生の植物の根や実を採集して暮らしていた。彼らは、狩猟・採集民であった。

彼らは、握斧や石槍などの石器、また銛などの骨格器を作った。

彼らは、食料が乏しくなると、別の土地に向けて出発した。だから、移動生活者であった。

彼らは、戸外で生活するか、丸太や木の枝、動物の皮でテント状の住居を作った。調理や暖をとるのに、火が使われた。

冬は、洞窟で暮らした。そのために、ときには、火を用いて、洞窟から熊を追い出すこともあった。

最初の人々が岩壁に壁画を描いたのは、そのような洞窟においてであった。洞窟壁画には、モンテモル・オ・ノヴォのエスコラル洞窟の壁画のように、一般に動物や狩猟の場面が描かれた。また、ヴィラ・ノヴァ・デ・フォス・コア（コア渓谷）の壁画のように、屋外の岩肌に描かれた壁画も発見されている。

1　自然環境と最初の住民

農耕・牧畜民の社会

テーマA　イベリア半島 —最初の住民からポルトガルの形成(12世紀)まで—

イベリア人、ケルト人、ケルト・イベリア人

ときとともに、他の民族もイベリア半島に到来した。イベリア人はおそらく、北アフリカからやって来たし、ケルト人は、中央ヨーロッパからやって来た。

イベリア人は、農業と牧畜で暮らしていた。彼らは、褐色の肌をしており、中背であったと考えられている。

彼らは、銅と青銅を加工することができた。青銅とは、銅と錫の合金である。

ケルト人は、敵から身を守るため、山の上にある集落（カストロ、シタニア）に住んだ。彼らは、騎馬での戦闘に優れていた。

ケルト人はすでに、銅や青銅よりも丈夫な金属である鉄の加工ができ、金細工にも優れていた。女性は、今日なおミニョ地方の伝統的な衣装に見られるように、金製品の飾りを身に着けていた。

次第に、ケルト人はイベリア人と混血し、その結果、ケルト・イベリア人が生まれた。彼らは、部族（一人の指導者のもとにある、多数の家族からなる大集団）に組織され、互いに戦った。そのような部族の一つが、ルシタニア人の部族であった。ケルト・イベリア人もまた、山の上に集落を作った。彼らは農業も行ったが、主に牧畜に従事した。

1 自然環境と最初の住民

地中海の民族との接触

イベリア半島の農牧畜を営む社会に、商業に従事する他の民族、すなわちフェニキア人やギリシア人、カルタゴ人が海路をたどり来訪した。彼らは、南部や南東部沿岸の最も安全な場所に、商業の拠点である商館を創設した。より発展したこれらの民族との接触によって、イベリア半島の人々は、新しい知識を習得することができた。

フェニキア人は、赤紫色（赤みがかった紫色）の織物、それにガラスをもたらした。私たちが今日もお使っているアルファベットを発明したのは、彼らであった。

ギリシア人は、織物や手書きの絵で装飾された陶器を交易した。

カルタゴ人は、織物と武器をもたらした。沿岸部のいくつかの集落に定住し、半島の人々と混血した。

人々が何を作り、何を着て、何を食べていたのか、私たちがそれを知ることができるのは、その時代に暮らした人々が残した痕跡、例えば、絵や道具・器具（日常生活で使われたモノ）、洞窟の焚き火の跡などを通してであり、また後には文字の発明（碑文、書物、書簡など）によってである。だから、そのような痕跡は、史料と呼ばれる。古い時代のそのような痕跡のいくつかは地中に埋もれているので、考古学がそれらを発掘し、研究の対象とする。

テーマA　イベリア半島 —最初の住民からポルトガルの形成（12世紀）まで—

図解―要約

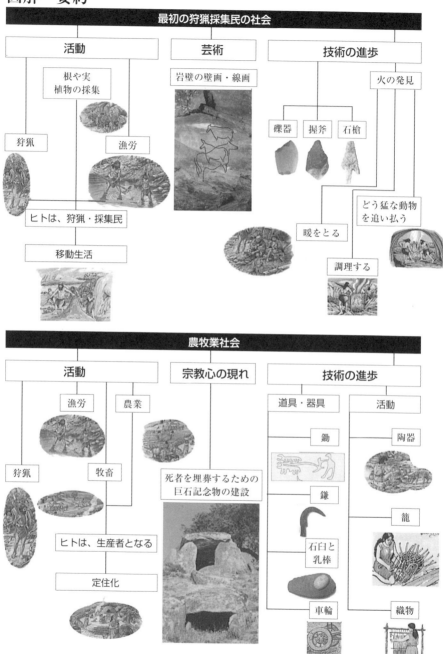

もう次のことができる。

1. このページの図をすべて注意深く観察し、次の文を読むこと。

- 彼らは、狩猟・採集民であった。
- 農業と牧畜を始め、定住化した。
- 洞窟やテント式の住居に居住していた。
- すでに鉄を加工していた。
- すでに死者を埋葬していた。
- 馬や荷車を使用していた。
- 移動生活をしていた。
- 最初の集落を作った。
- 織物や陶器、籠の製造法を発明した。
- 鋤や鍬、鎌などの農具を使用していた。
- 握斧や鋲、石槍を作った。
- 洞窟の壁や屋外の岩壁に壁画や線画を残した。
- 北方から、イベリア半島に進入した。
- 北アフリカから来た。
- イベロ人と混血し、ケルト・イベリア人を生み出した。
- 背が低く、褐色の膚をしていたと考えられている。
- 青銅を加工することができた。

①適切な文を選び、それぞれの図の説明文をノートに書くこと。

2. 地図に新しいタイトルを付けて、その理由を説明すること。
3. 次の文の意味を説明すること。
   「異なる民族の接触は、すべての民族にとって有益である。」
4. 次の2つの史料の例を挙げること。
   a) 文献史料　　　b) 非文献史料

2 イベリア半島のローマ人

ローマ時代の神殿（エヴォラ）2世紀

1 ローマの征服とイベリア半島の人々の抵抗
2 イベリア半島のローマ化

紀元前3世紀	紀元前2世紀	紀元前1世紀	西暦1世紀	西暦2世紀	西暦3世紀	西暦4世紀	西暦5世紀
300	200	100	1　100	200	300	400	
紀元前218 ローマ人、 イベリア半島へ到達		紀元前19 ローマ、 イベリア半島全域を支配				409 異民族（ゲルマン人）、 イベリア半島へ到達	

2 イベリア半島のローマ人

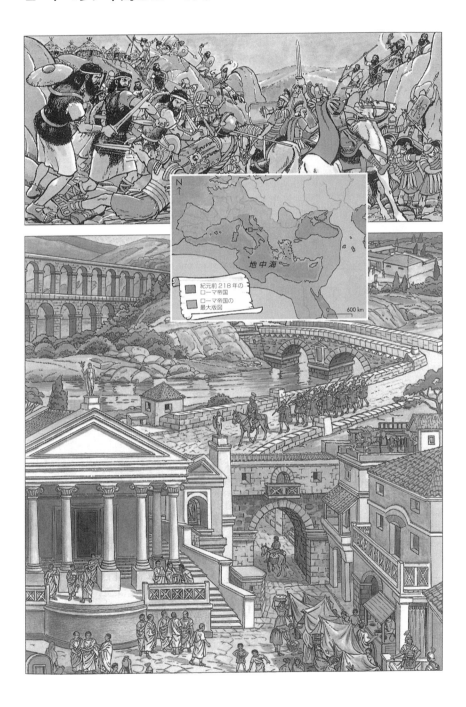

テーマA　イベリア半島 ―最初の住民からポルトガルの形成（12世紀）まで―

1 ローマの征服とイベリア半島の人々の抵抗

ローマ人とローマ帝国

　前章では、いくつかの民族がイベリア半島に定着し、半島の先住民と混交したことを学んだ。本章では、ローマ人について勉強する。彼らは、半島の人々の生活に大きな影響を与えた。

　もともとローマを居住地としていた彼らは、まずイタリア半島の周辺民族を支配した。さらに、西方へ、東方へと拡大を続け、他の民族と戦い、それらの民族を支配した。ギリシア人やカルタゴ人に対する勝利により、ローマ人は全地中海の支配権を確立し、地中海をマレ・ノストルム Mare Nostrum（われらの海）と呼んだ。ローマの許可なく、誰も地中海を航海できなかったからである。イベリア半島の征服は、そ

|紀元前3世紀|紀元前2世紀|紀元前1世紀|西暦1世紀|西暦2世紀|

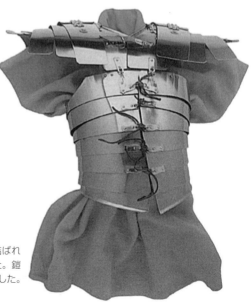

図1　金属製のかぶと（かぶと本体）と羽根飾り
かぶとは、軍団の兵士の頭や顔、首を保護し、目や耳は露出していた。軍の指揮官は、羽根飾りを用いたが、それは、戦闘中、兵士が司令官の姿を見て、その命令に服するようにするためであった。

図2　金属製の胴着―鎧―は、革紐で結ばれた金属板でできていて、胴体を保護した。鎧の下には、毛の上着（チュニック）を着用した。

2 イベリア半島のローマ人

図3 トラヤヌス帝の記念柱。細部。(ローマ)軍営を建設するローマ軍団の兵士の姿が描かれている。

のような目的を達成するためにも、重要であった。

　ローマ人は、広大な帝国（一人の最高指導者－皇帝－の権力に従属するさまざまな民族が住むいくつもの領土の全体）を建設した。ローマがその首都であった。支配下の領土は、ローマ人に多くの富をもたらした。

テーマA　イベリア半島 ―最初の住民からポルトガルの形成（12世紀）まで―

図4　ローマ帝国

図5　オクタヴィアヌス・カエサル・アウグストゥス　初代ローマ皇帝。

図6　ローマの投げ槍　先端は細く、敵の鎧や盾を貫いた。

- 次のものを言いなさい。
  a) アジアとの商業路
  b) アフリカの3つの産物
  c) イベリア半島の3つの産物
- 理由を説明しなさい。
  a) なぜ、ローマはきわめて豊かな都市と考えられたのか
  b) なぜ、ローマ人は、地中海をマレ・ノストルム Mare Nostrum（われらの海）と呼んだのか

　帝国の征服・支配を可能とした大きな要因は、厳格な訓練で鍛えられ、規律正しく、優秀な武器を装備した軍団の存在であった。各軍団は、4,000人から6,000人の歩兵と300人の騎兵で構成されていた。
　ローマ帝国の軍は、軍団兵士15万人を擁した。

私は、次のことができる。

1. ローマ帝国が広がる3大陸の名前を言うこと。
2. ローマ帝国を特徴づける2つの形容詞を書くこと。

用語集をまとめること。
ワークブックに帝国の意味を書くこと。

2 イベリア半島のローマ人

イベリア半島の人々の抵抗

ローマ人は、イベリア半島の獲得を強く望んだ。その理由は、地中海を支配したいという願望のほか、イベリア半島の大地や地下の富、つまり肥沃な土地と金、銀、鉄などの金属を入手したいと望んだからであった。

イベリア半島の征服は、カルタゴとの戦争中に始まったが、半島の全領土の支配が完成したのは、200年後、北部や中部の諸民族との長い戦いののちのことであった。

図1　イベリア半島の主な部族
ローマの征服の時代にイベリア半島に居住していた主な部族。

図2　ルシタニア人の戦士

テーマA　イベリア半島 ―最初の住民からポルトガルの形成（12世紀）まで―

3 ルシタニア人

　ルシタニア人は、待ち伏せや追跡に優れている。彼らが用いる盾は小さく、前面は、くぼんでいる。彼らは、それを革紐で首にかけている。
　短刀、つまり大きなナイフで武装している。ふつう、かぶとは、革でできている。これらの山岳民はすべて、女性のように、長髪で、髪をなびかせているが、戦いの際には、額のところに鉢巻きを巻く。（…）彼らは、競技を開催するが、そこでは殴り合いや競争で身体を鍛え、また大小の野戦を想定した戦闘の演習を行う。

ストラボン（1世紀）『地理学』（改変）

図4　ローマ人とルシタニア人の戦い（復元図）

・次のことを言いなさい。
　a) ルシタニア人が使った戦術
　b) 戦争に際し、どのような武器を用いたか？
　c) 戦争に際し、どのような準備を行ったか？
・ルシタニア人の習慣の中で、最も印象が強いものは何か。またその理由を言いなさい。
・文章に別のタイトルを付けなさい。またその理由を説明しなさい。

図5　ヴィリアトの像（ヴィゼウ）

　いま、ローマ人との戦いで名を馳せた戦闘的な部族の一つであるルシタニア人の生活の様子について史料を読んだ。
　彼らの最も有名な指導者の一人がヴィリアトであった。このルシタニア人戦士については、詳しいことは分からないが、伝承によると、彼は、半島の他の部族と同盟し、ゲリラ戦法（罠や待ち伏せ）を用いて、何年間か、強力なローマ軍に抵抗した。
　いくどもの敗戦の後、ローマ人は、ヴィリアトの仲間をそそのかし、寝ている間

2 イベリア半島のローマ人

図6 サンタ・マリア・ダ・フェイラにあるロマリスのカストロ（小集落）とギマランイス近郊にあるブリテイロのシタニア（集落）の復元家屋

にヴィリアトを殺害させた。

ローマ人とルシタニア人の戦いは何年も続いたが、結局アウグスティヌスの軍隊が最終的に勝利を収めた。

ついにイベリア半島は征服された。

私は、次のことができる。

1. 図4を見て、それぞれの軍隊の特徴を書くこと。
    a) ローマ軍　b) ルシタニア人の軍隊
2. イベリア半島への侵略について、ローマ軍団の兵士とルシタニア人の戦士との間の会話を想像すること。
    a) ローマ人が述べる侵略を正当化する理由
    b) ルシタニア人が述べるローマ人と戦う理由
   の両方を指摘すること。

テーマA　イベリア半島 —最初の住民からポルトガルの形成(12世紀)まで—

2 イベリア半島のローマ化

ローマ化

　イベリア半島征服後、何世紀もの間、平和な時代が続いた。

　ローマ人は、半島の人々の生活様式に大きな影響を及ぼした。半島の住民の多くはそれまで、カストロ（集落）に住み、初歩的な、つまりあまり発達していない農業を営んでいた。ローマ人がやって来ると、ブドウの木や小麦、オリーブの木、果樹の栽培が発展した。新しい産業が興り、陶器製造、鍛冶屋（鍛冶職人の作業場）、鉱山業、魚の塩漬けなど、従来からある他の産業も発展した。ローマ数字も普及した。新しい建築物が建ち、新しい集落が造られた。

図1　塩漬け施設（トロイア［サド川河口の小半島にある］）と両取っ手付きの壺（アンフォラ）これらのタンクで魚をベースとした調味料、ガルムが製造された。アンフォラは、ガルムを含む、製品の輸送に使われた。

図3　医薬・医療の神、アエスクレピウスを祀る神殿ローマ時代の都市遺構、ミロブリガ（サンティアゴ・ド・カセン近郊）にある。

2　イベリア半島のローマ化

ローマ人が長くいたことで、私たちの間には、言語のほか、数多くの痕跡が遺されている。例えば、街道、橋、せき［ダム］などの土木工事がある。浴場から神殿、競技場から住居にいたるさまざまな建築物が多数あり、コニンブリガとミロブリガには、大規模な2つの都市の遺構が現存している。

アルダ・タレラ『ローマ時代の芸術を知る』
エディソンイス 70（一部改変）

・次の領域と関係するローマの遺産を言いなさい。
　a) 交通・通信
　b) 娯楽
・地図7を見て、コニンブリガとミロブリガが、それぞれ、半島の北部、中部、南部のどこにあるか言いなさい。

図4　シャヴェスにあるローマ時代の橋

2 イベリア半島のローマ人

図5 コニンブリガ（ローマ時代の古代都市、3世紀）にある噴水
贅沢を好み、ローマ人は、町(villa)の床を大きなタイルを用いたモザイク模様で覆った。ローマ人は、しばしば何百キロもの水路を建設し、都市に水を供給した。帝国中に、ローマを模した都市が建設された。

図6 ローマ時代の道標
街道わきに、次の都市までの距離を示す道標が建てられていた。

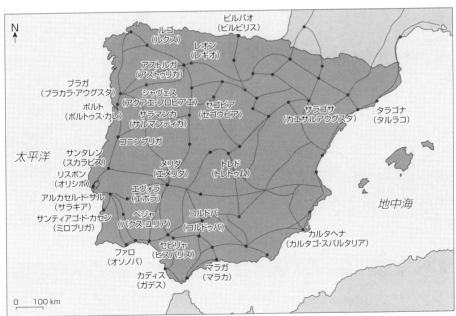

図7 ローマ人は、軍団や住民、商人が通行する網の目状の街道を建設した。このような網の目状の街道は、帝国の重要都市を首都―ローマ―と結びつけ、ローマには、イベリア半島の多くの富や住民が支払う税が送られた。

史料2および図にあるように、ローマ人は、彼らが支配した地域の住民にローマの生活様式と言語を強要した。

ローマ人の影響によりイベリア半島で起こったこのような変化すべては、ローマ化と

テーマA　イベリア半島 ―最初の住民からポルトガルの形成(12世紀)まで―

呼ばれている。

　ローマ人の言語であったラテン語―ポルトガル語を含め、いくつものヨーロッパの言語の起源となった言語―と網の目のように延びた街道は、ローマと帝国の各地方の間の交通・通信を容易にした。それゆえ、これらは、征服地のローマ化にきわめて重要な役割を果たした2つの要素であった。

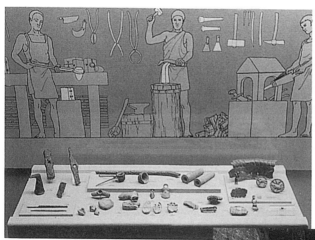

図8　ローマ時代の鍛冶の再現
コニンブリガ研究博物館の収蔵品。

図9　ローマ時代の街道（ヴィゼウ）

私は、次のことができる。

1. 図7をもう一度見て、現在でもローマ時代の遺構を見ることのできるポルトガルの都市の名前を言うこと。
2. （そこに行くことができるのなら、）それらのローマ時代の遺構がどのようなもので、その目的は何だったかを言うこと。ローマ時代の遺構のある場所に1カ所もいけないのなら、どこを訪れたいか、それはなぜかを言うこと。

用語集をまとめること。
ワークブックに、ローマ化の意味を書くこと。

キリスト教

キリスト教、つまりイエス・キリストが布教した宗教が生まれたのは、ローマ帝国の一地方、ユダヤにおいてであった。

イエス・キリストは、約2,000年前にユダヤのベツレヘムで生まれ、何人かの弟子をもち、善意の万人に向けた、愛と兄弟愛の宗教を広めた。布教において、イエスは、次のことを説いた。

- 唯一神の存在（一神教）。
- 戒律の第一は、神への愛であり、戒律の第二は、私たち自身に対するように、隣人を愛することである。
- 万人は、男女を問わず、富者、貧者を問わず、自由人であれ、奴隷であれ、賢者であれ、無知であれ、みな平等で、神の子である。

ローマ人は、皇帝を含む、多くの神を崇拝し（多神教）、奴隷制を維持していた。キリスト教徒（キリストの信奉者）が皇帝やローマの神々への崇拝を拒否したので、彼らは迫害された。

しかし、313年、皇帝コンスタンチヌスは、キリスト教徒に信教の自由を与え、ついで、380年、皇帝テオドシウスは、キリスト教を帝国の国教とした。

図1　イエス・キリストの洗礼
布教を始める前に、キリストは、ヨルダン川の水で、いとこの洗礼者ヨハネから洗礼を受けた。聖書は、キリスト教徒の聖典である。

テーマA　イベリア半島 —最初の住民からポルトガルの形成（12世紀）まで—

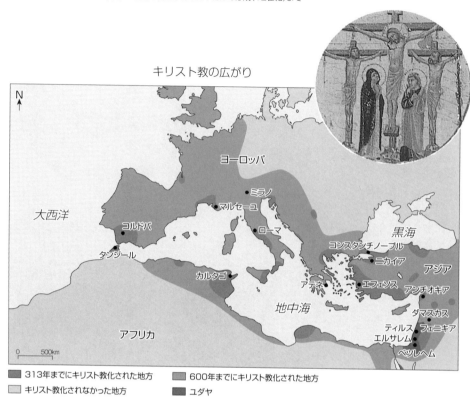

図2　キリスト教の広がり、およびイエスの母（マリア）と聖ヨハネの前で、二人の泥棒の間で十字架にかけられたイエスの表象。信教の自由、およびその後のキリスト教徒に対する保護は、キリスト教が帝国全土へ急速に広がる契機となった。

・イエス・キリストが生まれた場所を地図上で示しなさい。
・313年までにキリスト教化された地方がどこか言いなさい。
　a) アジアで。
　b) イベリア半島で。
　c) 北アフリカで。

2 イベリア半島のローマ人

●年代の数え方

キリストの生誕はきわめて重要な出来事であると考えられたので、何世紀か後には、多くの民族が、年代を数える基準として、それを使うようになった。こうして生まれたのが、キリスト紀元（西暦）である。

年代を表す次の軸をよく見なさい。

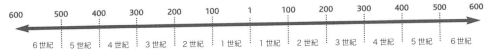

図で見たように、キリスト以前は、時間を減らしながら数え、キリスト以後は、時間を増やしながら数える。キリスト以前の出来事に言及する際にはいつも、年代にB.C.(紀元前) という略号をつけなければならない。

●世紀とはどのようなものか？

もう一度、年代の軸を見ると、1世紀は、1年に始まり、100年で終わり、2世紀は、101年から始まり、200年で終わり、以下、同様であることが分かる。

ある特定の年が何世紀かを知るためには、次のようにする。年代がゼロ2つで終わっていると、百の位の数字が世紀を表す。

例えば、1500＝15百＝15世紀

年代がゼロ2つで終わってない場合には、百の位の数字に1を加える。

つまり、1514 → 15百＋1＝16世紀

だから、20世紀は1901年に始まり、2000年に終わり、21世紀は、2001年に始まることが分かる。

歴史における主な時間の単位		
千年期	▶	1000年
世紀	▶	100年
年	▶	365日

私は、次のことができる。

1. イエス・キリストの主な教え、つまり「万人は、男女を問わず、富者、貧者を問わず、みな平等で、神の子である。」は、現代でも信奉されているかどうか言い、知っている例を挙げて、自分の意見が正しいことを説明すること。
2. 自分が生まれた世紀が何世紀で、現在が何世紀か言うこと。

用語集をまとめること。
ワークブックに、キリスト教、キリスト紀元（西暦）、世紀の意味を書くこと。

テーマA　イベリア半島 —最初の住民からポルトガルの形成(12世紀)まで—

異民族（ゲルマン人）の侵入

5世紀、中央ヨーロッパの諸民族がローマ帝国に侵入した。彼らは、西ローマ帝国の富を奪うこと、またアジアから来た戦闘的な民族である、フン人から逃れることを望んでいた。（図1参照）

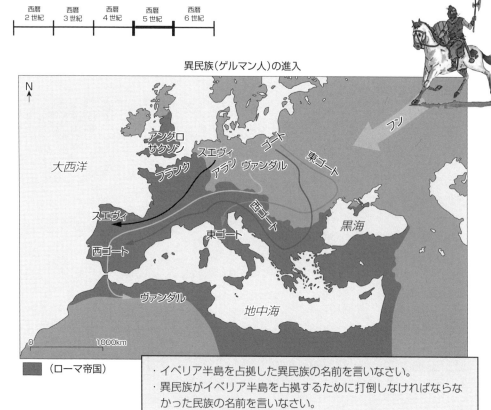

- イベリア半島を占拠した異民族の名前を言いなさい。
- 異民族がイベリア半島を占拠するために打倒しなければならなかった民族の名前を言いなさい。

図1　長い繁栄の後、ローマ帝国は、衰退期に入り、異民族の侵入を受けた。異民族は、ローマ帝国の領土の西部を占領した。

2 イベリア半島のローマ人

図2 西ゴートの戦士
歩兵は、身体を守るのに、金属製の薄片を重ねたよろいを用いた。

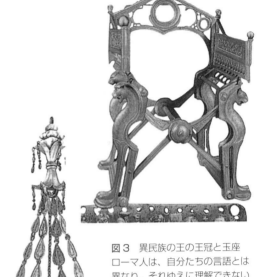

図3 異民族の王の王冠と玉座
ローマ人は、自分たちの言語とは異なり、それゆえに理解できない言語を話す民族、つまり帝国の国境の外に居住し、文明の発展段階が自分たちとは異なる民族を、異民族（バルバロイ）と呼んだ。

このような異民族は、政治形態として、王政をとっていた。戦士の集会で選ばれた指導者は、王の称号を用いた。

図4 ブラガ近郊、モンテリオスの聖フルトゥオゾ教会
この小さな教会は、7世紀に建てられた。

47

テーマA　イベリア半島 —最初の住民からポルトガルの形成(12世紀)まで—

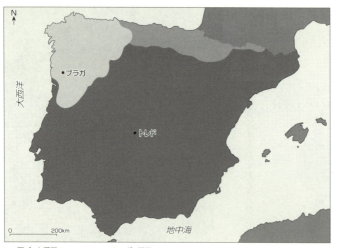

図5　6世紀のイベリア半島
ゲルマン人は、北部の一部を除いて、イベリア半島全域を支配した。

凡例：
- 西ゴート王国
- スエヴィ王国
- バスク人。西ゴート人の支配に抵抗した半島の民族

図6　ドゥメの聖マルティーニョは、スエヴィ人をカトリックに改宗させた。彼は、司教であり、スエヴィ国王の宮廷があったブラガに近いドゥメ修道院の院長であった。聖マルティーニョは今日でもブラガの人々に崇拝されている。

5世紀–6世紀、イベリア半島には、ゲルマン人の2王国が建国された。すなわち、ブラガを首都とする半島北西部のスエヴィ王国、およびトレドを首都とし、残りの領土を支配した西ゴート王国である（図5参照）。

6世紀後半（585年）、西ゴート人は、スエヴィ人（すでにキリスト教に改宗していた）を打倒し、半島全土を支配下に置いた。

西ゴート人は、勝者ではあったが、結局キリスト教に改宗し、半島の法律と言語を受け入れた。彼らは、ローマ人ほど発展しておらず、ローマ人の影響をすでに強く受けていたからである。

私は、次のことができる。

1. 図5の地図を見て、
   a) イベリア半島に定着したゲルマン人の民族の名前を言うこと
   b) そのうちどの民族が半島のほぼ全域を支配したのか言うこと
2. スエヴィ人のカトリックへの改宗について、文章を書くこと。

図解―要約

イベリア半島のローマ人

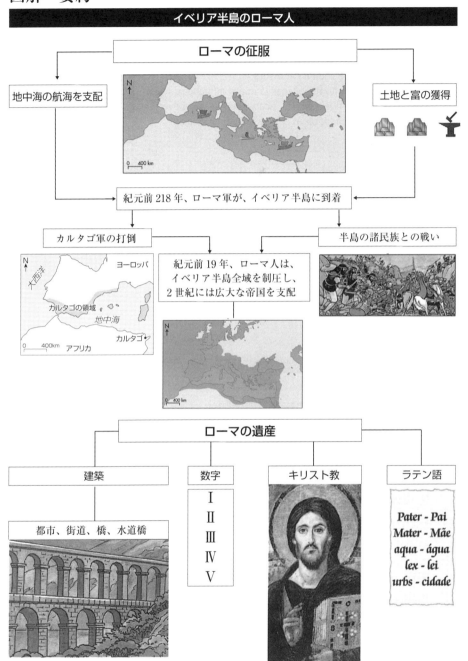

もう次のことができる。

1. 図1を見て、
    ① 地図に何が描かれているか言うこと。
    ② 次の名前を言うこと。
        a) ローマ人の出身地
        b) 彼らの領土が囲む海
        c) ヨーロッパ西部に位置し、彼らの帝国の一部をなす半島
        d) その半島が面する海や大洋

図1

2. 図2を見て、
    ① 次の民族の名前を言うこと。
        a) 山の頂に住んでいた民族
        b) 侵略した民族
    ② それらの民族のそれぞれの名前がどのようにして分かったのか、説明すること。

図2

3. 次の語句を用いて、文章を書くこと。
    イエス・キリスト、キリスト教、ユダヤ、ローマ帝国、一神教。

4. イエス・キリストが何世紀に生まれたか言うこと。

5. 図3にもとづいて、イベリア半島のローマ化について、短い文章を書くこと。

図3

自主研究

私の地方の歴史的・文化的遺産

- 狩猟採集民の社会や農牧畜民の社会、またローマ人は、私の地方にどのような痕跡を残したのだろうか？
- 歴史的・文化的な遺産を保存しなければならないのは、どのような理由からだろうか？
- どのようにして、そのような遺産を保護すると同時に、その遺跡について広報活動を行うことができるのだろうか？

上記の質問すべてに答え、その結果を発表するのに、自分で、あるいはグループで、次のことやりなさい。

- 狩猟採集民の社会や農牧畜民の社会、またローマ人についての映画を鑑賞しなさい。
- 上記の人々と関係する君の地方の歴史的・文化的遺産を調査し、それが何か、その特徴はどのようであるのか、カードに書き、写真も撮りなさい。
- 遺跡のどこを修復する必要があるのか、もしも遺跡がすべていい状態であるのなら、遺跡の何を広報するべきだと君は考えるのか、言いなさい。
- 白いTシャツに君が選んだ絵を描き、適切なスローガンを選びなさい。

フォス・コア（コア渓谷）の岩壁画を使って、どのようにやるのか例を見せよう。

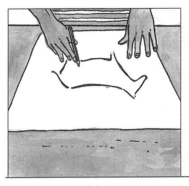 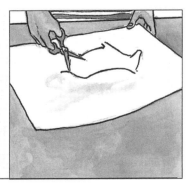

- 薄いボール紙に型を取りなさい。

- 別のボール紙をTシャツの中に入れなさい。Tシャツがぴんと伸びるように、端をクリップで留めなさい。

- 先ほどの型をTシャツの上に置きなさい。
- あとは、絵を描くだけです。Tシャツの中のボール紙を取り出す前に、染料を十分に乾かすのを忘れないように。

Tシャツには、
上＝フォス・コア
下＝私たちの過去への訪問
と書いてある。

もしも望むなら、君の作品に署名をしてもいいです。

教科、および教科外のカリキュラムで、歴史の勉強に役立つ活動
(提案)

教科と教科外の カリキュラム	活　動
国語(ポルトガル語)	・先史時代やローマ時代の物語や伝説の調査。 ・「学習法指導」と関連する書物の講読。スローガンの作成。
算　数	・歴史遺産の幾何学的な形の確認(家屋や村落の幾何学的な形状)とその分類。 ・歴史遺産と関係があるデータを使用して、問題とその解答の作成。囲われた形(例えば、ローマ時代の庭園)の周囲の長さの計算。 ・数字を使った問題の解答(ローマ時代の2都市間の距離、ローマの軍団がその距離を移動するのに要する時間 ...)。
ポルトガルの歴史と地理	・ビデオの視聴。 ・地方史に関係するものを含め、文書史料、図像史料の調査。 ・見学。
英　語	・学習している歴史遺産と関係がある用語集の作成。
理　科	・岩壁画が描かれた岩石の種類とその特徴。
E.V.T.(視覚・技術教育)	・型を取り、Tシャツに絵を描く。
音　楽	・先史時代やローマ時代の楽器の種類とその特徴。
体　育	・ローマ時代の若者の体育教育に関する調査の実施。
学習法指導	・「ポルトガルの歴史と地理」と関連する情報の調査と整理。 ・「国語(ポルトガル語)」「ポルトガルの歴史と地理」と関連する学級文庫の整理。
市民教育	・地方の歴史遺産に関する討論会を企画し、地方自治体の政府の人、あるいは地方史と関係する人を学校に招く。 ・地方の歴史遺産とその保存に関する広報活動の展開。

3 | イベリア半島のイスラーム教徒

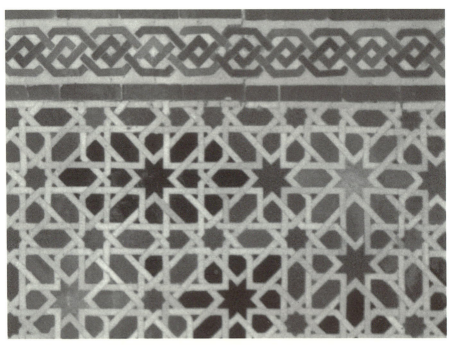

ベジャの聖母コンセイサン修道院の彩色タイル

1. イスラームの半島支配
2. 国土再征服運動（レコンキスタ）期のキリスト教徒とイスラーム教徒
3. イスラームの遺産

西暦8世紀	西暦9世紀	西暦10世紀	西暦11世紀	西暦12世紀	西暦13世紀	西暦14世紀	西暦15世紀
700	800	900	1000	1100	1200	1300	1400

711 イスラーム教徒の侵入開始

1492 イベリア半島からのイスラーム教徒の追放

3 イベリア半島のイスラーム教徒

テーマA　イベリア半島 —最初の住民からポルトガルの形成(12世紀)まで—

1 イスラームの半島支配

アラブ人

8世紀初頭（711年）、イベリア半島は、ふたたび他民族の侵入を受けた。今度は、侵入者—アラブ人とベルベル人—は、北アフリカからやって来た。

アラブ人がもともと住んでいたのは、アラビア半島である。アラビア半島は、図4で分かるように、小アジアにあり、紅海とペルシャ湾の間に位置する。7世紀まで、アラブ人は、部族に分かれ、多数の神を崇拝していた。彼らは、貧しく、牧畜と砂漠を横断する商品輸送に従事していた。

アラブ人の主要都市は、宗教と商業の中心地、メッカであった。マホメットが、唯一神アッラーの信仰を基礎とする新しい宗教、すなわちイスラーム教の布教を始めたのも、この町においてであった。イスラーム教の信徒は、アラビア語で「信者」を意味する言葉、

図1　祈りの絨毯には、メスキータ（モスク）—イスラーム教徒の信仰の場—の内部が描かれている。イスラーム教徒はふつう、絨毯上で、履物を脱ぎ、身体を清めた上で、メッカの方角を向いて祈る。

図2　投げ槍（アザガイア［左］）イスラーム教徒が敵に向かって投げた槍。歪曲刀（アルファンジェ［中央］とシミタラ［右］）。これら2つの刀の違いは、シミタラのほうが、その先端が尖っているという点だけだった。

ムスルマーノ（イスラーム教徒）という名称で知られている。

ベルベル人は、北アフリカの民族で、アラブ人に征服され、その結果、アラブ人の宗教と生活様式を取り入れた。

イスラームの拡大

イスラーム教徒は、インド洋から大西洋までその勢力を拡大した。このような拡大の要因は、基本的には次の2つであった。
- 彼らの宗教、すなわちイスラーム教を広めること。
- 彼らの生活状況を改善するため、新たな土地と富を探し求めること。アラビア半島では、土地がやせていたからである。

図3 イスラーム教徒の聖なる書物、コーランに書かれている彼らの果たすべき義務。西暦622年、布教を始めたとき、マホメットは、メッカからメジナへと逃亡せざるをえなかった。この出来事が、アラブ人の年代計算—イスラーム暦—の開始点となった。

（画像内テキスト：唯一神アッラーを崇拝する。メッカに向かって、一日に5度祈りを捧げる。ラマダンの月（断食月）には、日の出から日没まで、断食する。資金があれば、少なくとも一生に一度、メッカに行く。貧者に施しを与える。）

イベリア半島の征服

711年、イスラーム教徒は、西ゴート人の内紛を利用し、ジブラルタル海峡を渡り、イベリア半島に入り、グアダレーテの戦いで、（キリスト教徒の）西ゴート国王の軍隊を破った。

この戦いの数年後には、イスラーム教徒は早くも、山岳地方で近づきにくく、また生活条件が悪いアストゥリアスとピレネー地方の一部を除き、イベリア半島全土を征服していた。

テーマA　イベリア半島 —最初の住民からポルトガルの形成（12世紀）まで—

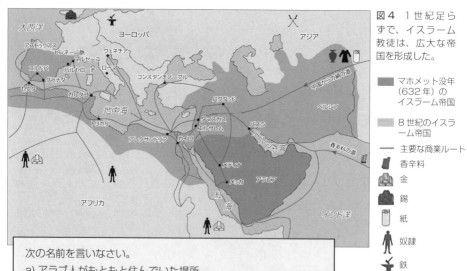

図4　1世紀足らずで、イスラーム教徒は、広大な帝国を形成した。

■ マホメット没年（632年）のイスラーム帝国
▨ 8世紀のイスラーム帝国
— 主要な商業ルート
香辛料
金
錫
紙
奴隷
鉄
絹
武器
磁器

次の名前を言いなさい。
a) アラブ人がもともと住んでいた場所
b) イスラーム帝国に属する領土がある大陸
c) イスラーム教徒が支配しなかったイベリア半島の地方
d) その地方に逃げ込んだ民族
e) アフリカ、ヨーロッパ、アジアからそれぞれ運ばれた品物

図5　モーロ人
イベリア半島では、北アフリカのモーリタニアに住んでいたイスラーム教徒をモーロ人と呼んだ。

私は、次のことができる。

1. キリスト教とイスラーム教の類似点を一つ、相違点を2つ挙げること。
2. イスラーム帝国を特徴づける2つの形容詞を書くこと。

用語集をまとめる。
ワークブックに、アラブ人、イスラーム教徒、モーロ人の意味を書くことができる。

3 イベリア半島のイスラーム教徒

2 国土再征服運動（レコンキスタ）期のキリスト教徒とイスラーム教徒

キリスト教徒による国土再征服運動

半島北部に逃れたキリスト教徒は、侵入者に対する抵抗を始めた。ペラジオ（ペラーヨ）を指導者とするキリスト教徒は722年、コバドンガの戦いで初めて大きな勝利を収めた。彼らは、再征服を進め、アストゥリアスに最初のキリスト教徒の王国を建てた（図1）。

こうしてキリスト教徒の国土再征服運動（レコンキスタ）、つまりイスラーム教徒支配下の領土の回復が始まった。

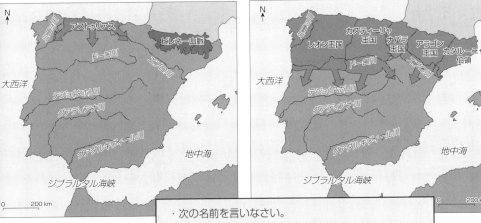

図1　8世紀初頭と11世紀のイベリア半島

・次の名前を言いなさい。
  a) キリスト教徒のレコンキスタが始まった地方
  b) 初期のキリスト教徒の王国
・地図の矢印が何を意味するか言いなさい。
・次頁の年表を見て、左の地図と関係するキリスト教徒の勝利と右の地図と関係する別のキリスト教徒の勝利を挙げなさい。

図1で分かるように、アストゥリアス王国以降、いくつものキリスト教の王国が形成されていった。すべての領土の回復は、長い年月を要し、多くの困難が伴った。それは、1492年、モーロ人のグラナダ王国の再征服でようやく完了した。

59

テーマA　イベリア半島 —最初の住民からポルトガルの形成(12世紀)まで—

図2　頭を保護するかぶり物と身体を保護する鎖かたびら
両方とも金属製で、イスラームの兵士もキリスト教徒の兵士も使った。

敗者と勝者の共生

3

　寛大な慈悲深いアッラーの御名において。テオドミーロ(トゥドミール)[西ゴートの指導者]は、次のような条件で和約を結ぶ。
　彼の臣下は、殺されることも、奴隷にされることもない。またその信仰を続けることを禁止されることも、その教会が燃やされることもない。
　それと引き替えに、われわれの敵に対しては誰であろうと保護を与えてはならず、彼の臣下は、貨幣での税、および小麦と大麦4アルムド〈容積単位〉、酢4升、蜂蜜2升、オリーブ油2升を支払わなければならない。

西暦713年の和約
(一部改変)

711年　イスラーム教徒、イベリア半島に侵入。
712-16年　イスラーム教徒、イベリア半島のほぼ全域を支配。
722年　キリスト教徒、コバドンガでイスラーム教徒に対して初の大勝利。
868年　キリスト教徒、ポルトを再征服。
1064年　キリスト教徒、コインブラを再征服。
1492年　イスラーム教徒、イベリア半島から追放される。

・キリスト教徒について、
　a) その権利
　b) その義務
　を言いなさい。
・イスラーム教徒のキリスト教徒に対する寛容さを示す表現を書き写しなさい。

3　イベリア半島のイスラーム教徒

　史料3を読むと分かるように、勝者イスラーム教徒は、課した条件さえ守れば、キリスト教徒が平穏に暮らすことを許した。キリスト教徒も、その領土を回復したときには、イスラーム教徒に対して同様の態度をとった。

　ときには、都市は戦わずに降伏し、その住民の大部分が勝者の宗教に改宗し、新しい共同社会の一員となったこともあった。しかしながら、激しく抵抗し戦い、その結果、両者とも多くの者が死亡し、また奴隷化されることもあった。

　2つの民族の共生は、平和なときには、敗者の法律と習慣の尊重、および宗教上の寛容に基礎を置いていたと結論づけることができる。

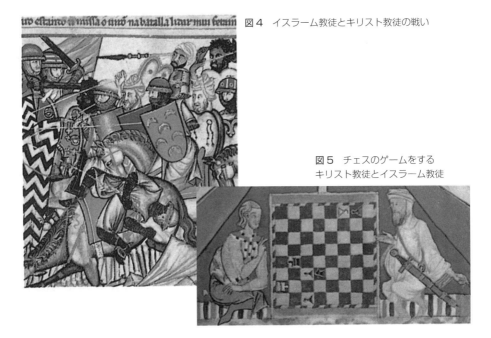

図4　イスラーム教徒とキリスト教徒の戦い

図5　チェスのゲームをするキリスト教徒とイスラーム教徒

　私は、次のことができる。

1. 図4、5に共通の一つの表題を付けること。
2. もしも知っていれば、現代における異なる宗教の信者の共生の例、あるいは宗教的な不寛容の例を挙げること。それから、同級生や先生とそれについて話し合うこと。

用語集をまとめること。
ワークブックに、キリスト教徒の国土再征服運動の意味を書くこと。

テーマA　イベリア半島 —最初の住民からポルトガルの形成（12世紀）まで—

3 イスラームの遺産

イスラーム教徒は、イベリア半島に約800年間とどまり、半島の住民の生活に大きな影響を及ぼした。

イスラーム教徒は、建築では、私たちに陸屋根（屋上）と装飾のある煙突を遺し、記念碑の装飾では、彩色タイルを遺した。都市には、イスラーム寺院（礼拝所）や宮殿（図1）、図書館が建てられた。

図1　スペインのグラナダにあるアルハンブラ宮殿のライオンの中庭

科学知識の分野でも、イスラームの遺産は高い価値がある。イスラーム教徒は、天文学では、アストロラーベ（天体観測器）（図3）のような、15世紀にポルトガル人が航海に利用することになる重要な知識を遺した。算数では、私たちが今日でも利用している算用数字が普及した。医学では、イスラームの内科医や外科医は優れた技能を持っていたので、キリスト教徒も、イスラームの医者の診察を受けた。アラブ人は、大旅行家であったので、地理の分野では、地図を制作し、訪れた土地の記述を遺した。千夜一夜物語は、そのような旅行から発想を得たものである。農業でも、史料2を読み、図5を見

2	リバテジョの耕地

リスボンから川沿いに東に向かうと、サンタレンまで80里ある。陸路でも、川船でも行ける。途中には、バラダ（ヴァラダ・ド・リバテジョ）の耕地がある。リスボンの住民は、(...) そこに種をまいた小麦は、40日あまりで生育し、刈り取ることができるという。さらに一升の小麦は、ほぼ百升になるという。サンタレンは、高い山にある村で、その南には、大きな断崖がある。(...) 泉や川の水を飲む。あらゆる種類の果物や野菜を産する多くの畑がある。

エドリシ　アラブの地理学者、12世紀中葉（改変）

- 史料にある生産物を言いなさい。
- 耕地がとても肥沃であることをはっきりと示す表現を書き写しなさい。
- 史料に別の題をつけなさい。

3 イベリア半島のイスラーム教徒

図3 アストロラーベ
（天体観測器）

図4 薬を煎じる医師

れば分かるように、大きな遺産を遺した。

工芸では、武器や皮革製品、絨毯の製造が発展した。

また、ポルトガル語は、アラビア語起源の数百の語彙を取り入れ、豊かになった。ポルトガルには、アラビア語起源の地名が数多くある。

図5 ベンサフリン（ラゴス）にある家畜が引く水車
イスラーム教徒は、家畜が引く水車のような灌漑技術を利用し、各種の野菜を栽培し、果樹を育てた。オレンジ樹やレモン樹、アーモンド樹などいくつかの果樹は、彼らがイベリア半島に導入した。

図6 オリャンの景観とアルマンシルの煙突。家の上部に陸屋根（屋上）が見える。

63

テーマA　イベリア半島 ―最初の住民からポルトガルの形成 (12世紀) まで―

図7　アラビア語起源の単語
アルコール、アルデイア（村）、アルモファダ（枕）、アルモクレヴェ（ロバ引き）、アルバルダ（荷鞍）、アゼーニャ（水車）、アリカテ（ペンチ）、シャファリース（噴水）、アルコファ（かご）

アラビア語の al は、ポルトガル語では、定冠詞 o もしくは a を意味する。例えば、アラブ人は、al cofá というが、ポルトガル人は、2つの単語をいっしょにして alcofa（かご）という。

Albufeira	小さな湖
Algarve	西方
Alcácer	城
Almada	鉱山
Alcântara	橋
Alvarade	平野
Alfama	泉
Alverca	湖

図8　アラビア語起源の地名

私は、次のことができる。

1. イスラームの遺産について、
   a) 今日私たちが使っている2つの例を挙げること。
   b) アルガルヴェで今日もまだ見ることができる2つの例を挙げること。
   c) イスラム教徒の影響が最も大きかった地方を言い、その理由を述べること。

図解―要約

3 イベリア半島のイスラーム教徒

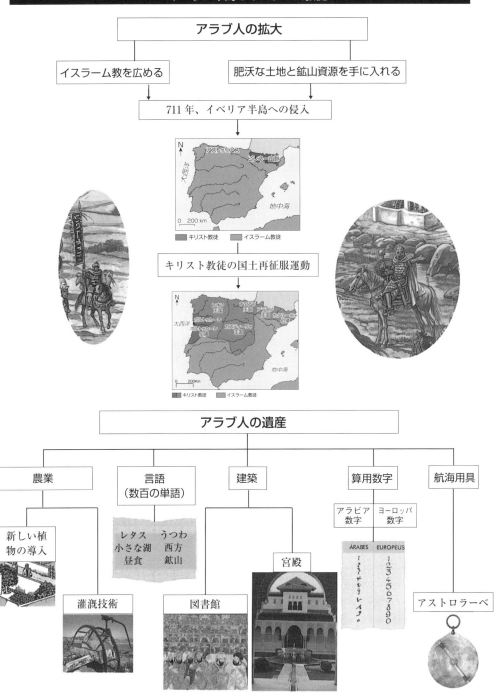

もう次のことができる。

1. 図1を見て、
   ① 地図に何が描かれているか言うこと。
   ② 名前を言うこと。
      a) それらの領土の境界となっている大洋
      b) それらの領土の一部をなすヨーロッパ西部に位置する半島

2. イスラーム教徒のイベリア半島への到達がいつ―年代と世紀―だったか言うこと。

図1

3. 図2を見てから、
   ① 言うこと。
      a) イスラームの都市だと断言する根拠となる建築の2つの特徴
      b) 都市を征服しようとしている軍隊の名前

   ② これは、イスラーム教徒のイベリア半島への進出の一場面か、あるいはキリスト教徒の国土再征服運動の一場面か、説明し、その理由を言うこと。

図2

4. 次の宗教の特徴を言うこと。
   a) イスラーム教
   b) キリスト教

5. イスラーム教徒がイベリア半島の人々に及ぼした5つの影響を言うこと。

6. キリスト教徒、イスラーム教徒、異なる宗教、共生という用語を使った文章をノートに書くこと。

自主研究

イスラームの遺産

・イスラーム教徒とは、誰か？

・イスラーム教徒は、イベリア半島にどのような影響を及ぼしたのか？

・私の地方には、イスラームの存在を示す痕跡があるだろうか？

・今日、ポルトガルには、イスラーム教徒はいるのだろうか？

・イスラーム教徒は、他の人々とどのような関係にあるのか？

・イスラーム教徒の存在から、私たちはどのような恩恵を受けたのか？

　上記の質問すべてに答え、その結果を発表するのに、自分で、あるいはグループで、次のことやりなさい。

・建造物や彩色タイル（アズレジョ）、灌漑技術、アラビア語起源の地名、歴史や伝説…など、イスラーム教徒と関係がある、君の地方にある歴史・文化遺産の調査をやりなさい。

・君の地方に住んでいるイスラーム教徒に、彼らの宗教や食事、職業、また日常生活の他の側面について、インタビューをやりなさい。

・君が広めたいイスラームの遺産の諸相を選びなさい。

・イスラームの文化遺産の一端を知るため、モザイク模様を制作しなさい。ボール紙、細切れの紙、のりを使いなさい。E.V.T.（視覚・技術教育）の先生の許可があれば、本当の彩色タイルを制作してもいい。

アラブの彩色タイルをモチーフに、どのようにモザイク模様を作るのか、例を見せよう。

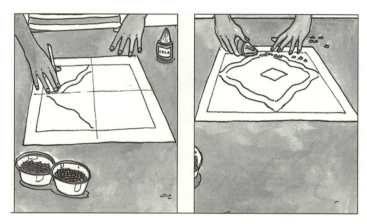

・ボール紙で型を作る。

・細切れの紙を選び、貼り付けなさい。

教科、および教科外のカリキュラムで、歴史の勉強に役立つ活動
（提案）

教科と教科外の カリキュラム	活　動
国語（ポルトガル語）	・「学習法指導」と関連するイスラーム教徒の歴史や伝説の講読と調査。 ・インタビューのシナリオの作成。 ・歴史や伝説の書き直し。 ・イスラーム教徒の伝説、もしくは歴史にもとづく詩の創作。
算　数	・アラブ人の建造物の装飾に見られる幾何学的な形の確認とその分類。 ・今日、私たちが使用している数字の歴史の調査。 ・オレンジやレモン、庭園、宮殿のような、イスラーム教徒の遺産と関係があるデータを使用して、問題とその解答の作成。 ・レタス畑の面積の計算。
ポルトガルの歴史と地理	・地方史に関係するものを含め、「イベリア半島におけるイスラーム教徒」に関する文書史料、図像史料の調査。 ・見学。
英　語	・アラビア語起源の単語を集めた用語集の作成。
理　科	・イスラーム教徒がもたらした、花が咲く、あるいは花が咲かない植物や木々の種類とその調査。（レタス、アーティチョーク［朝鮮あざみ］、イナゴマメ、オレンジの木など）
E.V.T.（視覚・技術教育）	・歴史や伝説にもとづく「遺産の制作」や装飾。
音　楽	・ポルトガル語で書かれた詩の韻律と韻を調べ、それをポルトガル伝統歌謡の音楽に合わせる。 ・アラブの音楽を聴く。
体　育	・アラブのダンスを練習する。
学習法指導	・「ポルトガルの歴史と地理」と関連する情報の調査と整理、その利用。 ・「国語（ポルトガル語）」「ポルトガルの歴史と地理」と関連する学級文庫の整理。
市民教育	・現代のイスラーム文化の諸相に関する討論会を企画し、イスラーム人社会の代表者を学校に招き、彼らの日常生活の諸相と他の人々との関係を議論する。 ・例えば、アラブの音楽や踊りを伴う食事のような、アラブ文化の諸相を広報する。

4 ポルトガル王国の形成

ギマランイス城

1. アフォンソ・エンリケスと独立への戦い
2. ポルトガル・アルガルヴェ王国

4 ポルトガル王国の形成

テーマA　イベリア半島 —最初の住民からポルトガルの形成（12世紀）まで—

❶アフォンソ・エンリケスと独立への戦い

エンリケ伯の行動

　すでに見たように、キリスト教徒による国土再征服運動（レコンキスタ）の間、イベリア半島の北部には、いくつもの王国が形成された。それらの領土を支配した国王は、十字軍兵士－その多くは、イスラーム教徒との戦いにおいてキリスト教の信仰のために戦っていたヨーロッパの他の諸王国の騎士－の助力を得た。

　ブルゴーニュ公爵家の二人のフランス人貴族、ライムンドとエンリケがイベリア半島に到着したのは、このような事情によった。

　レオン王アルフォンソ6世は、これら二人の騎士に、イスラーム教徒との戦いにおける彼らの勇敢な働きに対する報償を与えた。

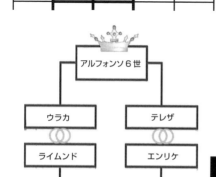

図1　アルフォンソ6世の子孫
アルフォンソ7世は、レオンとカスティーリャの国王となり、アフォンソ・エンリケスは、ポルトガルの初代国王となった。

2　ポルトカレンセ伯領の譲与

　アルフォンソ6世は、エンリケおよび彼と結婚した自分の娘に、コインブラとロベイラ城までのすべての土地、その他、ヴィゼウからラメゴまでのすべての土地を与えた。それらすべてを合わせて伯領とし、ポルトゥカーレ伯領と名付けた。（アフォンソ6世は、）伯爵がつねに自分に奉仕し、宮廷の会議(1)に伺候し、呼び出しに応じるとの条件で、(…)エンリケが征服すれば、自分の伯領に加えることができるモーロ人の土地を示した。

『5人の国王の年代記』（改作）

(1) 国王が招集し、国王に助言するため、王国の最も重要な人物が集まる会議。

・a) 誰が譲与したのか、b) 何を譲与したのか、c) 誰に譲与したのか、言いなさい。
・エンリケの義務を言いなさい。

4 ポルトガル王国の形成

　史料2を読むと分かるように、エンリケはアルフォンソ6世の庶出の娘テレザと結婚した。彼は、ポルトゥカーレ伯領の統治、およびその領土の防衛と拡大を任務とした。もっとも、依然として国王に従属し、国王に対して忠誠と軍役の義務を負っていた。ライムンドは国王の嫡出の娘ウラカと結婚し、ガリシア伯領を受領した。
　エンリケは、レオン王国から独立しようと努力し、ポルトゥカーレ伯領の貴族の支援を得たが、その目的を果たさずに没した。その間、モーロ人から土地を征服し、領土を拡大した。

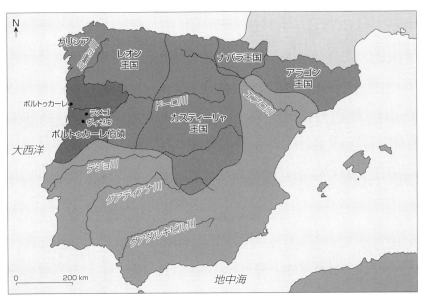

図3　12世紀初頭イベリア半島のキリスト教王国の地図
ポルトゥカーレ伯領の境界線を確かめなさい。「ポルトゥカーレ」は、ドーロ川右岸の河口近くに位置する町だった。それは、ポルトおよびポルトガルという言葉の語源となった。

図4　十字軍兵士
これらの騎士は、キリスト教の信仰のために戦った。胸には、キリストの十字架を身に着けた。

テーマA　イベリア半島 —最初の住民からポルトガルの形成（12世紀）まで—

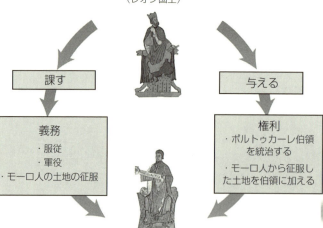

図5　レオン国王、アルフォンソ6世に対するエンリケの権利と義務

1093年　アルフォンソ6世、エンリケ伯とライムンド伯の助力を得て、モーロ人からサンタレンを征服。

1096年　エンリケ、ポルトゥカーレ伯領を受領。

1111年　モーロ人、サンタレンを再び征服。

1112年　エンリケ死去。テレザが伯領の統治を行う。

図6　エンリケとテレザ

私は、次のことができる。

1. 次のことを例示する出来事をそれぞれ年表から書き写すこと。
   a) エンリケがイベリア半島に何をやりに来たのか
   b) エンリケがレオン国王からどのような報償を得たのか
2. 図5をもう一度見て、次に記す義務を選ぶこと。
   a) エンリケが果たすのに最も苦労したであろう義務。その理由
   b) エンリケが最も気に入っていたであろう義務。その理由

用語集をまとめること。
ワークブックに、伯領と領土の意味を書くこと。

アフォンソ・エンリケス、伯領の統治を開始

　アフォンソ・エンリケスは、父が死亡したとき、まだ子供だった。テレザが伯領の統治を行い、エンリケが始めた領土拡大政策と独立を目指す政策を継続した。しかしながら、［テレザが進めた］ガリシアとの同盟には、ポルトゥカーレの領主たちの多くが不満をもった。ガリシア貴族が伯領の内政に干渉するのを危惧したからである。

　これらポルトゥカーレの貴族は、テレザと対立するアフォンソ・エンリケスを支持した。

> 1128年　サン・マメーデの戦い。アフォンソ・エンリケス、テレザを破り、ポルトゥカーレ伯領の統治を開始。
>
> 1137年　セルネハの戦い。アフォンソ・エンリケス、レオン＝カスティーリャ国王を破る。
>
> 1139年　オーリケの戦い。アフォンソ・エンリケス、モーロ人を破る。
>
> 1140年　アルコス・デ・ヴァルデヴェスの戦闘で、ポルトガル軍がレオン軍を破る。
>
> 1143年　サモラ条約。アフォンソ・エンリケス、アルフォンソ7世によりポルトガル国王として承認される。

1　アフォンソ・エンリケスとテレザの争い

　アフォンソ・エンリケスは、母から2つの城を奪った。一つは、ネイヴァの城で、もう一つは、フェイラの城であった。そして、彼は、継父であるフェルナンド伯ときわめて激しい戦いを繰り広げた。

　フェルナンド伯は言った。「アフォンソ・エンリケスよ。このような戦いは、もう止めよう。」それに対して、アフォンソ・エンリケスは、答えていった。「あなた方が、私を父の土地から追い出そうとするのは、神のご意向に添わないことだ。」すると、母は言った。「土地は、私のものであるし、今後もそうだ。なぜなら、私の父、国王アフォンソがその土地を私に遺したのだから。」(…)

『ペドロ伯の家系書』（改変）

・言いなさい。
　a) 誰と誰が争ったのか
　b) 争いの原因は何か
　c) 史料に別の題を付けなさい

　1128年、テレザの軍隊は、ギマランイス近くのサン・マメーデの戦いで敗北を喫した。

　テレザを破ったのち、アフォンソ・エンリケスはポルトゥカーレ伯領の統治を開始した。

テーマA　イベリア半島 —最初の住民からポルトガルの形成(12世紀)まで—

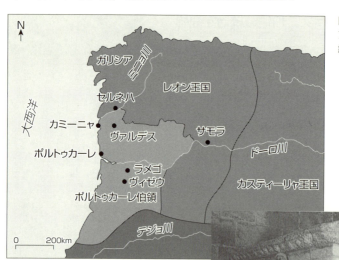

図2　ポルトゥカーレ伯領
アフォンソ・エンリケスが相続したポルトゥカーレ伯領。

ポルトガル国王、アフォンソ・エンリケス

　アフォンソ・エンリケスは父親の政策を継承し、次の2点を目指した。
- モーロ人から土地を征服して、領土を拡大すること。
- いとこにあたる（レオン・カスティーリャの新国王）アルフォンソ7世と戦い、ポルトゥカーレ伯領を独立させること。

図3　ペナフィエルのパソ・デ・ソウザ修道院にあるエガス・モニスの石棺
貴族の息子は、5歳、もしくは6歳、7歳になると、他の貴族に預けられ、養育係であるその貴族のもとで、騎士になるための教育を受けた。エガス・モニスは、アフォンソ・エンリケスの養育係であった。

　アフォンソ・エンリケスは、軍隊を集め、アルフォンソ7世と対決する決断をした。彼は、ガリシア地方のセルネハとミニョ地方のアルコス・デ・ヴァルデヴェスでアルフォンソ7世に勝利を収めた。また彼は、すでにオーリケの戦いで、モーロ人にも勝利を収めていた。そのため、レオン・カスティーリャ国王（アルフォンソ7世）は、1143年、サモラ条約に署名した。この条約において、アルフォンソ7世は、アフォンソ・エンリケスが自分をエスパーニャ（スペイン）の皇帝として受け入れるとの条件で、ポルトゥカーレ伯領の独

図4　石弓を使う戦士
50メートル先の敵を倒すことができた。この武器を使用する兵士は、石弓の射手と呼ばれた。

4 ポルトガル王国の形成

立を承認した。こうして新しい王国、ポルトガルが誕生した。アフォンソ・エンリケスがポルトガルの初代国王であった。

ポルトガルは、国王が死亡すると長男が王位を継承するという、世襲制の君主国となった。国王は、国の統治と法律の制定、司法権の行使に責任を負った。

アフォンソ・エンリケス

図5　ポルトガル初代国王、アフォンソ・エンリケスの活動

レオン国王、アルフォンソ7世と戦った

モーロ人と戦った

伯領を政治的に独立させるため

領土を拡大するため

図6　聖バルトロメウ・デ・カンペロ教会（テラス・デ・バイアン）のエガス・ラミレスへの贈与文書
この教会は1129年、アフォンソ・エンリケスにより贈与された。これは、「ポルトガル」という言葉（記号）が初めて現れる、現存する最古の文書である。文書にあるアフォンソ・エンリケスの印章は、1、2、5センタヴォ（セント）のコインの表象として採用された。

🪶 私は、次のことができる。

1. アフォンソ・エンリケスの活動について、図5の図解や75ページの年表の情報をもとに、短い文章を書くこと。

用語集をまとめること。
ワークブックに、王国、独立、君主国の意味を書くこと。

77

テーマA　イベリア半島 —最初の住民からポルトガルの形成(12世紀)まで—

テジョ川流域の征服

1135年　レイリアの征服。後に再び失う。

1145年　レイリアの再征服。

1147年　サンタレンおよびリスボンの征服。

1158年　アルカセル・ド・サルの征服。

1165-69年　エヴォラ、およびベジャ、セルパの征服。

1169年　アフォンソ・エンリケス、バダホスの攻囲で負傷。息子のサンショがポルトガル軍の指揮を執る。

　アルフォンソ7世によって国王として承認されたのち、アフォンソ・エンリケスは、モーロ人の侵攻に対する自然の障壁であったテジョ川流域の征服に乗り出した。再征服した最初の城は、敵の攻撃の拠点であったレイリア城であった（1145年）。以後、モーロ人に対するポルトガル人の攻撃は、レイリアから行われた。

　1147年3月、アフォンソ・エンリケスは、宵闇にまぎれ、サンタレンを急襲し、占領した。

　サンタレンを占領すると、モーロ人がイベリア半島西部で保持した最強の都市であるリスボンの征服に乗り出すことが可能となった。

図2　攻城機を用いた都市の占領
城壁の近くまで攻城機を押し、攻撃者は城に入った。攻城機の各階は、内部の階段でつながれていた。攻城機が燃やされないように、ふつう動物の濡れた皮で覆われていた。

1　モーロ人からリスボンを奪取

　(...) すでに壁には穴が開き、その夜、集められた木材に火が放たれ、明け方には広い範囲の城壁が崩れた。

　引き潮になると、わが軍の兵士は機械［攻城機］を運ぶため海岸に集結した。それを使えば、いっそう容易に橋が架かるからである。城壁のこの部分を守るために、あらゆるところからモーロ人が集まった。しかし、橋が架かり、われわれがいまにも城内に入るという態勢を整えると、彼らは武器を置き、手を下におろし、休戦、少なくとも次の日までの休戦を嘆願した。

あるイギリス人十字軍兵士の手紙（12世紀）

言いなさい。
　a）「わが軍」とは？
　b）都市を守っていた者は？
　c）都市に入るために使われた手段は？
　d）誰が都市を占領したのか？

4 ポルトガル王国の形成

図3 サンタレンの城の征服
(ロケ・ガメイロの絵画にもとづく再構成)
山上に位置し、豊かで、防御が堅いサンタレンの都市は、テジョ川の流れを見下ろしていた。急襲により、サンタレンを占領したとき、騎士メン・ラミーレスは、城壁にポルトガルの国旗を掲げた。

史料を読んで分かったように、リスボンの征服において、十字軍の艦隊の支援はきわめて重要であった。キリスト教徒の攻撃や病気、飢えによって、モーロ人は、約4ヶ月の攻囲の後、1147年10月、降伏せざるをえなかった。

要衝を占める豊かな都市リスボンを征服した後、ポルトガル人は、周辺の城を次々と征服した。テジョ川流域がポルトガル人の領土の南限となった。

ポルトガル人は、モーロ人がまだ支配していた南部地方の征服にとりかかり、アルカセル・ド・サルやエヴォラ、ベジャのような重要な都市を征服した。しかしながら、アフォンソ・エンリケスが没したとき（1185年）までに、モーロ人は、アレンテージョ地方［テジョ川以南の地方］の大部分を回復していた。

 アフォンソ・エンリケスが没したときのポルトガル王国 (1185)
● テジョ川流域の城
  レオン・カスティーリャ王国
  イスラム教徒

図4 テジョ川河岸沿いに建設された城は、河岸という、敵の進出に対する自然の障壁を補強する役割を果たした。アフォンソ・エンリケスが没したとき (1185年)、テジョ川の南では、モーロ人から征服した土地のかなりの部分は、すでに失われていた。

テーマA　イベリア半島 —最初の住民からポルトガルの形成（12世紀）まで—

図5　ペネド城と矢を射る狭間
城の城壁に見えるこれらの穴はあまりに小さかったので、攻撃者が城を守る兵士を射止めることはむずかしかったが、城の中にいる射手が弓を射て、敵を倒すには十分であった。

私は、次のことができる。

図4を見た後、
1. テジョ川の北にある、アフォンソ・エンリケスが征服した都市の名前を言うこと。
2. なぜテジョ川流域の征服がきわめて大切であったのか説明すること。

もう一度、78ページの年表と79ページの図4の地図を見てから、次の文の意味を説明すること。「国土再征服運動は、前進と後退を繰り返しながら行われた。」

ポルトガル王国の承認

　この時代、教会の最高権威であった教皇は、キリスト教国の国王に対してきわめて強い力をもっていた。教皇の承認なしには、誰も、自分が完全な権利をもつ国王であるとは考えられなかった。

　1143年、アフォンソ・エンリケスは、ポルトゥカーレ伯領の独立を達成すると、ポルトガルを教皇の保護の下に置こうと試み、毎年4オンス（1オンスは、約28グラムに相当する）の金を渡すと約束した。しかし、教皇は、彼に国王の称号を与えず、dux（公）の称号のみを与えた。

　アフォンソ・エンリケスは、教皇の承認を得ることをあきらめず、
- 毎年16オンスの金を渡すことを約束し、
- キリスト教徒の敵と戦い、彼らから広大な領土を征服し、
- 聖職者を支援して、土地や役職を与えた。

教会に対するこのような奉仕は、教皇アレクサンデル3世が1179年、アフォンソ・エンリケスをポルトガル国王として承認する一因となった。

1179年	教皇アレクサンデル3世、アフォンソ・エンリケスに国王の称号を授与。
1185年	アフォンソ・エンリケス没。
1189年	サンショ1世、アルヴォール、シルヴェス、アルブフェイラを征服。
1190-91年	イスラーム教徒、エヴォラを除くテジョ川以南の土地を回復。
1217年	アフォンソ2世、アルカセル・ド・サルを再征服。
1232年	サンショ2世、モーラとセルパ再征服
1234年	サンショ2世、ベジャとアルジュストレルを再征服。
1240年	サンショ2世、アルヴォールを再征服。
1242年	サンショ2世、タヴィラを再征服。
1249年	アフォンソ3世、アルブフェイラ、ファロ、シルヴェスを再征服。

1　アレクサンデル3世の教書

　イエスキリストの名において、われらの愛する息子－ポルトガル人の国王－アフォンソとその子孫へ。

　あなたが、カトリック教徒のよき君主として、教会に多くの奉仕をし、勇敢に敵を打ち負かし、多くの戦闘においてカトリックの信仰を広めたことは、その明らかな成功によって、よく知られている。

　あなたの偉大さ、そしてポルトガル、およびあなたがモーロ人から勝ち取るであろうすべての土地が王国としての完全な名誉と威厳をもつことをここに正式に認める。またあなたに対してと同様に、あなたの相続者にも同じことを授けることにする。

教皇アレクサンデル3世がアフォンソ・エンリケスに対して送った教書（1179年）

- 言いなさい。
  a) 誰が文書を送ったのか？
  b) 誰に送ったのか？
- 教皇がアフォンソ・エンリケスに正式に認めた称号を言いなさい。
- 教皇はなぜ正式に承認したのか、その理由を言いなさい。
- 文書に他の題目を付けなさい。

テーマA　イベリア半島 ―最初の住民からポルトガルの形成(12世紀)まで―

図2　アフォンソ・エンリケスに国王の称号を正式に認めた教皇アレクサンデル3世の教書
教書は、丸い鉛（ときには金）の印章を押す、教皇の文書である。印章には、教皇の名前が刻印されている。

領土の拡大

　その間、アフォンソ・エンリケスが忠誠を誓ったアルフォンソ7世が死去した。ポルトガルはその後も独立を維持し、アフォンソ・エンリケスに続いて国を統治した歴代の国王（サンショ1世、アフォンソ2世、サンショ2世、アフォンソ3世）は、アルガルヴェからモーロ人を追い出すまで、彼らとの戦いを続けた。最終的にモーロ人を追い出したのは、アフォンソ3世の時代、13世紀（1249年）になってからであった。

図3　アフォンソ・エンリケスの死去から、アルガルヴェからモーロ人を追放するまでのポルトガル王国の発展

4 ポルトガル王国の形成

1223-1248年　　　　　1249年

■ ポルトガル王国
■ レオン・カスティーリャ王国
□ イスラム教徒

■ 1249年のポルトガル王国
■ レオン・カスティーリャ王国

図4　アルカセル・ド・サル城とアフォンソ2世

図5　シルヴェス城とアフォンソ3世

私は、次のことができる。

1. 81ページの年表を見てから、
   ① アフォンソ・エンリケスを国王と承認した教皇の名前とその年代を言うこと。
   ② 誰の治世から、ポルトガル人は本格的に南への進出を始めたか言うこと。
   ③ モーロ人からそれまで以上に多くの土地を再征服したのは誰の治世かを言うこと。
   ④ アルガルヴェからモーロ人を最終的に追放した国王の名前を言うこと。

テーマA　イベリア半島 ―最初の住民からポルトガルの形成(12世紀)まで―

2 ポルトガル・アルガルヴェ王国

広がりと国境

　すでに見たように、アフォンソ3世は1249年、南部の征服を終えた。こうして、モーロ人に対する、長く、困難な戦いの時代は終わった。そのときから、ポルトガル国王の称号は、「ポルトガル・アルガルヴェの国王」となった。

　ポルトガル国土の境界はこうして、西と南は、大西洋、北と東は、レオン・カスティーリャ王国となった。

　しかし、いくつかの土地をめぐっては、半島の両王国の間に争いが続いた。アルカニセス条約において、ポルトガルの領土の境界、つまり国境が、図3の地図に見られるように画定したのは、1297年、ディニス王の治世になってからであった。100年前後で、征服を通して、ヨーロッパの南西端に、安定した国境をもつ王国が誕生したのである。ポルトガルは、ヨーロッパで最も早く国境を画定した国の一つであった。

　ポルトガルは、面積およそ8万9,000平方キロのほぼ長方形で、イベリア半島の総面積の6分の1に相当している。縦は、最長561キロメートル、横は、最長218キロメートルとなっている。

民衆の勝利

　領土の拡大は、すべての人々の努力の結果であった。

　国王は、重要な戦いで、軍隊を指揮した。有力な領主、つまり所領や城の所有者は、軍隊の指揮において国王を助けた。彼らは、鍛

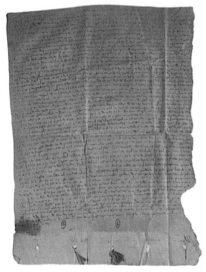

図1　1297年、ポルトガル国王、ディニスとカスティーリャ国王との間で署名されたアルカニセス条約。

錬を怠らず、十分な武器を携え、馬で戦った。彼らには、役職や土地が報償として与えられた。

　宗教騎士団の騎士は、キリスト教の信仰の名の下に異教徒と戦い、報償としてはやり役職や土地を得た。

　民衆は、徒歩で戦った。彼らは、十分な訓練を受けておらず、間に合わせの武器しかなかった。戦争で最も苦しみ、最も多くの死者を出したのは、彼らであった。

図2　ディニス王
カステロ・ブランコの司教館庭園にある歴代国王の階段にある彫像。

図3　アルカニセス条約以降、スペイン人がオリヴェンサを占領した1801年まで国境の変更はなかった。モーロ人のグラナダ王国は15世紀末、キリスト教徒によって征服された。

テーマA　イベリア半島 —最初の住民からポルトガルの形成（12世紀）まで—

図4　戦争に向かう宗教騎士団の騎士と農民（復元）

私は、次のことができる。
1. 自分が農民であり、アフォンソ・エンリケスの治世に生きていると想像すること。
　そして、モーロ人に対する戦争に自発的に参加するかどうか、またその理由を言うこと。

用語集をまとめること。
ワークブックに、国境の意味を書くこと。

図解—要約

ポルトガル王国の形成

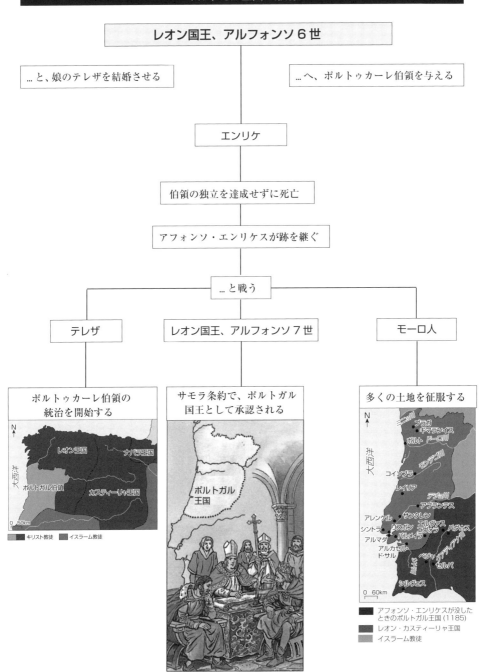

もう次のことができる。

1. 図1と図2をよく見て、

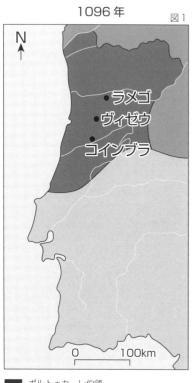

① 次のものを言うこと。
 a) アフォンソ・エンリケスが相続した2都市
 b) アフォンソ・エンリケスが征服し、アフォンソ・エンリケスが没したときにも、依然としてポルトガル領であった3都市
 c) アフォンソ・エンリケスが征服し、アフォンソ・エンリケスが没したときには、モーロ人が回復していた2都市

② 征服がすべて完了したのは、何世紀か。

2. 次の史料を読み、

図3　1249年

1249年のポルトガル王国
レオン・カスティーリャ王国

| 4 | 息子に対するエンリケ伯の頼み |

　(...) そして、死ぬ前に息子アフォンソ・エンリケスを呼び、次のように言った。「息子よ。おまえに遺すこれらの土地は、わずかでも失ってはならぬ。私が、多くの苦労の末に手に入れたものだから。」

アフォンソ・エンリケスの武勲詩（改変）

①父親が息子に行った頼みを言うこと。
②アフォンソ・エンリケスが父の頼みを果たしたことを示す地図はどれかを言い、またその理由を言うこと。

3.「国土再征服運動は、前進と後退を繰り返しながら行われた」という言葉の意味を説明すること。

4. 図3の地図を見てから、アフォンソ・エンリケスの後継者がモーロ人に対してどのような態度をとったか言うこと。

5. どの国王の治世にモーロ人がアルガルヴェから追放されたのか、それは何世紀か言うこと。

6. アルカニセス条約で何が確定されたか言うこと。

7. 次の用語と年代を使って、短い文章を書くこと。
　アフォンソ・エンリケス、サモラ条約、教皇教書、1143年、1179年、アフォンソ・エンリケスの後継者、モーロ人、アフォンソ3世、アルガルヴェ、1249年

旅

ポルトガルを旅する機会があるなら、美しい自然の景観を楽しむとともに、私たちの過去を物語る史跡がある場所も訪れてみよう。

ギマランイスからエルメロまで

ポルトガルの最初の日

(...)15歳の頃、アフォンソ・エンリケスは、当時ポルトゥカーレ伯領に属していたサモラの大聖堂で騎士に叙任された。1126年ウラカが没すると、アフォンソ・ライムンデスが［アルフォンソ7世として］レオンとカスティーリャとガリシアの王位に就き、またポルトガルの領主となった。1127年、伯領に反乱の動きがあり、国王は、ギマランイスを包囲した。(...) しかし、（リバ・ドーロの領主で）アフォンソ・エンリケスの守役［養育係］であり、名誉を重んじると評判が高かったエガス・モニスが、アフォンソ・エンリケスの恭順を国王に保証すると、包囲は解かれた。

アルフォンソ7世は、ポルトゥカーレ伯領の有力者の団結をあまり気にかけていなかった。それには、ブラガの大司教、およびマヤとリバ・ドーロ、ネイヴァ、レフォイオス・ド・リマの領主が含まれていた。さらにはフェイラの領主からの強力な支援もあった。次に見るように、カスティーリャ国王は、判断を誤っていたのである。(...)

おそらくは1128年6月24日、アフォンソ・エンリケスの母、テレザとその愛人であるガリシア貴族、フェルナン・ペレス・デ・トラヴァの軍勢は、アフォンソ・エンリケスの軍勢と、ギマランイスの北方、半レグアのところにあるカンポス・ダ・アタカで（あるいは町の南、クレイショミルのセリャ川の近くで）対峙し、そこで短いが血なまぐさい戦いが起こった。戦いは、中世前期の様式で騎士の戦闘が中心であったが、ギマランイスの下層中産階級の存在も重要であった。彼らは、自分たちの土地のために戦った。(...) テレザとガリシア貴族（フェルナン・ペレス・デ・トラヴァ）は戦いに敗れ、伯領から追放された。 (...) サン・マメーデの勝利は、大きな転換点となった。つまり、そのとき、ポルトガルという国が生まれたのである。伝説によると、エガス・モニスは、約束を重んじ、約束を違えた責任を取ろうとした。主人アフォンソ・エンリケスがいとこのアフォンソ・ライムンドに服従すると保証したのは、ほかならぬ彼であった。エガス・モニスは、約束を果たすことができなかった（あるいはそれを好まなかった）ので、死刑を覚悟の上で、首に縄を結わえ、家族とともにカスティーリャへ赴いたという。もっとも、実際には、死刑にはならなかったのだが。アフォンソ・エンリケスを支えた人々のうち何人かは、ムマドナ・ディアス城の近くにある聖ミゲル教会の碑石の下に眠っている。　　　（一部改変）

名所・旧跡
1. 聖母オリヴェイラ教会
2. ブラガンサ公爵の館
3. 聖ミゲル・カステロ教会
4. ギマランイス城
5. レフォジョス修道院
6. 「オ・バスト（髭の男）」の彫像
7. アルコ・バウリェ鉄道博物館
8. アルノイア城
9. ファリニャ山と聖母グラサ礼拝堂
10. エルメロ渓谷
11. キンテラの塔

聖ミゲル教会

　この教会は、ギマランイスで最も重要な教会であると考えられている。その理由は、アフォンソ・エンリケスがそこでブラガの大司教、聖ジラルドによって洗礼を授けられたと伝えられているからである。聖ミゲル礼拝堂は、12世紀のロマネスク様式の小さな教会である。(...)内部の花崗岩の壁には、2つの像が飾られている。聖母と幼子の石彫と聖ミゲルの木彫である。(...)タジルデ修道院長が1895年に書き記したところによると、当時まだ祭壇の右側に、王国の度量衡の最初の基準となったものが残っていた。床には、約900年前、建国に寄与した人々の何人かの墓がある。そのいくつかには、誰がそこに埋葬されているかをある程度明らかにする紋章や銘文がある。洗礼盤は、おそらくオリジナルではない。もともとの洗礼盤については、ポルトガルの初代国王がそこで洗礼を受けたという、古い証言にもとづく伝説がある。(改変)

ブラガンサ公爵の館

　フランスの大領主の館の影響が見られる公爵の館は、アヴィス騎士団の庶子で、ヌノ・アルヴァレス・ペレイラの娘と結婚し、第8代バルセロス伯となったアフォンソが、その建設を命じたものである。18世紀以降、軍の守備隊の駐屯所として使用されたため、一時完全に廃墟となったが、サラザールが1935年、そこに共和国大統領府を設置することを念頭に建物の復元を命じた。もっとも、大統領クラヴェイロは、それを望んではいなかったといわれる。工事は、ポルトの建築家、ロジェリオ・デ・アゼヴェドの監督の下で行われ、1959年6月24日に盛大な完成式が執り行われた。

『ポルトガルの城を巡るルート1』から
抜き出した文章と挿絵
1. ギマランイス城

N. 国道
IP. 幹線道路

マリアルヴァからトランコゾまで

マリア・アルヴァの伝説

　マリアルヴァという名前の起源について一つの伝説がある。その村には、マリア・アルヴァという名前の娘が暮らしていた。その美しさで皆を魅了したが、いつも裾を引きずるスカートを身に着けているのが人々の好奇心を引いていた。多くの求愛者がいたが、彼女は、自分にぴったりの靴を作ってくれる男がいれば、その男と結婚するといつも言っていた。村に、バルタザールという名前の靴屋がいた。彼は、マリア・アルヴァの女中に頼んで、彼女の部屋の床に粉をまかせ、マリア・アルヴァの足跡が残るようにした。
　翌朝、バルタザールは、足跡を見て、道に飛び出すと、次のように大声で叫んだ。
　「マリア・アルヴァは、人間の身体と山羊の足を持っている。」
　娘は、それを聞くと、城の塔に上り、彼に尋ねた。
　「いったい何人の人にそのことを言うつもりなの？」
　「出会う人には、皆に。」とバルタザールは答えた。
　それを聞くと、マリア・アルヴァは、塔から身を投げ、死んでしまった。
　それで、そのときから、その娘の名前が、村の名前になったと言われている。

トランコゾ城

　　　　　　　村の北西に位置し、城壁は、頂がピラミッド形の凸壁（マーロン）で装飾され、塔が5つ、扉が2つある。1097年、テレザの持参金として、エンリケ伯の所有となった。1160年トランコゾを最終的に再征服したのは、彼の息子、アフォンソ・エンリケスであった。
　アフォンソ・エンリケスが町に特許状を付与したのはこの頃のことであった。特許状は、その後1217年になって、アフォンソ2世によって裁可された。町に城壁が巡らされ、城が補強されたのは、ディニス王の治世であった。今日、城壁の大部分が残っており、トランコゾ中心部の歴史地区は、ベイラ地方の中で最も興味深い史跡の一つである。城の見学では、塁壁［城壁の上部の通路］からの展望がすばらしく、天水の貯水池や中心塔が見える。中心塔には、典型的なムデハル様式の馬蹄形のアーチがある。城は、いくつかの軍事上の出来事の舞台となった。トランコゾ民兵連隊の創設は、スペイン継承戦争（1704－1713年）にまで遡る。この民兵連隊は、後にナポレオンの軍隊と戦うことになる。トランコゾは、ここで生まれた何人かの人物によって、さらに有名になった。例えば、「オ・バンダラ（陽気な人）」というあだ名の靴職人ゴンサロ・アネスの場合がそれで、異端審問所に嫌疑をかけられる原因となった預言的な詩で有名である。

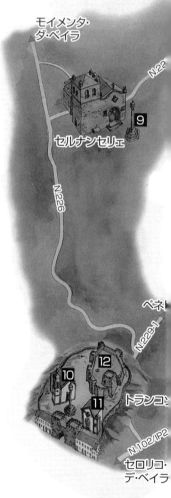

名所・旧跡
1. マリアルヴァ城
2. ロングロイヴァ城
3. メダの時計塔
4. ラニャドス教会
5. ラニャドス城
6. 中世の村ペネドノ
7. ペネドノ城
8. ラメイラ・デ・シマ支石墓
9. セルナンセリェの本部教会とペロリーニョ（柱）
10. トランコゾの聖ペドロ教会
11. トランコゾのミゼリコルディア教会
12. トランコゾ城

ペネドノ城

　他の多くの城と同様に、レオン国王、フェルナンド・マグノに再征服されるまで、この城も、何度も城主を変えた。その歴史に関しては、城の誕生についても、村の誕生についても確証はない。知られている記録は、10世紀にまで遡る。ここには、カモンイスのおかげで、永遠にその名をとどめることになる、有名な「マグリッソ（ひどくやせた人）」アルヴァロ・ゴンサルヴェス・コティーニョが暮らしていた。城は、軍事的な目的で建設されたというよりは、城の造りをもつ住居として建てられた。その塔は、開いた手の指を思い起こさせ、魔法にかけられた宮殿のように見える。狭い塁壁を歩いて、そこから展望を楽しみながら城を一回りするのは、大いに価値がある。

『ポルトガルの城を巡るルート３』から抜き出した文章と挿絵
マリアルヴァの城

ヴィラ・ノヴァ・ダ・バルキーニャからドルネスまで

1190年のトマールの攻囲

トマール城の城壁の中にあるテレイロの階段の傍らに置かれた銘文には、1190年、そこで行われた激しく血なまぐさい戦闘の話が書かれている。「西暦1190年7月13日、モロッコ王は、40万の騎士と50万の歩兵を従え、6日間この城を包囲した。城壁の外にあるものはすべて破壊した。しかし、神が、城と前述の騎士団長（グアルディン・パイス）および兵士たちをモーロ人から解放した。モロッコ王は、数え切れない人と動物を失い、祖国に戻った。」モーロ軍の兵士の数には誇張はあるが、銘文は、12世紀当時のポルトガル軍の誇らしい気持ちをありのままに表している。

テジョ川流域地方は、リスボン同様、すでにキリスト教徒の支配下にあったが、モーロ人からポルトガル王国を再征服する運動は、継続していた。アルガルヴェにおける最も豊かで重要な都市であり、当時、西のバグダッドと考えられていたシルヴェスは、異教徒から奪回された。アラブの王、アルマンソールは、シルヴェスの喪失を悔やみ、反攻を決断した。そのため、コルドヴァのイスラーム教徒に支援を求めた。強力な軍隊が集まると、直ちにシルヴェスを包囲した。シルヴェスは必死に抵抗した。アラブ人は、それだけでは飽きたらず、キリスト教徒の王国の中心部へ向けて進軍した。まず、サンタレンやトレス・ノヴァス、アブランテスを攻め取り、続いて同じく豊かな都市トマールへ向かった。アルモロル城の監視塔から異教徒の軍が望見されると、軍の接近の知らせは、テンプル騎士団と当時トマール城を治めていた騎士団長グアルディン・パイスのもとにもたらされ、すぐに対策がとられた。

ポルトガル軍は、町の住民とともに城壁の中に逃れ、侵略者に対する防衛の準備を始めた。ある者には、武器が配られ、またある者には、攻撃してくる敵にかける大量の油と水を熱する仕事が割り当てられた。剣が研がれ、鉛やタールが準備された。

7月13日、町の広場には、アラブ人の三日月刀があふれ、灼熱した夏の太陽に輝いていた。まもなく、町を囲む家屋すべてに火が放たれ、何千というモーロ人が城の攻撃に殺到した。南門が破られ、異教徒が囲いの中に侵入した。反撃はすばやく、キリスト教徒は英雄的に戦った。(…)攻囲は、6日間続いた。(…)病気が広がり、病気によって何百人ものモーロ人が死亡した。勇敢なトマールの人々は、攻囲に抵抗し、自分たちの武器で、アルマンソール軍を激減させた。歴史には、碑文と伝説とアルメディーナ門の新しい名前が残った。この門は、以後ポルタ・ド・サングレ（つまり、血の門）と呼ばれるようになった。（改変）

名所・旧跡

1. アルモロール城
2. コンスタンシアの河岸地区
3. 河川・航海術博物館
4. コンスタンシア本部教会
5. トマール城
6. キリスト修道院
7. トマール本部教会
8. セテ・モンテス国有林
9. ペゴンイス水道橋
10. ドルネスの塔

キリスト修道院

　ユネスコの世界遺産に登録されているキリスト修道院では、12世紀から18世紀まで、各時代のいくつもの様式が重層的に積み重なっている。
　グアルディン・パイスは1160年、トマール城を創設したが、修道院の最古の建物―シャローラ（礼拝室）の建設が始まったのもこの年である。
　15世紀、エンリケ親王は、ここに、今日は廃墟になっている宮殿、およびラヴァジェンの回廊、セミテリオの回廊を建設した。そのとき、参事会室が建てられ、その窓は、マヌエル様式の傑作と見なされている。ジョアン2世の時代に、新しい回廊が作られた。同じ頃、食堂と寄宿舎が建設され、修道院の機能性と居住性が高まった。
　1690年、ペドロ2世は、北面のファザードと修道士病棟、地方病院を建設させた。

アルモロル城

　テジョ川の小さな島に位置するアルモロル城は、高さ18メートル、長さ310メートルの露出した花崗岩の上に建っている。ローマ時代の要塞の廃墟の上に建設されており、1171年、アフォンソ・エンリケスがモーロ人から征服し、テンプル騎士団へ引き渡したもので、テンプル騎士団が城を再建し、拡張した。城は、比類ないほどの美しさで、威厳があり、おそらくは城と結びつく多くの伝説によって、幻想的でさえあり、中世の軍事建築の典型例である。ポルトガル王国の南の国境を守る上でも重要で、戦略的な価値も高かった。

『ポルトガルの城を巡るルート7』から抜き出した文章と挿絵
7. トマール城

「恐れ知らずの勇者」、ジェラルド・ジェラルデス

「恐れ知らずの勇者」、ジェラルド・ジェラルデスは、怖がることを知らない冒険家で、アレンテージョ地方のモーロ人の領土に侵入し、そこを征服した。「恐れ知らずの勇者」は、モーロ人には恐怖であった。

最大の功績は、1165年の秋に行われたエヴォラの征服であった。伝説によると、年老いたモーロ人の長とその美しい娘が要塞を見回っており、交互に塔の上に上っていた。娘は、吟遊詩人の物語や歌を聴いたり、踊ったりするのが好きだった。

ジェラルド・ジェラルデスは、モーロ人の娘のそのような好みを知り、美しい愛の歌を歌い、演奏しに塔の下に行った。ジェラルドが娘に熱愛しているふりをしたところ、娘は彼が塔に上るのを許した。しかし、残酷な、驚くべきことが起こった。ジェラルドは、刀を抜き、老人の首をはね、次に娘の首もはねてしまった。

ジェラルドは、仲間を呼び、まもなくエヴォラは彼の支配下に入った。彼は、エヴォラを国王、アフォンソ・エンリケスに引き渡した。アフォンソ・エンリケスは、感謝の印としてジェラルドをその町の長官とした。

ジェラルド・ジェラルデスは、新たな都市の征服を続け、ついにバダホスに攻撃を仕かけた。この町は、モーロ人の重要な王国の首都で、大都市であり、防御も堅かった。ジェラルドがアフォンソ・エンリケスに助けを求めると、国王は、軍を率いてすぐに駆けつけ、モーロ人を包囲した。モーロ人は、カスティーリャ・レオン国王と同盟を結んだ。ポルトガル人は、やむを得ず逃げ出した。

アフォンソ・エンリケスは、慌てて逃げる際に、扉の掛け金で足を打った。馬は態勢を崩し、アフォンソ・エンリケスの上に倒れた。アフォンソ・エンリケスは、足と腰の骨を折ってしまった。

大変な不幸だった。国王は、二度と歩けなくなった。

それは、アフォンソ・エンリケスがサン・マメーデの戦いでテレザを捕まえたときに、彼女がかけた呪いのせいだと言われている。

伝説によれば、ジェラルド・ジェラルデスは、アフォンソ・エンリケスのために、密偵の仕事もした。ジェラルド・ジェラルデスは結局、モーロ人に捕らえられ、殺された。こうして、彼の冒険に満ちた人生は終わった。

しかし、彼の記憶は、ジェラルド・ジェラルデスが征服し、支配し、愛したエヴォラ市の中央広場である、ジェラルド広場の名前によって永遠のものとなっている。

文章と挿絵は、ジラソル出版『ポルトガル史』から引用。

歴史の中の女性

少し前まで、歴史の勉強は、国王や指導者、聖人、英雄について学ぶことだった。

今日では、歴史を学ぶことは、民衆─各々が自分の役割を果たす、男性や女性、指導者や下層民─を学ぶことだといわれている。歴史は、そのような人々すべての努力や労働、生や死で作られるからである。こうして、今日までほとんど無視されてきた社会の構成要素が、いまや学ぶ対象となっている。

次に、その中で、女性とその頃女性に与えられた役割を取り上げ、それについて学ぶことにしよう。

民衆の女性

まず民衆の女性について話をしよう。つまり、家事や子供の世話のほか、農村や都市において家の内外で働き、男性の仕事を補い、家庭を維持するのを助けた女性の役割についてである。

農村では、女性は、土地を耕すこと─もっぱら男性が行った労働─を除いて、農業にかかわるあらゆる仕事をした。

図1　収穫作業を行う女性

都市では、女性は、主に食料品の供給にかかわる商売で重要な役割を果たした。それぞれ固有の名称で呼ばれたり、あるいは単に行商人とだけ呼ばれたりしたそのような女性は、パンや油、塩、ワイン、蜂蜜、たきぎ、わら、薬草など多くの品物を商った。女性はまた、果物（果物売り）や野菜（野菜売り）も商った。タラ売り、イワシ売り、エビ・カニ・貝売りなどの魚売りもいた。

しかし、注意する必要もある。肉の供給は、男性（肉屋）が行った。自分が所有する店舗、または借りた店舗で、居酒屋や雑貨商、乾物屋などを営む女性もいた。雑貨商や乾物商は、食品だけでなく、糸やリボンなど、服を作るための細々とした品物も扱ったので、古着屋とも競い合った。

図2　絹を織る女性

女性は、都市の小規模な商売で重要な役割を果たしたほか、手工業ともかかわり、ふつうは夫（またしばしば息子たち）といっしょに職人としても働き、パンなど、いくつかの製品の製造に従事した。パンの製造では、製粉は男性の労働であったが、パンをこね、パンを焼くのは、パン作り・パン焼き女性職人の労働であった。亜麻や羊毛の糸をつむぐことも、女性がふつうは家で行った。もっとも、布地の製造は、女性も男性も働く、作業場で行われた。女性は、照明用具の製造にも従事し、また土木作業員としても働いた。

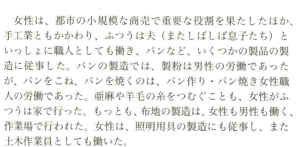

図3　製粉所の女性

男性と同様、女性も自分の行為に責任を負い、罪を犯すと罰せられた。つまり、罪の重さに応じて、女性も、罰金、拘禁、公開でのむち打ち、製品の没収、あるいは就業禁止などの罰に処された。

皆さんもすでに気づいているように、当時は、男性の労働と女性の労働との違いがいまよりも大きかったにせよ、女性も積極的に仕事に従事していた。言い換えれば、女性も、幅広い生産活動に従事し、数多くの仕事で社会に貢献した。

図4　パンを作る女性

王妃である女性

いままでに学習を終えたこの時代で最もよく知られている王妃の一人は、イザベル王妃である。

ディニス王の妻で、アラゴン王国のペドロ3世とナヴァラ王国のコンスタンサの娘であるイザベルは、1269年あるいは1270年にサラゴサかバルセロナで生まれ、1336年疫病にかかりエストレモスで亡くなった。「征服王」と称される祖父のハイメ1世は、イザベルを「アラゴン家のバラ」と呼んだ。

イザベルは、祖父が亡くなるまでは祖父の宮廷で、その後は両親のもとで、申し分のない教育を受けた。若いときから、思索や孤独を好み、また祈りや断食を好んだ。

1281年4月24日、国王ディニスとの婚姻契約書の署名が行われ、1282年、バルセロナで代理人が出席し婚姻が執り行われた。結婚式は、同年6月24日、トランコゾで行われた。

結婚当初、イザベルは、国王に随伴して国を巡り、その謙虚さと優しさで、民衆の心を捉えた。イザベルの慈悲深さや信心深さは、際立っていた。貧しい者や不幸な者に対しては、いつもイザベルから物心両面での支援があった。貧しい娘たちには、イザベル自身の収入で持参金をもたせ、財産のない騎士の子供たちには、教育を授けた。国王とその兄弟、また国王と皇太子アフォンソとの争いには、仲介者の役割を果たした。息子の利害を優先していると非難されて、アレンケルの町に送られたこともあった。1322年、両者の和睦が成立したのも、イザベルの仲介によってであった。またその一年後、まさに戦いに突入する寸前に、両軍の戦いを回避させたのも、イザベルであった。

国王の死後、コインブラのサンタ・クララ修道院の近くに住居を構えた。イザベルは、コインブラ病院やサンタレン病院、レイリア病院の設立に携わった。またレイリアに女性の避難所を、オディヴェラに救護院を創設した。

イザベルは、遺言により、サンタ・クララ修道院に埋葬されたが、後にサンタ・クララ新修道院に移され、銀と水晶で作られた棺に納められた。民衆は、イザベルに対して聖人のイメージを作り上げ、彼女がいくつもの奇跡を行ったと考えた。

イザベルは1625年、ウルバヌス8世によって、聖人の列に加えられた。

図5　コインブラのサンタ・クララ修道院にあるイザベルの墓

12-13世紀ポルトガルの健康の諸相

A・H・デ・オリヴェイラ・マルケス

中世の食生活の影響で、いくつかの病気は、今日よりも頻繁に発生した。その上、感染に対する抵抗力がきわめて小さかったので、伝染病は急速に広がった。12－13世紀には、いくつもの伝染病の流行の記録がある。「疫病（ペスト）」あるいは「悪疫」という言葉は、ほとんどつねにそのような伝染病を指した。しかし、本当のペスト、つまり腺ペストがヨーロッパに入ったのは、14世紀中頃のことであることが分かっている。飢饉や戦争が原因で発生する他の伝染病は、おそらく赤痢やインフルエンザなどであった。医者や薬剤師、祈禱師、まじない師、また神学者、哲学者、政治家までもが、それら伝染病に効果のある薬を発見しようと努力した。

疫病（ペスト）

激しい伝染病をくい止めることができるものは、何もなかった。それで各自が適切であると考える措置を講じるしかなかった。もちろん、何よりも前に、「悪から遠ざかり、善に従い、(...)謙虚に罪を告白しなければならず、だから、悪疫の際の大いなる薬は、聖なる改悛と告白である。それらは、薬を飲むより前に行うべきことで、薬よりもずっと効き目がある」と考えられた。次に、疫病が流行っている場所から逃げるように勧められた。さらに大量の酢や酢入りの液体を飲み、甘いものを避け、鶏肉や焼いた山羊、「乾いた」魚を食べるように勧められた。一般的な他の注意も当然守らなければならなかった。例えば、性的な快楽を慎み、暴飲暴食を控え、「入浴を避け」、人の集まりや人との接触を逃れ、手や顔、また家の内部を洗うのに、酢の入った水をたくさん使い、できるだけ家の中にいることなどであった。

実は、疫病に対する有名な「薬」も存在した。あるものは、アナグマの血液をもとに作り、ワインか、酢入りの水で薄めて病人に与えた。別のものは、雄牛の血にいくつかの樹木や灌木の根を混ぜて作られた。ほか薬も、このような類のものであった。

図1　伝染病の医者。仮面のくちばし部分には、香草を詰めていた。

目の病気

目の病気も、ビタミンAを含む食物の欠乏が原因でしばしば起こり、当時の医学書にも取り上げられている。痛みや腫れの治療には、胆汁が重要な役割を担う数多くの薬が用いられた。ツバメの胆汁やウズラの胆汁、ウイキョウ（フェンネル）の種、ヘンルーダ、白ワインをもとにした液体は、きわめて効果的であると考えられていた。

卵の白身と黄身や雌犬の乳、ヒトの母乳、ローズマリー、雄羊か雌ヤギか野ウサギの肺、ヒトの糞便の灰、蜂蜜を混ぜた尿が、目の病気に処方する薬の材料であった。虹彩炎やその他の結膜炎を治療するには、患者を暗い部屋に移し、風邪やほこりから守り、腫れた目を何度も洗った。

しかし、いくぶんか科学的な裏付けがあるこれらの治療法とともに、数多くの迷信があった。ある有名な医師は、首に小さな袋を提げ、そこに小さなカラスか、カニか、オオカミの目を入れるように助言した。処方の中には、黒魔術の魔法やその符号・儀式を使うものもあった。

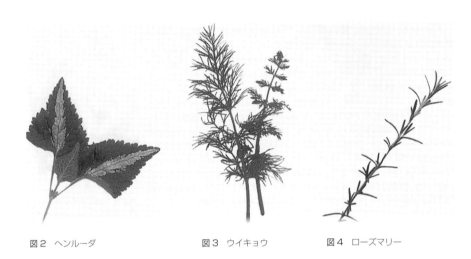

図2　ヘンルーダ　　　　図3　ウイキョウ　　　　図4　ローズマリー

皮膚の病気

皮膚の病気は、広く見られた。一つには、それは、羊毛の衣服を肌にじかに着用していたせいだった。最も悲しく有名だったのは、東方起源で、十字軍によりヨーロッパに広まったハンセン病であった。ハンセン病は、当時治療ができないと考えられていた。医者はふつう、ハンセン病そのものを治療することはなかった。しかし、病気の進行を遅らせたり、病気の症状を軽減すると考えられた薬は、知られていた。例えば、ゼニアオイの灰を水で煮た薬があり、それで目を洗った。また、乾燥した不毛の山で捕獲された蛇をワインで煮た薬もあった。さらには、毒蛇を煮た油の中に漬け込んだ繊維くずも用いられた。

図5　ハンセン病患者。周りの人々に遠ざかるようにと知らせるため、小さな鐘を鳴らした。

薬効のある鉱泉の利用が広がったのは、特に皮膚病の治療のためであった。12世紀以降、ポルトガルでは鉱泉を利用した皮膚病の治療の記録がある。ハンセン病患者は、サン・ペドロ・ド・スル近郊のラフォンイスの温泉に湯治に行った。リュウマチやいろいろな腫れ、感染のような病気も、全国で湧く、薬効のある多くの鉱泉で症状が軽くなった。

歯の病気

痛に対しては、お祈りをする以外にも、たくさんのお勧めの品があった。根―カブやゼニアオイの根―から、汁―耳にたらすタマネギやキュウリの汁―や明らかに奇妙な品―豚の排泄物、雌犬の乳、イタチの温かい肝臓、細い棒で何度の叩いてから水煮した蛇の肉―、さらに純粋な迷信―喉のところに下げたセロリの根、クモの巣で巻いた塩の粒、何度か針で突いたムカデ（そのムカデを針で突いた回数だけ歯に触れさせる）―まで、歯の治療法は、実際上、病気の処方書のすべてに記載されていた。子供の乳歯が生えるのが遅いと、母親は、子供の歯茎をこすり、歯茎にバターを塗り、肉や骨髄の汁で子供の身体を丈夫にしようとした。

図6　歯医者。病気に蝕まれた歯は、市場で治療をする歯抜きが、麻酔をかけずに引き抜いた。

他の病気

下痢や発熱、感染症、戦争での負傷、そのほか数多くの熱病にも、それぞれ「治療」法があったが、そのような「治療」法のいくつかは、その効果はきわめて疑わしかった。野蛮だが、実践上は高度に発達していた医学の関心は、乳首が垂れたときのための薬の処方にまでおよんだ（バターで炒めたミミズの膏薬は、よく効いたという...)。迷信は、治療と深い関係があり、お祈りの一部や意味のない語句、魔法の呪文などが治療の間に唱えられた。

図7　ニガヨモギ。この薬草は、虫下しに使われた。また、衣服に付けてノミを追い出すのにも使われた。

瀉血（血を抜き取ること）は、効果があると考えられた別の治療法であった。人々は、少なくとも一年に二度は血を抜くように勧められた。同じく、下剤も用いられた。瀉血を施す者はどこにでもいたが、大部分は最低限の「医者としての」知識もなかった。必要なときには、理髪師が瀉血を施した。どの静脈を選ぶかは、一年の月ごとに異なっていたし、星の位置を忘れてはならなかった。なぜなら、占星術は、医学の不可欠の部分だったからである。古い伝統にもとづく「不吉な」日（不吉さの程度は、さらに三等級に分類された）も考慮する必要があった。ある種の治療は、そのような不吉な日には行えなかった。

図8 瀉血。瀉血は、19世紀まで引き続き行われた。

診断では、病人の全体的な様子を考慮し、また尿の分析を重視した。患者の身体の表面に現れるいくつかの兆候は、死に至るものと考えられた。

いままで述べたことは、日常生活における医学の役割、またさまざまな「医者」やその同類がしばしば用いた方法をよく表している。例えば、障害者の腕や脚を「矯正する」医師や外科医師、甲状腺腫を治す医師のような「専門医」さえ存在した。瀉血を施す者は、そのような専門医の中では評価が最も劣っていた。

キリスト教中世の医学・薬学は、独自の進歩を遂げ、いくつかの場合には、ラテンやアラブ、ヘブライ医学・薬学の水準を超えていたにせよ、前三者の影響を強く受けていた。薬の処方は、いつもラテン語で行われていた。またヘブライ語の書物をもつのを許されていたのは、内科医と外科医など医師だけだった。人々の治療は、ふつうは家で行われ、「ホスピタル（hospital）」は、避難所、あるいは救貧院に過ぎず、そこでは、医療は、ごく限られていたか、まったくなされなかった。

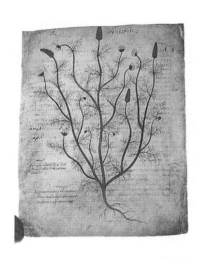

図9 約600種の薬草を含むアラブの植物標本集

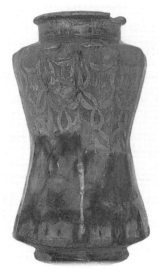

図10 乾燥した薬草、もしくは瀉血を行うとき、病人から抜き取った血液を保管するのに用いられた陶器の壺。

ポルトガル史年表とポルトガルの歴代国王

1094 年　テレザ、エンリケ伯と結婚。
1096 年　ポルトゥカーレ伯領をエンリケ伯に授与。
1112 年　エンリケが没し、テレザがポルトゥカーレ伯領の統治を始める。
1128 年　サン・マメーデの戦い。アフォンソ・エンリケスが勝利を収め、伯領の統治を始める。
1136 年　アフォンソ・エンリケス、セルネハの戦いでレオン・カスティリャ王、アルフォンソ 7 世に勝利を収める。
1139 年　アフォンソ・エンリケス、オーリケの戦いでモーロ人に勝利を収め、国王の称号を用いる。
1143 年　サモラ条約。アルフォンソ 7 世がポルトガルの独立を承認。
1145 年　レイリアの最終的な再征服。
1147 年　サンタレン、リスボン、アルマダ、パルメラの再征服。
1165-69 年　エヴォラ、ベジャ、セルパの再征服。
1171 年　モーロ人、アレンテジョ地方ほぼ全域を再征服したのち、サンタレンを包囲。
1179 年　ローマ教皇アレクサンデル 3 世、アフォンソ・エンリケスに国王の称号を授与。
1189 年　シルヴェス、アルヴォール、アルブフェイラの再征服。
1190-91 年　イスラーム教徒、テジョ川を渡り、トレス・ノヴァに到達。
1199 年　国王、グアルダ市に特権を授与。
1211 年　フロイラ・エルミジェス、ヴィラ・フランカ・デ・シラ市に特権を授与。
1217 年　アルカセル・ド・サルの最終的な再征服。
1232 年　エルヴァス、セルパ、ジュロメニャ、モーラ、メルトラ、タヴィラの再征服。
1232 年　ホスピタル騎士団にクラトの領土（アレンテジョ地方）を授与。
1245 年　ローマ教皇、サンショ 2 世に対して、弟のアフォンソへの譲位を命じる。
1249 年　アルブフェイラ、ファロ、シルヴェスの再征服。
1297 年　アルカニセス条約。

アフォンソ・エンリケス
(1128-1185)

サンショ 1 世
(1185-1211)

アフォンソ 2 世
(1211-1223)

サンショ 2 世
(1223-1248)

アフォンソ 3 世
(1248-1279)

ディニス
(1279-1325)

テーマＢの学び方

君は、ポルトガルの国土と歴史を巡る旅を続ける。

楽しい、実り多い旅を続けるために、必要な情報を思い出しなさい。

教科カリキュラムによると、教科書は、２つの大きなテーマに分かれており、各巻で一つの大きなテーマを扱う。大きなテーマは、見開き２ページに示されている。

大きなテーマはそれぞれ、小さなテーマに分けられている。それには、次のものが含まれる。

始まりのページ
　その内容：
・全体に関係する画像
・カリキュラムの内容
・年表

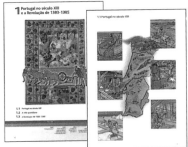

動機づけの画像のページ
画像を見ると、学習することに対して関心と好奇心がわいてくる。

展開のページ
そこには、次のものがある。
・本文
・史料
・地図と図表
・写真とイラスト

「私は、次のことができる」には、「用語集をまとめること」が含まれている。

「図解－要約」は、学習した内容の要約である。「もう次のことができる」には、知識を試すために、動機づけの画像を見てやる練習問題や作業が示されている。

各巻には、２つの自主研究があり、自分で行う、他の教科と関連がある活動が挙げられている。

教科カリキュラムでは、ポルトガル史の最も重要な出来事や人物だけが取り上げられているので、触れられていないこともたくさんある。もう少し知識を増やすために、各巻末には、写真やイラストがある、いろいろな問題を扱った文章を集めた章がある。

そして、学習ノートとワークブックを忘れないように。これらは、これから始める旅で、君の手助けをしてくれるだけでなく、楽しい活動を教えてくれるよい友だちになるだろう。

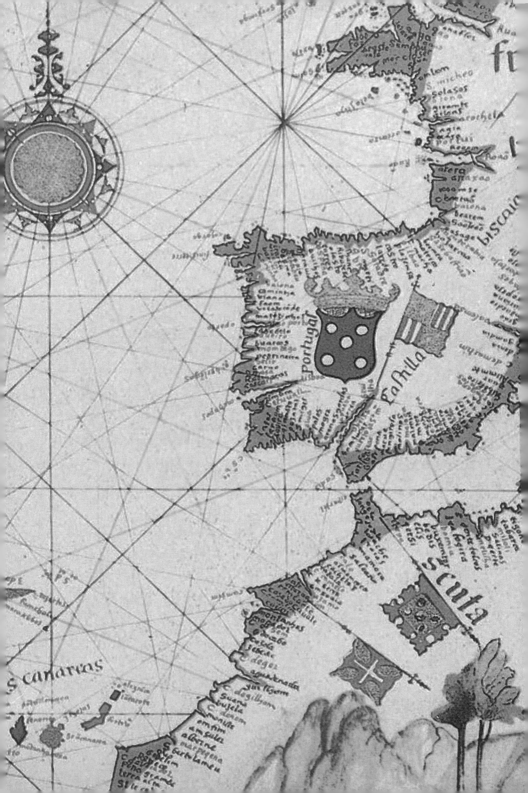

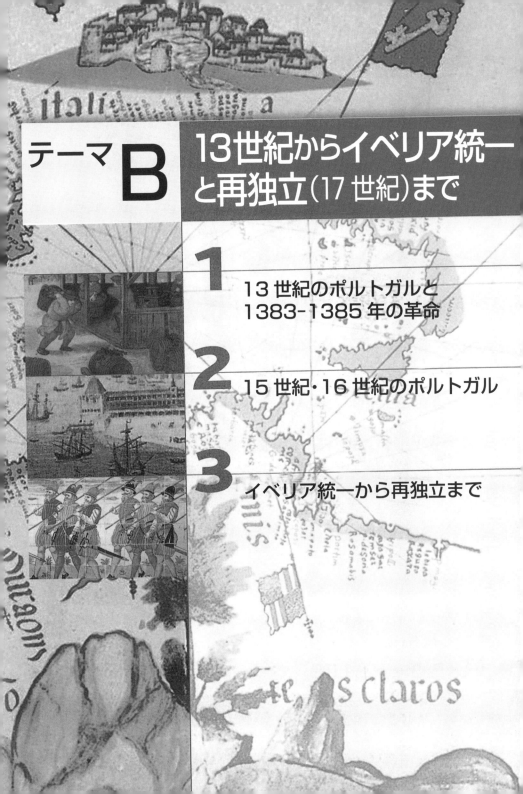

テーマ B 13世紀からイベリア統一と再独立（17世紀）まで

1 13世紀のポルトガルと1383-1385年の革命

2 15世紀・16世紀のポルトガル

3 イベリア統一から再独立まで

1 | 13世紀のポルトガルと 1383-1385年の革命

1. 13世紀のポルトガル
2. 日常生活
3. 1383-1385年の革命

西暦13世紀
1200
1254 レイリアの身分制議会
1276 ポルトガル人司教ペドロ・イスパノが教皇に選出されヨハネ21世となる
1290 リスボンで総合学院の創立
1293 商人互助（保険）組合の創設
1300

1 13世紀のポルトガル

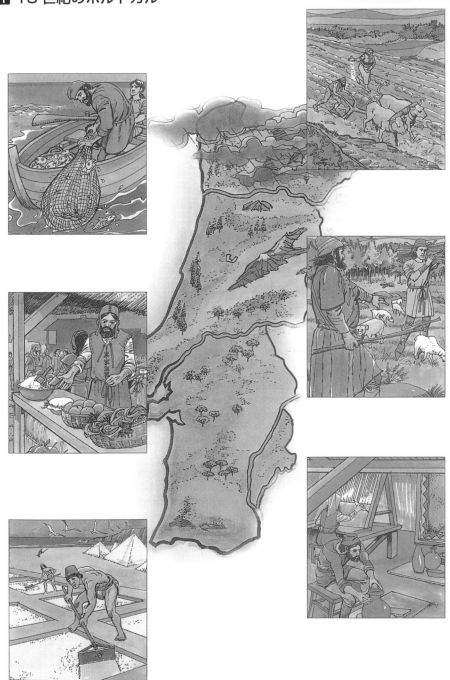

テーマB　13世紀からイベリア統一と再独立(17世紀)まで

1 13世紀のポルトガル

地勢と主な河川

ポルトガルの大陸部の地勢は、イベリア半島の地勢の最も西側の部分にあたり、きわめて対照的な2つの地域から成り立っている（図1）。

テジョ川が、地形が対照的である2つの地域の境界となっている。

・テジョ川の北
地形は、南よりも起伏に富み、高度が高く、最大の高原と最も高い山脈—エストレラ山脈、ラロコ山脈、ジェレス山脈、モンテジニョ山脈、ペネダ山脈、マラン山脈—がある（図2）。
・テジョ川の南
大部分は、北よりも平坦で、高度が低く、最大の平野—テジョ川およびサド川流域の平野—とアレンテージョ準平原—平野に近いが、ゆるやかに波打ち、平均高度は平野より少し高い地形で、かつての山地が浸食されてできた土地—がある（図3）。

図1　ポルトガル大陸部の地勢

A

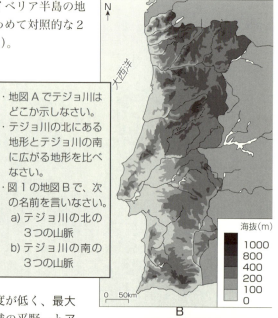

・地図Aでテジョ川はどこか示しなさい。
・テジョ川の北にある地形とテジョ川の南に広がる地形を比べなさい。
・図1の地図Bで、次の名前を言いなさい。
　a) テジョ川の北の3つの山脈
　b) テジョ川の南の3つの山脈

海抜(m)
1000
800
400
200
100
0

B

図2　エストレラ山脈
ポルトガル大陸部の最高峰。

110

1　13世紀のポルトガルと1383-1385年の革命

図3　アレンテージョ準平原

　ポルトガルの河川（図4）―主な河川とその支流全体―では、次の河川が重要である。
- ミニョ川、ドーロ川、テジョ川、グアディアナ川
  源流は、スペインにある。
- ヴォーガ川、モンデゴ川、サド川
  ポルトガルに源流がある主な河川。

河川も、地形と同様の対照を示している。
- テジョ川の北
  南よりも、河川の数が多く、深い谷を刻む。一般に、水量―河川が運ぶ水の量―が多い。
- テジョ川の南
  北よりも、河川の数が少なく、谷も浅い。一般に、水量は少ない。

図4　ポルトガル大陸部の水路網

次の名前を言いなさい。
a) ポルトガルの最も長い3つの川
b) 国際河川
c) 南東から北西へ流れる3つの川

111

テーマB　13世紀からイベリア統一と再独立(17世紀)まで

海岸線

　ポルトガルの国土は、海岸線－陸と海が接するところ－が長い。海岸線は、次の2つに区分される。
岩石海岸－しばしば切り立った崖となる岩の海岸。
砂浜海岸－平坦な砂の海岸（図5）。

図5　ポルトガル大陸部の海岸線

私は、次のことができる。

1. 図1を見て、ポルトガル大陸部で、地形が最も起伏に富む地方の名前を言うこと。
2. 図4で、ポルトガルに源流がある最も長い川の名前を言うこと。また図1で、その川の源流がある山脈を見つけること。
3. 図5を見て、岩石海岸と砂浜海岸の主要な相違を記述すること。

気候と植生

ポルトガルの大陸部には、4つの気候区がある（図1）。

■ 北西部では、冬と夏は、ともにあまり厳しくない。秋と冬には、より多くの雨が降る。気候は、温暖な海洋性である。

■ モンデゴ川より南の沿岸部では、冬は穏やかで、比較的雨が降るが、夏は暑く、乾燥している。気候は、温暖な地中海性である。

■ 内陸部全域では、冬はかなり寒く、夏は暑く乾燥している。北部では、南部よりも、冬は厳しく、南部では、北部よりも、夏の暑さと乾燥が際立っている。気候は、温暖だが、大陸性気候の特徴をもつ。

■ 高度が高い地域では、冬は非常に寒く、雪が降る。夏は穏やかで、あまり長くない。

次のことを言いなさい。
a) 気候区の名前
b) 各気候区に属する主な地方

■ 海洋性の温暖な気候
■ 大陸性気候の特徴をもつ温暖な気候
■ 地中海性の温暖な気候
■ 山岳部の気候

図1　ポルトガル大陸部の主な気候区

ポルトガルの大陸部では、国土の北部と南部、および沿岸部と内陸部の間で、気候に差がある。気候の相違の主な要因には、次の要因がある。

- 北アフリカに近く、暑い乾燥した風が吹くこと（図2）。
- 大西洋から湿った風が吹くこと。
- ヨーロッパ大陸の内陸部で、冬に乾燥した冷たい風が生まれ、夏には、暑い風が生まれること。
- 地形上、とくにポルトガルの北西部では、山が大西洋の湿った風の通過を妨げる障害となり、多くの雨量をもたらすこと（図3）。

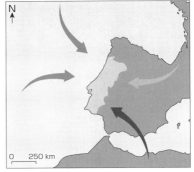

→ 湿った風
→ 暑い、乾燥した風
→ 冬は、寒く、乾燥し、夏は、暑い風

図2　ポルトガル大陸部で、気候に影響を及ぼす風

テーマB　13世紀からイベリア統一と再独立(17世紀)まで

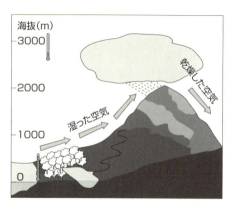

図3　地形が気候に及ぼす影響

次の相違を言いなさい。
a) 山の麓の気温と頂上の気温
b) 山の2つの斜面の降水量

ポルトガルの大陸部では、気候の相違に応じて、植生の差異がある。つまり、北西部では落葉樹（例えば、ヤナギやブナ）の森林とオウシュウアカマツが多いが、内陸部では、トキワガシやオーク（ナラ）がふつうで、南部では、コルクガシやチチュウカイマツがふつうである（図4）。

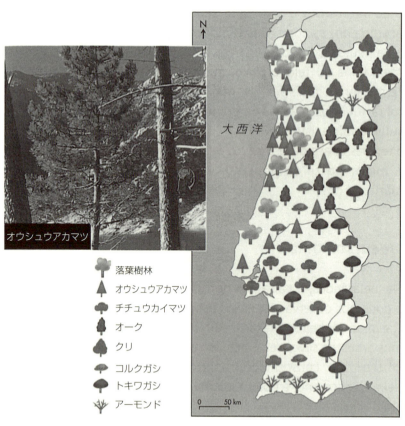

図4　ポルトガル大陸部での主要な樹木の分布

1　13世紀のポルトガルと1383-1385年の革命

オーク

トキワガシ

- 図4の凡例で、それぞれの木の種類を表す記号を確かめなさい。
- 次に挙げるポルトガルの各地域の名前を言いなさい。
    a) 落葉樹（葉が落ちる木）林に固有の木々が多い地域
    b) チチュウカイマツやコルクガシが多く見られる地域
- ポルトガルの北から南まで、内陸部全域に見られる木はどれか、見つけなさい。
- 北部の内陸部にもあるが、アルガルヴェ地方に多い、木の実をつける樹木の名前を言いなさい。

私は、次のことができる。

1. 次の各地方に見られる気候の特徴を言うこと。
    ①北西部　　　　　③内陸部
    ②沿岸部の南部　　④高度の高い地域
2. 北西部、内陸部、海岸部南部の各地方に最もふつうに見られる樹木を言いなさい。

用語集をまとめること。
ワークブックに、水路網と植生の意味を書くこと。

自然の資源

人　口

　13世紀、ポルトガルの人口は、100万人には達しておらず、国土での人口の分布は、気候条件や河川との近さ、土壌の肥沃さなどに応じて、均一ではなかった。
　テジョ川の流域まで、海岸部は、土地がより肥沃であったことから、人口が密であったが、ブラガやポルト、コインブラ、リスボンを除いて、大きな都市はなかった。
　人口の集中する地域があったのは、南部であったが、南部でもほとんど人が住まない地方がいくつもあった。
　人々の大部分は、農業と牧畜業に従事していた。

陸地の資源

　当時、ポルトガルの景観は、今日私たちが見るものとはかなり違っていた。オークやクリ、トキワガシ、チチュウカイマツの広大な森、そして野生の小さな茂みが生育する未開墾地、さらには緑の牧草地が国土の大部分を覆い、それらは重要な資源であった。それらの土地では、狩りの獲物や木材、コルク、蜜、ドングリ（穀物が不足するとそれでパンを作った）がとれた。
　耕作地が占める面積は、かなり小さかった。そこでは、農民は、ブドウの木や穀物、また野菜や木の実のとれる樹木、オリーブの木（オリーブ油は、食用や照明のために不可欠な産物であった）を栽培した。
　アマ（亜麻）も、当時かなり栽培されていた。アマは、衣服や船の帆、漁の網を作るのに用いられた。

　養蜂（ミツバチの飼育）もまた、大いに盛んな活動であった。蜂の巣から蜜を採取したが、蜜は

1　13世紀のポルトガルと1383-1385年の革命

図1　13世紀の主な活動
穀物の生産は、初歩的な道具を用いたせいだけでなく、農業技術の遅れからも、しばしば不十分であった。それに不都合な気候条件が重なると、穀物は不足し、飢饉のおそれがあった。農民は、農作業に使役するためだけでなく、蜜や乳、肉、卵、肥料を生産するためにも、動物を飼育した。

食用（砂糖はオリエントから輸入されており、高価であった）や薬の調合、さらには、照明用のロウソクの製作に使われたロウ（蠟）を作るのに用いられた。

海と川の資源

海と川は、昔からずっと、ポルトガル経済にとってたいそう重要であった。

古いローマ街道（一部は、当時もなお通行可能であった）や狭い土の道は、数が少なく、通行も必ずしも容易ではなかったので、人々は、漁業活動（図2）のためだけでなく、商品の流通や人の移動（図4）のためにも、できる限り、航行可能な河川や海岸沿いの航路を利用した。ポルトガルの海岸の大部分は、現在では、水深が浅く、砂地であるが、当時は、今よりも海岸線は屈曲し、より多くの、そしてよりよい港があった。

図2　網を投げる漁師
沿岸部の人々にとって、漁業は、とても重要な活動であった。

テーマB　13世紀からイベリア統一と再独立(17世紀)まで

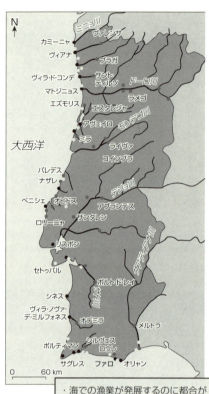

海は、さらに別の富、つまり塩も提供した。塩は、食料の保存と皮革の処理（なめし）に不可欠な産物であった。

製塩が行われた主要な場所は、アヴェイロやリスボン、セトゥバル、それにアルガルヴェ地方の沿岸部であった（図3参照）。

漁港と製塩が行われた場所
― 河川の航行可能な部分
● 現在はない港
● 現在もある港
● 製塩が行われた場所

図3　13・14世紀に航行可能であった河川

・海での漁業が発展するのに都合がよかった2つの条件を言いなさい。

図4　河川での商品の輸送

私は、次のことができる。

1. 図1が表す活動を言うこと。
2. 当時の農業生産が低かった2つの理由を考えること。
3. 当時、どのような理由で、陸上交通よりも海上や河川の交通が好まれたのかを説明すること。
4. 当時行われていた、海と関連する2つの活動を言うこと。

本当の知識を身につける。

必要なもの：このページは、ゲーム盤です。サイコロと各プレーヤーに色が異なるコマが要ります。

ルール：
a) 各プレーヤーは、コマを選びます。
b) 各自、サイコロをふります。数が大きい人から順番にゲームを始めます。
c) 各プレーヤーは、自分の順番になるとサイコロをふります。その場所の質問に答えられたら、そこに進みます。答えられなかったら、もとの場所にとどまります。
d) 特別なマス（6,13,17,20）では、プレーヤーは、次の指示に従います。

沿岸部の生まれなら、1マス進みなさい。内陸部の生まれなら、もう一度サイコロをふりなさい。

きみは、農作業でたいへん疲れています。1回休み。

きみは、腕のいい職人です。もう一度サイコロをふる。

外国へ運ぶために、ワインと蜜、乾燥した果実が内陸部から来るのを待ちます。2回休み。

10 13世紀に人々の大部分が従事していた2つの活動は？	9 ポルトガルの気候に影響を与える2つの要因は？	8 ポルトガルにある2種類の海岸は？	7 スペインに源流があり、大西洋にそそぐ、4つの川の名前は？	6	5 アレンテージョで一般的な地形は？	4 ポルトガル大陸部で、最も高い山脈は？
11 蜂の巣から採取する産物は？						3 最も山が多い地方は？
12 農民が栽培した2つの作物は？		24 南部沿岸部の気候の型は？	23 海での漁業の発達に有利な2つの条件は？	22 北部沿岸部の気候の型は？		2 ポルトガルの国境を画定した条約は？
13		25 高山地域の気候の型は？		21 ポルトガル内陸部の気候の型は？		1 アルガルヴェからイスラーム教徒を追い出した国王は？
14 海で行われた活動は？				20		
15 13世紀、食料の保存に不可欠な産物は？	16 テジョ川より北の2つの山脈は？	17	18 テジョ川より北で一般的な地形は？	19 テジョ川よりも南の2つの山脈は？		

119

テーマB 13世紀からイベリア統一と再独立(17世紀)まで

2 日常生活

聖職者が所有する広大な土地
貴族が所有する広大な土地

社会集団

ここでは、13世紀の日常生活、つまり人々がどのような食べ物を食べ、どのような衣服を身に着けていたのか、どのような住居に暮らしていたのか、どのような娯楽を楽しみ、どのような労働をしていたのかについて学習する。

ポルトガル社会は、3つの主要な社会集団、つまり聖職者、貴族、平民から成り立っていた。それに関する次の史料を読みなさい。

図2　ポルトガルの人口構成
- 90%は、非特権階層
- 10%は、特権階層

1　社会の区分

主（しゅ）の家族は、一つのように思われるが、実際は、3つの集団に分かれている。

ある者たちは、祈り、また別のある者たちは、戦い、それ以外の人々は、労働をする。(…)

聖職者たちは、平民の悲惨さを憂い、祈りを捧げる。

貴族は、戦士であり、教会の庇護者である。彼らは、身分の高い者も、低い者もすべての人々を保護する。

残りのもう一つの集団は、すべての人々のために、食料と衣服を作る。

これらの3つの集団は、全体で一つのまとまりを形成しており、分けることはできない。

　　アダルベロン、フランスの司教、国王
　　ロベールへの書簡、11世紀（改変）

- 3つの社会集団を答えなさい。
- これらの集団のそれぞれの役割を言いなさい。
- 史料にある、太字で強調した文の意味を説明しなさい。

テーマB　13世紀からイベリア統一と再独立(17世紀)まで

図3　トマールにあるテンプル騎士団の最初の城を囲む城壁
城塞化された修道院の主なものは、その地方の最も重要な防衛拠点に位置した。

聖職者階層は、生涯を宗教に捧げた人々で形成されていた。彼らは、人々の深い信仰により、大きな名声を享受していた。彼らは、多くの富や広大な土地を所有していたが、それらは、多くの場合、魂の救済のために、遺言によって、国王や信者から寄進されたものであった。

この社会集団は、次の2つに区分される。

- 在俗司祭　司教が指導する司祭からなる。司祭は、農村や都市で、人々といっしょに暮らした。
- 修道司祭　固有の会則に従い、独自の共同体で暮らす聖職者からなる。修道会および騎士修道会（宗教騎士団）があった。

修道会では、修道士は、修道院長の指導のもとにあり、修道女は、女子修道院長に指導された。宗教騎士団（サンティアゴ騎士団、アヴィス騎士団、ホスピタル騎士団、テンプル騎士団）は、騎士団長が指揮した。修道士は、城塞化された修道院に暮らし（図3）、領土の征服と防衛を任務とした。

貴族階層は、最も富裕な家系に属し、その多くは、レコンキスタ時代の戦士の家系であった。

平民は、人口の大部分、つまりその約90％近くを占めたが、最も恵まれない集団であった（図2）。大部分は、自分の

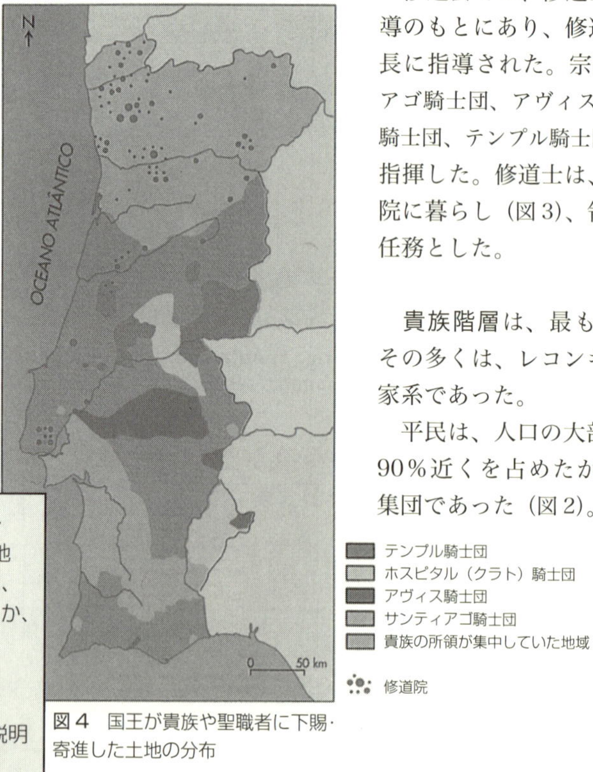

- 国王が下賜・寄進した土地の大部分は、どこにあるか、言いなさい。
  a) 貴族へ
  b) 聖職者へ
- その理由を説明しなさい。

図4　国王が貴族や聖職者に下賜・寄進した土地の分布

凡例：
- テンプル騎士団
- ホスピタル（クラト）騎士団
- アヴィス騎士団
- サンティアゴ騎士団
- 貴族の所領が集中していた地域
- 修道院

1 13世紀のポルトガルと1383-1385年の革命

土地をもたず、領主の所有地で働く農民たちであった。彼ら以外にも、メステイラルと呼ばれた職人やメルカドールと呼ばれた商人、また漁師たちがいた。

聖職者と貴族は、特権集団と考えられていた。その理由としては、次の点が挙げられる。
・国王に税を支払わなかった。
・広大な土地、つまり所領を領有していた（図4）。
・所領の中では、いくつもの権力を保持していた。例えば、（死刑と四肢の切断を除いて）刑罰を科し、所領で労働する平民から税を徴収した。

ポルトガル人は、以上のように、各々がそれぞれの社会的な役割をもつ、相異なる3つの集団に組織されていた。聖職者は主に宗教上の儀式を任務とし、貴族は領土を防衛し、平民は自分たち自身と他の社会集団を維持するため、生産活動に従事した。

皆さんが想像するように、これら3つの集団の日常生活は、大きく異なっていた。これらの集団の人々、さらに国王自身がどのような暮らしをしていたのか、次に、さらに見てみることにしよう。

図5　社会集団

私は、次のことができる。
1. 次の言葉―聖職者、貴族、平民、祈る、戦う、働く―を使って、文を作ること。
2. 特権的な社会階層の存在について自分の意見を言い、その理由を述べること。

用語集をまとめること。
ワークブックに、社会階層、聖職者、貴族、平民、特権階層の意味を書くこと。

テーマB　13世紀からイベリア統一と再独立(17世紀)まで

図1　ある修道院での授業（13世紀の彩色挿絵）

図2　中世の書物の一部
書物を作るには、羊皮紙（この目的のためになめした、羊あるいは山羊の皮）を使う必要があった。写本担当の修道士は、手書きで書物を書写し、写本を小さな絵（彩色挿絵）で装飾した。書物の完成には、何年もかかった。

日常生活

修道院にて―聖職者

　修道院では、修道士は、宗教上の活動（祈りと瞑想）のほか、別の数多くの活動に従事していた。

　司教が居住する都市に建設された大聖堂の場合と同じく、修道院に付属して、学校が創られ、初めは、将来の宗教家（聖職者）の教育を目的とした。次第に、そのような学校は、教育を受けたいすべての人々に開放されていった（図1）。聖職者は、最も教養のある社会階層であった。

　修道士の中には、写本を行う修道士がおり、古く、かつ価値のある書籍の研究と筆写に従事した。それにより、貴重な知識が今日まで伝えられることになった。

　修道士はまた、病気の人々を治療する施療院を作った。薬は、たいてい植物から作られたが、その調剤は、薬を担当する（薬剤師の）司祭が行った。また、誓いを果たすため、あるいは祈るために聖地に向かう巡礼者の救護にも従事した。巡礼路沿いに修道士が建てた宿泊所は、そのような旅する巡礼者に、休息の場と食事を提供した（図4）。さらに住民に対する福祉活動も行い、放置された子供を保護し、貧しい人々に食事を提供した。

3 怠惰は、魂の敵

それゆえ、決まった時刻に、修道士は、労働や祈り、聖書の読書と筆写に従事するのである。午前6時から、修道士は、労働に赴き、引き続き、2時間読書を行う。6時間目は、主たる食事の時間である。食事は、食堂で、皆といっしょに、静かに取る。食事の献立は、スープとパン、少量の肉か、精進日には少量の魚、ワインなしには過ごせない者には、1クアルティーニョ（= 0.6655リットル）のワインである（…）。修道院は、必要とするものすべてを生産しなければならない。

(聖ベルナルドの戒律の一部)

- 修道士が、次のことをしていることを示す文を書き写しなさい。
    a) 共同生活をしていること
    b) 文化的な活動に従事していること
    c) 食料を自給していること
- 史料の表題の意味を説明しなさい。

図4　巡礼者の救護

修道士はまた、未開墾地の開墾とその利用も行った。修道院は、広大な土地を所有していたが、それらの土地は、修道士自身が利用するか、あるいは農民に貸し出された。貴族の所領と同じく、修道院にも、果実圧搾所や製粉所、穀物倉庫があり、農民はそれらを使用する義務を負った。

図5　薪を採取する修道士

テーマB　13世紀からイベリア統一と再独立(17世紀)まで

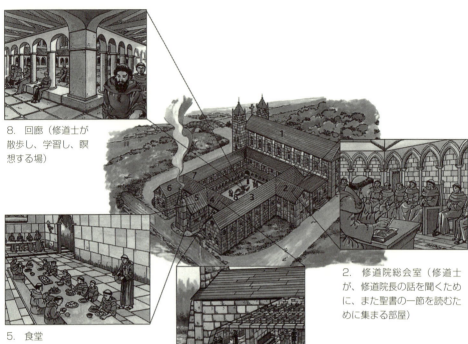

8. 回廊（修道士が散歩し、学習し、瞑想する場）

5. 食堂

4. 暖房室と面会室（修道士が訪問客と面会する部屋）

図6　ある修道院の図解

2. 修道院総会室（修道士が、修道院長の話を聞くために、また聖書の一節を読むために集まる部屋）

1. 修道院の教会
2. 修道院総会室
3. 寝室
4. 暖房室と面会室
5. 食堂
6. 台所
7. 食料貯蔵室
8. 回廊

私は、次のことができる。

1. 次の言葉―主な任務、聖職者、書物の筆写、祈る、病人の介護、教育―を使って、文を作ること。
2. 写本を行う修道士の重要性について自分の意見を言い、その理由を述べること。

用語集をまとめること。
ワークブックに、修道会、騎士修道会、修道院の意味を書くこと。

日常生活

所領にて―貴族

貴族は、王国の土地の大部分を所有していた。それらの土地は、所領、あるいは領地と呼ばれ、ふつう2つに区分されていた。

- 領主の館、領主直営地。そこには、領主の邸宅（図1）、および領主が直接経営し、農奴が耕す耕作地、そしてかまどや製粉所、果実圧搾所、穀物倉庫、馬小屋があった。
- 農民保有地。農民に貸与された小さく区分された土地。

貴族の主な活動は、王国を守ることであった。どのようにして戦争に備えたのか知るために、次の史料を読みなさい。

図1　エラの館（アルコス・デ・ヴァルデヴェス）
貴族の邸宅跡。もともとあった塔に、居住に適した邸宅が増築された。

> ### 2　騎士の生活
>
> 　馬具を装備した馬を走らせ、広場で槍を投げ、武器を身につけて歩き、馬上試合に参加し、シカやクマ、イノシシを狩り、その他、類似の訓練を行うことが、騎士の職務である。なぜなら、それらすべてが、武勲をたてるのに役立つからである。
>
> 『騎士修道会の書』（一部改変）
>
> ・騎士の活動を挙げなさい。
> ・そのような活動を行う利点を言いなさい。

図3　貴族の婦人は、ふだんは機織りや刺繍をしたり、家事労働の指図を行ったりした。そして、夫が例えば戦争で不在のときには、夫の代わりに家長の役割を果たした。

史料2で読んだように、貴族は、戦いが職務であったので、激しく、絶え間ない訓練を必要とした。そのため、平時でさえも、貴族は、狩猟（図4）や一対一での馬上の槍試合、集団での馬上試合のような、戦争に必要な、勇気や馬術を鍛える活動を行った。

テーマB　13世紀からイベリア統一と再独立(17世紀)まで

図4　狩猟の一場面
狩猟は、貴族や国王が好んだ娯楽の一つであった。狩猟には、**馬上での狩り**（クマやイノシシ、オオカミ、シカを槍や猟犬で狩る）と**鷹狩**（鷹匠が馴らした猛禽類を用いる狩り）があった。

最後の2つは、すべての祝祭において必ず行われる見世物であった。騎士たちは、貴婦人や招待客の前で、戦いを交え、力や勇気を示した。まず、二人の貴族の戦い（ジュスタ）で始まり、その後、2つの貴族の集団の戦い（トルネイヨ）に移った。共に、参加者は、命を落とすこともあった。

図5　宴会
食事の基本は、肉であった。肉は、主に串焼きにして食べた。皿は、あまり使われなかった。半分に切った円形のパンの上に置いて、肉や魚を食べた。スープには、木製か、陶器製、金属製の浅い器（わん）が使われた。スプーンは、ほとんど使われず、ナイフは、個人の持ち物で、招待客は、汚れを布で拭き取ったあと、もう一度持ち帰った。まだフォークはなく、肉の固まりを動かないようにするのに、ある種の二またの棒が使われた。

1　13世紀のポルトガルと1383-1385年の革命

　夕食後は、貴族たちは、チェスやさいころ遊びのような、もっと落ち着いた娯楽に興じたり、軽業師の演技や吟遊詩人による詩の吟唱や朗読を家族で楽しんだりした。ときには、貴族や国王自身がそのような詩を作る詩人であった。

　貴族の邸宅は、ふつう領地の中の小高い場所に建てられた。邸宅は、しばしば寒く、居心地が悪く、床は、石か木で、その上に毛皮やむしろ、絨毯が敷かれていた。家具は簡素で、あまり置かれていなかった。寝室には、ベッドと一個、あるいは数個の衣装箱があった。館で最も重要な部屋である大広間でも、家具は、移動式の長いすとしばしば組み立て式であるテーブルに限られていた。暖炉で暖をとった。夜、小窓の木の扉が閉められると、大型のロウソクや樹脂を含んだ松明、獣脂のロウソクが大広間を照らした。

図６　貴族の衣服の例

私は、次のことができる。

1. 騎士たちが戦争に備えるための３つの活動を言うこと。
2. 今日とは違う、食事に関する貴族たちの当時の３つの習慣が何かを言うこと。

129

日常生活

所領にて―農民

農民の大部分は、貴族の所領か、国王の土地で暮らしていた。農民は、夜明けから日没まで土地を耕し、年貢、つまり地代（全生産高の10分の1から3分の1）を支払った。その以外に、他の借料の支払いや領主への奉仕があり、彼らの生活は、とても苦しかった。すなわち、彼らは、領主の収穫を手伝い、城壁の修理をし、かまどやブドウのしぼり器、水車の使用に対して税を支払った。

農民の日常生活をよりよく知るため、次の史料を読みなさい。

図1　ドングリの拾い集め

2　農民の義務

　農民の大部分は、自分のものではない土地を耕し、国王にせよ、貴族にせよ、教会にせよ、領主に年貢、つまり地代を支払った。(…)

　貨幣での支払いもまれではなく、時代が進むにつれてそれは増加した。(…) 支配の方法について農民が選択できる場合もあった。すなわち、農民は、自分の都合に応じて、現物［小麦、ワイン、オリーヴ油、家畜］で支払うか、現金で支払うか、どちらを選んだ。(…)

　地代以外に、週に一日か二日、場合によっては、三日、領主、もしくは国王への奉仕として、自分の土地以外で働く義務があった。そのため、その際には、（自分の）農地の耕作は、女性や老人の仕事となった。

A.H. デ・オリヴェイラ・マルケス
『ポルトガルの　中世社会』（一部改変）

・農民が行った、小作料の3つの支払い方法を言いなさい。
・農民の生活を特徴づける2つの形容詞を言いなさい。

1　13世紀のポルトガルと1383-1385年の革命

図3　農民の活動。農作業と羊の毛の刈り取り。

農民は、村で、耕作地や主人の館の近くで暮らした。家は、木造か石造で、茅葺きで、その床は、土間であった。家屋は、一部屋しかなかった。わらか、むしろの上で眠った。部屋の隅に、森で採取したまきを燃やしたかまどがあり、そこで、食物の調理をしたり、暖をとったりした。

照明はわずかだった。かまどの明かりしかない家もあった。オリーヴ油のランプやいろいろな大きさのロウソク、あるいは松明を照明に使う家もあった。そのような状況であったので、多くの人は、日暮れとともに、眠った。

民衆の食事の基本は、パンとワインであった。パンは、小麦や大麦、ライ麦、小型のトウモロコシで作った。また、野菜や卵、豚の脂身、チーズ、魚(沿岸部)、まれではあったが、肉も食べた。

図4　農民は、料理に火にかけた大釜を使った。

図5　踊る農民。輪になって踊り、歌い、手をたたき、足を踏みならした。女性だけの踊りもあったし、男女で行う踊りもあった。

131

テーマB　13世紀からイベリア統一と再独立(17世紀)まで

図6　大型の収納箱。しばしば、家にあるただ一つの家具で、陶器製の食器や衣服、食糧を保管した。ふたを閉めると、寝床や祭壇としても使われた。

　農民の娯楽は、宗教生活を密接に結びついていた。国中で、宗教上の大きな祝祭が開催され、そこでは、鐘が鳴らされ、行列が行われ、市が開かれ、多くの人々がいっしょに食事をし、踊りを踊った（図5）。収穫や結婚、洗礼も、皆が集まり、楽しく過ごす機会となった。

　農民の服装は、質素であり、亜麻布か毛織物で、家で糸を紡ぎ、織り上げたものであった。農民の男性は、粗製の織物で作った、ゆったりとした、短い衣服、それに足を守るために、靴下あるいはズボンを身に着けた。頭には、わら製、あるいは布製の帽子をかぶり、冬には、頭巾の付いた外套を身にまとった。歩くときは、はだしか、あるいは一種のサンダル、または、獣脂を塗った革のブーツを履いた。農民の女性は、亜麻布の下着の上に、袖がぴったりした衣服を身に着けた。女性は、ある種のかぶり物か、薄手の布で髪の毛を覆った。

私は、次のことができる。

1. 自分が13世紀の農民だと想像し、ふだんの一日の生活について短い文章を書くこと。何がいちばん嬉しかったか、いちばん嫌だったかにも言及して、その理由を説明すること。

日常生活

コンセーリョ（自治共同体）で

　貴族領主の土地、あるいは聖職者の土地、国王の土地、いずれで働くにせよ、民衆の生活は苦しかった。しかしながら、民衆がよりよく、より自由に暮らす場所もあった。それは、コンセーリョであった。ふつう、コンセーリョは、集落（ヴィラ）と周囲の土地（テルモ）からなっていた。数多くのコンセーリョが、モーロ人から征服した土地への植民とその防備を確実なものとする必要から生まれた。こうして、そのような土地に住民を引き付けるために、国王も、特権階層（聖職者・貴族）も、コンセーリョにいくつかの特権を付与した。

　領主と住民の相互の権利、および義務は、文書一特許状一に記録された。

2　ベジャの特許状（1254年）

　神の恩寵により、ポルトガル国王、およびボロニャ伯である、余、アフォンソは、(…) 臣下をベジャの町に住まわせる。(…)ベジャの住民は、市（いち）の店やパン窯と陶器窯の税は免除されるが、瓦の窯については、十分の一税を支払う。(…) オリーヴ油や皮革の積み荷については、半マラヴェディー（銅貨）を支払う。ロウの積み荷についても、半マラヴェディーを支払う。ベジャに家をもつ鍛冶職人や靴職人、なめし皮職人に対しては、家屋について一切の租税を免除する。

13世紀のコンセーリョ

・大部分のコンセーリョは、どこにあるか言いなさい。
・その理由を説明しなさい。

図1　ポルトガルの中世のコンセーリョ

言いなさい。
a) 誰が、特許状を付与したの
b) 誰に、付与したのか
c) 権利を一つ
d) 義務を一つ

テーマB　13世紀からイベリア統一と再独立(17世紀)まで

図3　サンタレンのコンセーリョの印章

住民と呼ばれたコンセーリョの住民は、次のようないくつかの自由を獲得した。
- 住民が犯した比較的軽微な犯罪を裁く独自の裁判官をもつ。その数は、コンセーリョごとに異なったが、ふつう2名から4名であった。彼らは、1年ごとに選ばれた。
- 特許状に規定された税金だけを支払う。
- コンセーリョの行政を行い、皆にかかわる問題を討議する、オーメン・ボン（コンセーリョの中の有力者）の議会を自分たちの中から選ぶ。この議会は、自分たちの中から、例えば裁判官のような、特別な職務を担う人物を選んだ。

しかしながら、コンセーリョの自治は、国王権力、つまり国王が保持していた自らの代理を務める役人を任命するという権力によって制限を受けた。重罪を裁く勅任裁判官の場合、あるいはコンセーリョの軍事の権限を握り、ふつう貴族が任命された城塞指揮官（アルカイデ）の場合がそうであった。

コンセーリョの権力の象徴が、特許状やペロリーニョ（柱）（図5）、あるいは自治共同体の家という意味のドムス・ムニシパリス（市会議事堂）（図4）であった。ドムス・

図4　ブラガンサのドムス・ムニシパリス
オーメン・ボンの議会が、ドムス・ムニシパリスで開かれた。

1　13世紀のポルトガルと1383-1385年の革命

ムニシパリスでは、オーメン・ボンの議会が開かれた。

　コンセーリョの日常生活は、住民が従事する経済活動によって異なった。例えば、
- 農村のコンセーリョでは、住民は、とりわけ農業や牧畜業に従事した。
- 沿岸部のコンセーリョでは、集落の住民は、主として漁業で生計を立てた。
- 都市（ヴィラ、あるいはシダーデ）のコンセーリョでは、人々は、手工業や商業に従事した。

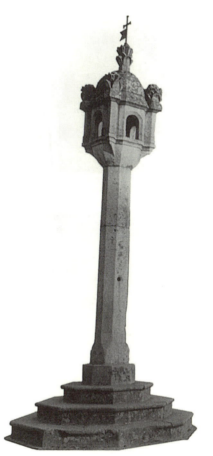

図5　ヴィラ・レアルのペロリーニョ
ペロリーニョは、ふつう、町の主要な広場の中心にあった。広場では、定期市が開かれたり、罪人が罰せられたりした。ある種の犯罪の処罰は、人々に対して見せしめとなるように、ペロリーニョのかたわらで行われた。

私は、次のことができる。

1. コンセーリョ住民の自由の中で、自分は何が最も重要だと思うか言い、その理由を説明すること。
2. もしも自分が民衆の一人であれば、領主の支配地に住みたいか、コンセーリョに住みたいかについて自分の意見を述べ、その答えの理由を説明すること。

テーマB　13世紀からイベリア統一と再独立(17世紀)まで

図1　桶職人

図2　染物師

図3　ポルトの通りの名前　（商人通り）

手工業

　当時、今日のような工場はなく、あったのは、仕事を手で行い、きわめて初歩的な技術や道具を使う小さな作業場だけであった。

　職人—陶磁器職人、鍛冶職人、金銀細工職人—は、職業ごとに集まって居住していた。そのため、今日でも、ポルトガルの町や都市には、靴職人通りや革細工職人通り、商人通りなど、職人たちが集まって住んでいたことを思い起こさせる通りや小路の名前がある。

商　業

　商業は、コンセーリョでは、はじめは市（いち）で行われた。すなわち、農民や職人が中心広場に集まり、そこで、自分たちの品物を売りさばいた。

　ときとともに、いくつかの市場は、だんだんと遠くの土地の人々を引き付けるようになった。こうして、定期市が開催されるようになった。それらの定期市は、通常の市よりも規模が大きく、販売物の種類も多彩で、量も多く、とりわけ13世紀後半以降、全国に広がった。定期市は、定期市特許状という国王文書により創設された。次の史料を読みなさい。

1 13世紀のポルトガルと1383-1385年の革命

4 コヴィリャンの定期市の特許状

神の恩寵により、ポルトガル国王であるアフォンソ3世は、わが王国のすべての者に告げる。(…)毎年、8月の聖母マリアの祭りの時期に、コヴィリャンの町で定期市を開くこと、およびその定期市の期間は8日間とすることを命じる。(…)この定期市に売買のために来る者は皆、往復の安全が保障され、いかなる負債によっても、(それが上記の定期市で負った現金での負債でない限り)、差し押さえの対象とならない。この定期市に商品を携えて来る者は皆、国王への通行税と支払うべきすべての税を支払うように。(…)

1260年7月27日付け
『アフォンソ3世の国璽尚書文書』

次のことを言いなさい。
a) 誰が、定期市の特許状を付与したのか
b) 誰に、付与したのか
c) 定期市は、何度開催されるのか
d) どれだけの期間続くのか
e) 定期市に行く者の権利と義務を一つずつ

図5 荷物を運ぶ家畜をひく馬子。馬子は、内陸部の人々への物資の供給のみならず、各地に伝言を伝え、注文品を届け、情報を広める上で、重要な役割を果たした。

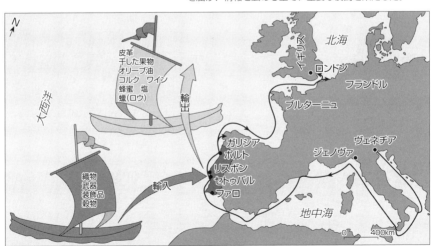

ポルトガルが
a) 輸出していた b) 輸入していた
品物を2つずつ挙げなさい。

図6 ポルトガルの海外貿易

テーマB　13世紀からイベリア統一と再独立(17世紀)まで

定期市は、一般に、宗教的な祭礼の際に開かれた。定期市は、商業を発展させる一つの方法であり、売り手と買い手が支払う税金のおかげで、国王の重要な収入源でもあった。いくつかの地域で商業を活発にするため、ディニス王は、入市税やその他の税を徴収しない自由市を創設した。

ポルトガルの地理的な位置や海岸の特徴は、外国貿易に有利であった。外国貿易は、ポルトガル経済にとってきわめて重要な活動であったので、ディニス王や、のちには、フェルナンド王は、外国貿易を保護し、造船業を発展させるために、いくつもの法令を発布した。

商業活動で豊かになった商人や職人は、事業経営の改善を目指して、教育を重視した。彼らは、大聖堂の付属の学校、さらには大学へ通った。こうして、新しい社会階層、ブルジョアジー（大商工業者）が出現し、彼らは、生活様式や知識、富、コンセーリョで担う役職などで、他の人々とは異なっていた。彼らの中には、国王の役人や顧問になった者さえいた。

図7　曲芸・軽業
市や定期市には、このような見世物も集まった。

図8　中世の定期市

私は、次のことができる。

1. 自分の地方の市や定期市を13世紀の市と定期市と比べ、その相違点を2つ、類似点を2つ挙げなさい。

用語集をまとめること。
ワークブックに、コンセーリョ、特許状、職人の生産、国内交易、外国貿易、ブルジョア、定期市の意味を書くこと。

1　13世紀のポルトガルと1383-1385年の革命

日常生活

宮廷にて：国王の役割

　宮廷（国王が、家族や顧問、高位の官吏とともに暮らした場所）での日常生活を学習する前に、国王の役割について見てみよう。国王は、国の最高の権威であり、次のような権限があった。
- 一般法、つまり全国に適用される法を制定する。
- 重罪について裁判を行う（国王だけが、死刑および四肢の切断の刑を科すことができた）。
- 和平を結ぶ、あるいは宣戦を布告する。
- 教会を保護する。

　各地方の問題を解決するために、ポルトガル国王は、家族、それに司法のような諸問題の解決を助ける高位の官吏を引き連れて、全国を巡回した。そのような官吏の中で、次の官吏が重要であった。
- 国王の名前で軍を指揮する軍司令官。
- 国王の印章（シール）を文書に押した国璽尚書。
- 法律顧問（法律学者）。

　このような人々が、国王顧問会議の構成員であった。

図1　国王。身分制議会を主宰している。

139

テーマB　13世紀からイベリア統一と再独立(17世紀)まで

図2　レイリア城。最初の城は、アフォンソ・エンリケスがモーロ人の古い建物の跡に建設した。ディニス王は、城壁を補強し、宮殿を造営した。

例えば、和平や戦争について決めたり、新税を課したりといったような最も重要な問題を解決するために、国王は、貴族や聖職者、自治共同体の代表を招集し、身分制議会を開いた。このような議会の役割は、諮問を行うことであり、国王は、参加者の意見は聞いたが、それに従う義務はなかった。

3　レイリアの身分制議会

　1254年、ポルトガル国王およびボローニャ伯であったアフォンソ3世は、3月にレイリアで、王国の司教や領主、修道会、コンセーリョのオーメン・ボン（コンセーリョの中の有力者）など、国王の顧問を集め、王国の状況や修正すべき事柄について検討した。

> ・レイリアの身分制議会に参加した社会階層を言いなさい。
> 　テキストの表現を使って、説明しなさい。

140

1 13世紀のポルトガルと1383-1385年の革命

すでに見たように、レコンキスタが終了すると、ポルトガルには、長い平和な時代が訪れた。国王は、土地を開墾し、耕作地にするように、修道士に土地を与え、また沼地を干拓し、海の砂が農地に侵入しないように、沿岸部に松を植林した。さらに、発展が遅れた地域に農民を入植させるため、特許状を譲渡した。その結果、農業生産も増加し、商業活動も活発になった。同時に、国王は、領土の文化の発展にも努めた。

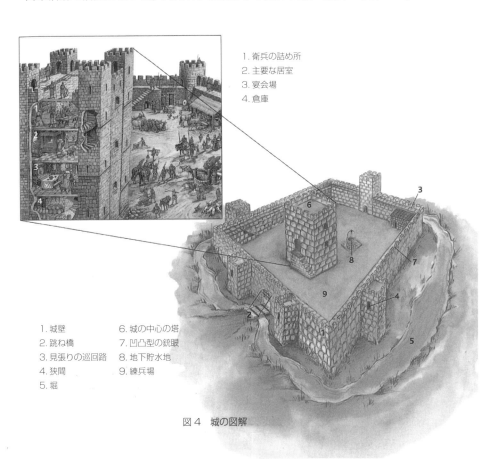

1. 衛兵の詰め所
2. 主要な居室
3. 宴会場
4. 倉庫

1. 城壁
2. 跳ね橋
3. 見張りの巡回路
4. 狭間
5. 堀
6. 城の中心の塔
7. 凹凸型の銃眼
8. 地下貯水地
9. 練兵場

図4 城の図解

私は、次のことができる。

1. 自分がもしも国王なら、自分がいちばん果たしたい役割は何かを言い、その理由を説明すること。
2. 国王顧問会議と身分制議会の相違を説明すること。

141

テーマB　13世紀からイベリア統一と再独立(17世紀)まで

日常生活

文　化

　王宮では、大宴会や夜会（夜のパーティー）が開かれ、そこでは、楽器が演奏され、歌や踊りが披露され、詩が朗読された。吟遊詩人が多くの人を集め、その後には、道化師が手品や軽業、道化芝居を演じた。こうして、宮廷生活は、音楽や文章、読書への好みを増大させた。

　文学の創作活動、とくに作詩は、ますます盛んに、そして多様になった。この時代、女性から男性への恋歌（詩人が、女性のふりをして愛を語る）、男性から女性への恋歌（男性が、恋する女性に語る）、からかい・悪口の歌（社会風刺の詩）が書かれた。このような詩のいくつかは、抒情詩集に収められ、今日にまで伝わっている。

　国王ディニス自身も、サンショ1世がそうであったように、優れた詩人であった。

　散文においても、騎士道小説（騎士の冒険）や狩猟の書（狩りに関する書物）、（貴族の家族やその血統に関する）家系の書が著された。

> **ディニス王の「女性から男性への恋歌」**
>
> ああ、花よ、
> ああ、緑の松の花よ、
> 私のいとしい人の
> 消息をおまえが知っているのなら、
> ああ、神様、あの人はどこにいるの？
>
> ああ、花よ、
> ああ、緑の枝の花よ、
> 私のいとしい人の
> 消息をおまえが知っているのなら、
> ああ、神様、あの人はどこにいるの？
>
> 私のいとしい人の消息をおまえが知っているのなら、
> 私と約束したことを偽ったあの人の消息を、
> ああ、神様、あの人はどこにいるの？
>
> 私の恋しい人の消息をおまえが知っているのなら、
> 私に誓ったことを偽ったあの人の消息を、
> ああ、神様、あの人はどこにいるの？

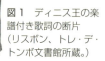

図1　ディニス王の楽譜付き歌詞の断片（リスボン、トレ・デ・トンボ文書館所蔵。）

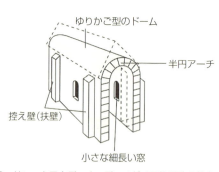

図2　サン・クラウディオ・デ・ノゲイラ修道院の教会（ヴィアナ・ド・カステロ）
半円アーチや厚く低い壁、わずかしかない、小さな開口部をよく見なさい。このような建造物は、11世紀頃、つまりすでに見たように、多くの戦争や危険な出来事があった時代に、ヨーロッパ全域に出現した。この時期の教会は、しばしば人々の避難場所となった。それで、まるで本物の要塞のように見える。このような建築様式は、ロマネスク様式と呼ばれる。

1　13世紀のポルトガルと1383-1385年の革命

ディニスは、13-14世紀（1279-1325年）に国を統治し、文化の発展をとりわけ重視した国王であった。この国王の講じた措置の中で、次のものが際立っていた。

- のちに大学となる総合学院の創設を目指して、聖職者が教皇に対して行った請願（1288）を支援した。1290年、教皇ニコラウス4世は、講義の開始を許可した。これにより、学生が勉学を続けるために、国外に出る必要がなくなった。
- 公文書で、ラテン語の代わりにポルトガル語が使用されるようになり、文書の執筆や理解がより容易になった。

図4　大学での授業

3　リスボン大学

　ニコラウス、[ローマ]司教は、(…)このような学院によって神への信仰が王国において高まること考慮して、次のように宣言し、さらに命じる。国王[ディニス]は、その王権により、リスボンの市民が彼らの家屋を適正な額で学生に貸与するよう促すこと。(…)いかなる教師も、また学生も、(…)在俗の者により、裁かれ、あるいは罰せられないこと。(…)

教皇ニコラウス4世の教書、
1290年8月9日（一部改変）

図5　コインブラ大学
総合学院は、1308年、ディニス王によりリスボンに創設され、のち、ディニス王の命令でコインブラに移された。その後、ふたたび、リスボンに戻ったが、1537年には、最終的にコインブラに設置された。

- 教書とは、何ですか？思い出してみなさい。
- 次のことを言いなさい。
　a) 教皇が、大学の創設を認めた理由　　b) 教師や学生に付与された特権

私は、次のことができる。

1. 総合学院について、
　　a) 創設された場所　　b) 創設を支援した国王　　c) 創設の利点

テーマB　13世紀からイベリア統一と再独立（17世紀）まで

図解―要約

13世紀の日常生活

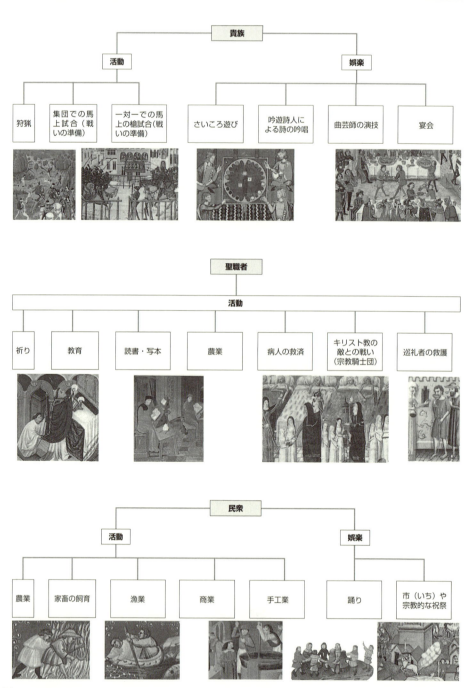

もう次のことができる。

1. ノートに次の表を写し、その表を完成させること。

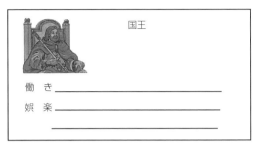

国王

働　き _____
娯　楽 _____
　　　 _____

社会階層 _____

主な活動 _____
他の活動 _____
娯　楽 _____

社会階層 _____

主な活動 _____
他の活動 _____
　　　 _____

社会階層 _____

主な活動 _____
この活動での３つの産物 _____
　　　 _____
他の活動 _____
娯　楽 _____

2. 都市の住民が従事した他の活動を言うこと。
3. 領主の所領で働く民衆と市に居住する民衆、どちらがより多くの権利と自由をもっていたのか説明すること。
4. 自分がこの時代に生きていたとして、どの社会階層に属したいか言い、その理由を説明すること。

テーマB　13世紀からイベリア統一と再独立(17世紀)まで

3 1383-1385年の革命

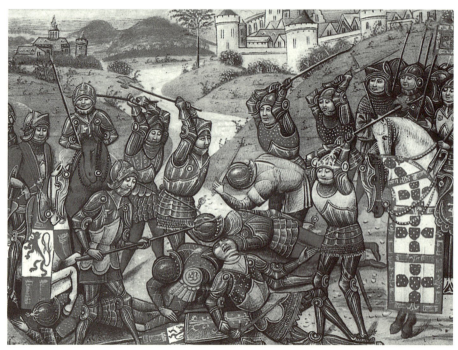

アルジュバロタの戦い（ジャン・ド・ヴァヴラン『イングランド年代記』版画）

西暦14世紀 | 西暦15世紀

1300

1383
サルヴァテラの条約
フェルナンド親王死去
リスボンでの民衆革命

1384
カスティーリャ王
リスボンを包囲
アトレイロスの戦い

1385
コインブラの
身分制議会
アルジュバ
ロタの戦い

1400

1411
ポルトガルとカスティーリャとの
和平条約調印

1　13世紀のポルトガルと1383-1385年の革命

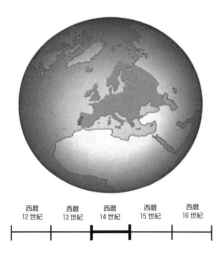

| 西暦12世紀 | 西暦13世紀 | 西暦14世紀 | 西暦15世紀 | 西暦16世紀 |

フェルナンドの死と王位継承問題

14世紀後半のポルトガル

　14世紀後半は、他のヨーロッパ諸国と同様に、ポルトガルにおいても、飢饉や疫病、戦争の時代であった。

　年により、冬の雨が多すぎたり、また少なすぎたりといった不安定な気候の結果、農作物の不作な年が繰り返し、穀物の収穫はわずかで、飢饉が起こった。食料は不足し、その価格は高騰した。数多くの農民が苦しい生活に耐えかねて都市に逃げ込み、農村では労働力の不足が起こった。

　都市には、水道も、下水もなく、ゴミは街路に捨てられた。ネズミや蚊、シラミがあふれていた。劣悪な衛生環境や栄養不足のため、人々は病気にかかりやすかった。最も恐ろしい伝染病の一つは、黒死病で、感染力が強かったので、ポルトガルでは、3ヶ月で人口の約3分の1が死亡した。この伝染病は、ネズミのノミを介して人に感染し、商業ルートに沿ってヨーロッパ中に広がった。黒死病という名前で知られたが、その理由は、身体に黒ずんだ斑（まだら）が現れるからである。

　不満が広がり、大きな所領をもつ聖職者や貴族も不満を抱くようになった。彼らは、広大な土地の所有者であったが、労働力の不足やその結果起こる賃金の高騰によって、収入が減少していたからである。

　一方、商業活動では、危機の兆候は、それほど明確ではなかった。リスボン港は、南北ヨーロッパを結ぶ交易路において、船が必ず立ち寄る港であった。しかし、大商工業者（ブルジョア）は、富裕ではあったが、聖職者や貴族ほど、国王に影響力はなく、彼

1348年
黒死病がポルトガルに到来。

1369-70年
ポルトガルとカスティーリャの間で、第1次フェルナンド王戦争。

1372-73年
第2次フェルナンド王戦争。

1375年
フェルナンド王が、農業を保護し、農地の放棄を避けるため、「セズマリア法」を公布。

1380年
フェルナンド王が、「海事保険会社」を創設。船を失った者に補償するための一種の保険。

1381-82年
第3次フェルナンド王戦争。

らは、そのことをこころよく思っていなかった。

ポルトガルの状況は、フェルナンド王が企てた戦争、また王の死後は、王位継承の問題によって、さらに悪化した。この点を次に説明することにしよう。

王位継承問題

フェルナンド王は、自分にカスティーリャ王国の王位継承権があると考え、また締結あるいは破棄したいくつもの協定に応じて、何度も、カスティーリャと戦争を行った。何度かの敗戦ののち、1383年、サルヴァテラで和平条約に署名した（史料2）。この条約には、（フェルナンド王の一人娘）ベアトリスとカスティーリャ国王フアン1世との婚姻に関する条件が明記されていた。一人娘がカスティーリャの国王と結婚するという状況のもと、フェルナンド王は、ポルトガルの独立を守ろうと試みた。注意深く、次の史料を読みなさい。

図1　黒死病の患者を治療する医師
医師は、適切な仮面と保護服を着用した。仮面の中には、香草を入れた。香草が空気を浄化し、感染の危険をなくすと考えたからであった。

2　サルヴァテラ条約

(…) 国王フェルナンドの意思は、ポルトガル王国がカスティーリャ王国とはけっして合併しないということであった。そこで、(…) 王女（ベアトリス）が息子を生み、その息子が14歳になるまで、上記ポルトガル王国の摂政位[(1)]には、王妃レオノールが就くということが定められていた。(…)

フェルナン・ロペス『フェルナンド王の年代記』
（一部改変）

(1) 国王や女王に代わって、統治すること。

・フェルナンド王の意思は、どのようなものであったのか？
・フェルナンド王の死後、誰がポルトガルを統治したのか？
・その人物は、いつまで、統治したのか？　その理由を説明しなさい。

テーマB　13世紀からイベリア統一と再独立(17世紀)まで

図3　サンタレンのサン・フランシスコ教会にあるフェルナンド王の棺
フェルナンド王は、コインブラで生まれ、リスボンで没した。サンタレンのこの教会に埋葬するように遺言を残した。

史料で分かるように、将来、王女ベアトリスが生む息子が14歳に達したとき、その息子がポルトガル国王になり、それによりポルトガルの独立を保証することになっていた。なぜなら、カスティーリャ王位の継承者は、カスティーリャのフアン国王の最初の結婚で生まれた長男であったからである。

フェルナンドの死後、必ずしもすべての事柄がサルヴァテラ条約の記載どおりになったわけではなかった。革命を引き起こすことになるいくつもの出来事が起こり、ポルトガル社会に大きな変革をもたらした。

私は、次のことができる。

1. 年表で、次の出来事を探すこと。
   a) 農業危機の要因となった出来事
   b) フェルナンド王が次のものを保護したことを示す出来事
      ・農業　・外国貿易
2. フェルナンド王の死が、どのような理由でポルトガルの王位継承問題を引き起こしたのか、説明しなさい。

民衆の動きと対立する階層

民衆の動き

　王妃レオノール・テレスが王国の摂政の地位に就いたとき、彼女は、当時の慣習に従い、王女ベアトリスがポルトガル女王であると宣言させた。この宣言は、リスボンの民衆の気に入らなかった。なぜなら、民衆は、ポルトガルが外国の国王によって統治されることを恐れていたからである。

　もともと民衆に人気のなかったレオノール・テレスが、ガリシアの貴族、アンデイロ伯を顧問としたことは、民衆の不満をさらに深めた。

　このような状況を見て、富裕なブルジョアであり、かつてフェルナンド国王の国璽尚書であったアルヴァロ・パイスは、アンデイロ伯を殺害するという陰謀を計画した。この企てを実行するため、彼はアヴィス騎士団長の参加を要請した。アヴィス騎士団長は、フェルナンド国王の兄弟、つまりレオノール・テレス王妃の義理の兄弟であったので、王妃の宮殿にたやすく近づくことができたからである。次の史料を読みなさい。

図1　レサ・ド・バリオ教会
レオノール・テレスとフェルナンド王との結婚は、この教会で秘密裏に行われたが、民衆は不満であった。[年代記作家] フェルナン・ロペスによると、「人々は、国王に魔法をかけた女性のせいで、すばらしい国王を失うのを望んでいなかった。」

図2　ポルト
フェルナンド王は、リスボンと同じく、ポルトにも新しい城壁の建設を命じた。1383-85年の争乱が起こったとき、ポルトの市民は、アヴィス騎士団長を支持し、王国の防衛のために資金を送った。ポルト市民が騎士団長の大義を支持したことが、革命の勝利の決定的な要因となった。

テーマB　13世紀からイベリア統一と再独立(17世紀)まで

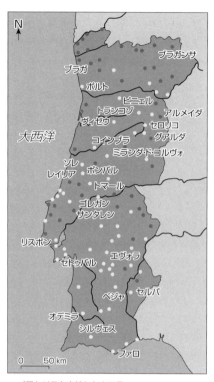

● ベアトリスを支持したところ
○ アヴィス騎士団長を支持したところ

図3　ベアトリスを支持した都市とアヴィス騎士団長を支持した都市

4　リスボンの民衆の高揚

　アヴィス騎士団長の従者が馬を走らせ、大声で叫んだ。
「騎士団長が殺される。王妃の宮殿で騎士団長が殺される。みんな、殺されようとしている騎士団長を助けに駆けつけてくれ。」
　(…) それを聞いた人々は、何事かと街路に飛び出した。(…) そして、人々は、少しでもまともな武器を手に取った。
(…) 人々は、望みを一つにして、団結して、宮殿の扉に押しかけた。(…)
　上から、何人もの者が、騎士団長は無事で、死んだのは、アンデイロ伯だと言った。しかし、誰もこの言葉を信じず、叫んだ。「無事であれば、私たちに騎士団長の姿を見せろ。われわれは、彼の姿を確かめよう」
　(…) そのとき、街路に面した大きな窓に、騎士団長が姿を現した…
「諸君、静まってくれ。ここに、私は、無事で、生きている。神の思し召しだ。」

フェルナン・ロペス『フェルナンド王の年代記』(一部改変)

・次のことを言いなさい。
　－リスボンの街路で、アヴィス騎士団長の従者は、何をしましたか？
　－リスボン市の人々は、それにどのように反応しましたか？
　－何が、反乱を起こした人々を鎮めたのか？
・資料に別の題目を付けなさい。

　上に見たように、高揚した民衆はアヴィス騎士団長を支持し、その結果、レオノール・テレスは、サンタレンに逃亡した。そして、サンタレンから、カスティーリャ国王に助けを乞うた。カスティーリャの侵略を恐れ、リスボンの民衆は、騎士団長に王国の統治者・擁護者の地位に就くように頼み、できる限りのことをして騎士団長を助けると約束した。

1　13世紀のポルトガルと1383-1385年の革命

対立する階層

国中で、人々の動揺は激しかった。人々は、分裂した。

一方には、アヴィス騎士団長を支持する人々がいた。
- 民衆、ブルジョア（商工業者）、一部の聖職者と貴族。彼らは、外国の王に統治されることを嫌い、独立を失うことを恐れたからである。

もう一方には、ベアトリスを支持する人々がいた。
- 大部分の高位の聖職者と高位の貴族。彼らは、従来の特権を失うことを恐れ、アヴィス騎士団長がペドロ1世の非嫡出子であるとして、彼を受け入れなかった。

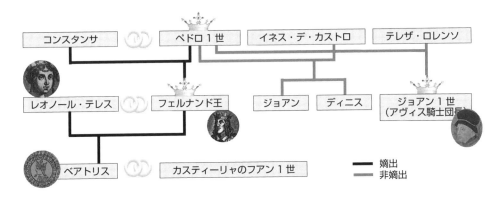

図5　ペドロ1世の子孫

私は、次のことができる。

1. ペドロ王の子孫の系図をもとに、次のことを言うこと。
   a) 誰が王位継承者であったか
   b) アヴィス騎士団長と次の人物との親戚関係
      ・フェルナンド王　・王女ベアトリス
2. なぜポルトガル人が分裂したのか説明すること。
3. 自分が当時生きていたとして、どの候補者を支持するかを言い、その理由を説明すること。

153

テーマB　13世紀からイベリア統一と再独立(17世紀)まで

カスティーリャの侵略に対する抵抗

リスボンの包囲

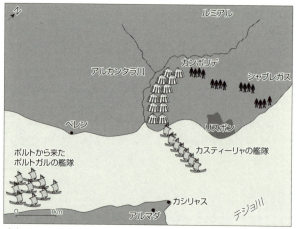

図1　1384年のリスボン包囲図

カスティーリャ王は、妻に自分の権利を行使させるため、ポルトガルに侵入した。まず、サンタレンを占領し、そこから、アレンテージョ経由で侵入した新たな援軍を呼び寄せた。

ヌノ・アルヴァレス・ペレイラはそのとき、わずかな軍勢で、アトレイロスの戦いで、カスティーリャ軍を打ち負かした。しかしながら、この敗戦は、カスティーリャ王を撤退させるには十分ではなかった。

カスティーリャ王は、新たな攻勢を仕掛け、軍を率いて進軍し、約5ヶ月間リスボンを包囲した。

包囲が解かれたのは、ペストがカスティーリャの兵士に多くの犠牲者を出し、さらに王妃ベアトリスにも感染したからであった。

カスティーリャのフアンは、帰国後、もう一度ポルトガルに侵入するため、強力な兵力を整えた。

コインブラの身分制議会

事態は深刻であったので、ポルトガル人は、国には、自分たちの利害を守ってくれる、身分

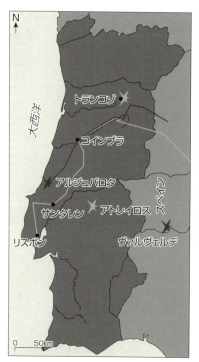

図2　1383-1385年革命時のポルトガルとカスティーリャとの戦争

制議会で戴冠された正統な国王がいなければならないと感じた。

そこで、人々は、コインブラで身分制議会を開催した。そこでは、法学者のジョアン・ダス・レグラスが大きな役割を果たした。彼は、王位の候補者（ベアトリス、ペドロ王の非嫡出子3人）の中で、ポルトガル王になる権利をもっているのは、独立の大義のためにいままで大いに戦ってきたアヴィス騎士団長ジョアンであると論証した。

アルジュバロタの戦い

アヴィス騎士団長ジョアンがポルトガル国王に推戴されたとの知らせを受けると、カスティーリャ王はふたたびポルトガルに侵入した。1385年8月14日、レイリアからそれほど遠くないアルジュバロタの戦いで、ポルトガル軍は、兵力が劣勢であったにもかかわらず、カスティーリャ軍を打破した。ヌノ・アルヴァレス・ペレイラと国王が共同で、ポルトガル軍の指揮に当たった。この戦いでは、方陣の戦法がとられたが、それは以前、アトレイロスの戦いでも使われた戦法であった。

この勝利を記念して、ジョアン1世は、戦いが行われた場所の近くに、サンタ・マリア・ダ・ヴィトリア修道院［ヴィトリアは、勝利を意味する］、いわゆるバターリャ修道院［バターリャは、戦いを意味する］の建設を命じた。

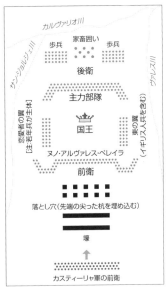

図3 ヌノ・アルヴァレス・ペレイラは、アトレイロスの戦闘で「方形の戦術」を用いた。兵力約1万で、主として弓・石弓の射手からなるポルトガル軍が、兵力約3万のカスティーリャ軍を敗退させた。

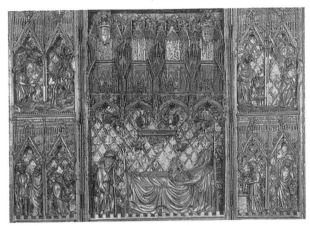

図4 ギマランイス参事会教会の降誕三連祭壇彫刻［トリプティク］（アルベルト・サンパヨ博物館）アルジュバロタでの勝利に対する感謝のしるしとしてジョアン1世が制作を依頼した銀製の作品。

テーマB　13世紀からイベリア統一と再独立（17世紀）まで

図5　バターリャの修道院
高く、薄い壁や入り口の尖塔形アーチ、ステンドグラスの大きな窓に注目しなさい。この新しい建築様式—ゴチック様式—は、13世紀以降に現れ、それまでよりも安定し、危険の少ない時代を反映している。

私は、次のことができる。

1. 次の言葉のそれぞれがどの出来事に相当しているか、言うこと。抵抗、正当化、独立。答えの理由を述べること。
2. 自分の先生に、コインブラの身分制議会の模擬議会をやるように提案すること。クラスは、3つの社会階層に分かれる。それぞれのグループは、違う候補者を支援し、支援する理由を挙げる。

独立の確立

ポルトガル人は、コインブラの身分制議会で新国王を選出し、アルジュバロタの戦いでカスティーリャ人を打ち破ったものの、依然として、カスティーリャ軍の新たな侵攻の恐れがあった。ジョアン1世は、イギリスと友好条約を締結し、その条約で、両国は相互援助を約束した。この条約をさらに強固なものとするために、ジョアン1世は、英国の王族の一員であるランカスター公の娘、フィリパと結婚した。

いま学習した1383-1385年の革命は、ポルトガルの社会に大きな変化を引き起こした。そのような変化について、次の史料を読みなさい。

図1 フェルナン・ロペス（とされる人物）（1380-1460）の肖像画。王国の年代記作家
ドゥアルテ王は、ペドロ王とフェルナンド王、およびジョアン1世（治世の一部）の年代記（諸国王の生涯の歴史）の執筆を彼に託した。（国立古美術館［リスボン］所蔵、ヌノ・ゴンサルヴェス作、多翼祭壇画［ポリプティック］の一部）

2 新しい世代の人々

(…) 騎士団長の偉業によって、別の世界、そして新たな世代の人々が生まれた。

中には、依然として旧い貴族の称号を保持している者もいるが、優れた働きや努力によって、**下層の民の子供が騎士となり、新たな家系と姓を名乗っている者**も大勢いる。(…) 彼らは、高い地位に就いたので、今日では、その子孫が貴族の称号を名乗り、たいそうな名声を得ている。

フェルナン・ロペス『フェルナンド王の年代記』（一部改変）

- 「下層の民」とは、どのような人々ですか？
- 彼らにどのようなことが起こったのか、言いなさい。
- 太字の部分はどのような意味か、説明しなさい。

テーマB　13世紀からイベリア統一と再独立(17世紀)まで

図3　ジョアン1世とランカスター家のフィリパとの結婚
この結婚から8人の子供が生まれたが、うち3人は子供のときに死亡した。他の子供たちは、歴史上の重要人物となった。それで、詩人ルイス・デ・カモンイスは、彼らを「輝かしい御子」（注）と呼んだ。ドゥアルテとペドロは、優れた統治者かつ著作家であり、イザベルは、ブルゴーニュ公と結婚し、ヨーロッパ中で賞賛を集めた。フェルナンドは、民衆により、聖人と見なされた。エンリケは、発見事業の主要な推進者であった。（注：第四の詩50、ルイス・デ・カモンイス『ウズ・ルジアダス』（池上岑夫訳）、白水社、2000年、p. 115）

図5　ジョアン1世の紋章
ジョアン1世は、ポルトガルの紋章に、緑色で描かれたユリの花（アヴィス騎士団のシンボル）を加えた。ジョアン1世は、新しい王朝（アヴィス王朝）の創始者となった。王朝とは、同じ家系に属する嫡出の王位継承者の系統をいう。

図4　ポルト大聖堂。1387年、ここでジョアン1世とランカスター家のフィリパとの結婚式が行われた。

158

1　13世紀のポルトガルと1383-1385年の革命

　上記の史料にあるように、ジョアン1世を支持した者は、その功績に対して報賞を得た。民衆の支持のほか、戦費をまかなうには、ブルジョアジー（商工業者）の財政的な支援がきわめて大切であったからである。多くの小貴族や何人かブルジョアジーは、所領や役職、称号を得て、こうして「新貴族」が生まれた。ブルジョアジーは、望み通りに、国政にいままでよりも大きな影響力をもつようになった。
　ベアトリスを支持した高位の貴族の一部は、カスティーリャに逃れ、財産や特権を失ったが、それらは「新貴族」に与えられた。
　新国王の選出で政治危機が克服され、社会の紛争が鎮まると、独立戦争で深刻化した経済危機を解決することが必要となった。
　こうして、1411年、カスティーリャと和平条約を締結すると、ポルトガルは、新たな土地の征服と発見に向けて歩み出した。

図6　ヌノ・ゴンサルヴェス作、多翼祭壇画［ポリプティック］
15世紀のこれらのパネルには、当時のポルトガル社会、つまり［革命後の］「新しい世代」の人々が描かれている。このような人々が、独立の戦いの勝利で団結し、いまから学習する発見の冒険に乗り出した。

私は、次のことができる。

1. ジョアン1世の勝利のあとに起こった社会変動を言いなさい。
2. 1383-1385年の革命の研究にとってフェルナン・ロペスがいかに重要か、言いなさい。

用語集をまとめること。
ワークブックに、革命、王朝、年代記、身分制議会の意味を書くこと。

テーマB　13世紀からイベリア統一と再独立(17世紀)まで

図解—要約

1383-1385年の革命

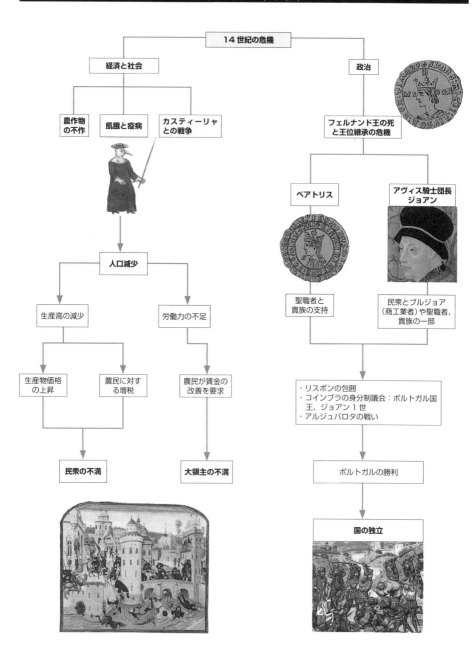

もう次のことができる。

1. 地図に何が示されているか言うこと。

2. どのようにして、この疫病がポルトガルに到達したのか、説明すること。

3. この疫病の結果を2つ言うこと。

4. ノートに、その死が当時のポルトガルの政治危機の原因となった国王の「身分証」を完成させること。

5. フェルナンド王の死後、ポルトガル人の間に分裂を引き起こした理由を2つ言うこと。

6. 次の中から、適切な言葉を選び、それを加えて、以下の文のそれぞれを書き直すこと。アルジュバロタの戦い、リスボンの包囲、アトレイロスの戦い、コインブラの身分制議会。
   ・人々は、餓死した。
   ・国王と軍最高司令官［ヌノ・アルヴァレス・ペレイラ］が指揮するポルトガル軍は、カスティーリャ軍を打倒し、ポルトガルの独立を確保した。
   ・アヴィス騎士団長は、ポルトガル国王に選出された。
   ・ヌノ・アルヴァレス・ペレイラが指揮するわずかな軍勢が、カスティーリャ軍を破った。

7. もしも自分がブルジョア（商工業者）の一員で、国の政治にいままでよりも参加したいと望んでいたとすれば、ジョアン1世の味方をしたか、カスティーリャ人の味方をしたか、理由を挙げて説明できる。

8. ノートに、ポルトガルの新しい国王の「身分証」を完成させること。

→ 黒死病の侵入ルート
　 黒死病の拡大

...の国王 _____
... と _____
..の息子 _____
... と結婚 _____
...の父親 _____
... と結婚した _____
... 条約に署名 _____
... で死亡 _____

... で国王に選出される。 _____
... 年 _____
...の国王 _____
... と _____
...の息子 _____
... と結婚 _____
...の父 _____
... 王朝の創始者 _____

自主研究

13 世紀の私の地方の日常生活

・13 世紀の社会は、どのように組織されていたのか？
・私の住む地方では、どのような活動が行われていたのか？それは、誰が行っていたのか？
・次のものは、それぞれどれほど重要であったのか？
　− 病気の治療における薬用植物
　− 家畜
・この時代の痕跡は、どのようなものに見られるのか？

上記の質問すべてに答え、その結果を発表するのに、自分で、あるいはグループで、次のことをやりなさい。
・13 世紀の日常生活に関する映画を見て、本を読む。
・街路や広場の名前や町の広場のペロリーニョ（柱）、農機具、あるいは物語や伝説など、この時代の痕跡を調べる。
・集めた情報をもとに、物語を作り、書き記す。
・その物語の漫画を描く。

教科、および教科外のカリキュラムで、歴史の勉強に役立つ活動
（提案）

教科と教科外の カリキュラム	活　動
国語（ポルトガル語）	13世紀の日常生活に関する歴史や伝説、詩、調理法、処方箋など、いろいろなテキストを読み、調べる。この時代の全国的な、あるいは各地方の重要人物の伝記を作成する。漫画のためのテキストを作成する。
算　数	中世の記念碑的な建造物や品物、用具に見られる幾何学的な造形を調べる。中世の日常生活の事物を題材とした問題を作成する。
ポルトガルの歴史と地理	文書史料や図像史料を調べる。映画を鑑賞する。（例えば、宮廷の）日常生活のエピソードを少し演じてみる。 過去や現在における、自分の住む土地の地名、およびその広場の役割について調べるため、グループで作業する。
英　語	衣服や家具、諸活動のような中世の日常生活の事物について、それが何かを言う。
理　科	身体の大きさや形、また衣服や食物、移動手段、ネズミ（ペストのような病気を媒介する）のような動物の繁殖について、あるいは、戦争や輸送、農作業に中世の人々にとっては不可欠であった牽引用あるいは運搬用の家畜（ラバやロバ、馬）について調べる。この時代の薬用植物について調べる。
E.V.T.（視覚・技術教育）	漫画を作成する。作画、コマ一つ分の作成、吹き出し、コマ一列分の作成、コマ全体の作成 …
音　楽	この時代の楽器について調べる。「女性から男性への恋歌」、もしくは「男性から女性への恋歌」を読み上げる、あるいは歌う。
体　育	中世の遊びをいくつか再現する。
学習法指導	「ポルトガルの歴史と地理」と関連する情報を調べ、整理し、利用する。「ポルトガルの歴史と地理」と「国語（ポルトガル語）」と関連する学級文庫を作る。
市民教育	自分が住む地方の職人を学校に招き、職業について話してもらう。できれば、少し実演してもらう。

2 | 15世紀・16世紀のポルトガル

アストロラーベ（天体観測器）を利用しての航海

1. ポルトガルから大西洋の島々、喜望峰へ
2. インドとブラジルへの到達
3. 16世紀のポルトガル帝国
4. 16世紀の都市生活－16世紀のリスボン

西暦15世紀　　　　　　　　　　　　　　　　　　　　　西暦16世紀

1400

1415 セウタの征服

1419/20 マデイラ諸島へ到達

1427 アソレス諸島への到達

1434 ジル・エアネス、ボジャドール岬を越える

1488 バルトロメウ・ディアス喜望峰に到達

1492 コロンブス（クリストヴァン・コロンボ）がアメリカ大陸へ到達

1498 ヴァスコ・ダ・ガマ、インドへ到達

1500

1500 ペドロ・アルヴァレス・カブラルブラジルへ到達

2 15世紀・16世紀のポルトガル

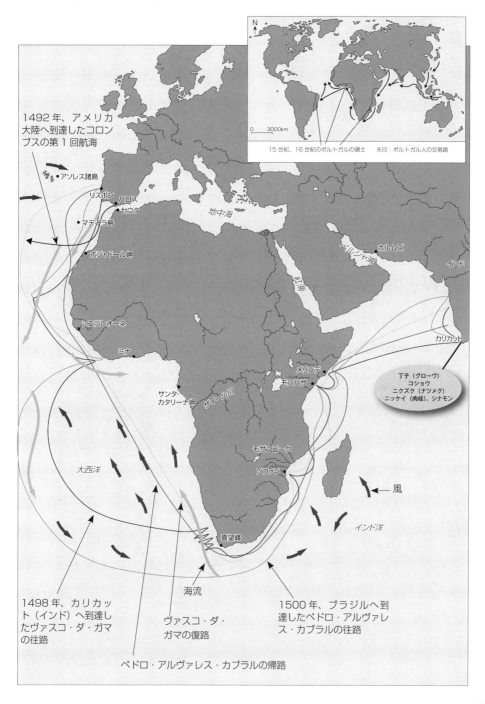

テーマB　13世紀からイベリア統一と再独立(17世紀)まで

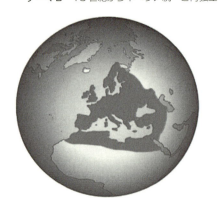

1 ポルトガルから大西洋の島々、喜望峰へ

既知の世界

　約700年前、人間が地球に関してもっていた知識は、限られていた。ヨーロッパ人は、自分たちの大陸を地球の中心であると考え、アフリカ大陸やアジア大陸の一部を知っていただけであった。(ごくわずかの海岸部を除いて)アメリカ大陸やオセアニアは知られていなかった。図1、図2を参照しなさい。

| 西暦13世紀 | 西暦14世紀 | 西暦15世紀 | 西暦16世紀 | 西暦17世紀 |

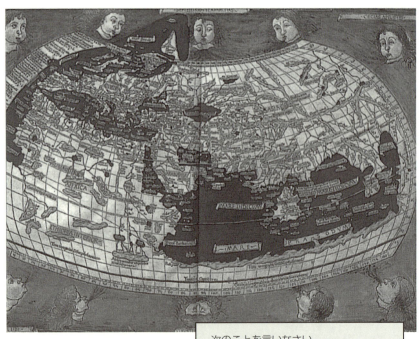

図1　1482年の平面球面図

次のことを言いなさい。
a) 実際と近い形で描かれた大陸
b) 描かれていない大陸
c) 大西洋とインド洋が離れている理由

2　15世紀・16世紀のポルトガル

図2　15世紀初頭、ヨーロッパ人が知っていた世界、知らなかった世界。

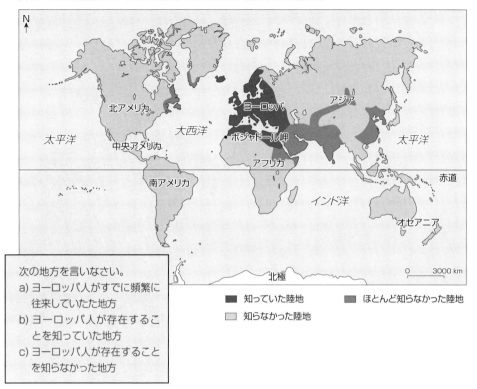

次の地方を言いなさい。
a) ヨーロッパ人がすでに頻繁に往来していたた地方
b) ヨーロッパ人が存在することを知っていた地方
c) ヨーロッパ人が存在することを知らなかった地方

未知の世界

　地図を見て分かるように、アフリカの海岸は、ボジャドール岬まで知られていた。この岬より先に存在すると考えられていたのは、かつて既知の世界の先に行こうと試みた商人たちが空想を膨らませて描いた報告にもとづくものであった。空想上の物語によると、大西洋は、海が沸き立ち、船を飲み込む怪物が住む、暗闇に沈む「暗黒の海」であった。

　アフリカについては、北部だけが知られていた。アフリカ大陸は南へ延び、大西洋とインド洋の往来を妨げていると考えられていた。

　しかしながら、未知の世界、特に莫大な富があると考えられていたアジアに対して、強い好奇心があった。ポルトガル人が、アフリカの西海岸に沿って航海し、海路、アジアに到達した最初のヨーロッパ人であった。

　すでに、14世紀中頃、ポルトガル人は、カナリア諸島へ何度か航海していたが、新たな土地の発見と征服に本格的に乗り出し、ヨーロッパの拡大を開始したのは15世紀になってからであった。それによって、ポルトガル人は、ヨーロッパがすべての大陸の

テーマB　13世紀からイベリア統一と再独立（17世紀）まで

人々と接触をもつようになるのに貢献した。
　どのようにしてそれらすべてが起こったのか、次に見てみよう。

図3　未知の海や陸地に住んでいると信じられていた空想上の生き物を描いた絵。

私は、次のことができる。

1. 「既知の世界」「未知の世界」の図をよく見て、海外進出の初期にポルトガル人が感じた困難を2つ言いなさい。
2. 「暗黒の海」を特徴づけている形容詞を3つ言いなさい。

陸と海でのモーロ人との戦い

　イベリア半島でキリスト教徒とイスラーム教徒の戦いが行われていた時代、キリスト教徒が好んで用いた戦法の一つは、敵地への襲撃であった。つまり、騎士、あるいは騎士と歩兵が集団で敵地に入り、収穫物を奪い、また可能な物はすべてを略奪した。奪い取ったすべての物のうち、5分の1は、国王、もしくは騎士の長の取り分となった。

　同じことが、海でも行われ、敵船を破壊し、乗組員を捕虜にし、船の積み荷を奪った。1249年（13世紀）、アルガルヴェ地方からモーロ人を追放したのち、海へのこのような軍事的遠征が増加した。ポルトガルの船は、北アフリカの大西洋岸まで航海し、イスラーム教徒の船を探し、また魚が豊富なモロッコ沿岸の海域で漁を行った。船乗りは、このようにして、海の危険に立ち向かうことに慣れていった。

北アフリカでのキリスト教徒のレコンキスタ（再征服運動）

　皆、覚えているように、北アフリカは、ローマ帝国の一部であり、だからもともとはキリスト教徒の土地であったが、のちにイスラーム教徒に征服された。イスラーム教徒に奪われた土地の回復のために戦うことは、よきキリスト教徒すべての義務であった。

　北アフリカではまた、奴隷や金、穀物、香辛料など多くの産物が取引されており、それは、ポルトガル人の関心を引いた（図3）。

　1411年、カスティリャとの和平条約が結ばれると、ポルトガル人は、キリスト教徒によるレコンキスタを継続したが、今度は、舞台は北アフリカであった。この戦いは、と

1336年　ポルトガル人のカナリア諸島への航海。

1411年　カスティーリャとの和平条約調印。

1414年　リスボンとポルトでペストの流行。ランカスター家のフィリパが感染し、死亡。

1415年　セウタの征服。

テーマB　13世紀からイベリア統一と再独立(17世紀)まで

りわけ貴族の望むところであった。というのは、この戦いにより、貴族、とくに名声や栄光を求める若い貴族が、新たな土地や役職、称号を入手できたからであった。

図1　おしゃべりする二人の貴族
カスティーリャとの和平条約調印(1411年)後、戦士である貴族は暇をもてあまし、新たな戦いを望んだ。

図2　キリスト教徒の騎士

セウタの征服

1415年8月、国王ジョアン1世が指揮する強力な艦隊がセウタ市を攻略した。この遠征には、国王のほか、ドゥアルテ、ペドロ、エンリケの3親王が参加した。

次のことを言いなさい。
a) セウタを通る2つの交易路
b) それぞれの交易路の出発地
c) 到着地。

図3　ポルトガルの発見事業以前の交易路

2　15世紀・16世紀のポルトガル

セウタを失ったのち、イスラム教徒は、北アフリカの他の都市に交易路を移し、それによって、ポルトガル人は、利益を失った。キリスト教徒の都市、セウタは、敵地で孤立した。モーロ人の攻撃は、ますます激しくなった。

このような状況のもと、ポルトガル人は、金や香辛料の原産地を求めて、未知の海に乗り出した。

図4　セウタは、地の利に恵まれた都市であった。ジブラルタル海峡を支配し、イタリア商人は、ここで、アラブ人がアジアから運ぶ産物やアフリカ内陸部からもたらされる金、そして小麦を調達した。

図5　隊商（キャラバン）は、アジアとヨーロッパをつないだ。

私は、次のことができる。

1. モーロ人に対する海路および陸路での軍事遠征によってポルトガル人が何を得ようとしたのか言うこと。
2. 次の社会階層のそれぞれが北アフリカに対して関心を抱くようになった理由を言うこと。
    a) 聖職者　　b) 貴族　　c) ブルジョアジー
3. セウタ征服の理由を説明すること。
4. 当時生きていたとして、セウタ征服に対する自分の意見を言い、その理由を説明すること。

テーマB　13世紀からイベリア統一と再独立(17世紀)まで

アフリカ沿岸の発見

　セウタをイスラーム教徒から征服したのち、ジョアン1世は、1416年、エンリケ親王をセウタ総督に任命し、その防衛や武器および食料の調達の責任者とした。そして、その直後、1418年には、エンリケの命により、マデイラ諸島およびアソレス諸島を目指した艦隊が出発した。

　南への航海の最初の困難は、ボジャドール岬を越えることであった。その理由を理解するために、次の資料を読み、図2を参照しなさい。

1　ボジャドール岬

　このボジャドール岬は、岬から外海へ向かって4ないし5レグア以上、突き出しているとても長い岩礁のため、きわめて危険である。

　驚くほどの海流のせいで、誰一人として、あえて海に乗り出し、この浅瀬を超えようとはしない。

ドゥアルテ・パシェコ・ペレイラ『エズメラルド・デ・シトゥ・オルビス』(16世紀)

1レグア＝約5キロメートル

・航海者がボジャドール岬を通過するのを妨げていたのは何か、言いなさい。

図2　大西洋の風と海流
ボジャドール岬は、浅瀬と海流のため、そこを越えるのが最も困難な障害の一つであった。

2　15世紀・16世紀のポルトガル

　ジル・エアネスは、ボジャドール岬を越えようと試みたが、果たせないでいた。1434年、エンリケ親王は、彼にふたたび岬越えを試みるように指示した。今度は、その試みは成功した。その後何年間にもわたり、親王は、アフリカ西岸の航海を組織し、そのような航海を通して、とりわけ奴隷の交易を通して、経済的な利益を得ようとつねに試みた。次の地図を見なさい。

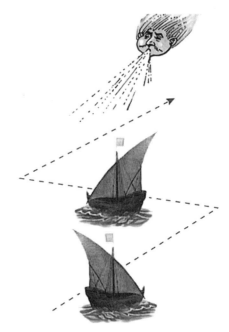

＊詰め開き＝風上みに向かって45度の角度で帆走すること。

図3　詰め開きでの帆走

図4　1460年までのポルトガルの海外進出

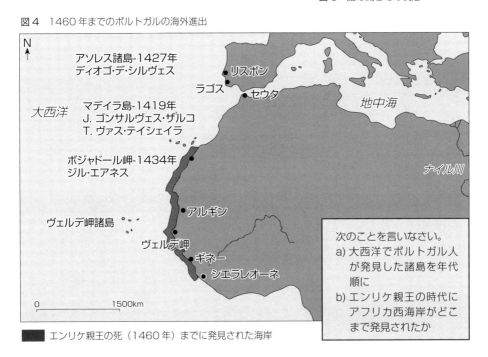

次のことを言いなさい。
a) 大西洋でポルトガル人が発見した諸島を年代順に
b) エンリケ親王の時代にアフリカ西海岸がどこまで発見されたか

テーマB　13世紀からイベリア統一と再独立(17世紀)まで

航海術

　大西洋では、ポルトガル人は、逆風や逆向きの海流により、沿岸航海とも呼ばれた海岸沿いの航海を断念せざるを得なかった。外海では、陸地が見えなかったので、航海者は、アストロラーベやクアドランテ［四分儀］、バレスティーリャ［クロス・スタッフ：直角器］（図5）のような航海用天体観測器を用いて、天体－昼間は太陽、夜間は北極星－によって、位置を確認するようになった。このような航法は、天文航法［天測航法］と呼ばれた。収集した情報―風、海流、発見した土地の位置、航路―をもとに、海図と呼ばれた地図が作成された。これらの地図は、以後の航海で方向を知るのに役だった。

　次の図を見なさい。

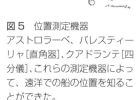

図5　位置測定機器
アストロラーベ、バレスティーリャ［直角器］、クアドランテ［四分儀］、これらの測定機器によって、遠洋での船の位置を知ることができた。

図6　バルカ船（再現）
初期の発見航海に用いられたバルカ船およびバリネル船は、ボジャドール岬以南への航海を待ち受ける数多くの困難を乗り越えるには、最適なものではなかった。

図7　カラベラ船（リスボンの海軍博物館にある模型）
ボジャドール岬を越えた後、ポルトガル人は、カラヴェラ船（アラブ起源）という新型船を用いるようになった。カラベラ船は、三角帆（ラテン帆）を装備し、それによって、逆風での帆走、つまり、詰め開きでの帆走が可能であった。

私は、次のことができる。

1. 沿岸航海と天文航法［天測航法］とを区別すること。
2. 遠洋を航海しなければならないとして、自分はバルカ船とカラヴェラ船のどちらを好むかを言うこと、またその理由を説明すること。

用語集をまとめること。
ワークブックに、諸島、風、海流、アストロラーベ、クアドランテ［四分儀］、海図、カラベラ船、海外進出の意味を書くこと。

アフォンソ5世のアフリカ政策

　エンリケ親王の死後、アフリカ沿岸の発見の事業は、当初5年間、アフォンソ5世により、フェルナン・ゴメスに委ねられた。リスボンの富裕な商人であるフェルナン・ゴメスは、毎年、少なくとも100レグアの海岸を発見すること、さらにアフリカ沿岸で交易を行う見返りに、国王アフォンソ5世に一定の収益を支払うことを約束した。

　国王は、貴族の影響を受けて、北アフリカでイスラーム教徒と戦うことのほうを優先した。

ジョアン2世のアフリカ政策

　アフォンソ5世の息子、ジョアン2世は、発見事業を大いに推進した。国王は、海路、インドに到達し、利益の多い香辛料貿易を独占し、またキリストを広めようと望んでいた。そのため、陸路と海路の両方で、遠征隊を派遣した。アラブ人の商業路は、ペロ・デ・コヴィリャンとアフォンソ・デ・パイヴァが調査した。彼らは、商人に変装し、インドの貿易やインド洋の航海について情報を収集する任務を負った。

　アフリカ南端に到達した海路での遠征隊は、バルトロメウ・ディアスが指揮した。彼が1488年喜望峰に到達したときの様子を描いた次の史料を読みなさい。

図1　1482年の平面球面図

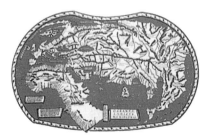

図2　ヘンリクス・マルテルスの地図
　　　　　　　　　（1489年頃）

テーマB　13世紀からイベリア統一と再独立(17世紀)まで

3　喜望峰到達

(…) そして、彼らは、かつて世界で発見されたものの中で最大の岬を見つけた (…)

さて、われわれの遠征隊が出くわした暴風雨はあまりに激しく、ときが過ぎるにつれ、助かる望みを失っていくほどであった。それで、その岬には、暴風雨岬という名前が付けられた。

彼らは、その岬を越え、位置を確認すると、帰路についた。国王ジョアンに対してその偉業が報告されてると、国王は、大いに喜び、インドへの道がすでに開かれたと考え、そのすばらしい出来事に感動して、その岬を喜望峰と命名した。

ジェロニモ・オゾリオ『マヌエル国王の生涯と偉業』

・史料3にもとづき、次のそれぞれが岬に命名した名前を言いなさい。
　　a) 航海者が命名した名前
　　b) 国王が命名した名前
・それらの意見が相違した理由を説明しなさい。
・図1と図2を見てから、どちらの図が、史料3の出来事をすでに反映しているか言いなさい。またその理由を言いなさい。

図4　パドラン［発見の石柱］
パドランは、ポルトガル人が領土の占有を示すために用いた石柱であった。石柱には、十字架と国王の紋章、設置の年が彫り込まれた。ジョアン2世の命令で、ディオゴ・カンが最初の石柱をザイール川の河口に設置し、その後、セラ・パルダの近くにも石柱を設置した。

2　15世紀・16世紀のポルトガル

　ペロ・ダ・コヴィリャンが送った情報がバルトロメウ・ディアスの報告を補った。ポルトガル人は、すでにインド洋に到達しており、海路インドに到達することが可能な状態になっていた。

図5　シエラ・レオーネから喜望峰までの発見

次のことを言いなさい。
a) アフォンソ5世の治世に発見されたアフリカ海岸部
b) ジョアン2世の治世に発見された海岸部
c) ザイール川河口に到達した航海者とその年
d) ポルトガル人が初めて航海した大洋
e) アフリカ南端に位置する岬に与えられた名前
f) その岬に到達した航海者とその年

私は、次のことができる。

1. 次の国王の海外進出政策の特徴を示す短い文章を書くこと。
    a) アフォンソ5世　　b) ジョアン2世
2. 喜望峰への到達が、なぜそれほど重要であったのか述べること。
3. 当時、自分が国王、あるいは女王であったとして、アフォンソ5世の政策、あるいはジョアン2世の政策のうち、自分が見ならうであろう政策について意見を述べること。

テーマB　13世紀からイベリア統一と再独立(17世紀)まで

コロンブス（クリストヴァン・コロンボ）の航海

ポルトガルの航海者がインドへ赴く艦隊をジョアン２世が準備しているとき、ポルトガルで何年か暮らしたジェノヴァ生まれの航海者、コロンブス（クリストヴァン・コロンボ）は、インドへと到達するというこの目的を、西方に航海することで実現するという提案をジョアン２世に進言した。

コロンブスは、アメリカ大陸の存在を知らなかったが、地球が球体であることは知っていたので、西方に航海することで、アジアのインドに到達すると結論したのである。しかしながら、ジョアン２世は、東回りのルートがずっと短いという結論を得るのに十分な情報をすでにもっていたので、コロンブスの提案をしりぞけた。

コロンブスは、カスティーリャの援助を得て、1492年、アンティール諸島（中央アメリカの島々）に到着し、自分は、アジア（図3）に到達したと考えた。彼は、アジア大陸が実際よりもヨーロッパのずっと近くに位置すると考えていたからであった。

西暦13世紀　西暦14世紀　西暦15世紀　西暦16世紀　西暦17世紀

1451年　コロンブスがジェノヴァで生まれる。
1479年　ポルトガルへ移住。
1486年　スペインへ移る。
1492年　ハイチ島（アンティール諸島）を発見。エスパニョーラ島と命名。
1493年　グアドループ島、マルティニーク島、プエルト・リコ島、ジャマイカ島、キューバ島の一部を発見。
1498年　トリニダード島に到達。
1502年　最後の航海に出発。ジャマイカやニカラグア、コスタリカ、パナマを遠望。
1506年　バリャドリードで死去。

図1　コロンブス(1451-1506)

2　15世紀・16世紀のポルトガル

　この発見は、ポルトガルとカスティーリャの間に大きな紛争を引き起こした。というのは、ポルトガルは、1479年に両国が署名したアルカソヴァス条約にもとづき、そのような発見地の所有権を要求したからであった。アルカソヴァス条約では、カナリア諸島の南に今後発見されるすべての土地はポルトガル領であると規定されていたからであった。

図2　コロンブスは、エスパニョーラ島で宝石を見て、この地方に金があると信じた。

トルデシーリャス条約

　1494年、教皇の仲介で、新たな条約―トルデシーリャス条約が締結された。世界は、ヴェルデ岬諸島の西、370レグアを通る子午線によって分割された。
- 上記の子午線の西では、発見された土地、および今後発見される土地は、カスティーリャに属するものとする。
- 子午線の東では、発見された土地、および今後発見される土地は、ポルトガルに属するものとする。

次のページの地図を見なさい。

テーマB　13世紀からイベリア統一と再独立(17世紀)まで

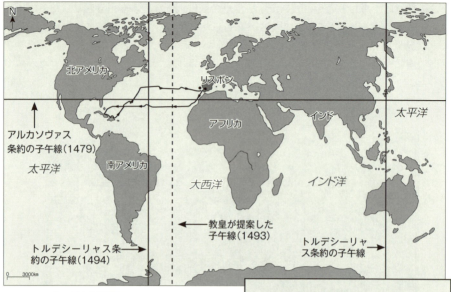

→　コロンブスの第1回航海

図3　アルカソヴァス条約やトルデシーリャス条約による世界の分割を表した地図
カスティーリャは、世界分割の子午線をヴェルデ岬の西、100レグアを通る子午線としようと試みたが、ポルトガルはそれを受け入れなかった。

・アルカソヴァス条約にもとづくと、コロンブスが発見した土地は誰に属するのか？
・トルデシーリャス条約にもとづくと、その土地は、誰に属することになったのか？
・次のものを支配することになった国は、どこか言いなさい。
　a) アフリカ沿岸とインド洋の交易
　b) アメリカ大陸の大部分
・ジョアン2世は、なぜトルデシーリャス条約の最初の提案を拒絶したのか？

　喜望峰を越え、トルデシーリャス条約に署名し、艦隊司令官―ヴァスコ・ダ・ガマ―を任命すると、残るは、インドへ向けての航海を始めることだけになった。しかしながら、ジョアン2世は、その希望が実現するのを見ることなく没した。

私は、次のことができる。

1. どのような理由で、コロンブスのアメリカ大陸への到達が、ポルトガルとカスティーリャの間に紛争を引き起こしたかを説明すること。
2. その紛争がどのようにして解決したか述べること。
3. トルデシーリャス条約の取り決めについて意見を述べ、その理由を説明すること。

2 15世紀・16世紀のポルトガル

❷インドとブラジルへの到達

インドへの到達

ポルトガルの新国王—マヌエル1世—は、引き続き、発見事業を支援した。1497年7月、一つの艦隊がインドに向かってリスボンを出発した（図1）。

艦隊は何度も嵐に遭遇し、病気にも苦しんだのち、ヴァスコ・ダ・ガマ一行は、1498年5月カリカットに到着した。

インド航路が発見された。

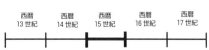

図1 インド航路発見

- どのような理由で、航海者は、インドに向かうとき、アフリカ沿岸から離れなければならなかったのか、説明しなさい。
- 次のことを言いなさい。
  a) 1498年、ヴァスコ・ダ・ガマが到達した地域
  b) その地域が位置する大陸
  c) ヴァスコ・ダ・ガマが航海した大洋
  d) ヴァスコ・ダ・ガマが最初に上陸したインドの都市

ブラジルへの到達

図2 ヴァスコ・ダ・ガマ（シネス、1468?－コチン、1524）

ポルトガル人は最初、アジアで歓迎されたが、間もなく、香辛料貿易の独占を失うこと、つまり香辛料を交易する唯一の商人ではなくなることを恐れたイスラーム商人に敵視されるようになった。イスラーム教徒のこのような敵意、またその地方の現地人の敵意を知り、マヌエル1世は、1500年、ポルトガルの支配を打ち立てるための艦隊をインドへ派遣することにした。この艦隊は、13隻の艦船からなり、その指揮は、ペドロ・アルヴァレス・カブラルに委ねられた。ポルトガル史上、最強の艦隊であった。

艦隊は、ヴェルデ岬に到着すると、航海に都合のよい風を求めて、西に向かった。艦隊は、さらに南西に進路をとり、のちにブラジルと呼ばれるようになるヴェラ・クルスの地（真の十字架の地）に到達した。ペドロ・アルヴァレス・カブラスは、国王に朗報を知らせるため1隻の船を送り、自身はインドへの航海を続けた。現在では、ポルトガルにおいては西方の土地の存在は何年も前からすでに知られていたが、他の国々が関心を抱くのを避けるために、それらの土地の占拠は適切ではないと判断されていたと考えられている。

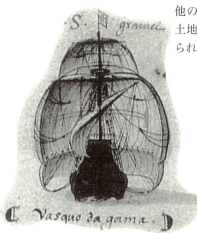

図3 ナウ船 - ナウ船には、四角帆が3枚と三角帆が1枚装備されていた。ナウ船は、カラベラ船よりも大きく、頑丈であり、大砲を搭載していた。たくさんの人や大量の食料・商品を運搬できた。この型の船が、インド航路で最も多く使用された。

図4 ペドロ・アルヴァレス・カブラール（ベルモンテ、1467?－サンタレン、1520?）（リスボンにある彫像）

2　15世紀・16世紀のポルトガル

図5　ブラジルへの到達

次のことを言いなさい。
　a) 1500年、ペドロ・アルヴァレス・カブラル
　　 が到達した地域
　b) その地域が位置する大陸
　c) その地域が面している大洋
・1500年以前にブラジルは、すでに遠望されてい
　たと思いますか？
　そのように思う理由を説明しなさい。

私は、次のことができる。

1. マヌエル1世がどのような理由でインドにあれほど強大な第2次艦隊を派遣したか
   を説明すること。
2. マヌエル1世の海外進出政策を特徴づける形容詞を2つ書くこと。

用語集をまとめること。ワークブックに、ナウ船の意味を書くこと。

テーマB　13世紀からイベリア統一と再独立(17世紀)まで

❸ 16世紀のポルトガル帝国

マデイラ諸島とアソレス諸島

マデイラ諸島とアソレス諸島は、16世紀ポルトガルの領土の一部であった。ここでは、それら2つの諸島について詳しく見てみよう。

大西洋には、北から南に向かって、広大な海底山脈が走っている。その頂上の多くは火山で、中には、海面に達しているものもあり、いくつもの島を作り出している。このようにして、いくつかの諸島—比較的近くに位置する島々の集まり—、例えば、大陸部ポルトガルの南西にあるマデイラ諸島や西にあるアソレス諸島が形成された。これら2つの諸島は、国土の島嶼部—島嶼部ポルトガル—を構成している（図1）。

図1　マデイラ諸島とアソレス諸島の位置

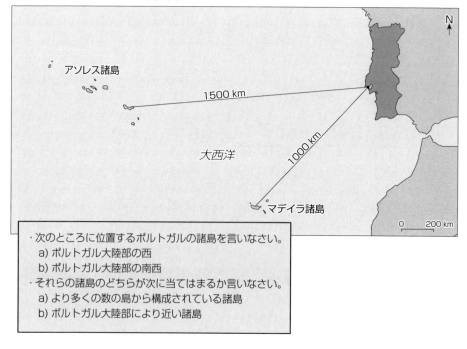

・次のところに位置するポルトガルの諸島を言いなさい。
　a) ポルトガル大陸部の西
　b) ポルトガル大陸部の南西
・それらの諸島のどちらが次に当てはまるか言いなさい。
　a) より多くの数の島から構成されている諸島
　b) ポルトガル大陸部により近い諸島

マデイラ諸島

図2を見ると、マデイラ諸島は、一つの大きな島—マデイラ［材木の意］島—とそれよりは小さい島—ポルト・サント［聖なる港の意］島—、および小さな無人島の群島2つデゼルタス［荒涼とした、という意味］とセルヴァジェンス［未開の、という意味］—から構成されているのが分かる。

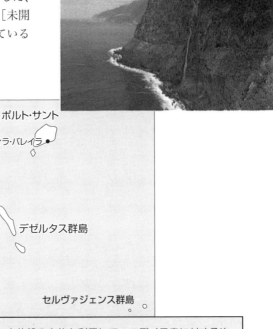

図2　マデイラ諸島

- 方位盤の方位を利用して、マデイラ島に対する次の島の位置を言いなさい。
  a) ポルト・サント島
  b) セルヴァジェンス島

アソレス諸島

図3を見ると、アソレス諸島は、3つのグループに分けられる9つの島から構成されているのが分かる。
- 西のグループ—コルヴォ［ウ(鵜)の意］島とフローレス［花の意］島
- 中央のグループ—テルセイラ［第3の、という意味］島、グラシオザ［優雅な、という意味］島、

テーマB　13世紀からイベリア統一と再独立(17世紀)まで

サン・ジョルジェ［聖ゲオルギウスの意］島、ピコ［山頂の意］島、ファヤル［ブナの意］島。
・東のグループ－サン・ミゲル［聖ミカエルの意］島、サンタ・マリア［聖母マリアの意］島、フォルミガス［アリの意］群島。

・地図で、次の場所に位置する島を発見しなさい。
　a) 最も南に
　b) 最も北に
　c) 最も西に
・この諸島になぜアソレスという名前が付けられたのか調べて、明らかにしなさい。

図3　アソレス諸島

私は、次のことができる。

1. 大陸部ポルトガルと島嶼部ポルトガルの違いを説明すること。
2. 次のヒントから、いくつかの島の名前を見つけ、どの諸島に属しているかいうこと。
　①アルファベット5文字［カタカナ4文字］で、鳥の名前。
　②アルファベット6文字［カタカナ7文字］で、聖人の名前。
　③アルファベット8文字［カタカナ6文字］で、大きさが小さいことを示している。
　④アルファベット7文字［カタカナ4文字］で、原材料の名前。
　⑤アルファベット4文字［カタカナ2文字］で、山の名前。
3. 残りの島についても上と同じようなヒントを作ること。

2 15世紀・16世紀のポルトガル

地勢と水の流れ

　火山島であるので、ポルトガルの諸島は、起伏に富んでいる。主な山には、次のものがある。
- マデイラ島では、ルイヴォ峰―島の最高峰（図1と図2）
- アソレス諸島では、ピコ山―ポルトガルの領土で最高峰（図3と図4）

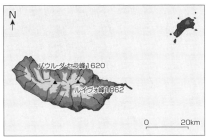

■ 0-200 m　　■ 200-500 m
■ 500-1,000 m　□ 1,000 m 以上

図1　マデイラの土地の起伏

図2　ルイヴォ峰

図3　ピコ山

- 図1で、マデイラ島で海抜高度の高い山を2つ挙げて、その名前とそれぞれの高度を言いなさい。
- 地図4で、アソレス諸島で最も高い山はどこか探し、その高度を言いなさい。

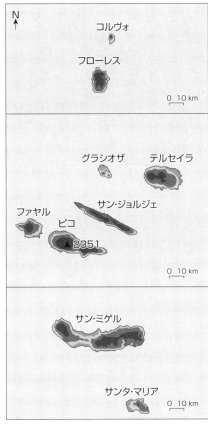

■ 0-200 m　　□ 200-500 m
■ 500-1,000 m　■ 1,000 m 以上

図4　アソレスの土地の起伏

テーマB　13世紀からイベリア統一と再独立(17世紀)まで

　マデイラ島には、東西に山脈が走り、島を2つの斜面―北斜面と南斜面―に分けている。ポルト・サント島では、高度200メートル未満の平坦な土地が支配的である。
　アソレス諸島では、マデイラ島と同様に、島々は、グラシオザ島とサンタ・マリア島を除き、かなり起伏に富んでいる。
　アソレス諸島には、サン・ミゲール島のセテ・シダーデ湖やコルヴォ島のカルデイラン湖のような、いくつもの湖があり、それらは、カルデラに水が溜まって形成されたものである（図5）。カルデラとは、昔の火山の噴火口が陥没して形成された地形である。

図5　コルヴォ島にあるカルデイラン湖

　島々は面積が狭いので、2つの諸島の水系は、ふつう小河川（リベイラ）と呼ばれる、長さが短い水の流れからなっている。小河川は、山で生まれ、海に注いでいる。地勢の起伏の差が激しいので、数多くの滝がある（図7）。
　小河川は、冬には水が多いが、夏は水量は減少し、中には干上がるものもある。

気候と植生

　両諸島の気候は、大西洋の影響を強く受けている。また、山が多いことも気温や降雨に影響を及ぼしている（図6）。
　マデイラ島では、地中海性の温暖な気候が支配的である。ただし、南北斜面では、相違がある。
・北斜面
　　北西からの湿った風の影響で、気温はより低く、降水量はより多い。
・南斜面
　　より陽当たりがよく、風の影響が少ないため、平均気温はより高く、降水量はより少ない。

2 15世紀・16世紀のポルトガル

アソレス諸島では、大西洋の影響がより強く、より北にあるので、気候は、海洋性の温暖な気候である。

自然の植生は、2つの諸島で類似している。マデイラ島では、現在では相当まれな、地中海種の月桂樹の森林が特徴的である（図8）。アソレス諸島では、海洋性の温暖な気候に特徴的な自然の草原が人々の注意を引く。

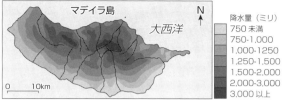

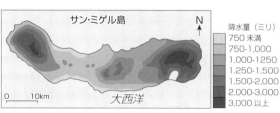

図6 マデイラ島とサン・ミゲル島の年平均降水量

図7 マデイラ島北斜面の滝

- 図4と図6のサン・ミゲル島の地図を比べなさい。何が分かりますか？
- 図6で、マデイラ島では、どちらの斜面がより雨が多いか、言いなさい。

図8 マデイラ島にある月桂樹の森林

私は、次のことができる。

1. ポルトガルの2つの諸島で、地形がかなり起伏に富んでいる事実を説明すること。
2. マデイラ諸島とアソレス諸島の水系の特徴を言うこと。
3. 次のテキストをノートに写して、完成させること。
   「マデイラ諸島では、気候は、…であり、アソレス諸島では、気候は、…である。マデイラでは、…が特徴的であり、アソレスでは、…が人々の注意を引く」

テーマB　13世紀からイベリア統一と再独立(17世紀)まで

自然の資源、植民、経済活動

マデイラ諸島

マデイラ諸島の存在が他のヨーロッパ人の知るところとなったので、島の領有を確かなものとするため、エンリケ親王は、植民に必要な手段を講じた。

1　マデイラ島の植民

「このマデイラ島はもとは無人島であり、エンリケ親王がポルトガル人を定住させてきた。(...) マデイラ［木材の意］島と呼ばれるが、その由来は、親王の家臣たちが初めてこの島に来たとき、足の踏み入れるすきもないほど島全体に巨木が繁茂していたので、何よりもまず、住みつくためにはそれらの樹木に火を放つ必要があったことによる。

(...) また、肥沃な土地に恵まれている。(...) また、随所に泉がある。(...) この島は、寒気の恐れがなく、高温にも達し、かつ温暖である。」

カダモスト (15世紀のイタリア人航海者)『最初の航海』(一部改変)
カダモスト「航海の記録」(河島英昭訳、山口昌男注)、アズララ、カダモスト『西アフリカ航海の記録』大航海時代叢書II、岩波書店、1967年所収、pp. 497-499
(教科書の引用に合わせて一部改訳)

・次のことを言いなさい。
　a) 誰が、島の植民を命じたのか？
　b) なぜ、島はマデイラ島と呼ばれたのか？
・島の状況は、農業に適していたのかどうか言いなさい。

図2から分かるように、エンリケ親王は、マデイラ諸島をカピタニア (長官領) に分割し、それぞれのカピタニアに、その開拓や防衛、植民、また自然の資源の開発、つまり植民を任務とする長官を任命した。

2 15世紀・16世紀のポルトガル

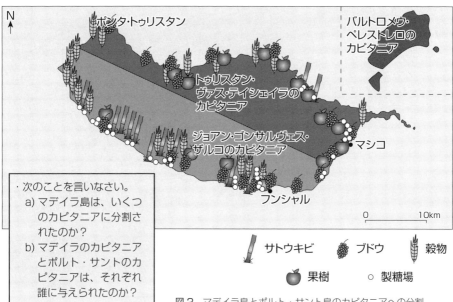

- 次のことを言いなさい。
  a) マデイラ島は、いくつのカピタニアに分割されたのか？
  b) マデイラのカピタニアとポルト・サントのカピタニアは、それぞれ誰に与えられたのか？

図2 マデイラ島とポルト・サント島のカピタニアへの分割
国王は、これらの島々をエンリケ親王に与えた。親王は、それらの島々の植民を命じた。密生する植物と山がちの地勢は、植民者が定着する上で、大きな障害となった。このため、火入れと木々の伐採のあと、占拠されたのは、沿岸部だけであった。

各々の長官は、カピタニアで働く人をポルトガルから連れてきた。最初の植民者は、大部分アルガルヴェとミニョの出身であった。このような人々に、外国人、とりわけフランドル人やジェノヴァ人、イギリス人が加わった。

植民者は、自然の資源－木材あるいはオルキル（地衣類）、大青、竜血樹のような染料植物－を利用しただけでなく、新たな作物－ブドウの木、サトウキビ（図6）、果樹、穀物－を導入した。また、漁業や家畜の飼育に従事した。

17世紀、ブラジルが砂糖の重要な輸出地域となると、ブドウ栽培が

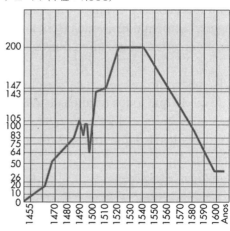

図3 マデイラ島の砂糖生産
砂糖は、マデイラ島の主要産物となり、16世紀末まで、ヨーロッパ全域に輸出された。

テーマB 13世紀からイベリア統一と再独立(17世紀)まで

マデイラ諸島の経済で最も重要な地位を占めるようになった。このような産物の輸出は、ポルトガル王国に大きな利益をもたらし、発見事業や帝国維持の経費をまかなうのに役だった（図5）。

図4　サトウキビの収穫（再現）

図6　サトウキビ

図5　15-16世紀、マデイラ島で生産された砂糖の貿易ルート

私は、次のことができる。

1. 自分がマデイラ島の再発見に参加していると想像し、島に別の名前を考え、その理由を説明すること。
2. 16世紀における島の主要な富を言うこと。

アソレス諸島

　エンリケ親王はまた、マデイラ諸島と同じく無人であったアソレス諸島の植民も命じた。次の史料を読みなさい。

> **1　アソレス諸島の植民**
>
> 　エンリケ親王は、西方で、陸地の探索を命じた。その結果、リスボンから270レグアのところで、一つの島が発見された。現在、サンタ・マリア島と呼ばれる島で、無人島で、多数のオオタカがいた。さらに、別の島が見つかった。現在、サン・ミゲル島と呼ばれる島で、同じく無人島で、無数のオオタカがいた。そこからもう一つの島が見え、いまはテルセイラ島［第三番目の島］と呼ばれている。そのほか、いくつかの島が見つかったが、すべての島に数多くのオオタカがいた。
>
> 　植民者は、島々に多くの家畜—豚、牝牛、羊—を放した。現在ではそのような家畜は多数繁殖し、それで毎年、アソレス［オオタカの意］諸島からポルトガルへ多くの家畜が運ばれている。
>
> 　同様に、島々では大量の小麦が栽培され、毎年、船がアソレスまで行き、小麦をポルトガルに持ち帰っている。
>
> 　　ディオゴ・ゴメス『ギニア発見報告』15世紀（一部改変）

- この諸島に付けられた名前の理由を説明しなさい。
- 島々になぜ多くの家畜が放されたのか、説明しなさい。
- その栽培が大いに成功した穀物は何か、言いなさい。

図2　大青
マデイラ諸島やアソレス諸島でふつうに見られる染料植物。

テーマB　13世紀からイベリア統一と再独立（17世紀）まで

図3　アソレス諸島のテルセイラ島の景観
島は、土壌が肥沃で、牛を中心とする家畜の飼育だけでなく、小麦の生産にも適していた。小麦の生産量は多く、ポルトガル、および北アフリカのポルトガル領の諸都市に送られた。

　アソレス諸島でも、植民のためにカピタニア制が利用された。しかしながら、占有や開発の速度は、マデイラ諸島よりもずっと遅かった。アソレス諸島は、ポルトガルの大陸部から遠く離れ、そのため植民者を募るのがいっそうむずかしかったからである。最初の植民者は、アルガルヴェ地方の出身者であったが、のちには、ミニョ地方の出身者や外国人、特にフランドル人も加わった。
　また、アソレス諸島では、土地に起伏があり、内陸部に植物が密生していたため、最初、人々は沿岸部に居住した。
　土壌や気候の特徴から、小麦栽培や大青、オルキルのような染料植物の栽培が発展した。また、同じく、漁業や家畜の飼育も発展した。

カボ・ヴェルデとサン・トメー・イ・プリンシペ

　カボ・ヴェルデ諸島やサン・トメー・イ・プリンシペ諸島もまた、無人島であった。そして、そこで用いられた植民制度もまた、カピタニア制であった。これらの島々は、ポルトガル王国から遠く離れていたので、植民は、大部分、アフリカ沿岸の奴隷を用いて行われた。土壌がやせていて、気候が高温・乾燥であったので、カボ・ヴェルデの植民は、時間を要した。主要な産物は、塩と家畜、とくに山羊であった。一方、サン・トメー・イ・プリンシペでは、気候は高温湿潤で、土壌は肥沃であった。そこでは、サトウキビ栽培が大きく発展した。
　マデイラ諸島やアソレス諸島と同じく、これらの諸島は、その地理上の位置や自然

の資源により、15世紀以降、戦略上きわめて重要となった。インド航路やブラジル航路の艦船が新鮮な品物を供給するため寄港したのは、これらの諸島であった。両諸島は、さらに、重要な奴隷貿易の中継拠点であった。奴隷は、アフリカ沿岸で購入され、その後、アメリカ大陸やヨーロッパへと売却された。

図4　17世紀のプラヤ市
プラヤ市は、カボ・ヴェルデ諸島の現在の首都。

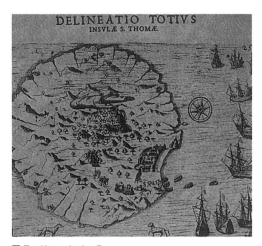

図5　サン・トメー島

私は、次のことができる。

1．マデイラ諸島とアソレス諸島の植民地化の類似点と相違点を言うこと。
2．これら2つの諸島が発見航海に果たした役割を説明すること。
3．大西洋にある両諸島のどちらに、より上陸したいのかを言い、その理由を説明すること。

用語集をまとめること。
ワークブックに、カピタニア、植民地化の意味を書くこと。

テーマB　13世紀からイベリア統一と再独立(17世紀)まで

アフリカの領土－自然の資源、植民、経済活動

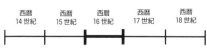

　大西洋の諸島とは異なり、アフリカの沿岸には、すでに人々が居住していた。アフリカの人々は、現地にある自然の資源を利用して、暮らしていた。すなわち、狩りをし、魚をとり、果実を採集し、金や銅のようないくつかの鉱物を利用して、暮らしていた。ポルトガル人とこのような人々との交易は、最初のポルトガル人が到着したときに始まった。なぜなら、アフリカ大陸には、ヨーロッパ人がきわめて高く評価する産物があったからである。次の史料を読みなさい。

図1　アフリカでの交易

2　アフリカの富

　(…) 現地の人々が自分たちの船に乗って、私たちに商品を運んできた。例えば、(…) 象牙、たくさんのマラゲタ胡椒の粒 (…) などである。先日、現地の人々と出会い (…)、近くまで行き、彼らと仲良くなった (…)。そして、そこで私は、私たちのもっていた商品、例えば、布地や銅の腕輪などと交換に、かなりの量の金を受け取った。

ディオゴ・ゴメス『ギニア発見報告』15世紀（一部改変）

- 次の産物を言いなさい。
  a) アフリカの産物
  b) ポルトガルの産物
- ポルトガル人が行った活動を言いなさい。
- 現地で行われていた活動に当てはめられる「直接交換（物々交換）」という表現の意味を説明しなさい。

2　15世紀・16世紀のポルトガル

　史料にあるように、ポルトガル人は、アフリカで、原住民（その地方の人々）が内陸部から運んできた金や象牙（象の歯）、マラゲタ胡椒（食事の調味料として用いられた）、さらに奴隷（アフリカ人奴隷：他の商品と同様に、とくに現地の首長が売却する場合もあれば、商人が捕獲する場合もあった）の交易を行った。

　アフリカにおけるポルトガル人の主な目的は、このような産物の交易を独占することであった。そのため、ポルトガル人は、沿岸に商館、つまり国王が任命する役人である商館長（フェイトール）が管理し、砦の働きも兼ねた交易拠点を創設した（図4）。商館では、産物が貯蔵され、ポルトガルから運んだ商品（小麦、塩、色彩豊かな布地、安価な装飾品）とアフリカの産物が交換された。ここでは、直接取引が行われた。

図3　金の採取

貿易体制

　エンリケ親王は、アフリカ沿岸での貿易独占権をもっていた。それゆえ、アフリカ沿岸で交易を行うことを望んだ民間人は、得た利益の5分の1を親王に渡さなければならなかった。親王の死後、すでに見たように、アフォンソ5世は、この貿易活動を商人フェルナン・ゴメスに委ねた。

　跡を継いだジョアン2世は、海外発見事業にふたたび関心を示した。商業独占権を自分の手に取り

図4　サン・ジョルジェ・ダ・ミナの商館
最初の商館は、エンリケ親王によってアルギンに設置された（1443年）。

197

テーマB　13世紀からイベリア統一と再独立(17世紀)まで

図5　カトリックの宣教師から洗礼を授けられるアンゴラの王妃

戻し、重要拠点としてミナの商館（1471年）を創設した。この商館は、ギニア湾のすべての商業活動を統制することになった。

これらの商館のほか、アフリカ沿岸の各地にいくつもの商館が建設された。

布教活動

アフリカの人々との接触は、貿易に限っていたわけではなかった。ポルトガル人は、政治的な同盟関係を築き、現地の人々と平和で友好的な関係を発展させ、彼らをキリスト教に改宗させようと努めた。

重要な意味をもつ事例は、ザイール川河口からそれほど遠くないコンゴの国王との友好条約であった。

1490年、職人や宣教師、顧問官らを乗せた3隻の船がコンゴ、つまりマニコンゴに向けて出発した。国王やその家族、宮廷のメンバーは、キリスト教に改宗し、ポルトガルの支配を受け入れた。

しかし、奴隷貿易は、このような同盟政策を完全に変化させた。のちには、ポルトガル人は、コンゴ王国以南の土地により大きな関心を抱くようになったが、その理由は、その地方は人口がより多く、それゆえ奴隷貿易の利益がより大きかったからである。

私は、次のことができる。

1. アフリカにおけるポルトガル人の主な関心が何にあったのか言うこと。
2. 当時生きていたとして、奴隷貿易について自分の意見を述べ、その理由を説明すること。

用語集をまとめること。
ワークブックに、独占、奴隷、宣教師の意味を書くこと。

アジアの領土－自然の資源、植民、経済活動

アジアの富

アジアの産物は、西洋人により大いに珍重されていた。

インドには、香辛料（シナモン［肉桂］、コショウ、クローブ［丁字］、ニクズクなど）が豊富にあった。中国や日本には、貴石があり、絹や陶磁器が生産されていた。

すでに見たように、インド航路発見まで、アジアの商品を地中海の港へ運んでいたのは、イスラーム教徒であった。ポルトガル人は、インドの各地の王と同盟を結び、インドとの貿易を独占するため、武力を行使した。

植民－インド

インドはポルトガルから遠く離れ、航海には片道約6ヶ月を要したので、マヌエル1世は、アジアの領土を国王の名前で統治するため、総督（中には、副王の称号をもつ者もいた）を任命した。初期の総督は、フランシスコ・デ・アルメイダとアフォンソ・デ・アルブケルケであった。

香辛料は、食事の調味料として使うようになる前には、腐敗し始めた食物の悪臭や味をごまかすためだけでなく、医薬品としても用いられた。

ニクズク
消化を助けるために用いられた。

コショウ
腎臓結石を治すために処方された。

シナモン
胃の障害を治し、呼気や血色を改善するために用いられた。

クラーブ
殺菌剤として用いられた。

テーマB　13世紀からイベリア統一と再独立(17世紀)まで

1

海の支配

汝が、要塞を建設すればするほど、われわれ[ポルトガル]の力には、ますます不足が生じる。つまり、われわれの力は海上になければならない。なぜなら、もしも、われわれが海上で力をもたなければ、すべての勢力がすぐにわれわれに敵対するだろうからである。(…)海上で力をもっている間は、インドは汝のものである。

フランシスコ・デ・アルメイダ (1505-1509)

要塞の建設

われわれのすべての力をたんに海上に注いでも、汝は、インドのようなこれほど広大な領土を支配することはできない。要塞を建設しないこと、それはまさしくこの国のモーロ人[イスラーム教徒]が汝にやってほしいことである。というのは、彼らは、たんに海上にだけ基礎を置く支配は、どのようなものであれ、存続できないことを知っているからである。

アフォンソ・デ・アルブケルケ (1509-1515)

- フランシスコ・デ・アルメイダの主張を言いなさい。
- 海の支配のほかに、アフォンソ・デ・アルブケルケが目指していたことを言いなさい。

アフォンソ・デ・アルブケルケは、力でポルトガルの支配を打ち立てた。彼こそが、ポルトガルのアジア支配の立役者であった。彼は、兵士や商人をインドにとどまらせるため、ポルトガル人男性とインド女性の結婚—国際結婚—を奨励した。

ゴアは、1510年に征服されたが、ポルトガル統治の中心となり、いわゆるアジアのポルトガル帝国の首都

図2　アジアにあったポルトガルの主要な領土。アフォンソ・デ・アルブケルケは、紅海の入り口を支配するアデンを攻略できなかった。

2　15世紀・16世紀のポルトガル

となった。アフォンソ・デ・アルブケルケは、1511年には、マラカ（図3）を、1515年には、ホルムズを征服した。

図3　マラカ（17世紀初頭の地図）。

- ポルトガル人は、どのような利害によって、次の土地を征服したのか説明しなさい。
  a) ホルムズ　　b) マラカ
- アジアのポルトガル帝国を特徴づける形容詞を2つ挙げなさい。

図4　インドでのポルトガル人貴族（16世紀のポルトガルの版画）。インドで高い役職に就いたポルトガル人は、贅沢な生活を送った。

私は、次のことができる。

1. ヨーロッパ人が珍重したアジアの産物を列挙すること。
2. ポルトガル人の香料貿易に対する関心を説明すること。
3. マヌエル1世が下したアジア統治のために総督を任命するという決定について、自分の意見を述べ、その理由を説明すること。

用語集をまとめること。
ワークブックに、香辛料の意味を書くこと。

テーマB　13世紀からイベリア統一と再独立(17世紀)まで

極東地域

マラカの征服以降、ポルトガルの貿易は拡大し、モルッカ諸島（1512年）、中国（1513年）、ティモール（1515年）へ達した。

1543年、フェルナン・メンデス・ピントを含むポルトガル人の商人や冒険家が日本に到着し、その地域に到達した最初のヨーロッパ人となった。

1557年、広東（中国）のマンダリン（総督）は、ヨーロッパと中国と極東の間の貿易拠点となる商館をポルトガル人がその地に建設するため、マカオ半島をポルトガル人に譲渡した。

図1　金とエメラルド、宝石のイヤリング、16世紀（国立古美術館）

- 次の地域間で、産物が送られたルートを示しなさい。
  a) リスボンからゴアへ
  b) ゴアから日本へ
  c) リスボンからヨーロッパの北部へ
- 喜望峰ルートの重要性を説明しなさい。

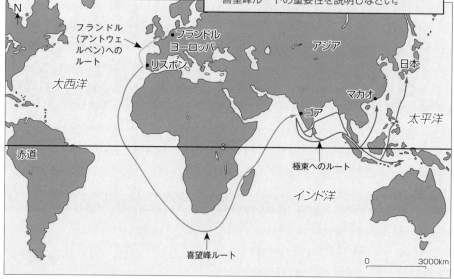

図2　喜望峰ルート、極東への主要ルート。喜望峰ルートで運ばれた商品は、アラブ人のルートよりも運搬距離は長かったが、仲買商人の数が少なかったので、ヨーロッパでの価格は、比較的手ごろであった。マヌエル1世は、アントウェルペン（現在はベルギーの一都市）に商館を創設し、リスボンから送られたアジアの産物を売りさばいた。ポルトガル人は、アジアではこれらの産物の支払いを金や銀・銅で行った。

2 15世紀・16世紀のポルトガル

図3 南蛮屏風。南蛮は、ポルトガル人を指す日本語の表現で、「南の野蛮人」を意味する（航海者は、インド、あるいはマラッカから、日本の南部に到着した）。これらの屏風には、しばしば、日本の画家が見たポルトガル人宣教師や商人の姿が描かれている。

アジアでの貿易体制

国王は、アジアの産物の貿易独占権をもっていた。この貿易を組織し、統制することは、リスボンの王宮広場（図4）にあったインド商務院の仕事であった。インド商務院は、次のような仕事を行った。
- 喜望峰経由の航海を組織すること。
- 艦隊がアジアへ輸送する品物を調達すること。
- アジアの商品を売却すること。

布教活動

修道会、とくにイエズス会は、ゴアをアジアでのキリスト教布教の本拠とした。イエズス会士は、ゴアに教育施設を建設し、そこではアジア各地の学生が学んだ。彼らは、その後、モルッカ諸島や日本、中国内陸部、そしてチベットにまで、神学校（コレジヨ）を設立した。

下層の人々の間で、キリスト教は、歓迎された。

図4 瓶、中国の陶磁器、16世紀（個人蔵）

テーマB　13世紀からイベリア統一と再独立(17世紀)まで

図4　インド商務院（マヌエル1世の時禱書）

図6　キリスト教に改宗した日本人（木版画）

なぜなら、宣教師たちが、神の前でのすべての人々の平等を説いたからである。しかし、権力者やアジア各地に広がっていたイスラーム教徒は、キリスト教がアジアの大部分の地域に浸透することは、許さなかった。

宗教活動のほか、宣教師は、学校や病院を創設し、現地で接触した人々の言語や習慣、学問、芸術を研究した。彼らは、のちに著作を著し、そのような分野で得た知識をヨーロッパに伝えた。

私は、次のことができる。

1. アジア貿易がどのように組織されていたのかを説明すること。
2. アジアにおける宣教師の活動の重要性について自分の意見を述べること。

アメリカ大陸の領土－自然の資源、植民、経済活動

ブラジルでは、先住民は、漁労や採集を行って暮らしており、彼らの大部分は、農業や定住生活を知らなかった。次の史料1を読みなさい。

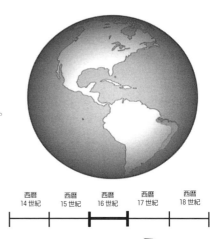

| 西暦14世紀 | 西暦15世紀 | 西暦16世紀 | 西暦17世紀 | 西暦18世紀 |

1 ブラジルへの到着

「(先住民の) 一人のほうが司令長官の首飾りに目をとめると、手でまず最初に陸のほうを、ついで首飾りをさしました。あたかも陸に金があると言おうとでもしているようでした。

つぎに銀の燭台を見ますと、銀もあるかのようにやはりおなじ仕草でまず陸を、ついで燭台をさしました。

(…)司令長官が飼っているくすんだ色の鸚鵡(オウム)を見せられると二人はすぐにそれを手にとり、陸にもいるかのように陸のほうをさしました。(…)

鶏を見せましたところ、恐ろしそうな様子を見せてさわろうとしませんでした。(…)

彼らは土地を耕すことも家畜を飼育することもいたしません。ここには牡牛も牝牛も、山羊も、羊も、鶏も、はたまた人間との生活に慣れ親しむその他の動物もおりません。食糧といえば、この地で大量に産するイニャメ(イモ)と、(…)ここの土地と木が授けてくれる穀物と果実だけであります。」

ペロ・ヴァス・デ・カミーニャ (1)『マヌエル国王宛書簡』(1500年) (一部改変)
カミーニャ (池上岑夫訳)「国王宛書簡」『ブーチエ、カミーニャ、マガリャンイス、ピガフェッタ ヨーロッパと大西洋』〈大航海時代叢書第Ⅱ期第1巻〉、岩波書店、1984年所収、p. 194, p. 218 (教科書の引用に合わせて一部改訳)
(1) ペドロ・アルヴァレス・カブラル艦隊の書記官。

図2 ブラジル先住民(ロポ・オーメンの地図帳にある彩色挿絵、1519年)

- 次のことを言いなさい。
  a) 先住民の反応から見て、ブラジルにすでに存在していた産物
  b) 先住民がすでに知っていた動物
  c) 先住民が知らなかった動物
- ブラジルの先住民が農業や牧畜を知らないことを示す文を書き写しなさい。
- 先住民の心理的な特徴を2つ言いなさい。

テーマB　13世紀からイベリア統一と再独立(17世紀)まで

図3　ジョゼ・デ・アンシエタ司祭

初期には、ポルトガル人は、ブラジルからは珍しい動物（サルやオウム）やブラジル木を運んでいただけであった。ブラジル木は、ヨーロッパでは価値が高かったが、その理由は、材質によるだけではなく、染色に利用される赤みがかった色（おき火いろ）の液体がその木から抽出できたからでもあった。

他のヨーロッパ人がブラジルに関心を抱くようになり、またポルトガルのアジア貿易の利益が減少し始めた1530年になって初めて、国王ジョアン3世は、ブラジルの植民活動を開始した。国王は、大西洋の島々ですでに使われていた制度をまねて、ブラジルをカピタニア（長官領）に分割した。

ブラジルの植民地化が始まると、ブラジル木の伐採が盛んに行われるようになり、またサトウキビの栽培が始まった。それ以降、沿岸沿いに集落が生まれ、ポルトガルとの交易を行った。ブラジルのインディオは、数が少なく、労働に慣れ親しんでいなかったので、ポルトガル人は、アフリカ人奴隷をブラジルへ運ぶようになった。

布教活動

インディオの保護と彼らへの布教は、マヌエル・ダ・ノブレガ司祭が率いる最初のイエズス会士の一団が到着したときに始まった。ジョゼ・デ・アンシエタ司祭や、17世紀には、アントニオ・デ・ヴィエイラ司祭など他のイエズス会士が、彼らの跡を継いだ。

ヨーロッパ人がインディオを扱うそのやり方に憤慨して、宣教師たちは、インディオを集めて教化村を建設し、奴隷化からインディオを保護した（図5）。教化村には、教会や学校があり、また聖職者の資質がある者たちのためには、神学校（セミナリオ）もあった。

2　15世紀・16世紀のポルトガル

4　ブラジルのイエズス会士

　私たちの活動の基本は、子供たちの教育です。それで、子供たちに、読み書きや計算を教えています。(...) のちに、彼らが親の跡を継ぐときに、神の教えを知る人々になるようにと考えてのことです。

　(...) 子供たちの何人かに布地でできた服をやりました。(...) 彼らは、そのことを大いに喜びました。まるでとても価値のあるものをもらったかのようでした。そして、こうして (...) これらの子供たちは、親たちとは違って、私たちといっしょになって、彼らの言葉で、賛美歌を歌いました。(...)

　ほかの村から、何人かのインディオが、私たちといっしょに住むためにやってきました。(...) そして、とくに一人のインディオは、自分たちの習慣を捨て、私たちが彼らに教えたことに従いたいと望んでいます。

イグナチウス・デ・ロヨラ司祭宛てのジョゼ・デ・アンシエタ司祭の書簡（一部改変）

- どのような理由で、イエズス会士は、「子供の教育」を重視したのか？
- どのようにして、イエズス会士は、先住民の子供の気持ちを引きつけたのか？
- イエズス会士が用いた方法は、結果を出したと思いますか？その理由を言いなさい。

図5　イエズス会士がブラジルに設立した教化村

私は、次のことができる。

1. ブラジルの植民地制度がどのようなものであったのか言うこと。
2. どのような理由で、砂糖生産が奴隷貿易と結びついたのか説明すること。
3. ブラジルにおける宣教師の活動を特徴づける形容詞を3つ書くこと。

207

民族的・文化的多様性

広大な帝国と重要な貿易ルートを支配したポルトガル人は、人種が異なり、地球上の各地に住む多くの民族と出会った。一つの大陸内でも、さまざまな民族の人々と接触した。各民族には、それぞれの文化や言語、宗教、さらには独自の身体的な特徴さえあった。それらについての記述や絵からは、ポルトガル人が、そこにある大きな差違について、いくぶんか戸惑いはしたが、同時にそれらを理解し、受け入れたことも分かる。

ブラジル起源のポルトガル語彙
アナナス（パイナップル）
カピン（草）
カリオカ（リオ・デ・ジャネイロ市の人）
ジャカレー（ワニ）
マラクジャー（パッションフルーツ）
タピオカ（キャッサバのでんぷん）
トカ（巣穴）

「ギニア(...)の黒人は、食べることに関しては節度がない。なぜなら、決まった時間には食べないし、日に4度も5度も食事をするからである。髪の毛はなく、頭にわずかの縮れ毛があるだけで、それは伸びない。(...)彼らは長生きし、大半は、100歳まで生きる。まるで熱でもあるように、病気だと感じるわずかの時期を除けば、いつも健康である。(...)内陸部には、とても迷信深い黒人がいて、その日に最初に見た物を崇拝する。」

ポルトガル人水先案内人が記述した『リスボンからサン・トメー島への航海』（一部改変）

アフリカ起源のポルトガル語彙
バナナ（バナナ）
バトゥケ（激しい踊り）
カシンボ（パイプ）
マカコ（サル）
マンディオカ（キャッサバ）
マズモラ（地下牢）
サンバ（サンバ）
タンガ（腰巻き）

「彼らの肌はくすんだ小麦色で、すこし赤味がかっており顔と鼻はともによく整っています。全裸で身体を覆うものはなにもありません。(...)二人はともに下唇に穴をあけており、その穴にそれぞれ白いほんものの骨をさしこんでいました。(...)またなかには身体を染めわけている者もいました。つまり身体の半分にはなんの色も塗らず残りの半分を青みがかった黒色で染めている者もいました(...)。」

ペロ・ヴァス・デ・カミーニャ『マヌエル国王宛書簡』（一部改変）
カミーニャ（池上岑夫訳）「国王宛書簡」、『ブーチェ、カミーニャ、マガリャンイス、ピガフェッタ ヨーロッパと大西洋〈大航海時代叢書第2 II 期第1巻〉、岩波書店、1984年所収、p. 193, p. 199（教科書の引用に合わせて一部改変）

「きちんとした人物の邸を訪ねる者に対しては(...)、華麗な盆の上に載せた(...)陶器にチャ(茶)と呼ばれる生ぬるい湯を淹(い)れて出すのが彼らの習慣である。(...)この湯は複数の薬草を煎じたものからできるもので(...)ある。(...)中国人は大変な健啖家であり、何種類もの料理をたいらげる。(..)
きちんとした高貴な人々は、社交面においても話しぶりにおいても、はたまたその衣裳も大いに洗練されている。」

ガスパール・ダ・クルス師『中国誌』(一部改変) クルス『中国誌』：ポルトガル宣教師が見た大明帝国（ガスパール・ダ・クルス著、日埜博司訳）講談社、2002年、p.171-172（教科書の引用に合わせて一部改変）

「(...)彼等は、穏やかに話すことを非常に重んじ、(...)立派な顔付きをした白人で(...)、一日に三度食事を摂ります(...)。彼等はモーロ人のように床に坐って、シナ人のように小枝〔箸〕を使って食事をします。各人は塗り椀(...)に食物を盛って食べます。彼らは(...)数種類の植物から作られた水を飲んでいますが、私にはそれがどのような食物であるのか分かりません。(...)女性は、(...)その夫に答えを求めることなく気儘に行きたいと思う所へ行っています。」

ジョルジェ・アルヴァレス『日本諸事報告』(1547/48)（一部改変）『イエズス会日本書翰集』東京大學史料編纂所編纂、東京大学、1991年、pp. 9-16（教科書の引用に合わせて一部改変）

ポルトガル起源の日本語
ビスケット（biscoito）
ボル［ボーロ］（bolo）
ボタン（botão）
ハカ（faca［ナイフ］）
カピタン（capitão）
コップ（copo）
マンテイカ［猪・豚の脂肪］（manteiga）
パン（pão）
サヤ［紗綾］（saia［スカート］）
シャボン（sabão）
タバコ（tabaco）

日本起源のポルトガル語
ベンガラ（bengala［ベンガル織りのこと］）
ビオンボ（biombo［屏風］のこと）
ブレ（bule［ポットのこと］）
カリル（caril［カレーのこと］）
シャベナ（chávena［茶碗のこと］）
レケ（leque［扇子のこと］）［訳注：地名「琉球」から］
マラバリズモ（malabarismo［軽業のこと］）
ピレス（pires［カップの受け皿のこと］）
［訳注：アジア起源のポルトガル語も含む。］

「このカレクーの町の男の肌は、浅黒い(...)。また口髭（ひげ）をたくわえているものもいる。彼らは耳に穴を開け、たくさんの金を下げている。上半身は裸で、下半身には薄い木綿の布をまとっている。(...)女は一般に醜く、身体は貧弱である。首にはたくさんの金をつけ、(...)足の指にも宝石の輪をはめている。」

アルヴァロ・ヴェリョ『ヴァスコ・ダ・ガマの第一回航海記』『ドン・ヴァスコ・ダ・ガマのインド航海記』（野々山ミナコ訳、増田義郎注）、『コロンブス、アメリゴ、ガマ、バルボア、マゼラン 航海の記録』大航海時代叢書I、岩波書店、1965年所収、p. 384（教科書の引用に合わせて一部改変）

「ポルトガル人は、(...)他の民族と最も良好な関係を保ったヨーロッパ植民者であった(...)ポルトガル大男性は、(...)有色人女性と喜んで交わり、混血の子供を生ませて人口を増やしていった。(...)
ポルトガル人は、(...)奴隷との関係では、最も残酷でないヨーロッパ人であった」

ジルベルト・フレイレ『大邸宅と奴隷小屋』(一部改変) ジルベルト・フレイレ『大邸宅と奴隷小屋』（上）（鈴木茂訳）、日本経済評論社、2005年、p. 52, p. 223（教科書の引用に合わせて一部改変訳）

私は、次のことができる。

1. ポルトガル人は、アフリカやアジア、ブラジルでさまざまな民族と出会ったが、そのような出会いの良い点と悪い点について議論するように、先生に提案すること。

用語集をまとめること。
ワークブックに、民族の意味を書くこと。

テーマB　13世紀からイベリア統一と再独立（17世紀）まで

図解 – 要約

15世紀・16世紀のポルトガル

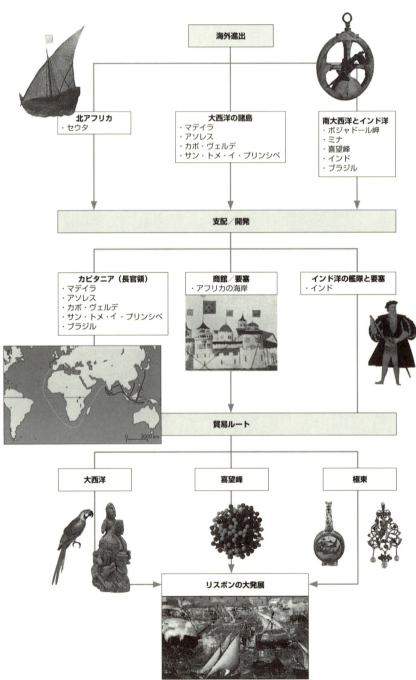

- 海外進出
  - 北アフリカ
    - セウタ
  - 大西洋の諸島
    - マデイラ
    - アソレス
    - カボ・ヴェルデ
    - サン・トメ・イ・プリンシペ
  - 南大西洋とインド洋
    - ボジャドール岬
    - ミナ
    - 喜望峰
    - インド
    - ブラジル

- 支配／開発
  - カピタニア（長官領）
    - マデイラ
    - アソレス
    - カボ・ヴェルデ
    - サン・トメ・イ・プリンシペ
    - ブラジル
  - 商館／要塞
    - アフリカの海岸
  - インド洋の艦隊と要塞
    - インド

- 貿易ルート
  - 大西洋
  - 喜望峰
  - 極東

- リスボンの大発展

もう次のことができる。

1. ポルトガル人が領土を領有していた大陸の名前を言うこと。

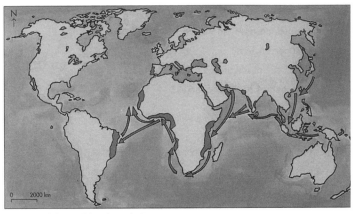

　　■■■　15世紀・16世紀のポルトガル領
　　➡　　ポルトガル船の航路

2. 次の各々の出来事が起こった国王の治世を言うこと。
    ・セウタの征服　　・ボジャドール岬越え　　・喜望峰到達
    ・トルデシーリャス条約の署名　　・インドへ到達　　・ブラジルへ到達
    （疑問があれば、248-249 ページの年表を参照すること）

3. 前問の選択肢から、ヴァスコ・ダ・ガマのインド到達に最も寄与した2つの出来事を選び、その理由を説明すること。

4. ポルトガル領の各地で用いられた植民化の方法を言うこと。

5. 次の情報を使って、表を作成すること。
    マデイラ、アソレス、アフリカ西海岸、アジア、ブラジル、砂糖、ワイン、香辛料、奴隷、小麦、金、陶磁器、畜牛、ブラジル木。
    ①表に表題を付けること。

6. 言うこと。
    ①リスボンとゴアを結ぶ貿易ルート
    ②ゴアと日本を結ぶ貿易ルート
    ③ポルトガル人が商館を置いていたヨーロッパ北部の都市

7. ポルトガル人は、自分たちの生活様式をアフリカやブラジルの人々には強制したが、アジアでは部分的にしかそうすることができなかった。なぜか、その理由を説明すること。

自主研究

発見航海：人類にとってどのような重要性があったのか？

・ポルトガル人の主要な航海者たちは、誰であったか？
・彼らは、どのような社会階層に属していたのか？
・私の住む地方に生まれた、あるいは暮らした航海者はいるのだろうか？
・私たちは、発見航海からどのような恩恵を受けているのだろうか？

上記の質問すべてに答え、その結果を発表するのに、自分で、あるいはグループで、次のことをやりなさい。

・ポルトガルの発見航海に関する映画を見て、本を読む。
・例えば、航海者の名前、または海外進出の時代に発見された土地の名前が付いている街路や広場など、この時代の痕跡を調べる。
・他の大陸の植物を用いた料理のレシピ、あるいは薬の処方箋についていくつか調べる。
・集めた情報を題材として、テーマごとにいろいろな形のフレームを作り、航海者やその伝記、地名、料理のレシピなどの説明にそれらのフレームを使う。学校の空いたスペースにそれらのフレームを飾る。

教科、および教科外のカリキュラムで、歴史の勉強に役立つ活動
(提案)

教科と教科外の カリキュラム	活　動
国語（ポルトガル語）	アナ・マリア・マガリャンイス、イサベル・アルサダ著『ポルトガルの発見航海』やその他同種の本を読む。発見航海に関連する人物の伝記を作成する。その際、できれば、自分の学校がある地方の人物を何人か含める。
算　数	フレームの幾何学的な形状を調べる。
ポルトガルの歴史と地理	「ポルトガルの発見航海事業」のような映画を鑑賞する。発見航海に関連する人物を選ぶ。その際、できれば、自分の学校がある地方の人物を何人か含める。選んだ航海者が行った発見航海の航路を描いた地図を作る。
英　語	選んだ航海者について（身分証明書のような形式で）簡単な伝記を作成する。
理　科	他の大陸が原産の動植物について調べる。
E.V.T.（視覚・技術教育）	選んだ航海者の肖像画を描く。フレームを設計・製作する。
音　楽	例えば、ファウストの『この川を遡って』や『航海』などの歌を聴く。
体　育	アフリカやブラジル、アジアの踊りを練習する。
学習法指導	本や百科事典、またインターネットで、自分が住む地方出身で、発見航海と関連する人物に関する情報を調べる。コンピューターで図表を作り、集めた情報を整理する。 「ポルトガルの歴史と地理」と「国語（ポルトガル語）」と関連する学級文庫を作る。
市民教育	自分が住む地方の自治体関係者を招き、地名の付け方を説明してもらう。 文化財保護団体の関係者、できれば、自分が住む地方の文化財保護団体の関係者を招き、その地方の文化財保護の必要性について議論する。

本当の知識を身につける。

必要なもの：このページは、ゲーム盤です。サイコロと各プレーヤーに色が異なるコマが要ります。

ルール：
a) 各プレーヤーは、コマを選びます。
b) 各自、サイコロをふります。数が大きい人から順番にゲームを始めます。
c) 各プレーヤーは、自分の順番になるとサイコロをふります。その場所の質問に答えられたら、そこに進みます。答えられなかったら、もとの場所にとどまります。
d) 特別なマス（8,13,18,23）では、プレーヤーは、次の指示に従います。

暴風雨に遭遇。3コマ戻りなさい。

君は、一刻も早く、インド航路発見を国王に知らせたいと思っています。3コマ進みなさい。

君は、サン・ジョルジェ・ダ・ミナの商館長で、とても忙しいです。一回休み。

君は、ブラジルにいる宣教師で、先住民の集団に出会いたいと思っています。1コマ進みなさい。

発見航海を大いに促進した国王は？ **10**	発見航海事業をフェルナン・ゴメスに委託した国王は？ **9**	**8**	航海用具3つ？ **7**	航海で利用された地図は？ **6**	1460年まで、航海事業を組織した人物は？ **5**	ボジャドール岬を越えた航海者は？ **4**
スペイン国王に仕えて、アメリカ大陸に到達した航海者は？ **11**						北アフリカでポルトガルが最初に征服したところは？ **3**
1498年、ヴァスコ・ダ・ガマが到達した大陸は？ **12**		ブラジルで採用された植民地制度は？ **24**	**23**	ブラジルの産物2つ？ **22**		ポルトガルがカスティーリャと和平条約に調印した年は？ **2**
13		ブラジルの植民地化を始めた国王は？ **25**		アジア貿易の実施を担当した役所は？ **21**		ポルトガル人が、イベリア半島や北アフリカで戦った人々は？ **1**
1500年、ブラジルに到達した航海者は？ **14**				初代インド副王は？ **20**		
大西洋の島々で採用された植民地制度は？ **15**	マデイラの主要な産物は？ **16**	アフリカの産物3つ？ **17**	**18**	アジアの産物3つ？ **19**		

4 16世紀の都市の生活－16世紀のリスボン

4 16世紀の都市の生活－16世紀のリスボン

リスボン市の成長

リスボンは、紀元前200年、すでにローマ支配下の都市であった。ローマ人は、都市を拡大し、家屋や公衆浴場、劇場、丘の上の城塞、おそらくは、城塞から川までの城壁を建設した。

イスラーム教徒は、その城壁を修復し、堅固なものとした。それゆえ、その城壁は、モーロ人の城壁、もしくは旧城壁と呼ばれるようになった。中世、リスボンが拡大すると、ディニス王、その後、フェルナンド王は、新たな城壁を建設する必要に迫られた。こうして、リベイラ［川岸］の城壁、その後、新城壁、もしくはフェルナンド王の城壁が作られた。ジョアン2世とマヌエル1世の時代には、人口増加によって、リスボンは大いに発展し、最後に作られた城壁の外側に家が建設されるようになった。

マヌエル1世の命令で、リスボンでは、都市を美しくする壮大な建設工事が行われた。海外発展事業をあまねく監視下に置くため、マヌエル1世は、サン・ジョルジェ城に隣接した（13世紀以降ポルトガル国王の住居であった）アルカサヴァ宮を放棄し、テジョ川沿いの新宮殿、リベイラ宮に移った。

新王宮の建設により、リスボンには、2つの重要な広場、つまり、ロシオ広場（定期市が立ち、市場

図1　16世紀のリスボン市の景観

2 15世紀・16世紀のポルトガル

が開かれる場所）と王宮広場ができた。王宮広場には、新王宮のほか、インド商務院があり、そのため、この広場は、リスボンの政治や行政の中心となった。

しかし、街路は、その大部分が、依然として、狭く、曲がりくねり、急勾配で、土を固めたものであった。そのような街路を、人々は、徒歩や馬、あるいは馬車で往来した。

下水はなかった。汚物は、「水を捨てるよ！」のかけ声とともに、街路にまかれた。ジョアン2世は、いくつもの街路沿いに、ゴミをテジョ川に流すための一種の排水路を作らせたが、それは、人々がもう慣れてしまっていたハエや悪臭をなくすには十分ではなかった。

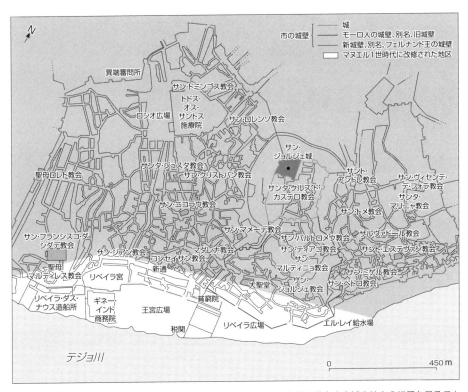

図2　16世紀のリスボン市の地図　この地図では、リスボン市の主要な地名や市域の拡大の様子を見ることができる。**ロシオ広場**(1) 近隣の農民がここで作物を売った。**リベイラ・ダス・ナウス造船所**(2) 艦船の建造が行われた場所。**メルカドーレス新通り**(3) リスボン最大で、最も活気があった通り。舗装され、数階建ての石造の家屋が軒を連ねた。世界中の商人がここを訪れた。**トドス・オス・サントス施療院**(4) 当時のヨーロッパで最大の慈善施設の一つ。ジョアン2世が建設を命じ、マヌエル1世の治世に完成した。貧困者や病人、孤児が収容された。**リベイラ広場**(5) 魚や野菜を供給する重要な市場。**泥棒市**（中古品を売買した―現在でも売買している―場所のこと）18世紀まで、ロシオ広場で行われた。**貧窮院**　孤児と貧困者を収容した。
[(1)〜(5), 次頁の図, 参照]

テーマB　13世紀からイベリア統一と再独立（17世紀）まで

私は、次のことができる。

1. 16世紀のリスボンに住んでいると想像して、次のことをするとき、自分がどこにいるのか、その場所を言いなさい。
   a) 農作物を買うとき
   b) 魚を買うとき
   c) 外国の産物を見て、またいろいろなところからやって来た人々が話すのを聞くとき
   d) 王宮にいる国王や国王一家を見るとき
   e) 船の到着や出発を見るとき
   f) 船の修理を見るとき

リスボンの港と貿易

16世紀、リスボンは、ヨーロッパで最も重要な都市の一つであった。その大きな理由は、喜望峰経由でリスボンに到着した大量の珍しい商品が、そこから北ヨーロッパや中央ヨーロッパへ流通していったからであった。リスボンには、アジアやアフリカの大量の香辛料、香料、のちには、陶磁器や絹、象牙、貴金属が流入した。

図1 リスボン港は、16世紀のヨーロッパで最も活気のある港の一つであった。

出発する人

大西洋の島々やブラジル、アジアへ向かう船の大部分は、リスボンから出発した。それらの船には、多くのポルトガル人が乗り込み、彼らは、海外へ移住して、遠く離れた土地で運命を切り開こうとした。

しかし、彼らの多くは、結局、難破や病気、戦闘で命を落とした。毎年、3,000人から4,000人のポルトガル人が海外に移り住んだ。

テーマB　13世紀からイベリア統一と再独立(17世紀)まで

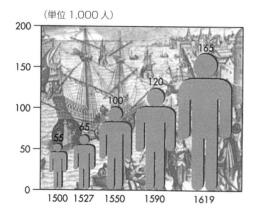

図2　リスボンの人口の推移
16世紀を通して、リスボンの人口は、増加し続けた。

到着する人

あらゆる国の人々がリスボンにやって来た。彼らは、主に、商人であったが、リスボンへ移住してきた、つまり定住するためにやってきた航海術の技師や職人、芸術家、それに単なる冒険家もいた。そのような人々には、フランドル人（フランドル、現在のベルギーの出身者）やスペイン人、イタリア人、フランス人、イギリス人がいた。

このような人々の動きとともに、リスボンが［ポルトガルの］農民におよぼした影響も忘れることはできない。農民の多くは、故郷を後にして、リスボンへ向かった。このような国内の人々の動きは、国内移民と呼ばれる。

首都リスボンには、別のタイプの移住者—奴隷—も到着し、富裕な家族の使用人となった。アフリカ人は、リスボンにきわめて多数いたので、リスボンは「黒人の母なる都市」として知られていた。奴隷は、農業労働から家内労働まで、あらゆる労働を行った。図4・5・6を見て、史料3を読みなさい。

3　国の状況

(…)
われわれは見た。
たくさんのポルトガル人が各地に赴くのを。
ブラジルで暮らし、島々に住むのを。
そして、インドへ向かうのを。
彼らが、自分は何者であるのかを忘れてしまうのを。
私たちは見ている。
たくさんの奴隷が王国にやって来るのを。
土地の人間が立ち去るのを。
私は思う。ずっとこのようであれば、
彼らが、われわれよりも多くなってしまうだろうと。

ガルシア・デ・レゼンデ(16世紀)『作品集』所収（一部改変）

・次のものに題名を付けなさい。
　a) 最初の6行
　b) 残りの6行
・史料が伝えている懸念は何か、説明しなさい。

2　15世紀・16世紀のポルトガル

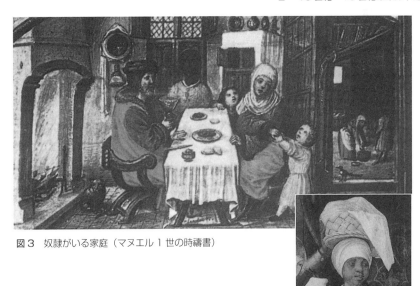

図3　奴隷がいる家庭（マヌエル1世の時禱書）

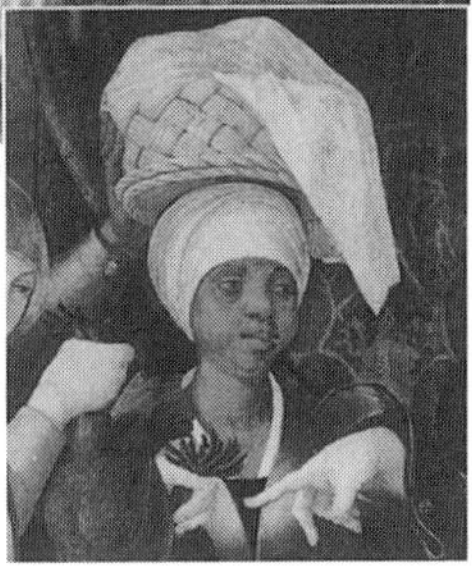

　このように、16世紀のリスボンは、「多数の、多様な人々」が住み、いろいろな民族や習慣、衣服、話し言葉があふれる都市であった。人口10万人のうち、約7,000人が奴隷、約1万人が外国人であった。

図5　頭に乗せて品物を運ぶ奴隷の女性

図6　マヌエル1世の宮廷の吟遊詩人

　　　私は、次のことができる。
1. 16世紀のリスボンの成長とそこにともに暮らす多様な民族や人種について説明すること。
2. 当時のリスボン港を特徴づける形容詞を3つ書くこと。

用語集をまとめること。
ワークブックに、移民、（出国）移民、（入国）移民の意味を書くこと。

221

テーマB　13世紀からイベリア統一と再独立(17世紀)まで

リスボン、対照をなす都市

図1　ポルトガルのイザベル、マヌエル1世の娘。スペイン国王カルロスと結婚した（プラド美術館、マドリード）

すでに見たように、多くの、そしていろいろな品物が、世界中からリスボンへ到着した。

アジア貿易を独占して、マヌエル1世の権力は、ますます強大になった。貿易の利益のおかげで、王の権威は増大し、さまざまな社会階層が、周りの者に富や役職、特権を与える国王に依存するようになった。数多くの宮殿や教会、修道院が建設され、それらには豊かな装飾が施された。貴族は、ぜいたく品や衣服、住居に、多額の金銭を費やした。

しかしながら、16世紀のリスボンで、すべての人々が、豊かな暮らしをしていたわけではなかった。大部分の民衆の暮らしは、貧しかっ

2　食事

(…) 食卓には、ブルターニュの布地やインドの布地の洗練されたテーブルクロスが掛かっていた。(…) ごちそうがいっぱい並んでいたが、その大部分は、味覚をあまり満足させるものではなかった。というのは、それらの料理にはすべて、むやみに大量の砂糖やシナモン、香辛料、ゆでた卵の黄身がかかっていたからである。(…) イノシシ、シカ、クジャク、ウズラ、美味な肉（その中では、鶏肉が最上で、子牛の肉も悪くなかった）が並んでいた。(…) それに、砂糖がかかったたくさんの砂糖漬けの果物があった。

ジョアン・バプティスタ・ヴェントゥリーノの報告、16世紀（一部改変）

- 宴会は、どのような社会階層の人々のためのものですか？
- 右に見える人々は、ここに挙がっている食べ物を食べることができたと思いますか？　なぜか、理由を言いなさい。
- これら2つの社会階層の人々の食事について、どのように考えますか？

た。貿易にかかわる活動に魅せられて、多くの人々が農村を捨て、またそれまでの自分の仕事を辞めて、都市に、とりわけ沿岸部の都市に向かった。

　都市の街路は、仕事を見つけることができず、また都市の生活に適応できなかった物乞いや浮浪者、貧しい人々であふれた。奴隷の数が増えたことも、失業が増える原因であった。

宮廷の生活

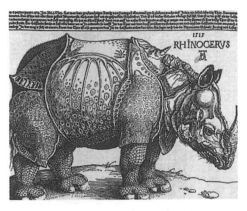

図3　ヨーロッパ初のサイ（1515年のデューラーの素描画）。マヌエル1世の派手好みは、のちのちまで語りぐさになる1513年の教皇への使節団を見れば、明らかだった。多彩で、豪華な贈答品や高価な宝石、織物のほか、ゾウやサイなど、世の大評判となる動物もいっしょに送られた。

　マヌエル1世の宮廷は、ヨーロッパで最も裕福で、ぜいたくな宮廷となった。当時の習慣では、強大な国王は、芸術家を保護し、彼らに宮廷での仕事を与えた。マヌエル1世は、ポルトガル人、外国人の別なく、何人もの詩人や作家、音楽家を雇い、つねにそばに置いた。マヌエル1世が催す夜会は、音楽や踊り、祝宴、大宴会など、とても陽気であった。国王の椅子や国王の食卓は、壇上に置かれ、他の招待客の席より、ひときわ高かった。国王と話そうとする者は、ひざまずき、かぶり物をとらなければならなかった。音楽や詩、無言劇（身振りと表情だけで演じる劇）、短い演劇が、宴会の出し物として行われた。国王や招待客の服は、とても豪華であった。絹織物やビロードの布地、それに金や宝石の装飾がふんだんに使われていた（図1）。

　国王は、自らの富を誇示するのを好み、人々を魅惑する大行列を仕立て、街路を行進した。音楽家や豪華な服を着たいろいろな民族の召使いのほか、ゾウ、さらにアジアから来たサイ、ペルシャ馬、飼い慣らされたヒョウなど、珍しい動物も行列に加わった。

テーマB　13世紀からイベリア統一と再独立(17世紀)まで

図4　国王の宴会
このような宴会では、いろいろなごちそうがたくさん出されたが、今日の味覚からすると、ふつうはあまりおいしくはなかった。というのは、料理に大量の砂糖や香辛料を振りかけたからである。音楽や詩、無言劇（身振りと表情だけで演じる劇）、短い演劇が、宴会の出し物として行われた。国王の祝宴では、しばしば、花火、そしてすべての人々を興奮させる出し物である闘牛が行われた。

私は、次のことができる。

1. 図1に見られる富の象徴を2つ挙げること。
2. マヌエル1世の権力が、なぜそれほど大きかったのか説明すること。
3. 貿易の利益が何に費やされたのか言うこと。
4. 貿易の利益の使われ方について自分の意見を述べ、その理由を説明すること。

文　化

発見航海や人々の移動は、ポルトガル人の生活様式や習慣を変化させただけでなく、新たな知識、そして新たな植物や新たな動物をもたらし、科学の発展に重要な貢献を果たした。直接の観察、つまり実験が、あらゆる科学的な知識の基本となった。

Auto de moralidade composto per Gil vice
te Por contemplaçam da serenissima e muyto catholica
raynha dona Lianor nossa senhora e representada per seu
mandado no poderoso principe e muy alto rey
primeyro de portugal deste nome. Começa a declaraçã
da obra. Primeyramente no presente auto se segura
q̃ no abamos despirar chegamos subitamente a hum rio
força avemos de passar em hum de dous bateys q̃ naqu
Hum delles passa pera ho parayso e ho outro pa ho inf
bateys tem cada hum seu arraez na proa: ho do parayso h
do inferno hum arraez infernal e hum companheyro.
entrelocutor he hum fidalgo que chegua com hum page q
rabo muy comprido e huma cadeyra despaldas. E come
do inferno desta maneyra ante que ho fidalgo venha.

図1　『旅船』の表紙
ジル・ヴィセンテは、ポルトガル語で書かれた初期の戯曲を何編か著した。

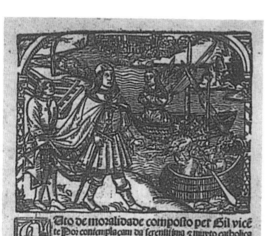

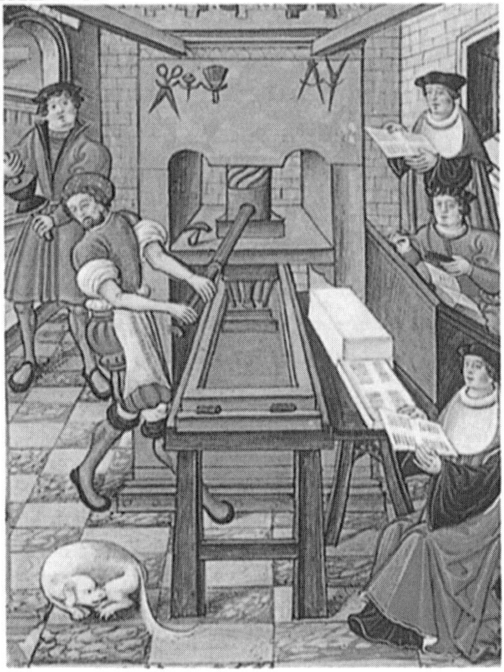

図2　グーテンベルクによる印刷機の発明
ポルトガルに印刷機が導入されたおかげで、各書籍の発行部数は増え、それに伴い、価格は安くなった。

テーマB　13世紀からイベリア統一と再独立(17世紀)まで

文　学	航海記やポルトガル人が遭遇した民族の記述
	・『ウズ・ルジアダス』ルイス・デ・カモンイス ・『書簡』ペロ・ヴァス・デ・カミーニャ ・『遍歴記』フェルナン・メンデス・ピント 諸国王の年代記 ・ダミアン・デ・ゴイス、ジョアン・デ・バロザ、ルイ・デ・ピナ 詩 ・ベルナルディン・リベイロ、サ・デ・ミランダ、ガルシア・デ・レセンデ
科　学	数学―ペドロ・ヌネス
	医学―ガルシア・デ・オルタ 地理学、天文学―ドゥアルテ・パシェコ・ペレイラ 動植物学―新しい動植物の研究
芸　術	マヌエル様式の芸術。マヌエル1世時代の芸術には、ポルトガルの海外進出の影響が色濃く見られた。そのような影響は、いろいろな芸術表現で明らかである。
	建築は、ゴシック様式が基本であるが、その装飾には、航海（網、天球儀、綱、貝、ナウ船［大型帆船］やカラベラ船［軽快帆船］）や他の大陸（サイやヤシのような、異国の動植物）と関係がある要素が取り入れられている。マヌエル1世が建設を命じた2つの記念碑的建造物は、ベレンの塔とジェロニモス修道院であった。また、この時代の彫刻や絵画、金銀細工、陶磁器、家具調度品にも、発見事業の影響が明らかである。

2　15世紀・16世紀のポルトガル

図3　ジェロニモス修道院。ヴァスコ・ダ・ガマがインドに向けて出発したレステロ海岸近くに建設された修道院。ここには、ヴァウコ・ダ・ガマとマヌエル1世、ルイス・デ・カモンイスの棺がある。

図5　キリスト騎士団の十字架と天球儀は、マヌエル様式の装飾の構成要素でもあった。

図4　トマールにあるキリスト修道院の内陣の大窓

私は、次のことができる。

1. このページの図3・図4・図5に見られる、マヌエル様式に特徴的な装飾要素を挙げること。

用語集をまとめること。
ワークブックに、マヌエル様式の芸術の意味を書くこと。

227

テーマB　13世紀からイベリア統一と再独立(17世紀)まで

図解－要約

１６世紀のリスボン

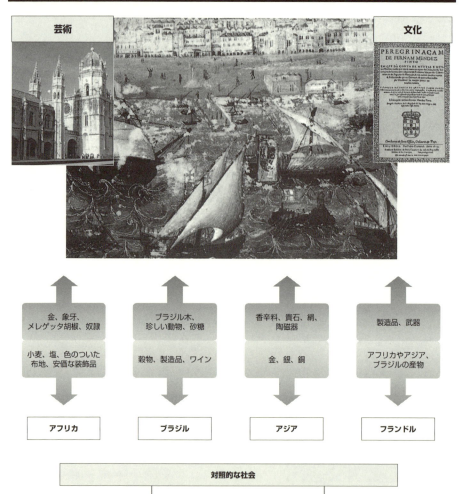

| 芸術 | 文化 |

アフリカ	ブラジル	アジア	フランドル
金、象牙、メレゲッタ胡椒、奴隷	ブラジル木、珍しい動物、砂糖	香辛料、貴石、絹、陶磁器	製造品、武器
小麦、塩、色のついた布地、安価な装飾品	穀物、製造品、ワイン	金、銀、銅	アフリカやアジア、ブラジルの産物

対照的な社会

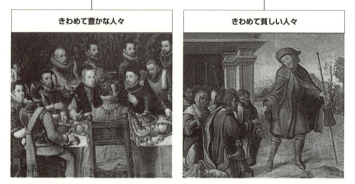

| きわめて豊かな人々 | きわめて貧しい人々 |

228

もう次のことができる。

1. 16世紀のリスボン港を描く図1を見て
   ① なぜこれほど活気があるのか説明すること
   ② 港に入ってくる商品を2つと港から出て行く商品を2つ言うこと。

2. 商品のほか、数多くの人もまた、リスボン港に到着し、出発した。
   ① どのような人々がポルトガルから出て行ったのか言うこと。
   ② それらの人々が、おそらく向かう行き先を言うこと。
   ③ 一国から人々が出て行くこのような動きに付けられた名前を言うこと。
   ④ 今度は、どのような人々がポルトガルに入ってきたのか言うこと。
   ⑤ それらの人々が、どこからやって来たのか言うこと。
   ⑥ 一国に人々が入ってくるこのような動きに付けられた名前を言うこと。

3. 王宮を見た後
   ① どの国王が、この王宮の建設を命じたのか言うこと。
   ② どのような理由で、王宮がこの場所に建設されたのか、その理由を説明すること。
   ③ 歴史家の中に、この国王を商人である国王と評する歴史家がいるという事実について意見を述べ、自分の意見の理由を説明すること。
   ④ この国王が建設を命じた記念碑的な建造物を2つ挙げ、その建築様式について説明すること。
   ⑤ この国王の宮廷について短い文章を書くこと。

図1

4. 横の図の街路を見た後、
   ① 街路になぜこれほどいろいろな人がいるのか、その理由を説明すること。
   ② ここで買うことのできる産物を3つ、例として挙げること。
   ③ リスボンのような豊かな都市に、物乞いがいる理由を説明すること。

図2

3 イベリアの統一から再独立まで

1. セバスティアンの死と王位の継承
2. イベリアの統一と民衆蜂起
3. 1640年12月1日の反乱と再独立戦争

西暦16世紀		西暦17世紀
1500	1600	
1578 アルカセル・キビルの戦いと国王セバスティアンの死	1580 イベリアの統一	1640 再独立

3 イベリアの統一から再独立まで

国王セバスティアンは、跡継ぎを残さずに、アルカセル・キビルの戦いで戦死した。

スペイン国王、フェリペ2世は、王位継承の候補者の中で、最も強大であった。彼は、民衆が支持する候補者、クラト修道院長アントニオを打ち破った。

フェリペ2世は、1581年トマールの身分制議会で［フィリペ2世として］ポルトガル国王に戴冠された。

フィリペ2世の後継者は、トマールでの約束を守らなかったため、全土で民衆反乱が起こった。

1640年12月1日、貴族の一団が反乱を起こし、ポルトガルの独立を取り戻した。

ブラガンサ公は、ジョアン4世として、ポルトガル国王に戴冠された。戴冠の28年後になって初めて、スペインは、ポルトガルの独立を承認した。

テーマB　13世紀からイベリア統一と再独立(17世紀)まで

1 セバスティアンの死と王位の継承

　1557年、ジョアン3世が没すると、わずか3歳の孫、セバスティアンが王位を継承した。セバスティアンの父が、すでに死去していたからである。王国の摂政位は、はじめは、祖母のカタリーナに、ついで、大叔父のエンリケに委ねられた（年表参照）。

　14歳で、セバスティアンは、自ら王国の政治を行うようになった。彼は、名声と栄光が得られる偉業を望み、北アフリカでの征服活動を再開する決定を下した。

　より慎重な行動を求める顧問官の助言に逆らい、セバスティアンは、約1万8,000人の軍を組織し、アフリカに向けて出発した。

アルカセル・キビルの戦い

　1578年8月、混乱し、準備不足のポルトガル軍は、アルカセル・キビルの原野で、兵力が優勢なイスラーム教徒の軍隊に敗れた。この戦いでは、国王を含めて、9,000人が戦死し、残りのほとんどすべてが捕虜となった。

　セバスティアンは、跡継ぎを残さず、死亡した。

1557年
ジョアン3世死去。
カタリーナが王国の摂政位に就任。

1562年
カタリーナが摂政位を辞任し、枢機卿エンリケが摂政位に就任。

1568年
セバスティアンが、親政を開始。

1578年
アフリカ遠征とアルカセル・キビルの敗北、セバスティアンの戦死。枢機卿エンリケがポルトガル国王に戴冠される。

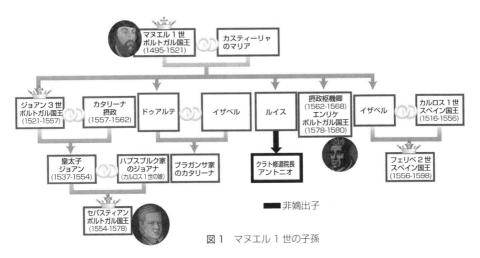

図1 マヌエル1世の子孫

王位継承問題

セバスティアンの死後、かつて摂政を務めたことのある、大叔父の枢機卿エンリケが、王位に就いた。彼が気にかけていたのは、王位継承の問題をどのように解決するかという点であった。マヌエル1世の孫で、王位継承権を主張していた主要人物は、図1のように、次の者たちであった。

- スペイン国王フェリペ2世（図2）。聖職者や貴族の大多数の支持を集めた。フェリペ2世は、強大な国王であった（図4）。大商工業者もフェリペ2世を支持した。それは、イベリアの統一により、新たな市場を獲得できるかもしれないと考えたからであった。
- クラト修道院長アントニオ（図3）。民衆の大部分が支持した。民衆は、スペイン国王に統治されることを望まず、アントニオがフェリペ2世の権勢に対抗できる唯一の候補者であると考えたからであった。
- ブラガンサ公爵夫人カタリーナ。多くの貴族や聖職者の支持があったが、結局、フェリペ2世に屈し、彼の王位継承を認めた。

図2 フェリペ2世、ポルトガル国王として、フィリョ1世（サンチェス・コエリョ作、プラド美術館、マドリード）

図3 アントニオ（当時の版画、リスボン国立図書館）

テーマB　13世紀からイベリア統一と再独立(17世紀)まで

　1580年、枢機卿が死去すると、フェリペ2世は、アルバ公指揮下の軍にポルトガルへの侵攻を命じた。

　いくつかの都市ですでに国王に推戴されていたアントニオは、ポルトガルの首都の防衛を試みた。しかしながら、彼が率いたわずかな軍は、リスボンのアルカンタラ橋の戦いで、スペイン国王の強力な軍隊に敗退した。アントニオは、テルセイラ島（アソレス諸島）へ逃れた。その後、テルセイラ島で、イギリスやフランスの援助を得て、スペインへの抵抗を続けたが、ふたたび敗北を喫して、イギリスに向かった。

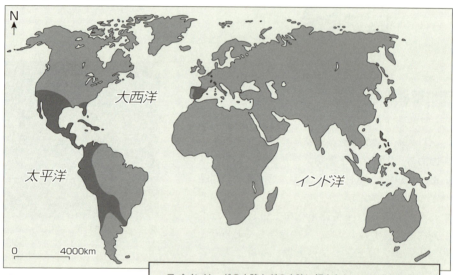

図4　フェリペ2世の領土

・スペインは、どの大陸とどの大陸に領土をもっていましたか？
・この事実は、ポルトガル国王にフェリペ2世を選ぶ際に影響を及ぼしたと思いますか？

私は、次のことができる。

1. 国王セバスティアンの死後、王位継承権を主張していた人物を挙げること。
2. 次のものを特徴づける短い文章を書くこと。
　a) 国王セバスティアン死後のポルトガル
　b) フェリペ2世の権力

❷ イベリアの統一と民衆蜂起

トマールの身分制議会

アントニオ軍の敗退後、フェリペ2世は、ポルトガルに入った。彼は、トマールに身分制議会を招集し、自らポルトガル国王に戴冠し、フィリペ1世として即位した。トマールの身分制議会で、スペイン国王は、いくつかの約束を行った。

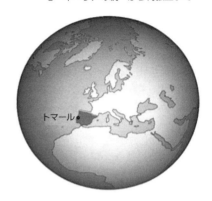

1 フェリペ2世の約束

（ポルトガル）王国の統治は、つねに王国の出身者によって行われ、土地の習慣を知らない外国人によって行われることはない。(...) 副王、もしくは総督は、必ずポルトガル人である。ポルトガル語が唯一の公用語である。海外との交易は、つねにポルトガルで行われ、ポルトガル人の手に委ねられる。

ヴィトリノ・マガリャンイス・ゴディーニョ『小論II』所収、1978年（一部改変）

- フェリペ2世が行った約束を言いなさい。
- そのような約束は、ポルトガル人の気に入っただろうと思いますか？その理由を言いなさい。

フェリペ2世の約束は、人々がイベリアの統一を受け入れる上で、大きな意味をもち、統一は、60年にわたり続いた。

図2 ポルトガル国王フィリペ2世、フィリペ3世（ベラスケス作）ポルトガルを統治した3人のスペイン国王の名前がフィリペであったので、ポルトガル史のこの時代は、フィリペ統治期と呼ばれる。

テーマB　13世紀からイベリア統一と再独立(17世紀)まで

図3　オランダ船のマカオへの攻撃（海外史文書館）

スペインの国王の統治

　フィリペ1世［スペイン国王としてはフェリペ2世］は、トマールでの約束の大部分を守った。しかしながら、オランダやフランス、イギリスとの戦争やスペイン自体での反乱によって、彼の後継者フィリペ2世やフィリペ3世（図2）は、増税やポルトガル軍人のスペイン軍への編入、さらにはポルトガルにおける役職へのスペイン人の任命などを余儀なくされた。スペインの敵国であるオランダやフランス、イギリスは、ポルトガルの植民地を攻撃した。史料4を読みなさい。

4　ポルトガル人の不満

　カスティーリャのせいで、すべての国と仲が悪くなり、それで、貿易は減少した。外国人は、わが国の港に来て香辛料を入手することができないので、香辛料を求めて直接わが国の領土に行き、われわれをそこから追い出してしまった。われわれには、彼らに抵抗するだけの力がなかったからである。(…)

　(…)カスティーリャは、われわれの古くからの特権をすべて尊重すると誓ったにもかかわらず、(…)耐えきれないほどの新しい税をわれわれに課した。

　(…)カスティーリャ人は、ポルトガルでカスティーリャ人の裁判官を任命した。また、外国人であるマントゥア伯爵夫人を副王にした。(…)そして、われわれに同情心をもたないカスティーリャ人を副王の顧問官とした。

マヌエル・ダ・コスタ司祭『盗みの技法』17世紀
（一部改変）

・フィリペ1世の約束が果たされなかったことを裏付ける3つの措置を言いなさい。
・ポルトガル人が追放された領土を言いなさい。
・どのような理由で、ポルトガル人は、不満を感じるようになったのか？

3 イベリアの統一から再独立まで

いま見たように、イベリアの統一は、ポルトガルに大きな損害をもたらした。ポルトガルの諸都市で騒乱（民衆の反乱）が起こったのも、不思議ではない。

1637年、エヴォラで、スペイン王が命じた重税に反対する「マヌエリーニョ」の反乱が起こった。この反乱は、瞬く間に、アレンテージョ地方やアルガルヴェ地方全域に広がり、スペイン人は、反乱の鎮圧のために武力を使わざるを得なかった。反乱の参加者は、自分たちの正体がばれないように、決起を促す文書への署名には、エヴォラでとてもよく知られていた狂人の名前—マヌエリーニョ—を使った。

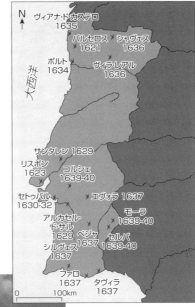

図5　17世紀ポルトガルでの民衆反乱

図6　セトゥバルのサン・フィリペ城、1583年に建設が命じられた。1580年にアントニオを支持したセトゥバルは、フィリペ統治期、スペインの支配に対する抵抗が活発な都市であった。

　私は、次のことができる。

1. スペイン国王が講じた措置の中で、ポルトガル人が不満をもった措置を3つ言うこと。
2. フィリペ王支配の時代にポルトガルに生きていたと想像して、スペイン諸国王の統治に賛成か反対かを言い、自分がその立場をとる理由を説明すること。

テーマB　13世紀からイベリア統一と再独立(17世紀)まで

3 1640年12月1日の反乱と再独立戦争

　スペイン政府がポルトガルに課した重い負担のせいで、人々の間に不満が広がった。一団の貴族が、リスボンで、ポルトガルの再独立を目指した陰謀を企てた。

　ときは、好機であった。スペインは、ヨーロッパ諸国との戦争や内乱によって、力が衰えていた。

　1640年12月1日の朝、陰謀者たちは、スペイン総督―マントゥア伯爵夫人―の宮殿に侵入し、ポルトガルが完全な独立を取り戻すことを宣言した（史料1、図2）。

　リスボンで、身分制議会が招集され、そ

1　革命

　9時、馬車の扉が開き、貴族たちが馬車から飛び降り、宮殿の階段を駆け上がった。彼らは、警備兵の部屋を急襲し、兵士たちを捕らえた。貴族の一人が、宮殿のバルコニーに姿を見せ、「自由を！　自由を！　国王ジョアン4世万歳！ブラガンサ公こそ、われわれの正統な国王だ。」と叫んだ。

　陰謀者たちは、ついにミゲル・デ・ヴァスコンセロス(1)の部屋の扉に到達した。扉が開かないと分かると、彼らは、斧で扉を壊し始めた。ミゲル・デ・ヴァスコンセロスは、死が迫っていると感じて、衣装戸棚の中に身を隠した。その姿が見つかると、陰謀者の何人かは、彼に向かってピストルを撃ち、また他の何人かは彼の身体に剣を突き刺した。ミゲル・デ・ヴァスコンセロスが床に倒れるのを見た召使いたちは、彼の身体を窓から投げ下ろした。

レベロ・ダ・シルヴァ『17-18世紀のポルトガル史』
（一部改変）

(1) マントゥア伯爵夫人（副王）時代の首相。

図2　リベイラ宮殿襲撃、彩色タイル［アズレージョ］の絵

・陰謀を企てたのか誰か言いなさい。
・彼らがやったことを説明しなさい。
・彼らのとった行動に賛同しますか？その理由はなんですか？

こで、ブラガンサ公がポルトガル国王に推戴され、ジョアン4世となった（図3）。

スペインがいくつもの紛争に巻き込まれている間に、ポルトガルは、国土防衛の準備を整えた。

- 軍隊が整備され、武器が製造された。また、国境沿いの要塞が修復され、新たな要塞が建設された。
- 他国と協定や同盟条約が締結された。

それと同時に、農業や工業、商業の発展が図られた。ポルトガルは、貧窮しており、多くの資金が必要だったからである。

再独立戦争

スペインはポルトガルの独立を承認しなかったが、実際に戦いが始まったのは、しばらくしてからであった。再独立戦争の最初の大きな戦闘は、スペイン国内のモンティホで、1644年になって初めて行われた。戦いは、ジョアン4世の息子、アフォンソ6世の治世にまで続いたが、ポルトガルは、いくつもの勝利を手にした。最終の、そして最も重要な勝利は、モンテス・クラロスの勝利であった（図6）。

1668年、アフォンソ6世の弟、ペドロが国政に就いた。和平が結ばれたのは、この年で、それによって、28年続いた再独立戦争は終結した。スペインは、最終的にポルトガルの独立を受け入れた。

図3 ジョアン4世（アヴェラール・レベロの絵、ヴィラ・ヴィソザ宮殿）。ブラガンサ公は、1580年の王位継承候補者の一人、カタリーナの孫であった。

図4 再独立戦争時の兵士

図5 ヴェレンサの要塞

テーマB　13世紀からイベリア統一と再独立（17世紀）まで

図6　主要な戦闘と再独立期に修復・建設された要塞

・次のことを言いなさい。
　a) 再独立戦争の間に行われた3つの戦闘
　b) この時期に建設された3つの要塞
・大部分の要塞はどこに設置されていたのか確認し、その理由を言いなさい。

図7　エストレモスの城壁の門。エストレモスは、再独立戦争の時期、何度もポルトガル軍の集結場所となった。1644年に始まったこの城壁の建設は、1670年になってやっと終わった。

私は、次のことができる。

1. ポルトガル人がどのような理由で、フィリペ王支配に反対して反乱を起こすのに、この機会を選んだのか説明すること。
2. 12月1日がポルトガルの祝日であることについて自分の意見を述べ、その理由を説明すること。

用語集をまとめること。
ワークブックに、騒乱、再独立の意味を書くこと。

3 イベリアの統一から再独立まで

図解－要約

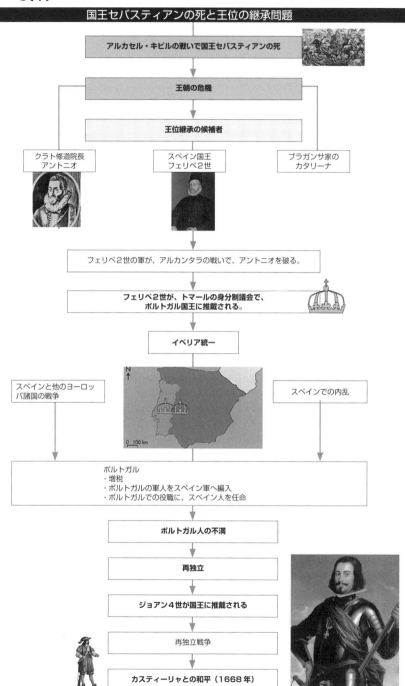

もう次のことができる。

1. アルカセル・キビルで何が起こったのか説明すること。
2. この戦いが、どのようにして、ポルトガルに深刻な問題をもたらしたのか言うこと。
3. ポルトガル王位への候補者3名と、各々の支持者を言うこと。
4. 候補者のうち誰が選ばれたのか言うこと。
5. なぜ彼が選ばれたのか、その理由を説明すること。
6. 1581年、フェリペ2世が行った約束で、彼の後継者が守らなかった約束を2つ言うこと。
7. 1640年12月1日に何が起こったのか、述べること。
8. ポルトガルの新しい国王が誰か言いなさい。
9. 新国王は、スペイン軍と対抗するために、いくつかの措置を講じた。次の面で、新国王が講じた措置を言うこと。
    a) 軍事面　b) 経済面
    c) 外交面（他の国々との関係）
10. 次の出来事を年代順に並び替えること。
    ・再独立
    ・マヌエリーニョの反乱
    ・再独立戦争の終結
    ・アントニオの軍がスペイン軍に敗北
    ・トマールの身分制議会
    ・国王セバスティアンの死

図1

図2

図3

リスボン－発見時代

　リスボンは、15世紀以降、ヨーロッパの主要都市の一つとなった。リスボンは、いくつかの主要な発見航海に旅立った航海者が出発した港であった。リスボンの港には、いつも船があふれ、遠くの土地から到着した船もあれば、人々がほとんど知らない場所に向かう船もあった。船は、新しい、とても高価な産物を運んで来たし、ときには、奇妙な外見や服装の人々を乗せてきた。

　埠頭には、ヨーロッパの諸都市からやって来た数多くの商人の姿もあった。彼らは、自国で売りさばくために、商品を仕入れにリスボンにやって来た商人たちであった。

カルリートス：見て。船がやって来る… ひどく壊れている。
ルイザ：幽霊船の物語に出てくる船みたい。
キコ：様子を見に、海岸へ行こう。
全員：行こう。行こう。

「リベイラ・ダス・ナウス造船所」（トマス・デ・メロ作、リスボン市立博物館）

ルイザ：船乗りは、病気みたい。なぎで、風がなかったんだ。
カルリートス：帆に風を受けないと、船は、何日も海で止まってしまうと聞いたことがある。
サビディーニョ：それに、ところによっては、とても暑くて、船乗りは、病気になるんだ。
ヌノ：近くに行って、運んできた商品を見てみよう。
ルイザ：なんてすばらしい布地なんでしょう。私のドレスを作るのにちょうどいい、きれいな絹もある。
カルリートス：みんな、いままで、あんな壺を見たことがある？
船乗り：気を付けろ。壊しちゃだめだぞ。
ルイザ：船乗りさん。これらきれいな物は全部、どこから来たの？
船乗り：とても遠くからだ。聖なる神の名の町マカオとして知られる場所からだ。
キコ：その町は、気に入った？
船乗り：その土地は、われわれのとは、とても違っている。人々は、奇妙な服装をしているし、おれには、彼らが言っていることは、何も分からなかった。
サビディーニョ：その土地に行ってみたいな！
船乗り：航海は、最悪だ。向こうに行くのは、まだいい。でも、こちらに戻るのは、… 海で風のない日が何日もあった。船乗りの中には、死んだ者や病気になった者もたくさんいた。
キコ：見て。お皿も、お椀も、たくさんある。
ルイザ：全部、青と白で絵が描かれている。とても、きれい！
船乗り：この袋のにおいを嗅いでみたか？
ファルスコ：ハクション … ハクション ….
カルリートス：強烈なにおい。これ何？

船乗り：カレーと言うんだ。料理を作る際によく使われる調味料さ。
ヌノ：これは何？
船乗り：シナモン、コショウ、サフラン...
船長：話は、そのくらいにして、商品を船から降ろす手伝いに、こっちに来い。
船乗り：すぐ行きます。じゃあな、子供たち。
全員：さようなら。

雑誌『みんなのともだち』98号（1994年11月）所収、（一部改変）

ポルトガル人でただ一人の教皇

　ポルトガル人でただ一人の教皇は、ペドロ・ジュリアンという名前だったが、外国では、ペドロ・イスパノ［イベリア半島のペドロ］として知られていた。1276年、教皇に選ばれたとき、自分の名前と違う名前を選ばなければならないという規則に従い、ジョアン［ヨハネ］という名前を選んだ。ヨハネは、すでに20人いたので、ヨハネ21世となった。［教皇として］聖ペドロの椅子を占めた期間は、その後事故にあったので、8ヶ月だけだった。(...)天井の一部が頭の上に落ち、即死したからである。しかし、彼の名声は、すぐに消え去ったわけではなかった。すでに何冊もの本を書いていたからである。本の一冊は、医学書で、やさしい言葉で、病気について分かりやすく教え、治療法を説明し、医者にだけではなく、誰にでも役立つ病気の知識を与えた。その本は、本を読むことができる人なら誰でも、利用できた。本は、『貧者の宝』という題名であった。

　彼の作品には、論理学の手引き書もあった。きわめてよくできた本であったので、ヨーロッパの主要な大学で、参考書として採用された。その本は、2世紀の間、何度も何度も筆写された。そして、印刷機が発明されると、すぐに活字で出版され、多くの学生が恩恵を受けた。学生が、それまでほど、視力を酷使する必要がなくなったからであった。300年にわたり、100以上の版が刊行されたが、それは疑いなく、一つの記録的な出来事であった。

『ヨーロッパでのポルトガル人』（『波の頂にて』シリーズ第4号）（1995年7月）、
C.N.C.D.P.［ポルトガル発見記念事業全国委員会］（一部改変）

ブラガンサ家のカタリーナ、イギリスの王妃

　ブラガンサ家のカタリーナ（英語名：キャサリン）とイギリスのチャールズ2世の結婚は、当時の他の多くの結婚と同じく、取り決めにもとづく結婚であった。しかし、当時の情勢のせいで、王女カタリーナの肩には、ふつうより大きな苦労がかかっていた。ロンドン駐在のスペイン大使は、なんとしても両国の同盟を阻止しようとして、婚約者である王女が、醜く、病身で、身体に障害があると、国王チャールズ2世に吹き込んだからであった。この陰謀の理由はどこにあったのか？　その理由は、ポルトガル人が独立を回復するため、スペイン人を追放したばかりだったことにあった。カタリーナは、ジョアン4世の娘だった...

　そのような前評判にもかかわらず、また彼女が、背は低く、膚は小麦色で、カトリックで、さらには、英語が一言も話せなかったにもかかわらず、王女は、自らの価値を人々に認めさ

せ、夫だけでなく、姑の心をとらえた。姑は、王女を気に入った。

カタリーナは、30年間、逆境にも耐え、しっかりとその地位を保った。

新婚の熱が冷めると、「王妃の伝統的な病気」に苦しんだ。その症状は、眠れぬ夜、そして嫉妬で熱くなる心であった。国王の周りには、たくさんの貴婦人がいて、ふつうそうであるように、皆、美しく、有力者であった。しかし、チャールズ2世は、いくつもの恋に身を委ねたが、けっして、王妃に対する尊敬や愛情を失うことはなかった。(...)

ブラガンサ家のカタリーナは、イギリスで大きな存在であった。

カタリーナは、婚資（持参金）としてムンバイ市（インド）を持参したが、それは、イギリスに、「王冠の宝石」の最初の石、つまり、イギリスによるインド大帝国の最初の領土をもたらしたものと、考えることができる。

ブラガンサ家のカタリーナ

多くの人が知らないことは、カタリーナが、荷物の中に、以後イギリス人が愛好することになる、見栄えがよくない何枚かの葉っぱ、つまり茶を持参したことである！

カタリーナは、王位の継承者は産まなかったけれども、イギリスの伝統の中で最もイギリスらしい伝統、つまり午後5時のティータイムを生み出したのは、彼女であった。

『ヨーロッパでのポルトガル人』（『波の頂にて』シリーズ第4号）（1995年7月）、C.N.C.D.P.［ポルトガル発見記念事業全国委員会］（一部改変）

ジョアン2世へのインタビュー

インタビュアー：陛下もお分かりのように、ポルトガルは、このインタビューでこの国のために力を尽くした国王の生涯にかかわる歴史をさらによく知ることを期待しています。
ジョアン2世：歴代の数多くの国王の中で、私が選ばれたことを誇りに思う。それでは、始めよう。
インタビュアー：陛下のお生まれはいつか、知りたいのですが。
ジョアン2世：私は、1455年5月5日、リスボンで生まれた。
インタビュアー：陛下が14代ポルトガル国王でいらっしゃったことは知っていますが、陛下のご両親はどなたですか？
ジョアン2世：父は、「アフリカ王」と呼ばれるアフォンソ5世、母は、イザベル妃だ。
インタビュアー：陛下が、16歳でお父上とともにアルジラ（アシラー）の征服に赴かれ、そこで騎士に叙任されたことも知っています。征服のとき、どのようにお感じになりまれしたか？
ジョアン2世：怖かった。死が身近に感じられたから。しかし、満足でもあった。なぜなら、それが、異教徒に対する私の初めての勝利だったからだ。
インタビュアー：1473年9月16日、リスボンで、レオノール妃とご結婚なさいました。レオ

ノール妃を愛していらっしゃいましたか？

ジョアン2世：しばしば、王権の利害は、心にある思いよりも優先する。その頃、私たち王室の者は、必ずしも、婚約者の女性をよく知っていたわけではなかった。ときには、初めて会ったときに、情熱を感じる場合もあれば、ときには、人生をかけて、愛するとまではいかなくとも、少なくともその女性を尊敬するようになるという場合もあった。わが王妃の場合は、そうであった。

インタビュアー：そして、いよいよ1481年という年が来ました。その年は、どのような意味をもっていましたか？

ジョアン2世：大きな責任の重さを感じた。しかし、私はすでに、父が不在のときには、王国を統治していたし、1474年以降、大西洋政策の指揮を執っていた。そのような事実から、自信もあったし、多くの知識ももっていた。

インタビュアー：陛下は、1474年8月22日、義理の兄、つまりレオノール妃の兄であるヴィゼウ公ディオゴ殿をご自分の手で殺害したか、あるいはその殺害を命じられました。その決断は、どのようにしてなされたのですか？

ジョアン2世：ディオゴは、私の敵の仲間となった。そのような恥ずべき行為も、ディオゴが王妃の兄であり、私の義理の兄であったので、いったんは許した。しかし、彼は、私の行いの意図を理解せず、王権に対する陰謀を止めなかった。それで、祖国を裏切ったすべての者が迎える最期を、彼も迎えることになったのである。

インタビュアー：レオノール妃の反応はどのようでしたか？

ジョアン2世：王国は、一人の兄弟よりも大切である。王妃の苦しみは大きかったが、レオノールは、王妃であり、だからこそ、そのことを理解しなければならなかった。

インタビュアー：1491年、エヴォラで、陛下のご子息、アフォンソ殿下がカトリック両王の娘、イザベル様とご結婚なさいました。陛下は、ご自身にとって大きな意味があり、大いに期待なさっていたご子息が、リベイラ・デ・サンタレンで落馬が原因でお亡くなりになったとき、どのようにお感じになりましたか？

ジョアン2世：そのとき、今日まで乗り越えられないほどの大きな痛みを感じた。死去したのは、息子であり、ポルトガルの将来の国王であった。私は、父として、2つの痛みを感じた。息子を失った痛みと王位継承者を失った痛みである。

インタビュアー：アフォンソ殿下のご結婚によって、陛下は、半島の2つの王室をポルトガルの保護下に置こうとなさったのですね。

ジョアン2世：そうだ。それが、私の意図したところだった。ポルトガル王国は、当時、皆に知られ、皆から恐れられ、尊敬されていた。

インタビュアー：[海外進出の] 大西洋政策における陛下の役割は、顕著なものでした。陛下は、大西洋政策の最大の推進者であり、国王になる前からすでに、発見事業の指揮を執っていらっしゃいました。

ジョアン2世：賞賛の言葉、感謝する。わがポルトガルの民とわがポルトガルの国に対する義務を果たしたのだ。アフリカ西海岸について、さらに知る必要があった。それで、ディオゴ・カンとバルトロメウ・ディアスの航海が行われたのだ。

インタビュアー：陛下の夢は、海路、インドに到達することだったのですね。

ジョアン2世：その通りだ。インドには、ヨーロッパが必要とする産物があり、それらの産物の交易を支配することは、のちに証明されるように、王国に大きな利益をもたらすと考えられた。

インタビュアー：1494年6月7日、陛下とカトリック両王の間に、トルデシーリャス条約が調印されました。カスティーリャがすでに行っていた要求を変更すべく、陛下が精力的に活動されたので、歴史家は、ポルトガル領とされた半球に大きな陸地が存在することを陛下がすでに知っておられたのだろうと主張しています。それは、真実ですか？

ジョアン2世：当時は、わが王国［の船］がその地に到達し、ポルトガル人の存在を知らしめ、そして発見が公表されるまで、探索の航海や発見、情報、地図は、秘密にしておくことが大切だった…「教養ある」君主として、私は、自分の周囲に、航海者や地図制作者など、優秀な人々を置こうと心がけたことを忘れないでほしい。

インタビュアー：ここで、しばしば忘れ去られていることですが、［温泉治療による施療院のある］カルダス・ダ・ライーニャの創設において陛下が果たされた役割を思い起こすことも重要です。そのことについて、お話しいただきたいのですが。

ジョアン2世、ルイ・デ・ピナ著『国王ジョアン2世の年代記』の彩色挿絵

ジョアン2世：周知のように、当時、女性は、今日ほど力がなく、夫の権力の前で、女性の力には大きな制約があった。夫が国王であれば、なおさらであった。そのため、温泉施療院を創設する際に、王妃レオノールは、温泉がわき出る地に30人の住民を住まわせる許可を願い出た。私は、その願いを聞き入れ、「特許状」を授けた。それによって、カルダスの町が創設されたのである。

インタビュアー：陛下の表徴が、カルダス・ダ・ライーニャでは、いたるところにあります。とくに市の紋章には、陛下の記章であり、愛情あふれる子育てを象徴するペリカンが描かれています。最後に申し上げたいのは、陛下は、世界を視野に入れた人物、ヨーロッパの君主であり、陛下とともに、ポルトガルに近代国家が生まれたということです。

ジョアン2世：私は、21世紀のポルトガル人が自分のことをどのように見ているか知り、感動し、驚きさえしている。感謝している。

　　カルダス・ダ・ライーニャ市のジョアン2世学校の「歴史課題研究」で、マリア・アントニエタ・ソアレス先生、マリア・ロザ・バレト先生、マリア・テレザ・カウデイラ先生の指導により、生徒たちが行った空想上のインタビュー（一部改変）

ポルトガル史年表とポルトガルの歴代国王

アフォンソ3世
(1248-1279)
▼
ディニス
(1279-1325)
▼
アフォンソ4世
(1325-1357)
▼
ペドロ1世
(1357-1367)
▼
フェルナンド
(1367-1383)

▲
ジョアン1世
(1385-1433)
▼
ドゥアルテ
(1433-1438)
▼
アフォンソ5世
(1438-1481)

▲
ジョアン2世
(1481-1495)
▼

1254年	レイリアの身分制議会。コンセーリョ（自治共同体）のオーメン・ボン（コンセーリョの中の有力者）が参加した初めての身分制議会。
1276年	ポルトガル人司教、ペドロ・イスパノが、教皇に選出され、ヨハネ21世となる。
1286年	ディニス王がヴィアナ・ド・カステロのコンセーリョに、定期市の許可書を授ける。
1288年	ポルトガルで、紙の利用が始まる。以下
1290年	リスボンで、総合学院の創立。
1293年	商人互助（保険）組合の創設。
1297年	アルカニゼス条約。
1308年	イギリス国王との通商条約。
1310年	疫病と飢饉の時期。
1336年	ポルトガル人とジェノヴァ人の艦隊によるカナリア諸島への航海。
1340年	サラドの戦い。アフォンソ4世の軍が、モーロ人（イスラーム教徒）と戦うカスティーリャ国王を支援。
1348年	ポルトガルで黒死病。
1355年	イネス・デ・カストロの殺害。
1360年	ペドロ王が、イネス・デ・カストロと結婚していたと宣言し、アルコバサの修道院に2つの棺の制作を命じる。
1369年	フェルナンド王が、ガリシアに侵入し、カスティーリャ王位の継承権を主張。
1373年	カスティーリャの王がリスボンを包囲。フェルナンド王がリスボン市とポルト市の周囲に城壁の建設を命じる。
1375年	セズマリア法の公布。
1377年	造船業者に特許状。
1380年	海事保険会社の創設。
1381年	カスティーリャとの3回目の戦争。
1383年	カスティーリャとの和平条約。サルヴァテラの条約。レオノール・テレスの摂政政治。リスボンでの民衆反乱。アヴィス騎士団長が、王国の統治者、擁護者に推戴される。
1384年	カスティーリャ王、リスボンを包囲。アトレイロスの戦い。ペストのため、リスボンの包囲が解かれる。
1385年	コインブラの身分制議会。アルジュバロタの戦い。
1386年	イギリスとの同盟。ウィンザー条約。
1411年	ポルトガルとカスティーリャとの和平条約調印。
1414年	リスボンとポルトでペストの流行。ランカスター家のフィリパが感染し、死亡。
1415年	セウタの征服。
1419年	ポルト・サント島の占有。
1420年	マデイラ島の占有。
1422年	当時使われていたカエサル紀元[注：西暦紀元前38年を紀元元年とする]が、キリスト紀元に変わる。
1427年	アソレス諸島への到達。
1434年	ジル・エアネス、ボジャドール岬を越える。
1437年	タンジールへの遠征失敗。フェルナンド親王(聖親王)がモーロ人の捕虜となる。
1441年	最初の黒人奴隷がポルトガルに到着。

1443 年	エンリケ親王が、ボジャドール岬以南の土地との交易独占権を得る。
1449 年	アフォンソ5世とその叔父ペドロとの間にアルファロベイラの戦い。
1469 年	アフォンソ5世、アフリカ沿岸の探索をフェルナン・ゴメスに委ねる。
1471 年	アルジラとタンジールの征服。ミナ海岸およびサン・トメー・イ・プリンシペ諸島への到達。
1482 年	サン・ジョルジェ・ダ・ミナ要塞の建設。
1487 年	ペロ・デ・コヴィリャンとアフォンソ・デ・パイヴァ、アジアに向けて出発。
1488 年	バルトロメウ・ディアス、喜望峰に到達。
1491 年	ジョアン2世の一人息子、アフォンソ死去。
1492 年	コロンブス（クリストヴァン・コロンボ）がアメリカ大陸へ到達。イベリア半島でイスラームのグラナダ王国の終焉。
1494 年	トルデシーリャス条約。
1498 年	ヴァスコ・ダ・ガマ、インドへ到達。
1500 年	ペドロ・アルヴァレス・カブラル、ブラジルへ到達。
1505 年	フランシスコ・デ・アルメイダ、インド副王に任命される。
1519 年	フェルナン・マガリャンイス、最初の世界周航の航海に出発。
1532 年	ブラジルでの砂糖栽培の開始。
1536 年	ポルトガルで異端審問所の設置。
1549 年	トメー・デ・ソウザ、ブラジル総督に任命される。フランドルの商館の閉鎖。アルカセル・セゲールを放棄。
1550 年	アルジラの放棄。
1572 年	ルイス・デ・カモンイス『ウズ・ルジアダス』の刊行。
1578 年	アルカセル・キビルの戦い。
1579 年	ルイス・デ・カモンイス、死去。
1580 年	アルメリンの身分制議会。
1581 年	フィリペ1世、トマールの身分制議会で、国王に推戴される。
1588 年	イギリス人がブラジルを攻撃。
1596 年	オランダ人がミナを攻撃。
1614 年	フェルナン・メンデス・ピント『遍歴記』の刊行。
1622 年	イギリス人、ホルムズを征服。
1630 年	オランダ人、ブラジルのペルナンブーコを攻撃。
1637 年	ポルトガル人、日本から追放される。エヴォラの反乱。
1640 年	12月1日、独立の回復。
1642 年	イギリスとの同盟条約。
1644 年	ポルトガル人がモンティホの戦いに勝利。
1654 年	オランダ人、ブラジルから追放される。
1659 年	エルヴァス包囲線の戦い。
1662 年	ブラガンサ家のカタリーナとイギリスのチャールズ2世との結婚。チャールズ2世は、タンジールとムンバイを婚資として受領。
1663 年	ポルトガル人は、アメイシアルの戦いに勝利。
1664 年	ポルトガル人は、カステロ・ロドリゴの戦いに勝利。
1665 年	ポルトガル人は、モンテス・クラロスの戦いに勝利。
1668 年	スペインとの和平条約。

マヌエル1世
(1495-1521)
▼
ジョアン3世
(1521-1557)
▼
セバスティアン
(1557-1578)
▼
枢機卿エンリケ
(1578-1580)

▲
フィリペ1世
(1580-1598)
▼
フィリペ2世
(1598-1621)
▼
フィリペ3世
(1621-1640)

▲
ジョアン4世
(1640-1656)
▼
アフォンソ6世
(1656-1667)
▼
ペドロ2世
(1667-1706)

テーマＣ、テーマＤの学び方

きみは、ポルトガルの国土と歴史を巡る旅を続ける。

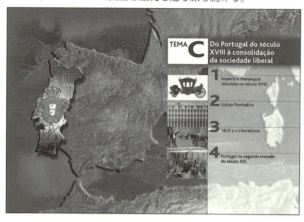

旅を楽しく、実り多いものにするためには、ガイドや案内図の利用の仕方を知る必要がある。ここでは、ポルトガルの歴史と地理の教科書、テーマＣ、テーマＤの学び方を知る必要がある。

ふたたび出発する前に、必要な情報をいくつか、君に教えることにしよう。

教科カリキュラムによると、教科書は、２つの大きなテーマに分かれており、各テーマで１つの大きなテーマを扱う。大きなテーマは、見開き２ページに示されている。

大きなテーマはそれぞれ、小さなテーマに分けられている。それには、次のものが含まれる。

始まりのページ
その内容：
・全体に関係する画像
・カリキュラムの内容
・年表

動機づけの画像のページ
画像を見ると、学習することに対して関心と好奇心がわいてくる。

展開のページ
そこには、次のものがある。
・本文
・史料
・地図と図表
・写真とイラスト
・史料あるいは人物について、詳しく調べるための質問

「私は、次のことができる」は、見開き２ページの内容を学習したあとで行う活動で、その項目には、「用語集をまとめること」やワークブックでの練習問題が含まれている。

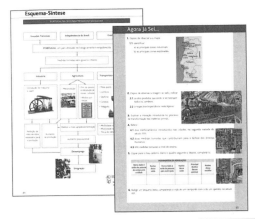

「図解-要約」は、学習した内容の要約である。「もう次のことができる」には、知識を試すために、動機づけの画像を見てやる練習問題や作業が示されている。

各テーマには、2つの自主研究があり、自分で行う、他の教科と関連がある活動が挙げられている。

教科カリキュラムでは、ポルトガル史の最も重要な出来事や人物だけが取り上げられているので、触れられていないこともたくさんある。もう少し知識を増やすために、各巻末には、「…世紀の私の地方」の項目があり、学習の対象である時代にポルトガルの各地で起こった出来事が含まれている。忘れずに、自分の地方に関する部分を読むように。

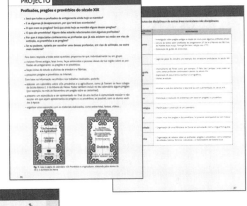

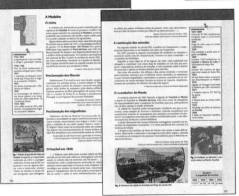

そして、学習ノートとワークブックを忘れないように。これらは、これからの旅で、君の手助けをしてくれるだけでなく、楽しい活動を教えてくれるよい友だちになるだろう。

251

テーマ C 18世紀のポルトガルから自由主義社会の成立まで

1. 18世紀の帝国と絶対王政

2. ポンバル侯時代のリスボン

3. 1820年と自由主義

4. 19世紀後半のポルトガル

1 | 18世紀の帝国と絶対王政

- **1** 18世紀のポルトガル帝国
- **2** ジョアン5世時代の絶対王政

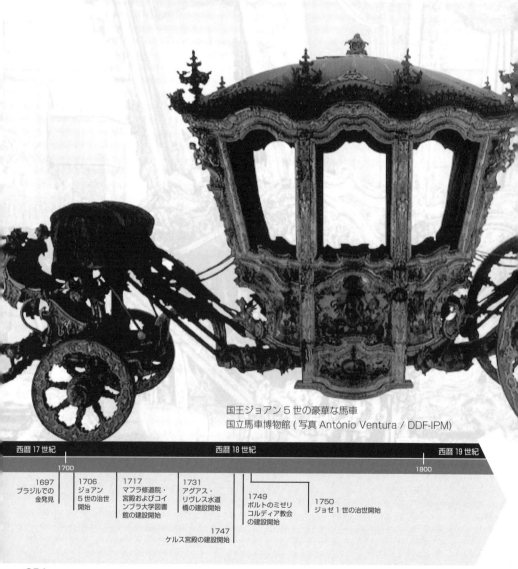

国王ジョアン5世の豪華な馬車
国立馬車博物館 (写真 António Ventura / DDF-IPM)

西暦17世紀	西暦18世紀	西暦19世紀
1700		1800

- 1697 ブラジルでの金発見
- 1706 ジョアン5世の治世開始
- 1717 マフラ修道院・宮殿およびコインブラ大学図書館の建設開始
- 1731 アグアス・リヴレス水道橋の建設開始
- 1747 ケルス宮殿の建設開始
- 1749 ポルトのミゼリコルディア教会の建設開始
- 1750 ジョゼ1世の治世開始

1 18世紀の帝国と絶対王政

テーマC　18世紀のポルトガルから自由主義社会の成立まで

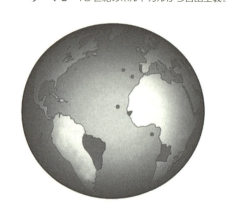

1 18世紀のポルトガル帝国

経済開発

領土と天然資源

　すでに学習したように、イベリア統一の時代、スペインの敵国（オランダやイギリス、フランスなど）は、ポルトガル帝国の一部を占領した。

　独立の回復後、ポルトガルは、以前領有していた領土のいくつかを回復したが、それ以外の領土、とくにアジアの領土は、永遠に失うことになった。アジアとの交易

図1　18世紀のポルトガル帝国と交易品（A・H・デ・オリヴェイラ・マルケス、J・J・アルヴェス・ディアス『ポルトガルとポルトガル海外領歴史地図』、一部改変）

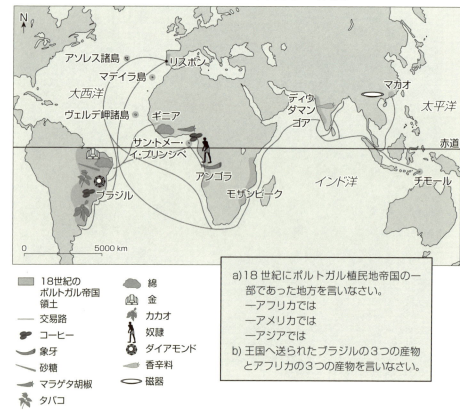

a) 18世紀にポルトガル植民地帝国の一部であった地方を言いなさい。
　―アフリカでは
　―アメリカでは
　―アジアでは
b) 王国へ送られたブラジルの3つの産物とアフリカの3つの産物を言いなさい。

は引き続き行われたが、外国との競合により、17世紀と18世紀には、交易はかなり衰退した。

ポルトガルの主要な領土と商業上の関心は、大西洋を取り巻く地域に集中した。ポルトガルの船は、大西洋を横断し、3つの大陸－ヨーロッパ、アフリカ、アメリカ－の間を航海し、大洋上の諸島は、寄港地となった（図1）。

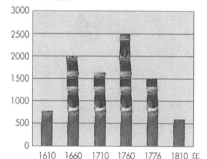

図2　砂糖生産

ブラジル、王国の主要な富の源泉

17世紀には、ブラジルの砂糖が、ポルトガル経済において、以前アジアの産物が占めていた地位を占めた。当時のブラジルの首都、バイアのサン・サルヴァドールは、王国の最も重要な都市の一つとなった。ジョアン4世が再独立の戦争の戦費をまかなうだけでなく、ポルトガルに不足していた穀物のような生活必需品を外国から購入できたのは、砂糖交易の収益のおかげであった。そして、18世紀になると、砂糖農園での砂糖生産はさらに増大した（図2）。

17世紀末から18世紀には、ブラジルで経済的にきわめて重要な出来事がもう一つ起こった。それは、金とダイアモンドの鉱脈の発見と開発であった。それらの鉱脈を発見したのは、バンデイランテ、つまり天然資源の探索と砂糖農園で働かせる先住民の捕獲

図3　ブラジルの砂糖農園
サトウキビを搾り、搾り出した汁を銅製の大きな鍋で煮つめた。それから、型に入れて砂糖を結晶化させた。砂糖農園主の所有地には、栽培地（サトウキビ畑）や製糖を行う場所、主人やその家族が住む大邸宅、奴隷が暮らす奴隷小屋があった。

テーマC　18世紀のポルトガルから自由主義社会の成立まで

を目的にしたブラジルの内陸部への遠征隊を組織した植民者たちであった（図5）。

　ポルトガル王室は、金やダイアモンドを開発する民間人から『キント』、つまり採掘した貴金属の5分の1を徴収し、鉱脈の発見から大きな利益を得た。

図4　輸送用の金庫
金は溶かして延べ棒にされ、重量や製造年、国王の紋章が刻印された。その後、延べ棒は、ほとんど開けるのが不可能なほど厳重に鍵をかけた鉄製の金庫に入れて、リスボンへ送られた。

主要な鉱山地帯　　　バンデイラ
18世紀以降のブラジルの国境線

図5　バンデイランテは、市や集落を創設し、ブラジルの国境をトルデシーリャス条約で定められた国境線を越えて大きく拡大するのに貢献した。

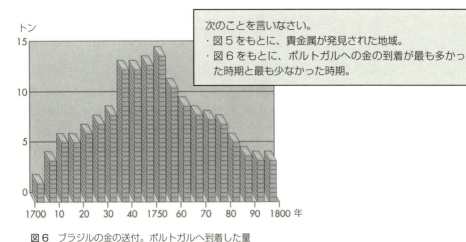

次のことを言いなさい。
・図5をもとに、貴金属が発見された地域。
・図6をもとに、ポルトガルへの金の到着が最も多かった時期と最も少なかった時期。

図6　ブラジルの金の送付。ポルトガルへ到着した量

私は、次のことができる。

1. 18世紀のブラジル砂糖農園での生活について文章を書くこと。
2. バンデイランテが果たした役割について自分の意見を言うこと。

1　18世紀の帝国と絶対王政

ヒトの移動

17世紀と18世紀に、まず砂糖生産とその交易により、その後ブラジルでの金の発見により、大規模なヒトの移動が起こった。

- 王国からは、多くの移民が、富を得ること、あるいは少なくともそれまでよりもいい生活を送ることを望み、ブラジルへ向けて旅立った。ブラジルへの移民は、その数があまりに多かったので、18世紀には、王国からブラジルへの植民者の出国を禁止する法律が公布された。
- ブラジルでは、ヒトは、沿岸部から内陸部へと進出した。宣教師は、インディオを教化し、保護する目的で、インディオを求めて旅立ち、バンデイランテは、内陸部で金や貴石を探索した。
- アフリカ沿岸からは、多くの奴隷が連行された。王国へ連行された者もいたが、大部分は、最初は砂糖農園の労働に、後には金の採掘に従事するため、ブラジルへ連行された（図2）。

ブラジル人は、このように、ヨーロッパ人とインディオ、黒人が結びついて生まれた。今日でも、ブラジルの言語や音楽、踊り、料理には、これら3つの人々の集団の影響が明らかである。

奴隷貿易

ブラジルのインディオは、身体のつ

図1　司祭アントニオ・ヴィエリラ（1608-1697）植民者の行為を非難し、インディオの解放を唱えたイエズス会の宣教師。その文学作品（説教集や書簡など）により、ポルトガル語最大の著作家の一人と考えられている。

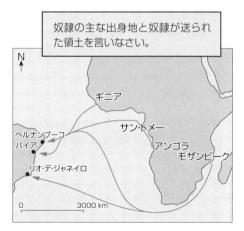

図2　アフリカ人奴隷の大多数の出身地と目的地（A・H・デ・オリヴェイラ・マルケス、J・J・アルヴェス・ディアス『ポルトガルとポルトガル海外領歴史地図』、一部改変）

テーマC　18世紀のポルトガルから自由主義社会の成立まで

図3　逃亡奴隷

図4　アフリカ人奴隷　奴隷への道
奴隷には、戦争での捕虜や奴隷貿易業者が捕獲した者、あるいは現地の首長から購入した者がいた。

くりが弱く、狩猟や採集にもとづく生活に慣れていたので、砂糖プランテーションでの厳しい労働には適応しなかった。それで、アフリカ人の奴隷労働力を使うことが必要になり、ブラジルへ向けて多数の奴隷の輸送が行われた（図2）。

奴隷を輸送した船－奴隷貿易船－では、状況は非人間的であった。次の文書を読みなさい。

> ・奴隷の輸送の悪条件を示す3つの表現を書き写しなさい。
> ・この文書に題を付けなさい。

5　奴隷の輸送

　男たちは、船倉に積み上げられ、鎖で繋がれた。彼らが、反乱を起こし、船の白人をすべて殺害することを恐れたからである。女たちは、第二中甲板に入れられた。子供たちは、第一中甲板に山積みにされた。眠ろうとすると、折り重なって眠るしかなかった。
　便所はあったが、多くの者は自分の居場所を失うのを恐れ、特に男たちはその場で用を足したので、暑さと臭いは耐え難いものだった。
　奴隷たちの苦しみは、最悪であり、多くの者が耐えられず、窒息したり、衰弱したり、病気になったりして、死んでいった。

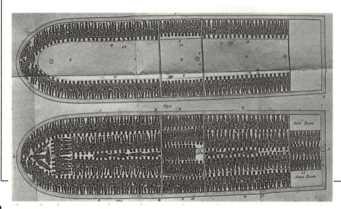

ある奴隷貿易船の2つの中甲板の平面図
フレデリック・モーロ『ポルトガル、ブラジル、大西洋』

260

ブラジルに到着すると、奴隷たちは、引き離されて、売却された。奴隷たちは、きびしい労働に追い立てられ、たえずひどい扱いを受けたので、彼らは、内陸部へ逃亡し、自由な新しい生活を始めるために身を隠そうと、たびたび試みた。だから富裕な植民者たちは、逃亡奴隷の捕獲を仕事とする監視人を雇った（図3）。

奴隷身分からの解放は、むずかしかった。しかし、何か特別な奉仕への報償として、主人が奴隷に与える解放状によって、奴隷が解放されることもあった。

表1　アンゴラで捕獲された奴隷の売却価格

時　期	大人の数	子どもの数	大人の平均価格	子どもの平均価格
1760-1764	10,364	51	51レアル	2レアル
1765-1769	14,596	137	48	3
1770-1774	8,371	108	48	2
1775-1778	6,864	111	51	1
1779-1787	6,005	73	58	1

出典：アントニオ・カレイラ『ポンバル侯時代の特許会社』（一部改変）

私は、次のことができる。

1. 表1の奴隷数の推移と257ページの表にある砂糖生産の推移とを比較し、一つの結論を出すこと。
2. どのような理由で、アフリカ人奴隷がブラジル経済にとってたいそう重要であったか説明すること。
3. 先生に、17世紀と18世紀の奴隷制についての討論を提案すること。
クラスは2つのグループに分かれ、1つのグループは、砂糖農園主の立場で、もう一方のグループは、奴隷の立場で考えなさい。それぞれのグループは、自分のたちの立場を正しいとする理由を述べる必要がある。

テーマC　18世紀のポルトガルから自由主義社会の成立まで

2 ジョアン5世時代の絶対王政

　砂糖や金、ダイアモンドの交易は、すでに見たように、ポルトガル王室に大きな収益をもたらした。その富のおかげで、ジョアン5世は、強大な国王となった。

　国王は、身分制議会（図1）を招集せずに、王国を統治するようになり、国王自身にすべての権力を集中し、国王の決定を実行するために何人かの秘書官を任命するだけになった。国王は、立法権（法律を作る）、行政権（法律を行使させる）、さらに司法権（法律を守らなかった者を裁く権利）を一手に握った。他のヨーロッパ諸国の場合と同じように、ジョアン5世は、絶対君主として統治した。

図1　ジョアン5世（レオニ画、リスボン、国立馬車博物館）
ジョアン5世は、1706年から1750年まで、44年間統治した。

表1　身分制議会の開催

ジョアン4世	7
アフォンソ6世	3
ペドロ2世	2
ジョアン5世	0

宮廷生活

　王国へ到着した富のおかげで、ジョアン5世の宮廷は、以前のマヌエル1世の場合と同様に、ヨーロッパで最も富裕な宮廷の一つとなった。図2をよく見て、史料3を読みなさい。

図2　諸大洋の馬車（細部）
1716年、ジョアン5世がローマ教皇に派遣した壮麗な外交団が使用した馬車（リスボン、国立馬車博物館）。他国に派遣された外交団は、王国の富を示すため、つねに大規模で、豪奢であった。

1 18世紀の帝国と絶対王政

3 国王の贅沢

　ジョアン5世は、黒い大きなかつらをかぶり、おしろいをつけ、いつも豪華な衣装を身に着けている。私は、国王の礼拝堂で、ジョアン5世を見る機会があった。そのときは、金で刺繍された星が散りばめられた、長い、絹製の黒マントを衣服の上に羽織っていた。(...) 彼は、豪華で派手なことをたいそう好む。いまマフラという高く、乾燥した山に、途方もない金額を要する宮殿と教会、修道院を建設している。(...) 毎年、パリやその他の都市から、そこで作られる最も立派な衣服が送られてくる。(...) 一つの衣服を三度以上は身に着けないのだけれども、すべてを用いることができないほど多くの衣服をもっている。ロンドンでは、ジョアン5世の豪華さへの好みをはっきりと示す彼の注文品を見た。それは、純銀製の浴槽で、内面は金箔が塗られていた。

セザル・ソシュール『リスボンからの手紙』（一部改変）

> ・254ページの年表をもとに、これが書かれたであろう世紀を言いなさい。
> ・史料で言及されている国王の贅沢さを指摘しなさい。
> 　a) 衣服　　b) 家具　　c) 建造物
> ・史料3と図2とに共通していることを言いなさい。

　史料3を読むと分かるように、ジョアン5世の宮廷は、豪奢であった。王宮は、洗練された家具を備え、装飾タイル製の壁飾りやタペストリー (つづれ織り)、絨毯で装飾されていた（図4）。家具は、豪華で、多様であった。天井からは、大きなシャンデリア（ロウソクを用いる照明器具）がつり下げられていた。

　さまざまなごちそう、つまり最も簡素な宴会で7ないし8皿、最も大切な宴会では60皿に及ぶ料理を賞味する宴会が開かれた。当時の最新の品は、コーヒーやココアであり、また食事の最後に心地よく吸引する嗅ぎタバコ（粉にしたタバコ）であった。また、バイオリンやクラヴサン（ハープシコード）の音色に合わせて、メヌエットやパバーヌを踊り、トランプやチェッカー、サイコロ遊びに興じた。

　宴会や舞踏会のほか、宮廷ではまた、しばしばジョアン5世が雇った外国人の芸術家による、詩の朗読や音楽の演奏、演劇の上演が行われた。

年表

1699年
ミナス・ジェライスから初めて金が送られる。

1727年
ブラジルへのコーヒー栽培の導入。

1729年
ブラジルでのダイアモンドの発見。

1734年
マト・グロソでの金鉱脈の発見。

263

テーマC　18世紀のポルトガルから自由主義社会の成立まで

王宮広場での闘牛のような公共の見世物やオペラの観劇もまた、国王の好みに合い、そのような場所には、金泥塗りの馬車に乗り、豪華な衣装を身にまとった貴族たちを同行した。

図4　18世紀のアラヨロスの絨毯
ヴィラ・デ・コンデのサンタ・クララ修道院で使われていたもの（国立古美術館）。

図5　銀製のココア入れ

図6　パーティーの様子を表す装飾タイルの壁飾り
邸宅の庭園は、紳士淑女がココアを飲むのに利用した場所であった。

私は、次のことができる。

1. ジョアン5世の統治の形態を言うこと。
2. その形態と表1の情報とを関係づけること。
3. ジョアン5世の宮廷を特徴づける3つの形容詞を使って文を書くこと。
4. 年表から、この国王の宮廷の贅沢を可能とした2つの出来事を選ぶこと。
5. ジョアン5世の統治の形態とブラジルの富が支出された形態について意見を述べること。

ジョアン5世時代の社会

18世紀初頭のポルトガル社会はまだ、すでに学習した3つの主要なグループ、つまり貴族、聖職者、平民に分かれていた。

貴　族

貴族は、宮廷の生活様式の影響を受けて、住居（図1）、あるいは最上級のすばらしい銀製品や陶磁器を誇示する場となったパーティーや大宴会において、宮廷をまねようとした。服装については、とても複雑な衣服（図2）を着用するようになった。淑女や紳士は、前歯にニスを塗り、顔には白いおしろいをつけ、かつらをかぶり、輝きをもたせるため、飾りとして、黒いサテンの人造のほくろを使っていた。

図1　ヴィラ・レアルにあるマテウス邸
貴族達は、国王をまねて、多くの部屋があり、家具や装飾で飾られた豪邸—邸宅（ソラール）—を建設した。

3　18世紀の伊達男

あなたがたに1720年のポルトガルの伊達男を紹介しよう。(…)化粧台の前に座り、化粧に余念がなく、おしろいを塗り、小さな鏡の前でしかめっ面をし、バイロ・アルト地区の劇場で見た流行の喜劇で聞いた詩を口ずさんでいる。(…)銀の大きな留め金がついた、かかとのある靴を履いている。もう薔薇の水でうがいをして、歯にニスを塗りおえた。かつらをはめるのに、オオカミを見たときに逆立つよりも、ずっと髪の毛を逆立てた。(…)蝶ネクタイを着け、シャツの上に、サテンの短い上着を身体にぴったりと身に着け、緑の外套を着る。帽子掛けから、三角帽子をとり、(むしろ宝石に見える小刀)『キト』、それから数滴のマデイラワインで香りをつけた上質の白ハンカチをつかむ。
仕度は整った。扉を開ける召使いの黒人少年の叫び声が聞こえ、踊りながら階段を降りていった。
ジュリオ・ダンタス『18世紀ポルトガルの愛』（一部改変）

図2　当時の髪型を嘲笑した風刺画（パリ国立図書館）
女性の髪飾りは複雑で、多くの淑女は、工夫を凝らした髪型を壊さないように、腰掛けに座り、居眠りするか、頭を動かすときに支えてくれる二人の小間使いに付き添われて、夜を過ごした。

・次のことをいいなさい。
　a) 現代とは違う、男性の衣服と女性の衣服の3つの特徴
　b) 最も印象に残った習慣とその理由
・史料に別の題名を付けなさい。

テーマC　18世紀のポルトガルから自由主義社会の成立まで

図4 リスボンのアウト・デ・フェ（判決宣告と火刑）
異端審問所によって有罪を宣告された者は、拷問され、多くの見物人が集まる、アウト・デ・フェと呼ばれた儀式において、公共の広場で火刑に処された。有罪を宣告された者の中には、金持ちもいたが、彼らの財産は、王室や教会によって没収された。

聖職者

聖職者は、宗教上の儀式を行うとともに、教育の主な担い手であったが、異端審問もその任務の一つであった。異端審問所は、ジョアン3世の時代（16世紀）にカトリックの信仰を守るため創設されたが、ジョアン5世はその活動を支援した。異端審問所は、新キリスト教徒（カトリックへ改宗したユダヤ人）を、ユダヤ教の教えを保持しているとして迫害した。異端審問所はまた、魔術の嫌疑をかけられた者、不道徳と考えられた行為を行った者、革新的な考えによって教会や国王の絶対王政に危険でありうる者たちすべてを迫害した。

平民

平民は、上層のブルジョアジー―商業で財をなし、貴族の生活様式をまねようとした―から下層民―小商人、職人、農民―までを含む社会階層であった。下層民は、低い賃金や支払うべき重い税金のため、つねに生活が苦しかった。都市では、平民の中で最も貧しい人々が、家事使用人、あるいは例えば行商人や水運び人、または荷物運搬人のようなその他の活動に従事していた。

1　18世紀の帝国と絶対王政

図5　18世紀、民衆の船上での宴

　アメリカ大陸起源のトウモロコシがすでに栽培されていたが、平民は以前と変わらず、パンや魚、豆類を主に食べていた。平民が好む主な娯楽には、あやつり人形劇や大道芸、闘牛、行列、祭礼などがあった。

私は、次のことができる。

1．次の単語や表現の中から異端審問に関係するものを選ぶこと。
　　・貴族の裁判所　　　・アウト・デ・フェ　　　・教会の裁判所
　　・ジョアン5世が支援　・平民を保護　　　　　・新キリスト教徒
2．衣服や食べ物に関して、貴族の生活と平民の生活とを比べること。

用語集をまとめること。
ワークブックに、絶対王政、異端審問所、新キリスト教徒の意味を書くこと。

267

テーマC　18世紀のポルトガルから自由主義社会の成立まで

文化と芸術

ジョアン5世の治世には、記念碑的な建造物の建設が盛んに行われたが、それは、ブラジルからの富によって初めて可能となった。ジョアン5世は、文化を重視し、例えば、リスボンの王立歴史アカデミーやコインブラ大学図書館を創設した（図5）。また、演劇やオペラも、ジョアン5世やその後継者ジョゼー1世により保護されて発達した活動であった。両国王は、そのような活動のために、専用の建物を建設させた。

ジョアン5世は、マフラの宮殿・修道院（図

図1　クレリゴス教会と塔（ポルト）
ニコラウ・ナゾニの作。

図2　サン・フランシスコ教会内部の金泥塗り（ポルト）

図3　アグアス・リヴレス水道橋は、リスボンへ水を供給する問題を解決した。工事は、1731年に始まり、水が流れ始めたのは、1744年の10月であった。

1　18世紀の帝国と絶対王政

図4　マフラ宮殿・修道院
全体で、1,300の部屋があり、王宮や300人の聖職者が居住する修道院、教会、広大な図書館を含む。建設には13年かかり、約4万5,000人が働いた。資材の多くは、外国から調達された。

4）やアグアス・リヴレスの水道橋（図3）のような壮麗な記念碑的建造物を建設させた。当時の様式は、バロック様式であり、華美な装飾や曲線の使用にその特徴があった。教会や宮殿の内部では、しばしば金泥塗り―木材を金箔で覆ったもの―やアズレージョ、大理石が装飾に用いられた。装飾への大きな関心から、金銀細工や陶磁器、絵画、アズレージョ制作、そして家具製造が発達した（図6）。

図5　コインブラ大学図書館の天井（細部）

図6　18世紀の食事室

テーマC　18世紀のポルトガルから自由主義社会の成立まで

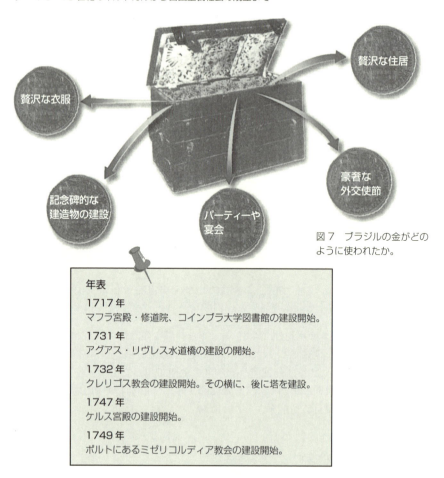

図7　ブラジルの金がどのように使われたか。

年表

1717年
マフラ宮殿・修道院、コインブラ大学図書館の建設開始。

1731年
アグアス・リヴレス水道橋の建設の開始。

1732年
クレリゴス教会の建設開始。その横に、後に塔を建設。

1747年
ケルス宮殿の建設開始。

1749年
ポルトにあるミゼリコルディア教会の建設開始。

私は、次のことができる。

1. 年表から、ブラジルの富が使われた3つの記念碑的建造物の名前を書き写すこと。
2. 図2、4、5のそれぞれに見られるバロック様式の特徴を一つ挙げること。
3. バロック様式の特徴を述べた文を作ること。
4. 自分が住んでいるところに、バロック様式の何か記念碑的な建造物があるのか調べること。

　近くに建造物があれば、短いレポートに、その建造物の名前、建設年代、位置、誰が建設を命じたのか、用途は何かを書くこと。またレポートに撮った写真を貼付すること。住んでいるところにそのような建造物が一つもない場合には、その時代の一つの建造物を選んで、学校の図書館でそれについての情報を集めること。

1 18世紀の帝国と絶対王政

図解－要約

18世紀の帝国と絶対王政

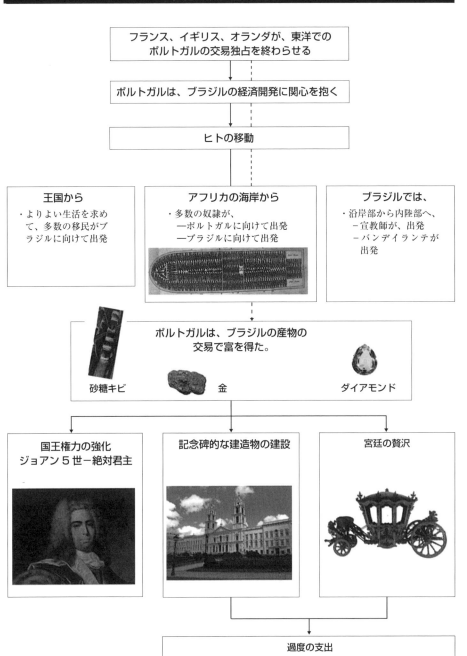

1. 地図を見た後で、

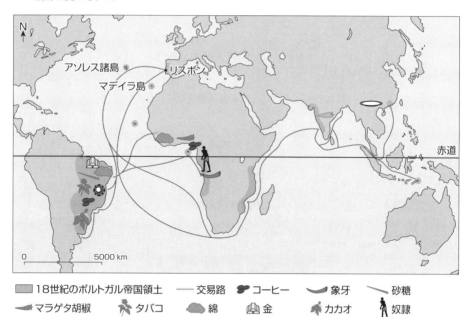

① ポルトガルが、a) アジアで、b) アフリカで、c) アメリカで保持した領土を示すこと。

② 最も大きな領土の名前を書くこと。

③ 前問で書いた領土が面している大洋の名前を言うこと。

2. 授業ノートに次の表を書き写し、それからそれを完成させること。

18世紀のポルトガル帝国			
王国の富の主要な源となった領土	王国へ到着した産物	ブラジルでの金の発見が引き起こしたヒトの移動	…の生活様式に起こった2つの変化
	・アフリカから ・ブラジルから	・ブラジルの沿岸部から ・ポルトガルから ・アフリカから	・宮廷 ・貴族 ・上層ブルジョアジー

3. ジョアン5世の治世について、

　①その治世に建設された3つの記念碑的な建造物を言うこと。

　②この時代の芸術様式に言及し、その様式の2つの特徴を示すこと。

　③次の文の意味を説明すること。
　「ジョアン5世は、絶対君主であった。」

2 ポンバル侯時代のリスボン

ポンバル侯（市立博物館、リスボン）

ポンバル侯時代の
家屋の見取り図
（リスボン市立歴史文書館）

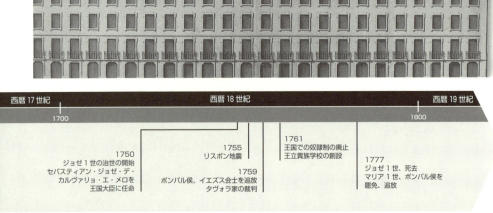

西暦17世紀	西暦18世紀	西暦19世紀
1700		1800

1750
ジョゼ1世の治世の開始
セバスティアン・ジョゼ・デ・
カルヴァリョ・エ・メロを
王国大臣に任命

1755
リスボン地震

1759
ポンバル侯、イエズス会士を追放
タヴォラ家の裁判

1761
王国での奴隷制の廃止
王立貴族学校の創設

1777
ジョゼ1世、死去
マリア1世、ポンバル侯を
罷免、追放

2 ポンバル侯時代のリスボン

テーマC　18世紀のポルトガルから自由主義社会の成立まで

王国の状況

ジョゼ1世は、ジョアン5世の後継者として、1750年に国王となった。

このとき、ポルトガルは、いくつもの経済問題に直面していた。

- ブラジルから到着する金が減り始めた。
- 工業は、あまり発達していなかったし、製品は、外国製品よりも、値段が高く、品質が悪かった。
- 農業は、人々の食料をまかなうのに十分な量を生産できなかった。
- 砂糖、タバコ、ワインの輸出は減り始め、絹や帽子、陶磁器、時計、タペストリーなどの贅沢な製造品の輸入が増加し始めた。
- ポルトガルの植民地交易は、その大部分を外国商人、とくにイギリス商人が握っていた。

ジョゼ1世は、国の諸問題の解決に尽力させるため、セバスティアン・ジョゼ・デ・カルヴァリョ・エ・メロを大臣に選び、その後次第に王国の統治を彼に委ねていった。1759年には、オエイラス伯の称号を、その10年後には、ポンバル侯の称号を彼に与えた（図1）。

図1　ポンバル侯（1699-1782）（市立博物館、リスボン）
王国での奴隷制を廃止し、ブラジルのインディオの自由を命じた。

1755年の地震

王国が直面していた経済的な困難は、過去にポルトガルを襲った自然災害の中でも最も悲惨な災害の一つによって、さらに深刻なものとなった。

1755年11月1日、ポルトガルの国土は、大地震、それに続き津波に襲われ、それらの被害は、リスボン市、またセトゥバル、

2 ポンバル侯時代のリスボン

アルガルヴェ地方でより大きかった（図2）。

その日は、諸聖人の祝日だったので、人々は、ミサへ行くか、あるいは近郊を散策するために、出かける支度をしていた。近づきつつあることを予見させるものは何もなかった。そして9時30分を回ったころ、それは起こった。

約1万人の人々が死亡し、リベイラ宮やインド商務院など、多くの建物が倒壊した。書物や手稿、絵画、金銀製品など多くの宝物が失われた。

地震後、国王とその家族は、何年間か、大きな木造建造物－「国王の仮設小屋」－で暮らした。それは、再び地震が起こり、建物の崩壊により圧死するのを恐れてのことであった。

メルカリ震度（地震が引き起こした影響により、地震の強さを測る震度）

■ X（壊滅的）　■ IX（破壊的）　■ VIII（とても強い）
■ VII（強い）　■ VI（あまり強くない）

図2　ポルトガル南部とリスボン市で地震が引き起こした破壊
（A・H・デ・オリヴェイラ・マルケス、J・J・アルヴェス・ディアス『ポルトガルとポルトガル海外領歴史地図』、一部改変）

テーマC　18世紀のポルトガルから自由主義社会の成立まで

3　地震

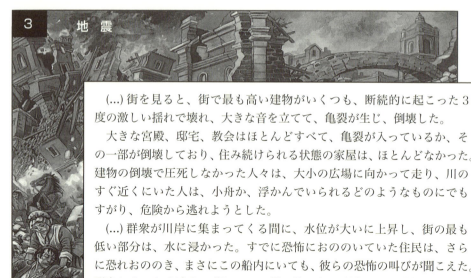

　(…)街を見ると、街で最も高い建物がいくつも、断続的に起こった3度の激しい揺れで壊れ、大きな音を立てて、亀裂が生じ、倒壊した。
　大きな宮殿、邸宅、教会はほとんどすべて、亀裂が入っているか、その一部が倒壊しており、住み続けられる状態の家屋は、ほとんどなかった。建物の倒壊で圧死しなかった人々は、大小の広場に向かって走り、川のすぐ近くにいた人は、小舟か、浮かんでいられるどのようなものにでもすがり、危険から逃れようとした。
　(…)群衆が川岸に集まってくる間に、水位が大いに上昇し、街の最も低い部分は、水に浸かった。すでに恐怖におののいていた住民は、さらに恐れおののき、まさにこの船内にいても、彼らの恐怖の叫びが聞こえた。群衆はまったく途方に暮れ、この世の終わりが到来したと確信して、あちこちと走り回り、(…)「私たちはどうなるのか。水にも陸にも、私たちには逃げ道がない。火がまさに私たちを飲み込もうとしている」と叫んでいたが、実際、そのようになってしまった。

1755年11月19日、リスボン、ポルトガルを通りがかった一人のイギリス人が語った報告の一部

・何がリスボン市の破壊を引き起こしたか言いなさい。
・どのような理由で、人々は大小の広場に走ったか、説明しなさい。
・文書に別の題目を付けなさい。

私は、次のことができる。

1. 次の動詞－「減少する」、あるいは「増加する」－のどちらを、ジョゼ1世が国王に即位したときの次の状況に使うべきか言うこと。
   a) ブラジルからの金の送付　　b) 輸出　　c) 輸入
2. 1755年11月1日に起こった出来事を特徴づける3つの形容詞を言うこと。

リスボンの再建

大災害を眼前にして、後のポンバル侯は、いくつかの措置を講じた。彼は、次のことを命じた。

- 死者を埋葬し、負傷者を救護すること。
- 盗難を避けるため、街路や重要な建物を警備すること。
- 建築家エウジェニオ・ドス・サントス、技師マヌエル・ダ・マヤを責任者として、壊滅的な被害を受けたリスボン地区の再建計画を作成すること。

地震後のリスボン市の再建は、ポンバル侯の大きな業績の一つとなった。この新しいリスボンでは、

- 街路は、広くなり、市街は、幾何学的に整然と分割され、歩道は、石畳で舗装された。
- 家屋は、同じ高さ（4階建て、ないしは5階建て）で、正面ファサードは均一で、その構造は、以前よりも耐震性に優れていた（図1）。再度の火災を避けるために、家屋は、地下水に浸かる木の杭の上に基礎を置き、延焼を防ぐため、建物の間には、壁（防火壁）が設置された。
- 下水道が建設され、「アグア・ヴァイ（汚水を捨てるよ）」のかけ声とともに、窓から汚物を捨てる旧来の習慣を改める試みがなされた。

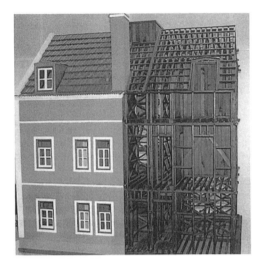

図1 リスボン消防博物館にあるポンバル侯時代の「骨組み」の模型
当時、建物の内部構造は、将来起こるかもしれない地震に耐えられる、木造の「骨組み」で構成された。建物は、今日では、鉄筋コンクリート造りになった。

テーマC　18世紀のポルトガルから自由主義社会の成立まで

・王宮広場は、現在の商業広場に変わった。商業広場という名称は、財力でリスボンの再建を支援した商人に対して、ポンバル侯が敬意を表したことによる。

図2　ポンバル侯時代の家屋の正面（ファサード）
建物の正面が同じであることは、国王の前ではすべての人が等しいということの象徴であった。

図3　リスボンのフィゲイラ広場にあるポンバル侯時代のファサードをもつ建物

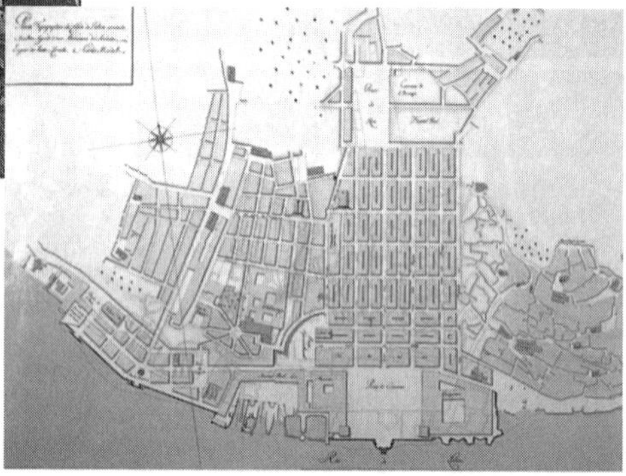

図4　リスボンの市街地（バイシャ）の見取り図
ポンバル侯が再建を命じたことから、今日では、「ポンバル侯再建の市街地（バイシャ・ポンバリーナ）」として知られている。

図5　現在の「ポンバル侯再建の市街地（バイシャ・ポンバリーナ）」
商業広場には、1775年、ジョゼ1世の騎馬像が建てられた。この広場の当初の再建計画は、1875年、アウグスタ通りのアーチの架設で完成した。

2 ポンバル侯時代のリスボン

図6 ヴィラ・レアル・デ・サント・アントニオ市にあるポンバル侯広場
ヴィラ・レアル・デ・サント・アントニオ市は、世界でも数少ない、ポルトガルでは唯一の、一から建設を命じられた計画都市である。技師たちは、リスボンの再建を通して、地盤が不安定な土地を乾燥させ、堅固にすることを学んだ。同市は、津波で壊滅した寒村サント・アントニオがあった土地に、ポンバル侯が建設を命じたものである。そうすることで、実質的に無人の地域を占拠し、発展させることを意図した。リスボンの旧市街と類似の都市計画上の特徴を示している。

私は、次のことができる。

1. ポンバル侯時代のリスボンを特徴づける3つの形容詞を書くこと。
2. この新しいリスボンについて自分の意見を述べ、その理由を言うこと。

テーマC　18世紀のポルトガルから自由主義社会の成立まで

図1　ポンバル侯の時代に創設された、あるいは発展した主要な工業
(A・H・デ・オリヴェイラ・マルケス、J・J・アルヴェス・ディアス『ポルトガルとポルトガル海外領歴史地図』、一部改変)

ポンバル侯の行動

　地震後、セバスティアン・ジョゼが示した問題を解決する優れた能力によって、ジョゼ1世は、大臣への信頼を強めた。セバスティアン・ジョゼは、それによって、一連の改革を行うことができた。

●経済改革
- 工業の発展を促進した（図1）。
- いくつもの独占会社の設立を支援した。そのような独占会社に、ある特定の産物の生産と交易、あるいはある一定の地域での生産と交易の独占権を付与した。このような会社の中で重要なのは、アルト・ドーロ（ドーロ川上流域）葡萄栽培会社で、ポートワインの生産と交易の促進を目的とした（図2・3）。
- 金の輸出を禁止した。

●社会改革
- 貴族から世襲の財産と職務を取り上げ、彼の政治に反対する者を抑圧し、場合によっては、処刑さえ命じた（図4）。
- 国王暗殺未遂の陰謀に加担したとして、ポルトガルからイエズス会士を　　追放した。

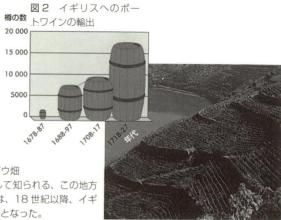

図3　ドーロ川のブドウ畑
後にポートワインとして知られる、この地方で生産されたワインは、18世紀以降、イギリス人が愛好する製品となった。

2 ポンバル侯時代のリスボン

また、アウト・デ・フェを禁止し、異端審問所を国王の管轄下に置いた。
・ブルジョアジーを保護し、大きな信頼を要する職務を彼らに与えた。

このように、ポンバル侯が講じた措置は、商業や工業に従事するブルジョアジーを擁護し、一方、聖職者や貴族は、その特権や重要性を失った。

図4 タヴォラ家の処刑
ジョゼ1世暗殺未遂事件に加担したとされ、一族の大多数は処刑された。その財産は国家と王室のものとなり、その一族の名前を使うことも禁止された。ジョゼ1世の死後、名誉が回復され、一族の名前の使用も許された。事件の首謀者は、アヴェイロ公と考えられた。

● 教育改革
・新しい初等教育学校を全国に設立した。
・国家の高級官僚の職務を担う貴族の師弟を教育するため、王立貴族学校を創設した。
・時代遅れであるとして、イエズス会の教育手引書や教育方法の使用を禁じ、イエズス会が経営していたエヴォラ大学を廃止した。
・コインブラ大学の改革を行い、新しい方法と実験を多用する新たな科目の教育を導入した。君たちにも分かるように、ポンバル侯の改革は、国の近代化に役だった。

ジョゼ1世の死後、その娘で女王となったマリア1世は、数多くの不正を行ったとして、ポンバル侯を罷免した。彼は、余生をポンバルにある自分の農園で送った。

図5 ルイス・アントニオ・ヴェルネイ (1713-1792)
最も高名なエストランジェイラードス(外国帰り)の一人、(エストランジェイラードスとは、外国に滞在するか、留学し、ポルトガルでヨーロッパの新しい考えを広めたポルトガル人)

テーマC　18世紀のポルトガルから自由主義社会の成立まで

6　大学での教育

(...)［科学の］授業が有効に行われるためには、学生は、実験を見るとともに、実験を自ら行う習慣を身につけなければならない。(...) そのためには、上記の目的に必要な機械や装置、道具、それに学生が参加してすべての実験を行うための部屋が必要である。

コインブラ大学規約、1772年

・実験科学の重視を示す、講じられたいくつかの措置を言いなさい。

図7　リスボンにあるカフェ・マルティーニョ・ダ・アルカーダ（18世紀創業）
カフェやボテキン（居酒屋）では、出版物やエストランジェイラードスを通してポルトガルにもたらされた新しい考えについて意見が交わされた。

私は、次のことができる。

1. 図1にもとづき、ポンバル侯が支援した3つの工業とそれぞれの場所を言うこと。
2. ポンバル侯の伝記を作り、その活動に関して自分の意見を述べること。

図解-要約

ポンバル侯時代のリスボン

経済危機
- ブラジルからの金の減少
- ほとんど発達していない農業や工業
- 輸出の減少
- 輸入の増加

\+

1755年の地震

↓

ポンバル侯の活動

イエズス会士の追放

リスボンの商業広場

諸改革

諸改革

政治改革
- 王権の強化

社会改革
- イエズス会士の追放
- 貴族の財産と職務の減少
- ブルジョアジーの保護

リスボンの再建
- 石で舗装された、幅の広い、碁盤目状の街路
- 正面(ファサード)が等しく、高さが同じで、耐震構造を備えた家屋
- 下水道
- 王宮広場が再建され、商業広場と呼ばれるようになった。

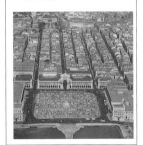

経済改革
- 工業の発展

- 貿易会社の設立

教育改革
- 初等教育学校の創設
- 王立貴族学校の創設
- コインブラ大学の改革
- エヴォラ大学の廃止

もう次のことができる。

1. ジョゼ１世がいつ即位したか、言うこと。

2. ジョゼ１世が即位したとき、ポルトガルの農業や工業がどのような状況にあったか、説明すること。

3. 授業ノートに次の表を書き写し、それからそれを完成させること。

ポンバル侯時代のリスボン			
リスボン市を破壊した出来事	その出来事が起こった治世	リスボン市の再建の主な責任者	新しいリスボンの特徴 • • • • • • • • •

4. 授業ノートに、次の表現を使って、「ポンバル侯の活動」という題目の表を作ること。

・工業の発達
・教育
・初等教育学校の設立
・イエズス会士の追放
・社会
・ブルジョアジーの保護
・王立貴族学校の創設
・貿易会社の設立を支援
・経済
・エヴォラ大学の廃止
・コインブラ大学の改革
・貴族勢力の弾圧

5. 授業ノートに、ポンバル侯の活動に関して、自分の意見を述べる短い文章を書き、その理由を説明すること。

3 | 1820年と自由主義

1. ナポレオン軍の侵略
2. 1820年の自由主義革命
3. 制憲議会
4. ブラジルの独立
5. 自由主義者と絶対王政派との戦い

西暦18世紀 — 西暦19世紀 — 西暦20世紀

- 1806 大陸封鎖令
- 1807年-1811 フランスの3度の侵入
- 1820 自由主義革命
- 1822 憲法の承認 ブラジルの独立
- 1832-1834 自由主義派と絶対王政派の内戦
- 1834 エヴォラ・モンテの会談

3 1820年と自由主義

テーマC　18世紀のポルトガルから自由主義社会の成立まで

1 ナポレオン軍の侵略

フランス革命

18世紀末、革命がフランスの絶対王政を打倒した。革命派は、その大部分がブルジョアジーや平民であったが、法の前でのすべての市民の平等（つまり、すべての市民が同じ権利と義務をもつという考え）のような新しい考え、および全人類の権利と考えられた自由を擁護した。

彼らはまた、三権分立も擁護した。すでに見たように、絶対王政下では、すべての権力は、一人の人物、つまり国王に集中していた。

図1　1789年7月14日、革命派による、バスティーユの占拠
何世紀にもわたりフランス国王の絶対権力に反対した者の多くを収容していたこの牢獄を、民衆が襲撃した。

図2　1793年1月21日、フランス国王、ルイ16世のギロチンでの処刑
国王の后、王妃マリ・アントワネットや数多くの貴族、一部の聖職者も同じ運命をたどった。ギロチンは、上部に鋭い刃がついた木製の処刑具で、刃が落下し、犠牲者の首を切断した。

3　1820年と自由主義

大陸封鎖

　フランス革命派の勝利の後、ヨーロッパの絶対君主は、自分たちの権力が脅威にさらされていると感じた。絶対君主の中には、同盟し、フランスに宣戦布告した者もいた。何年かにわたる戦いののち、そのような絶対君主の大部分は、フランス軍指揮官、ナポレオン・ボナパルト将軍の前に、敗北した。ナポレオンは、教皇臨席のもと戴冠式を行い、皇帝に即位した。そして、フランスは、ヨーロッパ大陸のほとんど全域を支配した。それに対し、イギリスだけが、なおも抵抗を続けた。ナポレオンは、イギリスを孤立させ、その貿易を壊滅させるため、ヨーロッパ諸国に自国の港をイギリス船に対して閉鎖するように命じた。1806年に講じられたこの措置は、大陸封鎖令として知られている。

図3　ナポレオン・ボナパルト　軍事クーデターで権力を掌握し、1804年皇帝に即位したフランスの将軍

　ポルトガルは、ナポレオンの命令に従うのを躊躇した。それは、ポルトガルとイギリスの間に古くからの同盟が存在したという理由だけではなく、イギリス船に港を閉めるのは、ポルトガル経済に損害を与えるという理由からであった。ポルトガルの外国貿易は、主にイギリスとの間で行われていたからである。

　摂政王子ジョアン6世（図5）は、結局、1807年9月ポルトガルの港からイギリス船が退去するように命じた。ときはすでに遅かった。フランスと同盟国スペインは、そのときすでにポルトガルを侵略し征服するための交渉を終えていたからである。

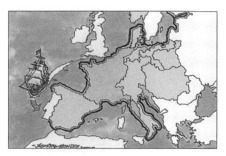

図4　大陸封鎖令
黒線は、大陸封鎖令令令に従ったヨーロッパの地域を示す。

テーマC　18世紀のポルトガルから自由主義社会の成立まで

宮廷のブラジルへの脱出

ジョアンが、すべての王族を引き連れ、ブラジルへ避難する決定を下したとき、ナポレオンの軍隊は、すでにポルトガルに侵入していた。数多くの貴族や商人、王国の官吏、裁判官も国王に同行した。国の統治は、5人の摂政からなる摂政政府に委ねられた。次の史料を読みなさい。

図5　マリア1世の息子、ジョアンは、母の病気により、1792年以降、王国を統治した。1799年、医師が病気は不治であるとの結論を出したことから、正式に王国の摂政となった。1816年、マリア1世が死去すると、ジョアン6世として、国王に即位した。

6　摂政王子ジョアンのポルトガル国民への声明

あらゆる手段により、中立を維持することを模索し、わが王国の港を古くからの忠実なわが同盟者であるイギリス国王に対して閉鎖するということさえ行ったが、すでに王国内をフランス皇帝の軍隊が侵攻し（…）、その軍隊がこの首都へ向かうという事態になっている。フランス皇帝の軍隊は、とりわけ国王である余に対して敵意を抱いているので、余が王国から退去すれば、わが王国は大きく平穏を失うことにはならないであろうということを知り、わが王国のため、広く平和が訪れるまで、すべての王族とともに、リオ・デ・ジャネイロ市に暮らすことにした。

1807年11月26日（一部改変）

・「港を閉じる」との表現で、ジョアンは、どの命令に言及しているのか。
・国を去るに当たり、述べられた理由は、どのようなものであったか。
・摂政王子とその家族が向かったポルトガル植民地を述べよ。
・もしも、あなたがジョアンだったら同じ態度をとっただろうか？　理由も述べなさい。

私は、次のことができる。

1. フランスの革命家が擁護した2つの考えを示すこと。
2. その考えの重要性について意見を述べ、その理由も言うこと。
3. 大陸封鎖令について、次のことを言うこと。
   ①誰が命じたのか。
   ②どのような内容であったか。
   ③ポルトガルが封鎖令に従うのを躊躇した理由。

侵略者への抵抗とイギリスの介入

フランス軍の第1次侵攻

侵攻軍指揮官、ジュノは、いかなる抵抗も受けずにリスボンに侵攻した。フランス軍との敵対を避けるため、ジョアン自身が抵抗しないように指示していたからである。リスボンで、ジュノは、ポルトガル人の多くを憤慨させる措置を講じた。例えば、

- サン・ジョルジェ城に掲げられていたポルトガル国旗をフランス国旗に替えるように命じた。
- 摂政王子ジョアンが任命した「摂政政府」を罷免し、ポルトガルを征服地として統治し始めた。

そのほか、フランス兵は、同盟するスペイン兵とともに、国中で盗みや暴行を働き、そのため民衆の反乱を招き、そのような反乱は次第に侵略者と戦うために組織化されていった。スペイン軍の撤退を契機に、民衆反乱はさらに活気づき、国中に広がった。

ポルトガルは、イギリスに助けを求め、イギリス軍はフィゲイラ・ダ・フォス近郊に上陸した。イギリス軍は、ポルトガル軍に支援され、ロリサ(ボンバラル)とヴィメイロ(トレス・ヴェドラス)の戦いで、フランス軍を破った。

ジュノは、シントラ会議で講和条約に調印し、ポルトガルから撤退した。フランス軍は、略奪物を持ち去ることを許されていた。

図1 ジュノ、フランスの将軍、第1次侵攻軍の指揮官
食料が不足し、雨に見舞われ、さらには大規模な進軍に適した道がなかったことなどから、侵攻軍は弱体化し、飢えた、規律のない人間集団と化した。

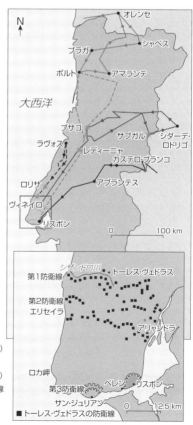

図2 フランス軍の侵攻
リスボンの周辺とトレス・ヴェドラス地方に3つの線で構築された要塞群は、首都の防衛にきわめて需要であった。(A・H・デ・オリヴェイラ・マルケス、J・J・アルヴェス・ディアス『ポルトガルとポルトガル海外領歴史地図』、一部改変)

― 第1次侵攻(1807-1808)
― 第2次侵攻(1809)
― 第3次侵攻(1810-1811)
― トーレス・ヴェドラスの防衛線
┄┄ イギリス軍の動き
＊ 戦闘

3

恥知らずのジュノは、
われわれを守るために来たという!
でも、われわれから盗み、
金を集めるために来たのだ。

ジュノとマネタは、
ポルトガルは自分たちのものだと言う。
でも、二人にとって、
またポルトガルをジュノに与えた者にとって、
ポルトガルは、悪魔のごとき存在だ。

もう、海は、[彼らに対して]喪に服し、
船も同様だ。
フランスに対する戦争が行われている。
さらに多くの国々がその戦争に加わらんことを。

民衆政治歌集

フランス軍兵士

* 「マネタ(片腕のない男)」は、民衆が、片腕のない、フランスの将軍ロワゾンに付けたあだ名。彼は、とくに第1次侵略のとき、その行動がたいそう暴力的なことで知られた。そこから、死ぬ、あるいは行方不明になることを意味する「片腕の男のところへ行く」という民衆表現が生まれた。

- この絵は、フランス軍に対するどのような感情を表しているのか?
- フランスに対しては、他にどのような国々が「連合」したのか?

フランス軍の第2次侵攻

しかし、ナポレオンは、あきらめなかった。

1809年、スールト将軍指揮下のフランス軍は、トラズ・オズ・モンテスからポルトガルに侵入し、ドーロ川まで北部を征服した。しばらくの間、ポルト市も占領した。

勝利は、あまり長く続かなかった。イギリス兵とポルトガル兵は、民衆の助けを得て、フランス軍をガリシア(スペイン)に撤退させた。

フランス軍の第3次侵攻

1810年、マセナ将軍指揮下のフランス軍は、ベイラ・アルタ地方から、再びポルトガルに侵攻した。ブサコで破れたにもかかわらず、リスボンに向けて進軍を続けた。リスボン北方にイギリス軍が建設を命じた要塞群、トレス・ヴェドラスの防衛線でフランス軍の侵攻は食い止められた(図2)。

1811年、フランス軍は、援軍の到着に待ちくたびれ、退却を開始したが、執拗なイギリス・ポルトガル連合軍の追撃を受けた。

3 1820年と自由主義

図4 19世紀、ポルト市の景観（一部）
フランスの侵略のときに起こった最も血なまぐさいエピソードの一つに関係する「船の橋」が見える。パニックに陥った人々は、フランス軍に追われ、ポルト市から逃亡した。何百人もの人々が、ドーロ川の流れに落ち、溺死した。右は、この悲劇の犠牲者を追悼したポルト市リベイロ埠頭にあるプレート。

【プレートの刻まれた文章】
橋の霊魂
彫刻家テイシェイラ・ロペス（父）が1897年に製作した浅浮彫りは、1809年3月29日に起こった「船の橋」の悲劇を描いている。スールト元帥指揮下のフランス軍がポルト市を包囲したとき、逃亡する何百人もの人々がドーロ川を渡ろうと、橋の上に殺到し、橋はその重さに耐えられなかった。今日、リベイラの人々の信仰と崇拝の場所となっている。

私は、次のことができる。

1. フランスがなぜポルトガルに侵攻したのか説明すること。
2. 次のことを言うこと。
   ① 3回の侵攻のそれぞれを指揮した将軍の名前。
   ② フランスに対する戦いを軍事的に支援した国の名前。
   ③ フランス人を最終的に打ち破るために用いられた戦略。
3. フランス軍の侵攻を特徴づける3つの形容詞を言うこと。

テーマC　18世紀のポルトガルから自由主義社会の成立まで

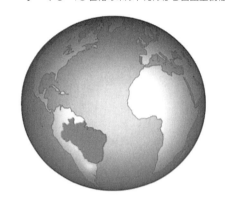

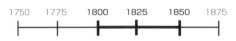

2 1820年の自由主義革命

ポルトガル人の不満

　フランス軍の進攻は終わったが、ポルトガルはきわめて困難な状況にあった。つまり、膨大な人命が失われ、商業と工業は麻痺し、家屋や記念碑的な建造物は、破壊され、略奪されていた。

　その上、フランスとの戦争が終結したにもかかわらず、ポルトガル人の多数の意思とは反対に、イギリス軍が、ポルトガルにとどまり、防衛と軍の再編を保障するという口実で、依然として大きな権力を保持していた。イギリス人の元帥、ベレスフォードは、事実上、ポルトガル王国の主要な権力者であった。史料2を参照しなさい。

　このようなイギリスへの従属状況のほか、いくつかの問題がポルトガル人の不満の原因となった。

- ジョアンと宮廷は、ブラジルにとどまり、ポルトガルで起こっていることに大きな関心を示さなかった。
- イギリスの将軍、ベレスフォードは、引き続きポルトガル軍を指揮しただけでなく、政府の決定にも影響を及ぼしていた。
- 1808年、ジョアンは、ブラジルの港を外国との交易に解放したが、そのことは、ポルトガルの商人に損害を与え、ポルトガルの利害を損ねた（図5）。実際、ポルトガルの外国との交易は、大部分、ブラジルへのポルトガル製品（農産物と工業製品）の売却とブラジル製品の輸出に依存していた。

図1　ウィリアム・ベレスフォード
（バルトロッジ制作の版画、国立古美術館）
摂政ジョアンがポルトガル軍の元帥に任命したイギリスの将軍。秩序を維持し、絶対王政に反対する陰謀を抑圧するため、彼に幅広い権限が与えられた。

2 イギリス人が支配するポルトガル

(…) かつて征服者であったポルトガルは、いまや植民地の住民となってしまった。(…) われわれの軍隊は、イギリス軍であり、その兵士、ただ兵士だけが、この国で生まれた者たちである。一人のイギリスの将軍が、われわれを統治している。(…) 不幸な条約によって、われわれの商業はイギリス商業のなすがままになり、われわれの工業もイギリス工業の生け贄とされた。(…) そのような状況から抜け出す必要があり、さもなければ、死が待っている。

アレッシャンドレ・エルクラーノ『小品集』、1856（一部改変）

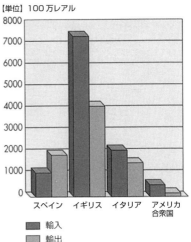

図3 ポルトガルの輸出入（1819年）

- ポルトガル人の不満の理由を言いなさい。
  a) 政治面　　b) 経済面　　c) 軍事面
- 図3をもとに、1819年に、ポルトガルに製品を最も販売した国を言いなさい。
- 図3のグラフの説明文となり得る史料2の文を書き写しなさい。
- 「いまや植民地の住民となってしまった。」という主張の理由を説明しなさい。

図4 イギリスの兵士

年表

1807年
- ジュノ指揮下のフランス軍、ポルトガルに侵攻。
- 宮廷のブラジルへの脱出

1808年
- 他国との交易に対してブラジルの開港。摂政王子ジョアンのこの決定は、イギリスの圧力下でなされた。
- 急速に全国に広がることになる、フランスの支配に対する一連の民衆反乱の開始。
- フィゲイラ・ダ・フォス近郊のラヴォスの海岸へイギリス軍上陸。

1809年
- スールト将軍指揮下のフランス軍の第2次侵攻。

1810年
- ポルトガル・イギリス間の通商友好条約の締結。このことは、ポルトガルの商工業に損害を及ぼした。
- マセナ将軍指揮下のフランス軍の第3次侵攻。

テーマC　18世紀のポルトガルから自由主義社会の成立まで

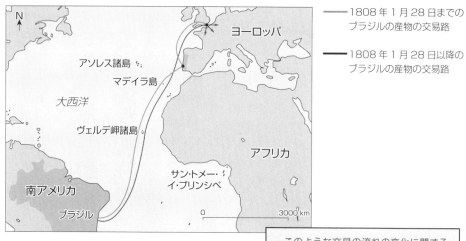

図5　ブラジルの産物の交易路

ブラジルとの交易が他国に開放され、ポルトガルは、ブラジルに製品を売る唯一の国ではなくなった。その上、ブラジルの産物は、それまでポルトガル商人によって（ヨーロッパまで）運ばれ、その後、ヨーロッパ諸国に売却されていたが、今度は、外国の商人がブラジルへ直接買い付けに行くようになった。

・このような交易の流れの変化に関するポルトガル商人の不満を説明しなさい。

図6　ブラジル開港100周年記念郵便ハガキ

私は、次のことができる。

1. ブラジルとの交易に関してジョアン5世が講じた措置を言うこと。
2. 次のそれぞれに対して、ポルトガル人の不満を招いた出来事を年表から選ぶこと。
   ①国王一家
   ②フランス人
   ③イギリス人

3 1820年と自由主義

革命運動

すでに学習したように、ポルトガル人は大きな不満をもち、意気消沈していた。なぜなら、王家は、ブラジルにとどまり、ブラジルの発展には貢献したが、ポルトガルの状況にはあまり関心を示さなかったからである。

平等と自由を求める自由主義思想が、次第にポルトガル人の間に広まった。

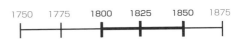

革命の先駆け

自由主義の最初の陰謀は1817年に起こり、王家がポルトガルへ戻ることとイギリスの支配を終わらせることを求めた。この運動は、ベレスフォードが放ったスパイにより発覚し、首謀者とされたゴメス・フレイレ・デ・アンドラーデ将軍（図1）は、陰謀に加わった他の者たちとともに、（オエイラスにある）サン・ジュリアン・デ・バラ要塞で絞首刑に処され、その遺体は焼かれ、海に捨てられた。

1818年には、商人や軍人、土地所有者、裁判官らからなる自由主義者のグループが、ポルトでシネドリオという秘密組織を結成した。マヌエル・フェルナンデス・トマス（図2）が指導するこの組織は、絶対王政を終わらせる革命を準備した。

1820年の革命

1820年8月24日、ベレスフォードがブラジルに渡り、ポルトガルを不在にした機会を利用して、シネドリオの一員である指揮官が指揮するポルトの守備隊が、絶対主義体制と王国の状況に反対して反乱を起

図1 ゴメス・フレイレ・デ・アンドラーデ将軍
フランス革命の原則を信奉し、ヨーロッパでナポレオン軍のもとで戦った。

テーマC　18世紀のポルトガルから自由主義社会の成立まで

こした。

反乱は、まず国の北部と中部に広まった。史料3を読みなさい。

図2　マヌエル・フェルナンデス・トマス　フィゲイラ・ダ・フォスの出身で、ポルトの判事であったとき、シネドリオを結成した。

3　1820年の軍の反乱

1820年8月24日、ポルトのサント・オヴィディオ広場で、反乱軍の指揮官の一人、セプルヴェダ大佐は、次の宣言を読み上げた。

「兵士諸君！苦しみは終わった。(…) 同志諸君、私とともに決起しよう。武器を手に取るわれわれの兄弟たちとともに、憲法制定のための国会を召集する臨時政府を組織しよう。憲法の欠如が、わが国の諸悪の根源である。それらの悪を述べる必要はない。なぜなら、われわれの一人一人がそれらを感じているからである。国の統治は、われわれの尊い国王陛下の名において行われなければならない。(…)

わが国王、万歳！　国会と国会が制定する憲法、万歳！

『ディアリオ・ナシオナル』紙、1820年8月26日付け

- 史料が言及する諸悪の根源とは何か？
- 反乱の目的は何か？
- 誰の名前で、王国を支配することになるのか？

図4　ポルト市の地名に見る自由主義革命
【左】フェルナンデス・トマス通り　1771-1822　自由主義の政治家　【右】8月24日広場

3　1820年と自由主義

　10月1日、ポルトの革命派は、リスボンの革命派と合流した。それは、自由主義革命の勝利であった。イギリス人は、軍事的・政治的な職務から遠ざけられ、リスボンとポルトの革命派を集めた臨時政府－王国政府臨時評議会－が創設された。

> **年表**
> **1816年**
> ・マリア1世、死去。ジョアン6世、ポルトガル国王に即位。
> **1817年**
> ・ゴメス・フレイレ・デ・アンドラーデを首謀者とする、イギリスの支配に反対する反乱の陰謀発覚。
> **1818年**
> ・ジョアン6世、リオデジャネイロで即位の式典を挙行。新国王は、こうして、ブラジルにとどまる意思を示す。
> ・ポルトでのシネドリオの結成。
> **1820年**
> ・ベレスフォードがブラジルへ2度目の渡航。革命の動きを打倒するため、ジョアン6世からさらに広範な権限を得るのが目的。
> ・ポルトでの自由主義者の反乱。
> ・ブラジルから戻ったベレスフォード、ポルトガルへの上陸を阻止される。
> ・王国政府臨時評議会の創設。

図5　1820年10月1日のリスボンのロシオ広場（リスボン市博物館）
祝福する民衆と軍事パレード、馬車の行進が描かれている。

私は、次のことができる。

1. 次のことを示す出来事を年表から選ぶこと。
   ①ベレスフォードは、革命に反対であった。
   ②革命勢力は、成功を収めた。
   ③イギリス人は、追放された。
2. 1820年の8月に起こった出来事を描写すること。
3. ゴメス・フレイレ・デ・アンドラーデ、あるいはマヌエル・フェルナンデス・トマスの短い伝記を書くこと。

テーマC　18世紀のポルトガルから自由主義社会の成立まで

3 制憲議会

1822年の憲法

　王国政府臨時評議会は、国を統治し、第1回制憲議会議員選挙を組織することを任務とした。この制憲議会の主な役割は、自由主義思想に従った憲法の作成であった。

　制憲議会が講じた最初の措置の一つは、ジョアン6世のブラジルからの帰還を要求することであった。制憲議会議員は、さらに聖職者と貴族の特権の廃止、異端審問所の廃止、王室財産の国有化（すなわち、王室財産は国家に属することになった）のような重要な決定を下した。

図1　サン・ベント宮（現在の国会議事堂）にあるヴェローゾ・サルガドの絵画に描かれた1821年の国会
国会議員は、女性、非識字者、修道僧を除く、25歳以上の市民から、2年任期で選出された。選出された議員は、国民を代表し、それゆえ、絶対権力のない国王は、国会の職務に介入することも、国会を解散することもできなかった。

　1822年9月、制憲議会は、1789年のフランス革命が擁護した自由主義思想にもとづいて作成された最初のポルトガル憲法を承認した。この憲法は、基本原則として、次の点を制定した。

・国家の主権者、つまり国王は、市民の意思に従う。市民は、投票により代表を選出する。
・三権分立（立法権、行政権、司法権）。
・法の前の市民の平等と自由。

ブラジルから帰国したジョアン6世は、憲法に署名し、憲法を尊重することを約束した。こうして、絶対王政は、立憲王政に変わった。

図2 憲法は、国の基本法を定めている。それは、樹木を思い起こさせる。なぜなら、枝が幹から生えるように、他のすべての法律は、憲法から生まれるからである。

3

余、ジョアンは、すべての臣民に対して、国会がポルトガル王国憲法を公布し(...)、余がその憲法に宣誓したことを知らせる(...)。

第7条－(...) すべてのポルトガル人は、自分の意見を表明することができる。

第9条－法は、万人に対して平等である(...)。

第26条－主権は、国民にある。主権は、合法に選ばれた国民の代表によってのみ、行使される(...)。

第29条－ポルトガル国家の政体は、世襲立憲王政である(...)。

第30条－［3つの］［政治］権力は、立法権、行政権、司法権である。立法権は、国会にある(...)。行政権は、国王と各省の長官にある(...)。司法権は、裁判官にある(...)。

1822年憲法の抜粋

図4 最初のポルトガル憲法の表紙（ビロード貼りで、金糸や銀糸で装飾）
（リスボン、トーレ・デ・トンボ文書館蔵）

次のものを言いなさい。
a) 特権的な社会階層を廃止した条項
b) 王政の継続を保証した条項
c) 憲法が保証した政府の形態
d) 言及されている三権

テーマC　18世紀のポルトガルから自由主義社会の成立まで

　立憲王政が成立すると、特権的な社会階層は、存在しなくなった。すべての人が、法の前では平等になったからである。権力は分割された。つまり、議員は（国会で）、法律を作り、投票する－立法権－。国王と各省の長官は（政府で）、法律を実行に移す－行政権－。裁判官は（裁判所で）、法律を守らない者を裁く－司法権－。次の図表を参照しなさい。

絶対王政		立憲王政
国王が、法律を作る。	立法権	法律は、国会で議員により作られる。
国王が、統治する。	行政権	国王と大臣が、法律を適用し、統治する。
国王が、最高の裁判官である。	司法権	裁判官は、法律を守らない者を裁く。

私は、次のことができる。

1. 革命後に招集された国会がなぜ制憲議会と呼ばれるのか説明すること。
2. 1822年の憲法に謳われた自由主義の原則の中で最も重要なものを選び、その理由を言うこと。

用語集をまとめること。
ワークブックに、制憲議会、憲法、立憲王政の意味が書くこと。

4 ブラジルの独立

ジョアン6世がブラジルにいた13年間、ブラジルでは、大きな進歩があった。

- ポルトガル・ブラジル・アルガルヴェ連合王国の創設（1815年）により、ブラジルは植民地の地位から解放され、リオ・デ・ジャネイロ市が政府の臨時の首都となった。
- 外国との交易へのブラジルの開港により、商業活動が活発になり、ブラジルのブルジョアジーは豊かになり、彼らは、次第に本国とは疎遠になった。
- 学校、病院、道路、図書館の建設。
- 第1次ブラジル銀行の設立。

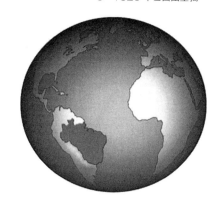

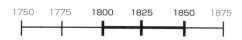

図1　19世紀初頭のリオデジャネイロ市の様子（ヨハン・ルゲンダスの版画）
ジョアン6世の滞在中にブラジルで起こった進歩は、ブラジル独立にきわめて重要な影響を及ぼした。

テーマC　18世紀のポルトガルから自由主義社会の成立まで

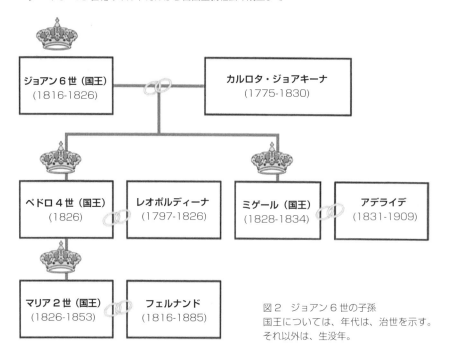

図2　ジョアン6世の子孫
国王については、年代は、治世を示す。
それ以外は、生没年。

　1821年、ジョアン6世は、ポルトガルに戻るにあたり、摂政として、長男ペドロをブラジルに残した。1820年の革命後、制憲議会（構成員の大部分は、ブラジルとの商業活動にかかわり、失われた特権を再征服するという野心を抱くブルジョアであった）

3　ペドロの対応

　ブラジル王国の摂政王子およびブラジルの永遠の擁護者として、私は、党派的で、おぞましく、混乱している国会が制定したいかなる法令もまだ行使しないように命じました。

　むしろ、私は、これまで国会がブラジルに対して公布したすべての法令と同じく、これらの法令は無効であると宣言し、それゆえ、そのような法令に反対です。そのような態度は、すべてのブラジル人によって支持されており、ブラジル人は、私と団結し、次のように言うように促します。「ポルトガルからは、本当に何も望んでいない」と。ブラジルの独立は勝利するでしょう。しからずんば、われわれに死を。

ペドロ4世の肖像
国立馬車博物館
（写真 José Pessoa / DDF-IPM）

1822年、ペドロのジョアン6世宛の書簡

・国会に対する皇太子の意見は、どのようであったか？
・史料は、国会のどの法律に言及しているのか？
・ペドロがとった態度はどのようであったのか？
・ペドロの決断を支持したのは誰か？

は、ブラジルに対する経済的・政治的支配を回復することを目的とする法律を制定した。つまり、制憲議会は、ブラジルを植民地の地位に戻すことを命じ、ポルトガルとの交易のみを許した。さらに王位継承者であるペドロが、教育を終えるためヨーロッパに戻るようにも命じた。

　ペドロは、ブラジル人の大多数の意思に従い、ポルトガル国会の意図を受け入れないという決定を下した。1822年9月7日、(サン・パウロ近郊の) イピランガ川の近くにいたとき、彼にポルトガルへの即時帰国を要求する国会の法令が渡された。そのとき、最終的にポルトガル政府と決別することを決意し、有名な言葉「独立か死か」を口にした。この出来事は、「イピランガの叫び」として知られ、ブラジル独立の公式宣言と見なされている。

　ペドロは後にブラジル皇帝に推戴された。また、ブラジル憲法を制定するため、制憲議会が選ばれた。

図4　ペドロ、ブラジル皇帝の戴冠式

私は、次のことができる。
1. ジョアン6世がブラジルにとどまった結果生まれた、ブラジル人にとっての2つの利点を言うこと。
2. 自分が独立時のブラジル駐在ポルトガル人新聞記者であると考え、自分の新聞に、ブラジルでの主要な出来事を報じた記事を書くこと。

3 1820年と自由主義

私は、次のことができる。

用語集をまとめること。
ワークブックに、内戦の意味を書くこと。

テーマC　18世紀のポルトガルから自由主義社会の成立まで

図解－要約

1820年と自由主義

もう次のことができる。

1. 地図をよく見た後で
   ① 次のことを言うこと。
   a) ヨーロッパの大部分を囲む線が何を表しているか
   b) この線で囲まれていないヨーロッパ大陸の国
   c) ポルトガルへ向かう船の国籍
   d) その船がポルトガルの港へ入るのに反対する国とその理由

2. 授業ノートに次の表を書き写し、それを完成すること。

フランス軍の侵攻				
ポルトガルへの侵攻の原因は何か？	独立を保証するためにどのような解決策が講じられたのか？	フランス軍は、どのような支援を受けたのか？	それぞれの侵入軍の指揮官は、誰か？	侵攻はどのような最後を迎えたのか？

3. 1820年の自由主義革命を引き起こした3つの原因を指摘すること。

4. ポルトガルに敷かれた体制を言うこと。
   ① 1820年の革命前
   ② 1820年の革命後

5. 303ページの史料3をもとに、自由主義の次の原則に相当する1822年憲法の条文を書き写すこと。
   a) 表現の自由
   b) 法の前の平等
   c) 三権の分立
   d) 国家の政治への市民の参加

6. 自由主義派と絶対王政派の争いは、どのようなものであり、最後はどのようになったのかを説明する短い文章を書くこと。

4 19世紀後半のポルトガル

1 ポルトガルの空間
2 日常生活

ロシオトンネルの開通、1889年
(『オシデンテ』誌、1889年4月21日号)

西暦18世紀 | 西暦19世紀 | 西暦20世紀
1800 | | 1900

1821
テジョ川の航行に蒸気機関が初めて使われた

1823
蒸気船が一隻、リスボン－ポルト航路に就航

1835
ポルトガル工業への蒸気機関の導入

1856
リスボン－カレガド間の鉄道開通

1864
新聞『ジョルナル・デ・ノティシアス』の創刊

1869
ポルトガルの全領土での奴隷制の廃止

1895
ポルトで、映画の初の公開上映

4 19世紀後半のポルトガル

テーマC　18世紀のポルトガルから自由主義社会の成立まで

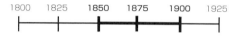

1 ポルトガルの空間

王国の状況

19世紀後半の初期、ポルトガルは、これまで学習してきたようないくつもの出来事が原因で、危機の時代にあった。例えば、

- フランス軍の侵攻と自由主義者と絶対王政派の内戦により、家屋や耕作地、文化財が破壊され、多数の死者が出た。
- ブラジルが独立し、そのため、ポルトガルは、ブラジルとの交易に関する恩恵を失った。

このような問題以外にも、国の主要な経済活動（農業、牧畜業、工業、鉱山業）が、ほとんど発展しておらず、旧式の技術や道具を依然として使っていたという問題もあった。生産性は低く、国民の需要を満たすことができなかった。そのため、ポルトガルは、先進国から、多くの品目を輸入し、大部分外国から調達した多くのお金を支出することを余儀なくされた。

マリア2世の治世、自由主義政権は、王国の近代化を目指した一連の措置を講じ、主要な経済活動に（すでにヨーロッパの他の国々で利用されていた）新しい技術を導入した。しかしながら、このような関心が明確になったのは、1851年以降のことで、その時期は、再生期、すなわち新しいポルトガル、つまりより工業化が進展し、近代化したポルトガルの「再生」の時期として知られるようになった。

図1　わが国のいくつかの地方では、伝統的な耕作技術が、依然として残っていた。

4 19世紀後半のポルトガル

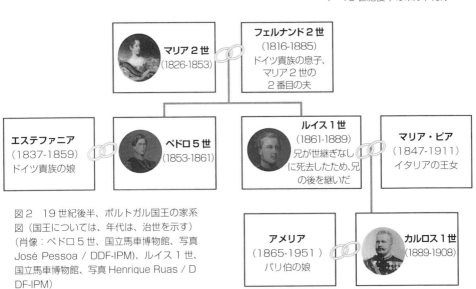

図2 19世紀後半、ポルトガル国王の家系図（国王については、年代は、治世を示す）
（肖像：ペドロ5世、国立馬車博物館、写真 José Pessoa / DDF-IPM）、ルイス1世、国立馬車博物館、写真 Henrique Ruas / DDF-IPM）

天然資源と技術革新

農　業

　19世紀の中頃、ポルトガル人の大多数は、農業に従事していた。それにもかかわらず、多くの土地が未耕作地で、技術水準が低かったので、生産量は少なく、農民の収入は依然としてわずかであった。輸送手段がなく、収穫した作物の流通が困難であったことも、ポルトガル農業が遅れていた原因の一つであった。ポルトガル農業の当時の状況について、次の史料を読みなさい。

3　農業の状況

　土地には、科学に則した手入れがなされていない。肥料は、質が悪く、集約農業が必要とする量よりも少ない量しか使用されていない。輪作＊は、恣意的で(...)、科学肥料は、使われていない(...)。ひどい無知のせいで、一生の間、やせた土地をひたすら耕し続けるだけで、耕作者は、結局、人生の終わりには、日々のパンを恵んでもらおうと物乞いするしかなくなるのである。

＊輪作のための土地の分割

ラマリョ・オルティガン『辛辣な皮肉』第1巻（一部改変）

・ポルトガル農業の収益が低い理由を言いなさい。
・農業の収益が低いことから、農民の状況はどのようになったのか言いなさい。

テーマC　18世紀のポルトガルから自由主義社会の成立まで

図4　脱穀場での労働、ヴィゼラ（写真：S. ヴィラリニョ・ペレイラ、ルイザ・ヴィラリニョ著『シアドの医者』、2003年、所収）

それゆえ、農業の発展と近代化は、自由主義政権の重要な優先課題であった。ポルトガルには、いい農業用地があったが、その大部分は十分利用されていなかった。そのため、古い法令を改正し、新たな法令を制定する必要があった。

図5　モジニョ・ダ・シルヴェイラ（1780-1849）
ジョアン6世やペドロ4世、マリア2世の時代に大臣を務め、農業の近代化を目指して講じられた措置の大部分の責任者であった。

私は、次のことができる。

1. 自由主義政権が感じた、「国を再生する」必要性を説明すること。
2. 農業の生産性が低い2つの理由を言うこと。

新しい土地所有者

耕作地を増やし、それによって生産を増大させるため、土地は、それまでよりも多くの数の土地所有者に分割された。

- 王室財産の土地や当時廃止された修道会の土地の多くが、主としてブルジョアジーに売却された。
- 長子相続の権利（長男が父親の財産すべてを相続する権利）が廃止され、土地は、息子たちすべてに分割されるようになった。
- 多くの未開墾地（牧草地として村落共同体全体が利用できた未耕作地）が分割され、その土地を開墾し、耕作する農民に引き渡された。

新しい技術

農業の近代化には、新たな技術の導入も不可欠であった。例えば、

- 土地の休耕－土地を休ませるため、種を蒔かない期間を設けること－を避けるため、輪作が奨励された（図2）。
- 化学肥料や種子選別が導入された（図3、図4）。
- 刈取り機や脱穀機など、鉄製の最初の農業機械が導入され、農業の機械化が始まり、南部の大土地所有地で利用された（図1）。

図1 馬を動力とする刈り取り機
19世紀後半、蒸気を動力とする刈り取り機や脱穀機も登場した。

図2 新しい耕作技術
以前の休耕地には、ジャガイモが栽培された。異なる種類の作物を交代して栽培することで、地力の衰えを防ぎ、土地の生産力を維持した。

テーマC　18世紀のポルトガルから自由主義社会の成立まで

図3　ある化学肥料工場の広告パンフレット

図4　ある種子販売店の広告パンフレット

農作物

19世紀の後半、新しい作物がポルトガルに導入され、あるいはその栽培が盛んになった。史料5を読みなさい。

5　農作物

この時期に導入された、もしくはその栽培が拡大した新しい作物の中では、ジャガイモとコメが際立っていた。ジャガイモは、とくに北部地方や北東部地方で、人々の食生活において、カブやクリの実の消費に取って代わった。広大なクリ林は、次第にジャガイモ畑に姿を変えた。多くの地方では、休耕地は一部廃止され、ジャガイモが栽培された。コメは、19世紀の中頃、普及し、それには［小麦等の］輸入を少なくするという明確な目的があった。(…)

コルクの生産も拡大し、1870年以降輸出は2倍になった。オリーブ油の生産も増大した。ブドウの木が大規模に植え付けられた。アルガルヴェでは、アーモンドやイナゴマメの植え付け面積が増大した。

A.H. デ・オリヴェイラ・マルケス『ポルトガル史』第3巻（一部改変）、 A.H. デ・オリヴェイラ・マルケス『世界の教科書＝歴史　ポルトガル3』（金七紀男訳）、ほるぷ出版、1981年 pp.174-175（教科書の引用文改変に合わせて改訳）

・この時期にその栽培が最も拡大した2つの農作物を言いなさい。
・それぞれの重要性を言いなさい。
・資料に言及されているその他の作物の名前を言いなさい。
・一つの結論を出しなさい。

4 19世紀後半のポルトガル

　自由主義政権が講じた措置や新しい技術の導入は、土地の流通や土地所有者数の増大を招いただけでなく、耕作面積の拡大の契機となった。農業生産は次第に増大し、多様になった。いたるところに、果樹園や野菜畑、穀物畑が出現し、ポルトガルには、緑に彩られた、肥沃な一面が加わった。

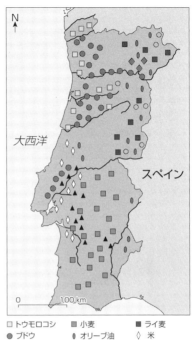

図6　19世紀後半の主要農作物の産地
（A. カルモ・レイス『ポルトガル歴史地図』、一部改変。）

□ トウモロコシ　■ 小麦　■ ライ麦
● ブドウ　● オリーブ油　◇ 米
▲ 家畜　○ クワ　◆ タバコ

図7　ブドウの栽培は、とくに気候や土壌が穀物の栽培に適さない土地に導入された。ワインの生産は、農業生産の30％近くを占めるようになった。1872年以降、北部地方のブドウの木は、虫害—フィロキセラ—に見舞われ、ワイン生産は、かなり減少した。

私は、次のことができる。

1. 自由主義政権が講じた農業に有益な措置を言うこと。
2. 図6にもとづき、ポルトガルで栽培された農作物とそれぞれの地方を示す図を作ること。

用語集をまとめること。
ワークブックに、未開墾地と休耕の意味を書くこと。

テーマC　18世紀のポルトガルから自由主義社会の成立まで

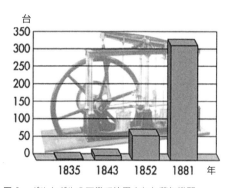

図1　ポルトガルの工業で使用された蒸気機関
(ジョエル・セラン『19世紀の歴史について』、一部改変)

工業

　何世紀にもわたり、製品は手で、あるいはきわめて簡単な道具を用いて製造された。職人は、自分の家や小さな作業場で働き、原料の加工から製品完成まで、すべての工程を行った。18世紀の中頃以降、マニュファクチャー（工場制手工業）が出現し、そこでは、多数の職人が働き、人間や家畜の力、風や水の力で動く機械設備を利用した。
　このような職人や工場制手工業による生産が、19世紀の大部分を通して、ポルトガルでは支配的であった。

蒸気機関

　その頃、外国（とくにイギリス）ですでに利用されていたいくつかの技術革新が、ポルトガルに到来した。イギリス

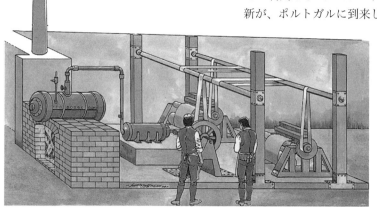

図2　蒸気機関の作動装置
ボイラーで熱せられた蒸気の力が、輪を動かし、多くのベルトを介して、いくつも機械を同時に動かす。

人ジェイムズ・ワットが発明した蒸気機関は、1835年工業に導入され、原料加工の全工程を革新した（図2）。
　数多くの機械を同時に動かすため、大きな空間－工場－が生まれ、そこで数多くの工場労働者が働くようになった。これらの工場労働者は、職人のように、す

べての生産工程にかかわるのではなく、ある特定の工程にだけ特化した。こうして最終製品は、機械が定めるリズムに従って働く、何人もの人々によって生産されるようになり、そのため、一切の作業停止や注意散漫は許されなかった。そのときから、それまでよりも多くの製品、しかもすべて同じ製品が、より短い時間で、労働者の側からすれば、より小さな労力で生産できるようになった。

図3 マリニャ・グランデのガラス工場（『オシデンテ』誌1890年）

工業が発達した地方

1852年まで、工業の発達はゆるやかであったが、その年以後、新しい工場の数は大幅に増加した。

図5の地図に見られるように、19世紀中頃、ポルトガルでは、工場は、ポルト／ギマランイス（繊維／衣服）地方とリスボン／セトゥバ

図4　19世紀後半の主要工業

テーマC　18世紀のポルトガルから自由主義社会の成立まで

ル（化学／冶金）地方に集中していた。

その理由は、両地方は人口が多く（安価な労働力が豊富だっただけでなく、消費者の数も多かった）、また原料の供給が容易で、製品の流通にも便利な海港があったからである。

図5　19世紀後半の主要な工業地帯
沿岸地方の主要な工業地帯のほか、コヴィリャンやカステロ・ブランコ、レイリア、ポルタレグレが繊維工業の重要な生産中心地であった。

私は、次のことができる。

1. 図1をもとに、ポルトガルへのこの種の機械の導入について、一つの結論を引き出すこと。
2. 次の単語や表現から、19世紀における工業の発展と関係するものを選び、それらをノートに書くこと。
   ・ろくろ　　・作業場　　・蒸気機関　　・人口集中　　・工場
   ・工場労働者　　・沿岸部　　・職人　　・村落
3. 蒸気機関の発明の重要さについて自分の意見を述べること。

工場労働者の誕生

19世紀後半に見られた工業の発展により、新しい社会集団、つまり工業労働者が現れた。男性も女性も、ときに子どもまでもが、劣悪な条件のもと、工場で働いた。

（一日16時間にも及ぶ）長時間、低賃金で働いた工場労働者は、妻や子供も働いたにもかかわらず、その暮らしは貧しかった。

1　女性労働力

女性が工場で働くようになると、賃金が下がり、今日では以前一人の男性が稼いでいた額を稼ぐには、二人で働かなければならなくなった。(…) 多くの場合、男性は仕事がなく家におり、女性が働きに出る。なぜなら、雇用者が望んでいるのは、より安い労働力だからである。

新聞『金属労働者の声』、1897年

2　児童労働

冬の明け方、小さな子供たちが、まだ暗いうちから、雨の中、寒さに震えて、工場の門が開くのを待っていた。(…) 子供たちは、点呼の鐘の時間に遅れないように、夜中の2時に起床しないといけなかった。(…) そこにいたのは、6、7歳の子供たちだった！

工場は、手作業で捺染（プリント）を行う染色工場だった。子供たちは、(…) 水温4度の水に入って、流しの中で布地を洗っていた。

食事の時間、スープを飲む子供を一人も見なかった。パンと揚げたイワシ、それが定番のメニューだった。

シルヴァ・ピント［ジャーナリスト、作家］(1848-1911) 著
『眠らない夜』、1896年（一部改変）

- 史料1にもとづき、女性が工場で働くようになり、どのような結果が生じたかを言いなさい。
- 史料2にもとづき、これらの小さな労働者たちの状況はどのようであったかを述べなさい。
- 次に、雇用者は、なぜ女性労働力や児童労働力を好んだのかを説明しなさい。
- 2つの史料に、共通のタイトルを一つ付けなさい。

テーマC　18世紀のポルトガルから自由主義社会の成立まで

図3　5月1日、つまり労働者の日の初めての記念行事（リスボン、1890年）

図4　19世紀に開発された主要な鉱山

政府も、大多数の雇用者も、労働者に対して、いかなる保護も、事故に対する支援も与えなかった。

生活やそれに関連する問題に関して、工場労働者たちは、次第に団結し、最初の組合を設立するようになった。自分たちの権利やよりよい労働条件を求めて戦うため、工場労働者たちは街路へ出てデモ行進を行い、最初のストライキを決行した。

採　掘

工業の機械化は、新しいエネルギー、つまり蒸気の利用とともに始まった。新しいエネルギーを得るために、燃料として、石炭が利用された。石炭は、主要なエネルギー源となり、家庭用（部屋の暖炉や台所のかまどの燃料）、工業用（蒸気機関のボイラーや溶鉱炉）、さらには街灯用のガスの生産など、多様な用途に用いられた。

こうして、石炭の価値は、大きく上がった。また、銅、さらに、機械やレールの製造、および公共建設に利用された鉄も、大量に採掘されるようになった。しかしながら、ポルトガルで

の生産はわずかであったので、大部分の石炭と鉄は、引き続き輸入された。

景観の変化

鉱石を求めて、地面に穴を開け、山を掘った（図5）。道路や鉄道が原野を横断し、鉄道事業を支援する施設が建設された。こうして、新たな集落が生まれた。

鉱石の採掘や利用された新しいエネルギーは、景観を変化させた。とくに工業地帯では、煙や悪臭が住民の健康を損ねるのを避けるために、非常に高い煙突を備えた工場が景観を支配した。

図5　鉱山内部を描いた版画

私は、次のことができる。

1. 以下のことについて、資料を収集し、文章を書くこと。
   ・児童労働の例、および過去と現在それぞれの労働時間数。
   ・自分の住む地方の経済活動。その際、その支配的な経済活動や主要生産品、利用されている労働の道具などに触れる。
   ・工業の環境への影響。

用語集をまとめること。
ワークブックに、工業と工業労働者の意味を書くこと。

テーマC　18世紀のポルトガルから自由主義社会の成立まで

図1　19世紀初頭、ポルトガルの旅

交通機関と交通・通信

　いま学習した農業や工業の進歩はすべて、原材料や生産物の流通に不可欠な交通・通信や交通機関の発達のおかげで可能となった。実際、19世紀の初頭、道路は未整備で、状態が悪く、交通機関は時代遅れで、例えば、リスボンからポルトまで、今日では自動車、もしくは列車で約3時間であるが、当時は、馬車で約7日かかった。

　19世紀後半、ポルトガル政府は、交通・通信を整備する政策をはじめ、道路や橋、鉄道、トンネルを建設し、交通機関自体を近代化した。

　この政策の責任者の一人は、マリア2世、ペドロ5世、ルイス1世時代の閣僚、フォンテス・ペレイラ・デ・メロであり、他のヨーロッパ諸国ですでに使われていた技術革新をポルトガルにもたらした。交通機関への蒸気機関の導入は、その一つであった。

汽車

　汽車の最初の運行は、1856年10月28日、リスボンとカレガド間で行われた。この開業について述べた次の史料を読みなさい。

図2　ポルトガルの鉄道開業記念式典と国王専用車両

4 19世紀後半のポルトガル

3 汽車の開業

　待ちわびた盛大な開業日について覚えていることを話しましょう。(...)母は、(...)私を連れて、アリャンドラ駅に向かい合った丘に、父が乗っているはずの汽車の通過を見に行った(...)。

　やっと、私たちは、遠方に、白い煙を見た。煙は、ゆっくりと進む蛇を思い起こさせる黒いリボン状のものの前部から出ていた。それが、汽車だった。汽車が近づいてくると、私たちが予想していたよりも、車両の数が少ないのが分かった。国王ペドロ5世が乗る車両がお祝いの旗で飾られてやって来た。(...)翌日になって初めて、父が開業日のいくつもの思わぬ出来事を話すのを聞いた。機関車は、(...)連結してあったすべての車両を牽引するのに十分な力がなく、途中で少しずつ車両を切り離していた。招待客を乗せたいくつかの車両は、オリヴァイスで切り離された。枢機卿が乗る車両は、サカヴェン止まりで、もう一つの車両は、ポヴォアに放置された。カレガドがもしももう少し遠く、この割合で車両が切り離されていたら、カレガドには機関車か、あるいはその一部だけが到着していたことだっただろうと思う。

『リオ・マヨール男爵夫人の追憶の書』（一部改変）

・どのような理由で、この運行は、これほどの関心を呼び起こしたのか述べなさい。
・どうして、いくつかの車両が途中で切り離されたのか説明しなさい。

図4　ポルトのドナ・マリア橋
1877年、この橋の建設によって、リスボン－ポルト間の直通鉄道路線が完成した。

　1868年、リスボン・マドリード間が開通し、1887年、リスボン・マドリード・パリ間で何両もの客車と食堂車を連結した豪華列車、シュド・エクスプレス（南急行）により、直通運行が始まった。こうして、ポルトガルは、ヨーロッパの中心に近くなった。

―1856-1869　―1870-1883　―1884-1897

図5　ポルトガルでの鉄道網の拡大
（A.H. デ・オリヴェイラ・マルケス『ポルトガル史』第3巻、一部改変）鉄道は、次第に全国に広がり、19世紀末には、路線の全長は、約2,000キロメートルに達した。

テーマC　18世紀のポルトガルから自由主義社会の成立まで

図6　マドリードからポルトガル国境への直通鉄道路線の開業（『オシデンテ』誌、1881年）
列車は、蒸気機関車に牽引された。蒸気機関車の後ろには、燃料の石炭を積んだ車両が続いた。その後ろに、客車と貨物車が続いた。

図7　シュド・エクスプレス（南急行）の広告ポスター

私は、次のことができる。

1. 次の言葉を使って文章を書くこと。
   汽車、蒸気機関、フォンテス・ペレイラ・デ・メロ、リスボン、ペドロ5世、カレガド、1856年、石炭。
2. 人類にとって、汽車の発明がいかに重要であったかについて意見を述べること。
3. フォンテス・ペレイラ・デ・メロの簡単な伝記を書くこと。

道路と海路

鉄道網が発達すると同時に、道路の改修と建設の時代が始まった。フォンテス・ペレイラ・デ・メロが1852年、大臣に就任したとき、ポルトガルには、マカダム道路、つまりイギリスのマックアダムの技術－砕石と粗い砂を敷き詰め、土で固めた－に従って建設された道路は、218キロメートルに過ぎなかった。1887年、彼が大臣職を辞したとき、ポルトガルには、すでに約9,000キロメートルの道路があった。図1を参照しなさい。

1855年以降、何回か失敗の後、リスボンとポルト間の街道に、郵便物と旅客を運ぶ「郵便馬車」の運行が始まった（図2）。

19世紀末、ポルトガルで自動車の運行が始まり、燃料として石油を利用した。

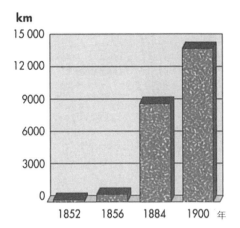

図1 道路網の総延長（キロメートル）
（A.H. デ・オリヴェイラ・マルケス『ポルトガル史』第3巻、一部改変）

図2 郵便馬車（CTT［郵便・電報・電話会社］博物館の版画）
旅客の途中での食事時間を含め、リスボン－ポルト間を34時間で走破した。馬は、途中で何度も替えた。

図3 ポルトのドン・ルイス1世橋
1886年に開通した鉄橋で、リスボンとポルト間の道路が直通した。今日、上の橋は、地上を走る地下鉄線が整備されたが［2005年完成］、下の橋は、まだ道路交通に利用されている。

テーマC　18世紀のポルトガルから自由主義社会の成立まで

5　好みの交通機関

　ポルトからブラガまで、郵便馬車で6時間かかり、料金は1,500［レアル］だった。汽車の場合、所要時間は、2時間22分、料金は、810レアルとなった。

ヴィラヴェルデ・カブラル『19世紀ポルトガルでの
資本主義の発展』（一部改変）

- 汽車の利点を2つ挙げなさい。
- どのような理由で、汽車は料金を安くできたのか説明しなさい。

図4　レイションイスの人工の港
1884年から1892年にかけて建設され、この港の完成によって、ポルトとギマランイス間の全工業地帯の製品の積み出しが、より容易になった。

年表
1852年
・ポルト、ブラガ、ギマランイス間の郵便馬車が開業。
1853年
・郵便切手の使用開始。
1854年
・最初の電話線の設置。
1856年
・鉄道の最初の区間：リスボン-カレガド間の開業。
・電信網の開業。
1858年
・ポルトガル-アンゴラ間に最初の汽船が就航。
1864年
ポルトガル-ヨーロッパ間の鉄道路線の完成。
1882年
・リスボンの電話網の開業。
・ベイラ・アルタ地方やミニョ地方の鉄道の開業。
1887年
・ドーロ地方の鉄道の開業。
1889年
・南部地方の鉄道の開業。

　海上交通もまた、1820年以降、蒸気機関の船への導入が進んだだけでなく、港湾が建設され、艦船に方角を知らせる灯台が沿岸に設置されたことにより、革新の恩恵を受けた。当時まで、灯台が少なく、ポルトガルの沿岸は、外国船には「暗黒の海岸」として知られていた。

他の伝達手段

　交通機関のほか、他の伝達手段も発達した。郵便は改編され、最初の粘着式切手とはがき、郵便ポスト、最初の電信機が現れ、そして1882年には、リスボンに電話網が出現した。

　新しい交通・伝達手段は、暮ら

4　19世紀後半のポルトガル

電信機
壁掛式電話
郵便ポスト
切手

しの形態やものの考え方、ものの伝え方に大きな変化をもたらした。例えば、

- ヒトの移動を容易にした。旅は、より容易に、速く、快適になった。
- 新しい考えや習慣、情報の伝播を可能にした。
- いままでよりも短い時間で、より多くの商品を輸送することを可能とした。汽車のおかげで、多くの地方は、その生産物を他の地方に輸送することができるようになり、農業や工業、商業の発展をもたらした。ポルトガル経済は、次第に近代化していった。

私は、次のことができる。

1. 次のそれぞれの交通手段を改良するため、この時期に、講じられた2つの措置を言うこと。
   a) 鉄道　　b) 道路　　c) 海路
2. 年表で言及された出来事の中で、どの出来事が最も重要であると考えるのか、その理由は何かについて意見を述べること。

テーマC　18世紀のポルトガルから自由主義社会の成立まで

図1　19世紀後半の出版物
新聞『オ・セクロ』紙、および『オ・コメルシオ・ド・ポルト・イルストラド』紙の広告面。

文化

　19世紀後半、ポルトガルには字の読めない人が多数いたけれども、ますます多くの人々、とりわけ都市に住む人々が、世界の政治や社会の出来事に関心をもち始めた。それに役だったのがヨーロッパとの伝達手段の発展であり、それより書物や雑誌の輸入は容易になった。

　出版物の数は、急速に増加した。ジャーナリズムは、国内や外国の思想やニュースを広める手段だけではなく、新しい発明品や製品を広告する媒体にもなった（図1）。新聞を読むのを好む人の数は、次第に増加していった。

2　新聞の講読

　一人の婦人が、ランプの光で、午後発行のある新聞を読んでいた夜を思い出す。テーブルの回りでは、他の婦人たちが、裁縫をしていた。椅子に腰掛けて、3、4人の男が煙草を吸っていた。

　彼女は、災害のニュースを読んでいた。「ジャワ島では、地震で20の村が破壊され、2,000人が死亡した…」。誰も興味を示さなかった。ベルギーでは、工場労働者のストライキを軍が攻撃した際の死者の中に、4人の女性と二人の子供が含まれていた…そのとき、快適な部屋の中で、さっきよりは興味を示す声が起こり、「なんと恐ろしい！…かわいそうな人たち！」という叫び声が上がった。(…) フランスの南部では、「列車が脱線し、死者3名、負傷者11名が出た。」私たちの間で、少しの間、感情の高まりがあった。というのは、その悲劇は、私たちの

図3　エサ・デ・ケイロス
（1845-1900）

4 19世紀後半のポルトガル

ごく近くで、ポルトガルへと南下し、ポルトガル人も乗車するであろう列車で起こったからであった…私たちは皆、嘆いていたが、安楽椅子で体を伸ばし、自分たちが安全であることを享受していた。

女性は、新聞のページをめくった…すると、突然、叫び声を上げ、手で頭を抱えた。
ーああ、神様！まあ、大変。
私たちは皆、動揺して、立ち上がった。そして、彼女は、恐れおののき、どもりながら言った。
ーベラ・ヴィスタのルイザ・カルネイロさんが、今朝！ 片足を脱臼したそうよ！
すると、部屋全体に、動揺が走った。婦人方は、裁縫道具一式を投げだし、男性たちは、葉巻のことも忘れてしまい、皆、そのニュースに身を乗り出し、読み返した。(…)かわいそうなルイザ・カルネイロ！ 片足を脱臼したなんて！ すでに、使用人の一人が、居ても立っても居られず、私たちが皆、知りたがっているその後のニュースを聞きに、ベラ・ヴィスタへ向かって走り出していた。

エサ・デ・ケイロス『パリからの家族への手紙』、19世紀（一部改変）

・新聞に報道されている不幸な出来事を言いなさい。
・いろいろなニュースを聞いたとき、聞き手が示した態度の違いを説明しなさい。
・皆さんは、同じように反応しただろうか？（違うとしたら、）その理由を言いなさい。

演劇や小説の人気も高まり、小説は数多くの読者を得た。

リスボンでは、アルメイダ・ガレットが国立劇場の建設に尽力し、全国各地には、いくつもの劇場や演芸場が開設された。観客の多くは、貴族やブルジョアジーであった。

小説は、この世紀に発展し、その代表者は、ジュリオ・ディニス、アルメイダ・ガレット、ラマリョ・オルティガン、カミロ・カステロ・ブランコ、エサ・デ・ケイロスであった。彼らの作品は、当時の社会を、しばしば皮肉を交え、風刺を利かせて描いた。

歴史小説の代表者は、アレシャンドレ・エルクラノ（図6）であり、彼は、各地の国立文書館の再建にもきわめて重要な役割を果たした。『ポルトガル史』の執筆を開始したが、未完に終わった。

図4 1878年から1885年までポルトで発行された風刺新聞『オ・ソルヴェテ』国の出来事を論評し、社会批判の手段として風刺画を利用した。

テーマC　18世紀のポルトガルから自由主義社会の成立まで

図5　マリア2世国立劇場、リスボン、ロシオ地区（当時の版画）
異端審問所跡に、1842年から1846年にかけて建設されたこの劇場は、ギリシア、ローマ建築から着想を得た。

劇場内部

年表
1860年
・ジュリオ・ディニスの最初の小説の刊行。
1864年
・新聞『ディアリオ・デ・ノティシアス』の創刊。
1868年
・新聞『プリメイロ・デ・ジャネイロ』の創刊。
1878年
・週刊新聞『ア・ヴォス・ド・オペラリオ』［労働者の声］の刊行開始。
1881年
・新聞『オ・セクロ』の創刊。
1890年
・リスボンにコリゼウ・ドス・レクレイオス劇場が開業。
1895年
・ポルトで初めての映画の興行。
1896年
・リスボンのレアル・コリゼウ劇場で初めての映画の興行。

図6　アレシャンドレ・エルクラノ (1810-1877)

私は、次のことができる。

1. 19世紀後半、文化が大きく発展した理由を言うこと。
2. 年表から、工場労働者の生活改善の闘争と関係した刊行物を選ぶこと。
3. この時代の作家、誰か一人の伝記を作成すること。

芸 術

19世紀後半は、芸術面で、豊かで、多彩な時代であった。教科書にあるこの時代の作品の多くは、そのような芸術家の作品である。それらの作品を、注意深く観察しなさい。

建 築

19世紀末の建築は、都市の発展と大規模な建設―展覧会のパビリオンや鉄道の駅、工場、劇場など―の必要と関連している。使用された新たな資材は、工業化の産物である鉄とガラスであった。鉄のおかげで、広い空間を占める、軽量だが、丈夫な建造物の建設が可能となった。ガラスは、そのような建造物の外装として使用され、そのおかげで自然光の取り入れが可能となった。

過去の重要な時代、例えば大航海時代などを回顧する趣味は、多くの建物の建築様式にはっきりと表れている。

図1 シントラのペナ城
1838年から1885年にかけて、16世紀の修道院跡に（女王マリア2世の夫）フェルナンド2世が建設を命じた。その装飾には、さまざまな様式が混在している。

図2 ポルトのクリスタル・パレス
1865年の「国際博覧会」のときに建設された。この大きな建造物には、当時の新しい建築資材（鉄とガラス）が使われたが、1951年に取り壊された。その場所に、現在は、スポーツと文化の催しに利用されるロザ・モタ・パビリオンがある。

図3 コインブラ近郊のブサコ・ホテル
建設は、1888年に始まった。建物は、マヌエル様式に発想を得ている。

テーマC　18世紀のポルトガルから自由主義社会の成立まで

図4　メネゼス子爵夫人の肖像
（ルイス・デ・メネゼス画、シアド美術館）

絵画と彫刻

この時代の芸術家は、とりわけ次のようなものを好んで描いた。

- 農村や海の風景
- 日常生活の情景
- 肖像：肖像画は、富裕な家族の好みとなった。主人一家の肖像画を有名な画家に注文し、居間の壁に飾ることが流行した。

この世紀の中頃（1840年）、写真の発明によって、肖像は、多くに人の手の届くものとなり、上述の肖像画の注文は減少した。

風景画や日常生活を描いた絵画については、シルヴァ・ポルト（1850-1893）、ジョゼ・マリョア（1855-1933）、コルンバノ・

図5　海岸にて（ジョゼ・マリョア画、シアド美術館）

4　19世紀後半のポルトガル

ボルダロ・ピニェイロ（1857-1927）の名前を挙げる必要がある。彫刻では、ソアレス・ドス・レイス（1847-1889）とテイシェイラ・ロペス（1866-1942）が際立っていた。

陶芸

風刺画家および陶芸家として、ラファエル・ボルダロ・ピニェイロ（1846-1905）は、際立っており、ゼ・ポヴィニョという庶民的な人物の像（図8）を生み出したことで知られている。彼の作品の大部分は、統治者の行動や当時の社会の習俗を批判している。

アズレージョ［彩色タイル］は、建物の装飾としても使われ、ときには、広告としての働きもした（図7）。

図6　祖国を追放された者。(ソアレス・ドス・レイス作、ソアレス・ドス・レイス国立美術館)

図7　ヴィウヴァ・ラメゴ陶芸工場のアズレージョの壁画、1865年制作。

図8　ラファエル・ボルダロ・ピニェイロ制作のゼ・ポヴィニョ

私は、次のことができる。

1. この時代建築に利用された新しい資材を言うこと。
2. 建築は、どのような新しい時代の要請に対応していたのか言うこと。
3. 図4と図5を見て、この時代の絵画に一般的な主題を言うこと。

テーマC　18世紀のポルトガルから自由主義社会の成立まで

教 育

すでに学習したように、ポンバル侯の時代、学校の改編や創設が行われた。自由主義政府も、すべての市民に教育を保証しようとした。そのために、

図1　パソス・マヌエル（1801-1860）
ポルト近郊の出身で、マリア2世の時代に大臣を務め、教育分野で講じられた措置の主導者の一人であった。

- 初等教育では、小学校（いくつかは女子校）の数が増え、3年が義務教育、さらに1年が任意となった。
- 中等教育では、リセウ（中等学校）がすべての県都に1校、リスボンに2校創設された。工業学校や商業学校、農業学校も、創設された。ポルトガルは、あらゆる部門で、有能な技術者の養成が必要だったからである。
- 高等教育では、海事や芸術、技術、演劇に関連する新しい学校が作られた。しかし、コインブラ大学が、依然として、ポルトガル唯一の大学であった。

上記の措置にもかかわらず、19世紀末、国民の大多数、とくに女性や農村の人々、あるいはすでに見たように、都市に住む、幼いときから働き始める子供は、依然として、非識字者であった。図2および表1を参照。

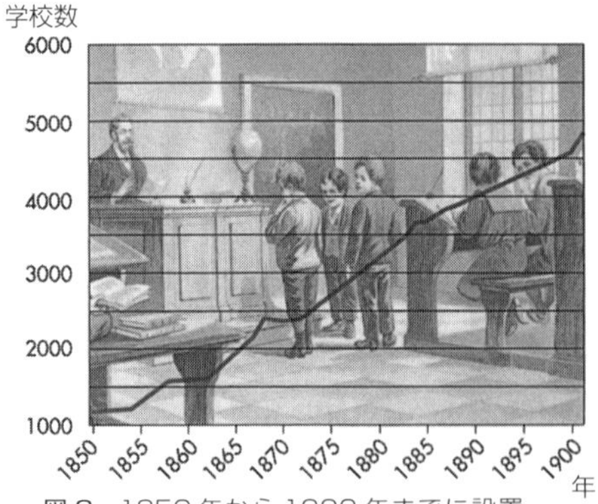

図2　1850年から1900年までに設置された学校数
（A.H. デ・オリヴェイラ・マルケス『ポルトガル史』第3巻、一部改変）

表1

年	人口	非識字者 %		
		総人口に対して	男性の中で	女性の中で
1878	4,550,699	82.4		
1890	5,049,729	79.2	72.5	85.4
1900	5,423,132	78.6	71.6	84.9

出典:ジョエル・セラン編『ポルトガル歴史事典』「非識字者」の項

3　皆が学校に行くわけではない。

　7歳から10歳までの子供は、すでに牛を追い、家畜を世話し、薪を拾い、荷車を引き、小さな鍬を使い、畑で手伝いをする。背の高さは、鍬ほどだが、役に立つのは、一人前の男と同じだ。明け方に家を出て、夜なって戻ってくる。

エサ・デ・ケイロース（1845-1900）

・太字部分の意味を説明しなさい。
・これらの子供が学校に通えなかったことを示す文を書き写しなさい。

人権の擁護

　19世紀に支配的であった自由主義の原則に従い、ポルトガル政府は、人の権利に関する2つの重要な措置を講じた。

・1867年の民法を公布し、文民の犯罪については、死刑を廃止した。
・ポルトガルの全領土で奴隷制を廃止した（1869年）。

図4　サ・ダ・バンデイラ（1795-1876）
サンタレン出身で、マリア1世とルイス1世の時代に大臣を務め、全ポルトガル領での奴隷制廃止を主導した。

テーマC　18世紀のポルトガルから自由主義社会の成立まで

　ポルトガルは、死刑を廃止したヨーロッパで最初の国であった。死刑は、皆も知っているように、今でも、アメリカ合衆国のいくつかの州や中国など、多くの国で存在している。次の史料を読みなさい。

5　ポルトガルの例

　ポルトガルは最近、死刑を廃止した。このような進歩に倣うことは、文明に大きな一歩をしるすことになる。今日からは、ポルトガルは、ヨーロッパの先頭に立つ。汝ら、ポルトガル人よ、勇敢な航海者であれ。昔、汝らは、大洋で先頭に立った。今日、真理おいて、先頭に立つ。ヨーロッパは、ポルトガルに倣うことになるだろう。
　私は、叫ぶ。ポルトガルに栄光を。
　　『ディアリオ・デ・ノティシアス』紙
　　（1867年7月10日）への（19世紀フランス人作家）ヴィクトール・ユーゴの書簡

表2

死刑廃止の年代	
年代	国名
1920	オーストリア
1921	スウェーデン
1924	イタリア
1928	アイルランド
1978	デンマーク
1979	ルクセンブルグ
	ニカラグア
	カボーヴェルデ
1981	フランス
1982	オランダ

・この時代のポルトガルと大航海時代のポルトガルが比較されている部分の内容を説明しなさい。
・太字部分について意見を述べなさい。
・この文章の著者は、どのような感情を読者に伝えようとしているのですか？
・史料に題名を付けなさい。
・皆さんは、死刑の廃止に賛成しますか？　その理由は、何ですか？

私は、次のことができる。

1. 図2のデータを表1のデータと比較して、結論を言うこと。
2. 人権を擁護する措置に関して討論をする機会を作るように先生に提案すること。
　討論の結論をパネルに書き、それに、絵、あるいは新聞や雑誌の切り抜きを貼り付けること。

❷ 日常生活

農村の生活

労　働

　19世紀後半、農村に住む人々の主要な活動は、依然として、農業や牧畜であった。牧畜は、収益の点で助けになっただけでなく、農業活動を助ける手段でもあった（畑に肥料を供給し、犂を引く動力ともなった）。

　多くの農民は、小作人や日雇い労働者（彼らは、日決めで、つまり日給で働いた）、使用人あるいは賃金労働者として、自分が所有しない土地で働いた。数多くの小土地所有者もいたが、彼らの所有地は、暮らしていくのに十分なものではなかった。大土地所有者は、先祖伝来の土地を保有できた貴族か、あるいは土地を相続したり、国家から購入したりしたブルジョアジーであった。

　すでに見た農業分野での進歩にもかかわらず、農民の生活は、依然としてたいそう苦しかった。夜明けから日没まで、種まき、刈り入れ、ブドウの収穫、コルクの採取、オリーブの収穫など、一年中続く、いろいろな農作業に従事した。

図1　脱殻場にて、トウモロコシの脱殻

図2　家畜の群れの番（モンテモル・オ・ノヴォ公設市場のアズレージョの壁画）

図3　オリーブの実の収穫（モンテモル・オ・ノヴォ公設市場のアズレージョの壁画）

テーマC　18世紀のポルトガルから自由主義社会の成立まで

食　事

　農村の人々の食事は、とても質素で、彼らが栽培するか、簡単に入手できる食べ物が基本であった。ふつう、パンやオリーブ、イワシ、豚肉、なまの豆か乾燥させた豆のスープを食べた。当時多く生産されていた米やジャガイモも日々の食事の一部であった。菓子類や牛肉、鳥類の肉は、祭りの日にだけ食べた。一年にわたって、宗教上の祭りの際には、各地方独特の調理法によるごちそうが作られた。

衣　服

　農民の衣服は、地方ごとに、またその気候や仕事に応じて異なっていた。図4を見なさい。

図4　代表的な衣服

　A. 祭の衣服を着たポルト周辺の男女
　B. オヴァルの男女
　C. ミニョ地方の収穫する女性
　D. イリャヴォの漁師
　E. アレンテージョ地方の農婦
　F. エストレマドゥーラ地方の牛追い
　（E. および F.: アルベルト・ソウザの水彩画）

図5　ヴィアナ・ド・カステロ地方の衣服
数多くの地方色豊かな衣服が、民俗芸能のグループや団体の衣服として使われるようになり、今日でも残っている。（ミシサンガ社［オンタリオ、カナダ］ポルトガル文化センター提供の写真）

4　19世紀後半のポルトガル

住　居

　家屋の様式も、地方ごとに、また気候や現地にある建築資材に応じて異なっていた。一般に、家屋の内部は、飾りけがなく、質素であった。

6　農民の食卓

　ロウソクの煙で黒くなった壁に寄せて置かれ、手製のテーブル掛けで覆われた松材の食卓では、真鍮のロウソク立てに立てられた、なかば溶けた獣脂のロウソクが、黄色い陶器の二枚の皿を照らしていた。皿の周りには、木のスプーンと鉄のナイフが置かれていた。厚手の、くすんだガラスでできたコップには、ワインの赤紫の色合いが残っていた。(…)

　黒いオリーブの実がいっぱい入った陶器の鉢(…)。幅の広いトウモロコシパンには、大きなナイフが突き刺してあった。

エサ・デ・ケイロス『物語集』

図7　ミニョ地方の農夫の家屋の内部
仕切りのない一部屋で暮らしていた農民の家族もいた。そこで、食事の支度をし、食事をし、睡眠をとった。

・史料6および図7をもとに、農民の家屋の内部を描写しなさい。

私は、次のことができる。

1. 農民の食事は、バランスが良かったか、悪かったか、説明し、その理由を説明すること。
2. 大部分の土地は、誰のものであったのか言うこと。
3. 衣服が地方ごとにどうして異なっていたのか、2つの理由を挙げること。

テーマC　18世紀のポルトガルから自由主義社会の成立まで

図1　セニョール・ダ・セラの祭礼、ベラス（当時の写真）

娯　楽

娯楽は、宗教上の祭りや農作業（ブドウの収穫、刈り入れ、トウモロコシの皮むき）と密接に結びついていた。農作業では、しばしば掛け合いで歌が歌われた。各村の守護聖人の祭りでは、行列や祭礼が行われ、市が開かれ、人々は、各地方特有の踊りや遊びを楽しんだ。

子供たちは、自分たち自身で作ったおもちゃで遊んだ。

2　宗教上の祭り

年が明けると、「新年」の歌謡。そのすぐ後には、「東方の三賢人」の歌謡(…)、「鶏の祭り」がある「謝肉祭」、勤行を行う「四旬節」、「聖ヨハネ祭」の大きな焚き火、「諸聖人の日」の栗を焼く焚き火、「クリスマス」の夜食、そしてたまに、野外で（脱殻場で）上演される評判の高い劇。

トリンダーデ・コエリョ『私の愛』19世紀（改変）

・史料が言及している宗教上の祭りを言いなさい。

図3　シンキリョ（輪投げ）のゲーム（『絵で見るポルトガル』第1巻、1903年）

図4　行列、19世紀中頃（アウグスト・ロケモンテ画、ソアレス・ドス・レイス国立美術館）
ミニョ地方の祭礼を描いている。

4　19世紀後半のポルトガル

図5　鳥のわな（エンリケ・ピントの油絵、1893年、個人蔵）

図6　村の踊り（レオネル・ペレイラ画（1828-1892）ソアレス・ドス・レイス国立美術館）ポルト

夕方、男たちが集まる居酒屋や女たちがいっしょに服を洗う泉や川は、その土地の日々の出来事についての情報を交換する場所であった。

村にある店舗も、品物を入手する場所であるほか、最近の事件を知ることのできる場所でもあった。

郵便配達人や荷を運ぶ馬子は、各地を結びつけた。多くの土地では、夜の集いが開かれ、受け取った手紙を読んだり、その返事を書いたりした。史料9を読みなさい。

図7　川で洗濯する女性（当時の写真）

図8　酔っ払い（ジョゼ・マリョア画、1907年）

9 　手紙の代読

　その女性は、そこで止まり、貧しく無知なそれらの人々に、彼らが郵便で受け取った手紙を読み聞かせた。
「... そこで、だからこそ、おかあさん、神が私をお助けになるのであれば、私は、すぐにそちらに行き、すべてを解決したいと思います (...)。」
　その女性が手紙を読み聞かせて行くと、聞いている女性は涙を流し、喜びの気持ちを爆発させた (...)。
　この手紙のあと、別の手紙を次々と読んでいった。夫から妻への手紙、息子から母への手紙、そして男性から恋人の女性への手紙などを。

　　　　　　ジュリオ・ディニス『跡取り娘』(19世紀の小説－改変)

・どのような理由で、その女性は、他人の手紙を読んだのか？

図10　ブラジルからの手紙（『イルストラサン・ポルトゥゲザ』誌、1884年）
知らせを受け取るのは、いつも感激の瞬間であった。

私は、次のことができる。

1. 宗教上の祭りと関連して民衆が行ったことを2つ言うこと。
2. 農村の人々がどのようにして他の地方のニュースを入手していたのか、説明すること。
3. 自分がこの時代の農業労働者だったと想像し、読んだテキストや見た絵をもとに、自分の日常生活についての短い文章を書くこと。

大都市での生活

人口と活動

19世紀後半、ポルトガルの人口は大幅に（100万人以上）増加し、世紀末には、およそ500万人になった。リスボンとポルトが最も人口の多い都市であった。2つの都市の面積は、この時期、相当拡大した。

工場の多くは、これら2つの都市にあり、働き口とより良い生活条件を求めて、人々は全国各地からこれら2つの都市に向かった。

中産階級の市民（ブルジョアジー）―商人、工場主、銀行家、医師、弁護士、教師、公務員―が、これら2つの都市でも、支配的な力をもった。リスボンとポルトは、国内の他の都市の銀行活動や商業、工業を支配した。

次第に富裕となった中産階級の市民の中には、少しずつ政府の役職を占め、政治権力をもつようになる者も現れた。

しかし、都市の人口の大部分は、19世紀には、庶民の階層に属し、さまざまな仕事―工場労働者、建設労働者、店の従業員、富裕な人々や中産階級の人々の家での使用人―に従事した。

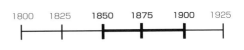

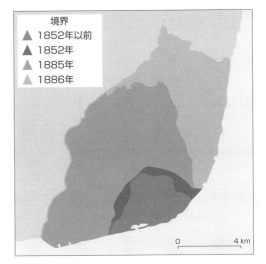

図1 リスボン市の拡大
（A・H・デ・オリヴェイラ・マルケス、J・J・アルヴェス・ディアス『ポルトガルとポルトガル海外領歴史地図』、一部改変）

テーマC　18世紀のポルトガルから自由主義社会の成立まで

図2　ポルト市のモジニョ・シルヴェイラ通り（当時の絵はがき）

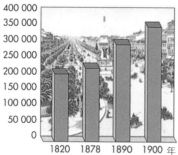
リスボン市の人口

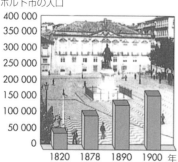
ポルト市の人口

行商人

　都市で品物を売るため、朝早く、行商人がやってきて、大声で品物の名を叫ぶ（図5）。彼らは、服装によって、また売る商品を客に告げる歌うような呼び声（物売りの声）によって、都市に独特の人物像となった。

図3　リスボンとポルトの人口
（A.H. デ・オリヴェイラ・マルケス『ポルトガル史』第3巻、一部改変）

4　19世紀後半のポルトガル

4　19世紀の物売りの声

「タマゴは、だあれが買いますか？」
「おいしーいソラマメは、いかが？」
「牛乳は、だあれが買いますか？」
「あーぶら、だよ。」
「イチジクは、だあれが買いますか？　昼ご飯を食べたいのはだあれ？」
「さあ、よーく脂が乗った、おいしいアナゴだよ。」
「石けんは、20ミル・レイスだよ。だれが、石けんを買いますか？」

A

B

C

D

E

図5　行商人　　A. リスボンの魚売り　B. リスボンの水売り　C. ポルトの鶏売り
　　　　　　　D. リスボンの籠売り　E. リスボンの服売り

食　事

　ブルジョアジーや貴族の食事は、豊かで、多彩であった。

　一日に4度食事をした。朝食、昼食、夕食、夜食であった。肉料理を好み、デザートを楽しんだ。この時代、レストランが増え、また新しいレシピを創作したり、外国のレシピを調理する有名な料理人の数も増えた。例えば、プディングやピューレ、オムレツ、スフレ、あるいはビーフステーキなどがその例である。

　都市の庶民は、そのような贅沢をする金はなく、パンと豆、豚の脂身、イワシを食べた。

図6　19世紀末の料理の本

私は、次のことができる。

1. リスボンとポルトが拡大した2つの理由を言うこと。
2. 当時の商業と今日行われている商業を比較して、短い文章を書くこと。

テーマC　18世紀のポルトガルから自由主義社会の成立まで

娯　楽

都市の市民には、彼ら独自の娯楽があった。

人々は、カフェや社交クラブ、夕食会、パーティー、舞踏会に集い、オペラや演劇、サーカス、闘牛などを楽しんだ。王族も、それらを大いに好んだ。世紀末には、映画館が出現した。

人々は、大きな公園を訪れて、そこで、いっしょに集い、最近の出来事について意見を交わし、また野外音楽堂で楽団が演奏する音楽を聴いたり、芝居や花火を見たりして楽しんだ。

図1　男性も女性も、自転車に乗るのを楽しんだ。テニスやサッカー、体操、陸上競技などのスポーツが、多くの愛好者を得るようになった。

図2　ブルジョアジーの豪邸でのパーティー（当時の写真）

図3　パセイオ・プブリコ［公共遊歩道］
現在、リベルダーデ大通りのあるところは、何十年にもわたって、リスボン市の代表的なパブリックスペースであった。その間、そこは、貴族や首都の富裕な市民の出会いの場であった。18時に、一旦門が閉まり、20時に、再び門が開いたが、今度は、音楽が奏でられ、入場は有料であった。

4　19世紀後半のポルトガル

図5　アルジェスでの海水浴
7月から10月まで、カスカイス線沿線の海岸は、リスボンからの海水浴客でいっぱいになった。大部分の人は泳げなかったので、ちょっと水につかるのにさえ、そこらにいつもいる監視員に手助けしてもらった。金持ちは、温泉地にも行った。

4　婦人の行儀作法

(...) 海岸では、脱衣所から海まで、また海から脱衣所まで、濡れたままで、水着だけで、行き来してはいけません。いつも、肩掛けマントを羽織るようにしなさい。(...) 劇場では、婦人は、上演中ずっと、自分の席に座っているのが、上品です。(...) どのような口実があっても、客席を双眼鏡で覗いてはいけません。

マリア・ルルデス・リマ・ドス・サントス『19世紀ポルトガルのブルジョア文化の社会学』

・娯楽のときにさえ、婦人が守らなければならなかった行儀作法について、皆さんはどう思いますか？

衣服と流行

　富裕層が着用した衣服は、19世紀の間、フランス（流行の発祥地）やイギリス発の流行に応じて変化した。しかし、流行の変化にもかかわらず、いくつかの一般的な特徴は指摘できる。

　女性の衣服に関しては、つねに、かさばって、丸みを帯びた、床まで届くスカートが用いられた。スカートをふくらませるため、スカートの下に、鋼の薄い板や魚のひれでできた腰枠［クリノリン］、あるいは堅い織物で

図6　髪は、つねに長髪で、編むか、真ん中で左右に分けるか、頭の上のほうで束ねた。頭の上には、帽子を被った。帽子には、いろいろな形があった。

テーマC　18世紀のポルトガルから自由主義社会の成立まで

できた何枚ものアンダースカートを着用さえした。この流行は、1845年から1866年にかけて頂点に達した。その後、トゥルニュール［腰当て、バッスル］が使われるようになった。これは、スカートを後ろに張り出すように、腰に当てた一種の枕のようなものであった。

　男性の衣服は、女性の衣服ほどは変化しなかった。燕尾服、チョッキ、ズボンが主な衣服であった。膝まで届くフロックコートも用いられた。上着の内側には、ワイシャツを着て、いつもネクタイを着用した。ネクタイの形は多様であった。

　頭には、いつも帽子を被り、シルクハットや山高帽が好まれた。散歩やスポーツのときには、ふちなし帽を被った。

図7　1884年11月16日付けの『オ・ソルヴェテ』紙に掲載された流行を風刺した画。この時代の美の概念では、丸みを帯びた豊満な体型がいいとされた。版画では誇張されているが、トゥルニュール［tournure：腰当て、バッスル］が好例である。日傘は、散歩の際の必需品であった。

図8　リスボンのシアド百貨店の広告。富裕層の衣服を扱う最も有名な百貨店の一つ。庶民は、流行の服など着なかったので、ふつうはこのような百貨店には行かなかった。庶民の服は、各自が従事する仕事に適したものであった。

私は、次のことができる。

1. 自分がこの時代のブルジョアジーだったと想像し、自分の服装や食事、好みの娯楽について文章を書くこと。

変化と近代化

19世紀の後半、ポルトガルの主要都市―リスボンとポルト―は、ヨーロッパ主要国の首都と同じく、近代化した。

- 街路や家屋の衛生状態がよくなったことで、病気の拡大が収まり、人々の健康が増進した。すなわち、都市の大部分の地域で水道が普及し、下水道の配管が拡大し、ゴミ収集事業が始まった（図3）。
- 街路の照明（はじめは、ガス、世紀末には、電気）のおかげで、盗難や強盗は減少し、人々はより安全だと感じるようになった（図1）。
- 舗装された街路や大通りが開通し、石畳の歩道や広場（図4）が作られ、公共の公園が整備された。
- 公共交通が発展した。
  ―「アメリカーノ」や「ショラ」と呼ばれた、馬に引かれた乗り物は、何人もの人を運ぶことができた。「アメリカーノ」の特徴は、レールの上を動くことだった。「ショラ」は、より動きやすいように、ときには、「アメリカーノ」のレールを利用した（図5）。
  ―電車は、世紀末に、ポルトで運行を始めた。

図1 公共の街灯は、リスボン市に特徴的な新しい人物を生み出した。それは、「ホタル男」と呼ばれた人々で、彼らは、ランプの清掃と維持管理を仕事とした。

2　私［ゼ・フェルナンデス］は、恐怖におののいた、わが存在の奥底でつぶやいた。
―これが、文明だ。
　ジャシントが扉を押し、われわれは、威厳と神秘に満ちた部屋に入った。山積みされた、ものすごい量の新しい本に出くわし、そこが、図書館であると分かった。わが友は、指で軽く壁に触れた。天井できらめく電灯の光の輪が、すべて黒檀製である重厚な本棚を照らした。

エサ・デ・ケイロス『都市と山脈』（一部改変）

- 著者が言及している発見は何か言いなさい。
- 太字の表現を説明しなさい。

テーマC　18世紀のポルトガルから自由主義社会の成立まで

図3　街路を清掃する牛車

図4　アリアド大通り開通以前のポルトのドン・ペドロ広場

住居と生活条件

リスボン市やポルト市では、19世紀、新しい街区が誕生し、建物は、その高さも数も増大した。

最富裕層は、豪華な住居を建設し、装飾にとくに注意を払った。

中産階級は、ある程度広い［フラット形式の］集合住宅に住んだ。

最も貧しい人々は、下水道も、飲料水も、清潔さも安全もない、過密な貧民街で暮らした。そのような貧民街は、ポルトでは「イリャス（島）」と呼ばれ、リスボン

図5　リスボンの王宮広場を行く「ショラ」型馬車
「ショラ」型馬車は、「アメリカーノ」型馬車よりも小さく、質が悪かった。だから、切符の値段は、より安かった。

354

4　19世紀後半のポルトガル

では「パティオス（庭）」とか「ヴィラス（住宅群）」と呼ばれた（図6）。

19世紀後半のポルトガル社会

すでに見たように、19世紀の間に、ポルトガル社会には、大きな変化が起こった。下の表をよく見なさい。

図6　リスボン（上）とポルト（左）の貧困地区
ここでは、工場で働く多くの労働者が暮らした。製造業者の中には、「労働者住宅群」と呼ばれた、自分の労働者専用の住宅地区を建設させた者もいた。

私は、次のことができる。

1. 都市の利便性や衛生、迅速さ、安全などの側面、そのほかさまざまな生活条件に触れながら、大都市の生活について文章を書くこと。

テーマC　18世紀のポルトガルから自由主義社会の成立まで

人　口

人口調査

統治者が人々の必要（例えば、道路や学校、病院の建設）を満たすためには、国の人口数を知ることが必要であった。18世紀以前にもすでに、そのような目的でポルトガルのいくつかの地方で、「ヌメラメント（数調査）」と呼ばれた人口調査が行われていた。しかし、この調査は、住民の数ではなく、世帯（家屋）の数を数えただけであったので、あまり厳密でなかった。各世帯には、ふつう5人の住民がいると計算された。

18世紀末から、世帯数の代わりに、人の数を数えるようになった。私たちが今日知っているのと同じような形式で行われたポルトガル初の人口調査（もしくは国勢調査）は、1864年に実施された。1890年以降、人口調査は、10年ごとに行われるようになった。

人口の増加

18世紀まで、ポルトガルの人口増加は、幼児・青少年の高い死亡率や戦争、飢饉、病気などのためにゆるやかであったが、19世紀の中頃以降、人口は、主に次のような要因で、それまでよりも急速に増加した（図3）。

- 食生活の改善（農業の変化について学習したことを思い出すこと）。
- 医学（ワクチン接種、新薬）や育児法（子供を世話する仕方を教える）の発展。
- ポルトガル国内で戦争が起こらなかったこと。

図1　ロレ公爵
厳密な方法（全国の住民数の調査、その生活条件や職業の分析）による、初の人口調査が実施されたのは、ルイス1世の時代、ロレ公爵の政権下であった。当時、ポルトガルの人口は、およそ380万人であった。

356

4 19世紀後半のポルトガル

・改善された都市の衛生状況(水道、下水道、舗装された街路)。

図2 ワクチン接種は、19世紀、幼児死亡率の減少に貢献した。

しかしながら、ポルトガルの人口増加は、全国で均一に起こったわけではなかった。テジョ川以北の沿岸地方が、依然として、ポルトガルで最も人口の多い地域であり、リスボン市やポルト市周辺の地域に、人口が最も集中していた。

このような不均等な人口分布は、[テジョ川以北の]北部沿岸地方が、次のような条件を備えていたことによる。

・土壌がより肥沃であり、またより多くの海港があった。
・より多数の工場があった(そこでは、つねに労働力が必要であった)。
・通信・交通機関が、より発達していた。

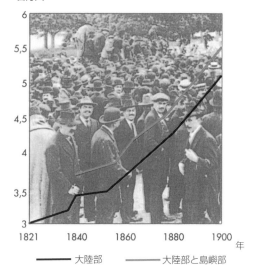

図3 1821年から1900年までの人口増加
(A.H. デ・オリヴェイラ・マルケス『ポルトガル史』第3巻、一部改変)

テーマC　18世紀のポルトガルから自由主義社会の成立まで

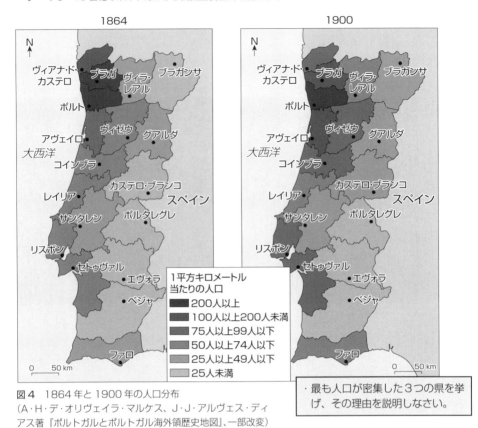

図4　1864年と1900年の人口分布
（A・H・デ・オリヴェイラ・マルケス、J・J・アルヴェス・ディアス著『ポルトガルとポルトガル海外領歴史地図』、一部改変）

・最も人口が密集した3つの県を挙げ、その理由を説明しなさい。

年表
1831年　クロロホルム（麻酔）の発見。
1882年　結核菌の発見。
1885年　コレラ菌の発見。
　　　　狂犬病ワクチン。
1893年　アスピリンの開発。
1895年　初のX線撮影。

私は、次のことができる。

1. 19世紀後半の人口増加について、最も重要だと思う2つの理由を言い、どうしてそれが重要なのか説明すること。
2. 人々が最も集中していた地域を挙げ、その理由を言うこと。

用語集をまとめること。
ワークブックに、ヌメラメント（数調査）、人口調査、人口増加の意味を記入すること。

農村の過疎化

農業に見られた発展にもかかわらず、生産性は、依然として低かった。農村の大部分の人々が困難な状況に置かれていた理由は、いくつもあった。
- ブルジョアジーによる、小土地所有者からの土地の購入
- 耕す土地に対して小作人が支払う地代の増加
- とりわけポルトガル南部の大土地所有地での機械化の進展。それは、解雇を招いた。

このような問題について、次の史料を読みなさい。

1 耕作地の放棄

文明の熱は、街道や鉄道を介して、農業の衰退から来る危機的な貧困状態にいるこの地方の人々のもとにも届いた。(...) 人々は、フィロキセラ［虫］の被害を受けた哀れなブドウの木やしおれた栗の木、病気に冒されたオリーブの木、需要のない現地の工場、廃墟となった村を目の前にして、そこを逃げ出すしかなかった。臆病な者たちは、石工の手伝いや大工として都市の工事現場に働き来た。大胆な者たちは、父祖伝来の家を売り、祖国を離れてブラジルへ向かった。

フィアリョ・デ・アルメイダ『猫』III、1890年

図2 ベイラ地方の労働者
多くの農民が農村を離れ、都市に向かった。

- 農民が土地を離れる理由を挙げなさい。
- 農民が向かった2つの目的地を言いなさい。

テーマC　18世紀のポルトガルから自由主義社会の成立まで

このような困難な状況によって、多くの人々は、操業を開始した工場で職を得るためか、あるいは単により楽な生活を夢見てかはともかくとして、主に産業の発達した都市に向けて、農村を離れた。都市へ向かう農村人口のこのような移動は、農村の過疎化と呼ばれている。

移　民

しかしながら、19世紀の後半、多くのポルトガル人は、外国で生活条件を改善しようとした。このような人口の流出の動きは、移民と呼ばれている（図3）。

このような移民の大部分は、次の2つの主な理由で、ブラジルへ向かった。

- ブラジルでの奴隷制廃止。その結果、労働者の需要が増大した。
- ポルトガル語という同じ言語の使用。

ただし、移民の多くは、期待していた生活条件を手に入れることができず、中には、帰国がかなわず、貧困の中で死亡した者もいた。

一方、中には、幸運に恵まれ、土地所有者となり、金持ちとなって故郷に帰った者もいた。彼らは、「ブラジル帰り」と呼ばれ、豪邸を構え（図5）、ぜいたくな暮らしをして、豪華な衣服を身に着け、しばしばその地方の有力者となった。そのような移民の送金は、ポルトガルが相変わらず直面していた財政上の困難を緩和するのにある程度役立った。ポルトガルは、輸入の面でも、借り入れの面でも、外国に依存していた。

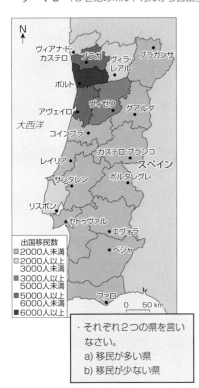

・それぞれ2つの県を言いなさい。
a）移民が多い県
b）移民が少ない県

図3　1870年から1874年までの県別の移民数
（ミリアン・アルベルン・ペレイラ『自由貿易と経済発展―19世紀後半のポルトガル―』リスボン、1983年）

4 19世紀後半のポルトガル

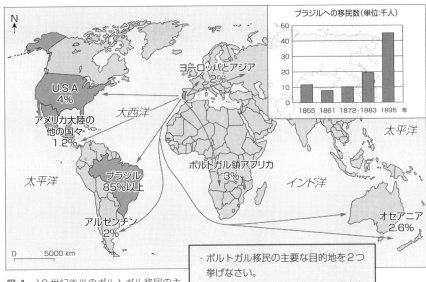

図4 19世紀後半のポルトガル移民の主な目的地とブラジルへの移民数の推移

・ポルトガル移民の主要な目的地を2つ挙げなさい。
・ブラジルへ多くの人が移民した理由をできる限り説明しなさい。

図6 ラファエル・ボルダロ・ピニェイロ制作の金持ちの「ブラジル帰り」を風刺した像

図5 ファフェにある「ブラジル帰り」の邸宅

私は、次のことができる。

1. 農村の過疎化の2つの理由を挙げること。
2. 19世紀にブラジルへ移民したと想像し、その旅行や到着の様子、見つけた仕事について、文章を書くこと。また、ストーリーのある漫画で、そうすること。

用語集をまとめること。
ワークブックに、農村の過疎化の意味が記入すること。

テーマC　18世紀のポルトガルから自由主義社会の成立まで

図解 − 要約

19後半のポルトガル

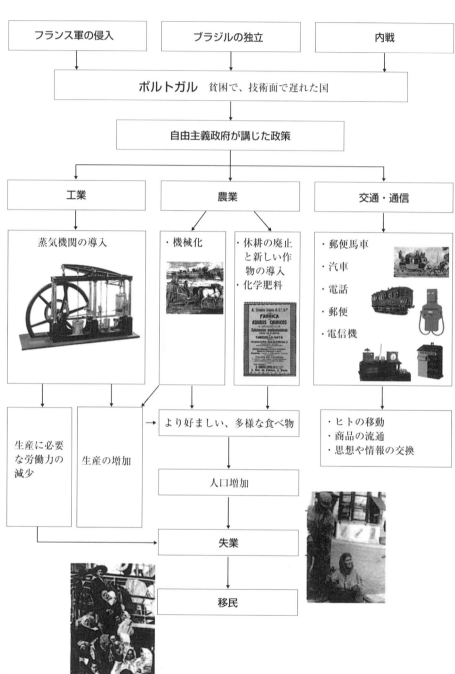

もう次のことができる。

1. 地図を見て、
   ①
   a) 主な工業地帯を言うこと　b) 主な鉱山を言うこと

2. 下の絵を見て、
   ①汽車で輸送されている2つの産物を言うこと。
   ②この時代におけるそれぞれの産物の重要性を言うこと。

3. 原材料を加工する過程に新しく導入されたものを説明すること。

4.
   ①19世紀後半、都市に導入された2つの改善点を言うこと。
   ②人権の擁護に貢献した2つの措置を言うこと。
   ③教育に関する3つの措置を言うこと。

人口の移動					
農村から都市への人の流出を意味する用語	流出の理由	他国への人の流出を意味する用語	流出の原因	他国へ流出する人の主な行き先	選択の理由

5. ノートに上の表を写して、完成させること。

6. 19世紀の農民の生活と工場労働者の生活を比較した短い文章を書くこと。

自主研究

19世紀の職業と物売りの呼び声、ことわざ

- 昔あった職業はすべて、今日でもまだあるのだろうか？
- もしも、すでに消え去った職業がいくつかあるのであれば、なぜ、消え去ったのだろうか？
- 物売りの呼び声とは、どのようなものだったのだろうか？ 今日もなお、そのような物売りの呼び声のいくつかは残っているのだろうか？
- ことわざとは、どのようなものなのだろうか？ ことわざのいくつかは、職業と関係があるのだろうか？
- なぜ私たちにとって、すでになくなった職業や、なくなりつつある職業、またことわざや物売りの呼び声を知ることが大切なのだろうか？
- もしも、自分で選ぶことができるのならば、なくなりつつある職業と別のもっと新しい職業と、どちらの職業を選ぼうとするだろうか？

上記の質問すべてに答え、その結果を発表するのに、自分で、あるいはグループで、次のことをやりなさい。
- 昔の職業と物売りの呼び声、ことわざについて、古い映画を見て、本を読み、自分が住む地方の高齢者にインタビューする。
- 職人の仕事場や工場を見学する。
- インターネットで物売りの呼び声やことわざを調べる。

集めた情報とすでに行った作業をもとにして、君は次のことができる。
- リベイラ・ド・ネイヴァ基礎学校（第2課程、第3課程）の生徒がすでに作成したように、「ことわざと農業」についてのカレンダーを作ること。カレンダーには、いくつかの物売りの呼び声を含めることもできる（例えば、11月には、クリを売る物売りの呼び声）。
- 学年末に学校内外の人々に見せるため、物売りの呼び声やことわざを紹介するとともに、できれば、当時の服装をした生徒が登場する出し物を準備すること。
- インタビューやテキスト、ビデオのようなすでに作成した資料を用いて展示会を開くこと。

図1 リベイラ・ド・ネイヴァ基礎学校（第2課程、第3課程）の生徒が作成した「ことわざと農業」カレンダー（2001年）の表紙と（10月の）ページ

教科、および教科外のカリキュラムで、歴史の勉強に役立つ活動
(提案)

教科と教科外の カリキュラム	活　動
国語（ポルトガル語）	・昔の物売りの呼び声について調べ、現在のいくつかの職業で使う新しい呼び声を作る。 ・昔の職業についてのテキスト（マティルデ・ロザ・アラウジョ『太陽と冷たい足の少年』、CTT［ポルトガル郵便］出版『切手で見るポルトガル』）を読む。 ・インタビューの質問項目表を作成する。
英　語	・例えば、19世紀の行商人の衣服のそれぞれに説明文を付ける。
ポルトガルの歴史と地理	・どのような理由で、いくつかの職業が20世紀でも引き続き存在しているのかが分かる映画、例えば、『歌が聞こえる中庭』のような映画を鑑賞する。 ・文書史料や図像史料を調べる。 ・見学。
理　科	・食事バランスガイドを参照し、それと19世紀の食事を比較する。
算　数	・物売りの呼び声、あるいはことわざを題材とした問題を作成し、解答を付す。
E.V.T.（視覚・技術教育）	・カレンダーを企画・製作する。
音　楽	・物売りの呼び声やことわざを朗読する。できれば、伴奏を付ける。
学習法指導	・「国語（ポルトガル語）」と関連する学級文庫を作る。
市民教育	・職人（陶器職人や鍛冶職人、仕立て職人など）や地方史研究者とともに、職業や物売りの呼び声、ことわざについて議論する場を設ける。

18世紀・19世紀の私の住んでいる地方

アレンテージョ地方

ヴェンダス・ノヴァスの数日間の王宮

　1728年、ジョアン5世は、王女の交換のため、スペイン国境まで旅することにした。ジョアン5世の娘、バルバラが、フェルナンド5世と結婚するためスペインへ行き、スペインの王女マリアナ・ヴィトリアが、将来のポルトガル王、ジョゼと結婚するため、ポルトガルに来ることになったからである。王の一行は、土の街道を馬車で旅しなければならなかったので、頻繁に休息する必要があった。そこで、国王は、9ヶ月間で、ヴェンダス・ノヴァスに宮殿を造築するように命じた。結局、そこには、王の一行は、2日間だけ滞在した。1860年、宮殿は、砲兵学校となった。

年表
1719年
セルパで、王族が狩猟を行う。
1748年
ジョアン5世の時代、皇太子ジョゼの命令で、アルテル・ド・シャンの王立馬飼育場が設置される。馬飼育場の雌馬の一頭が、リスボンのプラサ・ド・コメルシオ（商業広場）にあるジョゼの騎馬像のモデルとなった。
1759年
ポンバル侯の命令で、エヴォラ大学の廃止。
1769年
エルヴァスの帽子工場の創設。
1771年
ポルタレグレの王立毛織物工場の建設開始。
1789年
エルヴァスの病院で、解剖学の授業が始まる。
1833年
絶対王政派であったエストレモスの人々が、その地に勾留されていた自由主義者を虐殺。
1834年
サルダーニャ公が指揮する自由主義者軍の司令部が、モンテモル・オ・ノヴォに置かれた。
1861年
テジョ川以南の最初の鉄道線であるバレイロからヴェンダス・ノヴァスまでの路線の敷設が完成。
1863年
・エヴォラまで、南部鉄道線が完成。
・鉄道線、エルヴァスの近くのカヤまで到達。
1864年
南部鉄道線、ベジャまで完成。
1873年
エヴォラからエストレモスまでの鉄道線の完成。

図1　砲兵学校となったヴェンダス・ノヴァスの王宮

メルトラからベジャへの旅

　潮流に助けられ、メルトラに到着した。一見すると、とても貧しい村である。すぐに馬に乗り、旅を続けた。街道は、最近作られたもので、大部分状態がいいが、何カ所か、林や野生の植物でふさがれ、通行するのに苦労したところがあった。夜、私たちはみな疲れ果てて、ベジャに到着した。町は、大きな平原の真ん中にあるので、豊かな地方になるのは容易だろうが、住民が少なく、実際は、恐ろしげな、未開墾の荒れ地に過ぎない。ここで

は、ジョアン・カルロス司祭に大いに助けられた。司祭が農民たちに話をしてくれたおかげで、農民たちは、とても親切で、必要な情報をすべて、私たちにいつも喜んで教えてくれた。

　私たちが通ったメルトラからの新しい街道は、ポンバル侯の命令で建設されたものだと、農民から聞いた。アルガルヴェ地方のヴィラ・ノヴァ［ヴィラ・レラル・デ・サント・アントニオのこと］の建設を公爵が命じたときのことで、内陸部への商品の流通を容易にするためだった。街道の工事は、無償で、8レグアから10レグア以内に住む農民は、自前で、街道工事で働くように強制された。政府から一切の報酬はなかった。また、結核患者が、この地の新鮮な空気を吸いに、リスボンから転地療法に来ることも聞いた。

　アーサー・ウィリアム・コスティガン『ポルトガルからの手紙』、1778年-1779年（一部改変）

図2　ヴィラ・ヴィソザにあるブラガンサ公爵の大邸宅
この大邸宅の装飾調度類は、大部分、リスボンのリベイラ宮に移され、1755年の地震でその多くが失われた。残ったものは、ジョアン6世の命令でブラジルに運ばれ、二度とポルトガルには戻らなかった。

エヴォラの反乱と占拠

　エヴォラ市は、フランス人に対して蜂起するという、ポルトガルの将軍フランシスコ・デ・パウラ・レイテの提案を受け入れた。7月13日、反乱は起こった。ジュノは、それに対し、ロワゾン指揮下の1万人の軍隊をアレンテージョへ送った。フランス軍は、モンテモル・デ・ノヴォを略奪した後、抵抗を鎮圧、エヴォラを占拠し、窃盗、破壊、殺人をはたらいた。

図3 聖ジョアン・バティスタ（洗礼者聖ヨハネ）の誕生
18世紀のアズレージョで、ベジャの聖母コンセイサン修道院にある。

表1

1821年の制憲議会で選出された代議員	
市町村名	代議員数
アヴィス	1
ベジャ	2
クラト	1
エルヴァス	1
エヴォラ	2
オーリケ	1
ポルタレグレ	1
ヴィラ・ヴィソザ	1

出典：ジョアキン・ヴェリシモ・セラン『ポルトガル史』第8巻

カンポ・マヨールの包囲

1811年3月8日、カンポ・マヨールの近くに、フランス軍の一部が現れ、町の降伏を要求した。町の指揮官は、工兵隊少佐ジョゼ・ジョアキン・タラヤであった。

3月21日、防備に裂け目が生じ、フランス軍を防ぐことができず、少佐は、名誉ある条件のもとで降伏した。フランスの指揮官は、町を防衛していた軍が町から出て降伏し、その後、彼らを捕虜とする扱いを許し、そうでなければ不可避であった略奪から住民を守った。ベレスフォードは、4日後に到着し、難なく、町を再征服した。カンポ・マヨールは、「忠実で、勇敢な（町）」という称号を得た。

農業

ジョゼ・マリア・ドス・サントスは、モーラ郡で7万本のオリーヴを植えるように命じ、アルカセル・ド・サルには、米をもたらした。彼は、新しい耕作法の利用や機械や肥料の使用、また新しい作物を試すことを薦めた。そして、ポルトガルで最も富裕な人物の一人となった。

19世紀のエヴォラの市

今日、エヴォラには、そこで開催される市が醸し出す陽気な雰囲気がある。市にはいつも、娯楽や演劇、ダンス、女性へのほめ言葉、闘牛、そしてまた商売のわずかばかりの利益が生み出す華やかさがある。

エサ・デ・ケイロス『エヴォラ県について』（一部改変）

表2

	人口			
	1864	1878	1890	1900
ベジャ	6,874	7,843	8,394	8,885
エルヴァス	10,271	10,471	13,291	13,981
エヴォラ	11,518	13,046	15,134	16,020
ポルタレグレ	6,433	7,039	10,534	11,820

出典：A.H.デ・オリヴェイラ・マイケル『ポルトガル史』第3巻

アルガルヴェ

1755 年、アルガルヴェの被害

1755 年の地震と津波は、実質上、アルガルヴェ全域に甚大な被害をもたらした。例えば、ラゴスは、大部分破壊された。ラゴスの現在の主要な建物は、後に再建されたものである。アルブフェイラでは、残ったのは、およそ 27 家屋のみで、127 人の住民が、教会の瓦礫の下敷きになった。

アルガルヴェの再建には、司教フランシスコ・ゴメスが力を尽くした。

モンテ・ゴルドの漁師

ヴィラ・レアル・デ・サント・アントニオの町の建設を命じたのは、ポンバル侯であった。ポンバル侯がモンテ・ゴルドの漁師に新しい町に移るように命じたとき、漁師たちは、モンテ・ゴルドの海のほうが豊かであると言って、命令を拒否した。ポンバル侯は、その報復にモンテ・ゴルドを焼き払うように命じた。わらでできた家屋は、すぐに燃え尽きたが、後

図1　現在のモンテ・ゴルドの漁師たち

に再建され、19 世紀なると、村は発展し、アルガルヴェ地方全域の漁業の中心の一つとなった。

> 年表
> **1774 年**
> ヴィラ・レアル・デ・サント・アントニオの創設。
> **1776 年**
> タヴィラに敷物工場の創設を許可する法令。
> **1828 年**
> ・ラゴス、タヴィラ、オリャンでミゲル派に対する反乱。
> ・ファロで、ミゲル派の反乱。
> **1833 年**
> ・サン・ヴィセンテ岬近くで、ミゲル派の艦隊の敗北。
> ・自由主義派の軍隊が、ファロを占領。
> ・「トロヴォアダ（雷鳴）」が率いるならず者の一団が、ポルティマンで盗みや暴行をはたらく。「レメシード」が町を占領し、犯罪者を銃殺。
> **1853 年**
> ブドウの木に寄生するオイディウム（ウドンコ病菌）の被害が発生。
> **1877 年**
> 『オ・アカデミコ・ファレンセ』紙の刊行。
> **1889 年**
> 南部鉄道線が、ファロに到達。

制憲議会には、ポルトガルの大陸部から、100 名の代議員が選出された。人口約 3 万人につき、代議員一人の割合であった。（選出代議員数の表は、ジョアキン・ヴェリシモ・セラン『ポルトガル史』第 8 巻から作成）

表1

1821 年の制憲議会に選出された代議員数	
市町村名	数
ファロ	1
ラゴス	1
タヴィラ	1

図2　タヴィラ
川には、1870年に再建された石の橋がかかっている。鉄の橋は、20世紀なってから建設された。

図3　モンシーケの職人が作る肩掛け
以前から、職人は、羊毛製の肩掛けや袋、ヤナギ細工を制作している。

ジュノに対する反乱

　ジュノに対する反感は、北から南まで国中で感じられた。
　南部で最初に反乱を起こした土地は、オリャンで、ファロの助けを得た。［反乱の］翌日、17人の漁師が、リオ・デ・ジャネイロにその良い知らせを伝えるため、「ボン・スセソ（成功）」という名の小さな漁船で出発した。彼らの大胆な偉業に対する感謝の印として、摂政王子［ジョアン］はのちに、オリャンに「ヴィラ（町）」の称号を与えた。
　7月19日、今度は、ファロの番であった。オリャンの住民が、いろいろと偽りの口実を設けてフランス軍を引き留めている間に、ファロの住民は、反乱を進めることができた。
　タヴィラでは、サン・ジョアン・バプティスタ・ダ・コンセイサン要塞がポルトガル人の抵抗の拠点となった。指揮官マルティン・メストレは、オリャンの防備に向かい不在であった。その妻と娘は、フランス軍兵士の限りない侮辱を受けた。しかし、21日には、町は、敵の脅威から解放された。
　ファロの市会は、他の市会に、戦いは、生きるか死ぬかの戦いであると告げた。「親愛なる友人へ。わが王国にフランスの圧政に支配されている市や町もしくは村がある限り、われわれの身に安全はない。」その結果、シルヴェス市やラゴス市、ロレやアルブフェイラ、ポルティマンの町が、次々と反乱への参加を宣言し、他の町、アルコティンやサン・ブラス・デ・アルポルテル、およびシルヴェスは、内陸部へ向けて反乱が浸透する拠点となった。

ジョアキン・ヴェリシモ・セラン
『ポルトガル史』第7巻（一部改変）

アルブフェイラの「レメシード（ミゲール派の残党）」

エストンバルで生まれた「レメシード」は、ミゲール派の最後の抵抗の一つであった。彼らは、アルガルヴェの山間部を支配下に収めたが、都市部の人々は、彼らが来るのを恐れた。1833年7月27日、「レメシード」が指揮するミゲール派のゲリラは、アルブフェイラを包囲した。『アルガルヴェ地方誌』の著者、シルヴェス・ロペスが云うように、「彼らは、あらゆる年齢の74人の人々を残忍に殺した。すさまじいどう猛さで、人々に恐怖の叫び声を上げさせた」のである。

缶詰工業

1773年、ポンバル侯は、アルガルヴェ王国漁業総合会社を創設した。

19世紀後半、一人のイタリア人が、ヴィラ・レアル・デ・サント・アントニオに、マグロをオリーヴ油で保存する、最初のマグロ工場—サンタ・マリア工場—を建設した。アルガルヴェの海域には、マグロが豊富で、オリーヴ油は、グアディアナ川を経由して、バイショ・アレンテジョ地方から運ばれた。この後、アルガルヴェ地方の各地やポルトガルの他の地方に、次々と缶詰工場が出現した。この中で、ポルティマンが、ポルトガル缶詰工業の最大の中心地となった。

シルヴェスの「貧者の父」

サルヴァドール・ゴメス・ヴィラリーニョ（1825-1893）は、モンサンに生まれたが、1870年、シルヴェスに移り、そこでコルク栓工場を創設した。1897年には、500人以上の労働者を雇用していた。彼は、「貧者の父」として知られた。『ア・デフェザ・ド・ポヴォ（民衆の擁護）』紙を創刊した。彼は、全国一のコルク工場主、またシルヴェスの慈善病院の第一の功労者となった。

図4　シルヴェスの慈善病院
（写真：BPI/S. ヴィラリニョ・ペライラ、ルイザ・ヴィラリニョ『シアドの医者』、2003年、所収）

表2

	人口			
	1864	1878	1890	1900
ファロ	8,014	8,561	9,338	11,789
ラゴス	7,744	7,279	8,259	8,291
タヴィラ	10,529	11,459	11,558	12,175

（別に注記がなければ）各地方の人口の表は、A.H. デ・オリヴェイラ・マルケス『ポルトガル史』第3巻から作成。

ベイラ地方

ソーレ：18 世紀の伝説

　「老婦人の土地」の売却によって、［ソーレの］市役所の建設に十分な資金が得られた。

　「老婦人の土地」は、言い伝えによると、年配の婦人が市会に寄附した土地で、それが名前の由来となっている。「老婦人の土地」には、一つの「物語」がある。ある日、国王がアルファレロス地区を通りかかり、一人の美しい娘の家に宿泊した。国王の従者も、娘の家に宿泊した。［間違いなく、国王陛下は、ブラジルの金の夢を見たことだろう。］翌日、国王は、親切に報いるために、何かほしいものがあるか尋ねた。娘は、ためらうことなく、一枚の牛の皮でつかみ取れる土地がほしいと国王に頼んだ。国王は、願いを叶えるのはたやすいと考え、同意した。しかし、娘はずる賢く、牛の皮をつかむと、数百ヘクタールの広大な土地を取り囲めるほどの多数の細い革ひもに切り分けた。人々の記憶に残った言い伝えは、だから、ソーレの市会の土地や市役所と密接に結びついているのである。

マリオ・ヌネス『歴史的文化遺産の道』（一部改変）

コビリャンとフンダンの毛織物工場

　コヴィリャンの最も重要な建物の一つは、ジョゼ1世の時代に建設された旧王立織物工場である。その一部は、今日、毛織物博物館となっている。1864年、コヴィリャンに工業学校が創設されたことは、その地方で毛織物工業がいかに重要であったかの表れである。

年表
1717 年
ロザンの製紙工場開設。
1765 年
ポンバル侯が、モンデゴ川とヴォーガ川流域のブドウの木の伐採を命令。
1769 年
ポンバルに高級な帽子を製造する工場の設置を命令。
1788 年
フンダンとコヴィリャンの工場の経営を民間人に委ねる法令。
1798 年
リスボン‐コインブラ間の乗合馬車が運行開始。
1808 年
・コヴィリャンで、フランス軍に対する反乱。
・［潟から海への出口が開き］ヴォーガ川の水が、100 年ぶりに直接大西洋に流れるのを多くの人が目撃。
1810 年
第 3 次フランス軍侵攻。マセナの軍がベイラ・アルタ地方から侵入し、アルメイダとヴィゼウを征服。

図1　フンダンの市議会とペロリーニョ（市の中央広場にある柱）
王立毛織物工場は、ポンバル侯の時代、フンダンに創設された。工場は、フランス軍の侵攻後、閉鎖されたが、建物は再建され、市役所となった。

フランス軍の侵入

カステロ・ブランコの占領（第1次侵攻）

　フランス軍は1807年11月、ポルトガルとの国境を通過し（...）、カステロ・ブランコに入った。町は、フランス軍が必要とした食料を彼らに供出できなかった（...）。侵入者は、いくつもの家屋を襲い、見つけたすべてのものを奪った。
　　　　　ルス・ソリアーノ『内戦の歴史』（一部改変）

　1807年、ジュノ指揮下のフランス軍がイダーニャとカステロ・ブランコを略奪している間に、他のフランスの将軍、ロワゾンが、北からラメゴに入った。ロワゾンは、コバ・デ・ベイラを通り、アブランテスまで南下した。フランス軍が犯した残虐な行為は、民衆の反乱を引き起こした。

図2　診療室にいるロポ・デ・カルヴァリョ医師
グアルダにあるソウザ・マルティンス療養所 S. ヴィラリニョ・ペレイラ、ルイザ・ヴィラリニョ著『シアドの医者』、2003年、所収）

表1

1821年の制憲議会に選出された代議員	
市町村名	代議員数
アルガニル	1
アヴェイロ	3
カステロ・ブランコ	2
コインブラ	6
フェイラ	2
グアルダ	4
ラメゴ	2
レイリア	2
リニャレス	1
ピニェル	1
トランコゾ	2
ヴィゼウ	5

第3次侵攻時のフランス軍の前進

　フランス軍によるコインブラの占領は、3日続いた。アルメイダ以降、他の町でも起こったように、占領は、盗みや火事、虐殺を引き起こした。［フィゲイラ・ダ・フォスでは、］フランス軍は、あまり多くのものを入手できなかった。というのは、町はすでに空っぽで、倉庫には何もなかったからである。コンデイシャでは、フランス軍は、かなりの小麦や大麦、カラス麦を見つけて、それらを強奪した。6日には、彼らは、レイリアへ入り、司教邸を略奪した。
　　　ジョアキン・ヴェリシモ・セラン『ポルトガル史』第7巻（一部改変）

フランス軍の逃亡

　1811年3月のイギリス・ポルトガル連合軍司令官の命令は、断固としていた。それは、敵が占領する土地に向け、食料を携えてコインブラを通過する者は、フランス軍の「スパイ」として逮捕し、公開のむち打ちの刑に処すと命じていた。3日間、コンデイシャやセルナシェ、サン・マルティーニョ・ド・ビスポの工場、またモンデゴ川流域の他の土地（テントゥガル、モンテモル、フィゲイラ、ラヴォス）の工場は、フランス軍が物資を

図3　モンデゴ川の洗濯女
（写真：S. ヴィラリニョ・ペレイラ、ルイザ・ヴィラリニョ『シアドの医者』、2003年、所収）

図4　モンデゴ川の牛車
（写真：S. ヴィラリニョ・ペレイラ、ルイザ・ヴィラリニョ『シアドの医者』、2003年、所収）

入手するのを妨げるため、封鎖された。ウェルズリー軍が、フランス軍を追撃した。フランス軍は、ミランダ・ド・コルヴォから撤退したのち、フォス・ド・アローセで敗北を喫し、セイラ川で兵士の多くが溺死した。メセナには、無秩序に陥った残りの兵とともに国境に急ぐしかすべはなかった。フランス軍は、物資を失い、多くの兵士は背嚢を背負っているのみであった。フランス軍は、銃や家具、装飾品、衣服など盗んだ品物の一部を後に残していった。撤退に遅れた者は、民衆の報復の犠牲となった。

　1811年3月20日、フランス軍は、オリヴェイラ・ド・オスピタルに到達し、そこからゴヴェイアおよびセロリコ・ダ・ベイラに向かった。ウェルズリー軍が後を追い、3月27日には、ゴヴェイアに司令部を置いた。マセナは、グアルダからサブガルに向かったが、コア川を渡る地点を考えてのことであった。彼は、サブガルで、防備を固めたが、敗戦を喫した。4月9日以降、イギリス軍の元帥［ウェルズリー］は、ヴィラール・フォルモゾにとどまり、敵の国外への撤退を見届けた。フランス軍は、17日にポルトガルの領土を後にした。

自由主義者が、グアルダを占領

　クリスマスの前夜、われわれはグアルダを占領した。グアルダは、雪に覆われていた。(...)寒さと薪の不足によって、どちらかというと、国が征服下にあるかのように振る舞うことになった。暖をとるために、われわれが泊まる家屋の扉の一部を燃やす羽目になったからである。

　司教座聖堂参事会員たちは相談し、市が微妙な状況に置かれていたにもかかわらず、いつもの時間に大聖堂の鐘を鳴らし、降誕祭深夜のミサを知らせた。われわれは、武器を手に取った。鐘の音が敵の急襲を知らせるものと思ったからである。(...)結局、戦場で、厳粛な降誕祭深夜のミサが催され、われわれの多くが参列した。

> 1826年、絶対王政派から市を奪還したグアルダ占領に参加した自由主義派の将校、フロンテイラ侯による『ポルトガルの各地方、ベイラ・アルタ地方とベイラ・バイシャ地方』から引用（一部改変）。

イリャヴォのヴィスタ・アレグレ工場

1824年、ジョゼ・フェレイラ・ピント・バストは、イリャヴォのヴィスタ・アレグレ農園に一つの工場を設立した。ガラス、とくにクリスタルガラスの美しい製品、グラス、瓶、花瓶、小瓶から始め、のちに、彩色陶器［ファイアンス］（上質の陶器）、例えば皿、コーヒー茶碗、砂糖入れなどを製造した。すべて、きわめて美しい工芸品である。今日、工場は、世界の各国に製品を輸出している。

この地方に工場が設置されたのは、炉の燃料となる薪を供給する森林が多く、また彩色陶器の製造に利用される陶土、カオリンがあったからである。

機械に対する恐怖

コヴィリャンが毛織物工業に使用するため最初の機械を輸入したのは、1845年から1846年にかけてであった。人々は、新しい機械について、それがパンを奪うものだと噂した。噂は、やがて人だかりを生み、人だかりは、反乱へと発展した。700人もの工場労働者が、反乱への叫び声を上げた。「機械に死を！　機械に火を！」の叫び声が町全体を揺るがした。
マヌエル・ヌネス・ジラルデス『国内労働問題の基本』（一部改変）

バイラダ地方のワイン生産

バイラダ地方は、オリヴェイラ・ド・バイロ、アナディア、メアリャダの各郡とコインブラ、カンタニェデ、アゲダ各郡の一部を含む地方である。ずっと以前から、バイラダ地方の最も有名な産物は、ワインである。しかし昔、ポンバル侯は、この地方のブドウの木をすべて伐採するように命じた。その土地が、小麦の生産にずっと適しているというのがその理由であった。ポンバル侯は、本当は、自分が1756年に創設したアルト・ドーロ葡萄栽培総合会

年表
1826年
グアルダ、トランコゾ、アルガニル、アルメイダで、絶対王政派の反乱、町の占拠。反乱参加者は、**コインブラ**への進軍の途上、自由主義派の軍隊に勾留された。
1828年
ミゲルに祝辞を述べるため、リスボンに向かった令名高き**コインブラ**大学の代表者らが、**コンデイシャ**の近くで、自由主義者の学生の一団に暗殺された。
1834年
自由主義者が、ベイラ地方を征服した。
1859年
郵便馬車が、初めてアナディアに到着。
1864年
『ジョルナル・デ・ヴィゼウ』紙の創刊。
1866年
アルベルガリア・ア・ヴェリャのテリャデラで銅鉱山の開発が始まる。
1882年
ベイラ・アルタ地方の鉄道線が完成。
1891年
カステロ・ブランコに電力と鉄道線。
1893年
汽車がグアルダまで到達。
1894年
モンテモル・オ・ヴェリョでポルトガル初の農業組合創設。

図5　20世紀初頭のソアール門［城壁の門の一つ］、ヴィゼウ
19世紀、ヴィゼウに集まるいくつもの街道とサンタ・コンバ・ダンからの鉄道線が建設された。
（写真：S. ヴィラリニョ・ペレイラ、ルイザ・ヴィラリニョ『シアドの医者』、2003年、所収）

社を守ることを優先したのだと言う者もいる。民衆の抗議にもかかわらず、ポンバル侯の発した命令は、実行された。[後に]マリア1世は、禁止を解除し、ブドウの木は、バイラダ地方に戻った。19世紀、鉄道の建設、汽車の運行のおかげで、ブドウの木に寄生するオイディウム（ウドンコ病菌）の被害にもかかわらず、ワインの生産は1853年以降、大幅に増加した。

図6　女性用病室、マンテイガス
（写真：『イルストラサン・ポルトゥゲザ』誌、1910年9月19日号。S.ヴィラリニョ・ペレイラ、ルイザ・ヴィラリニョ著『シアドの医者』、2003年、所収）

ポンバル郡行政官の知事宛の書簡（1858年8月30日）

　(...)ポンバル郡が緊急に必要としていることは多数あるが、その多くは、実は、私がきわめて緊急であると考え、かつポンバルの住民の商業にとってほかとは比べものにならないほど重要なもの、つまり交通と比べれば副次的なものである。ポンバルの住民と北部地方の住民を結びつける整備された街道が是非とも必要である。自然は、交通を妨げ、両方の住民の往来はほとんど不可能である。つまり、交通の障害を克服するのはむずかしく、夏は疲労困憊し、冬はほとんどいつも危険である。このような数多くの困難が、商業を阻害している。なぜなら、北部の郡の住民の多くは、ポンバルの市場に必要な品を買いに来ることができるはずなのにそうしないのは、交通の障害のせいでそうしないのであり、彼らは、別のもっと遠い場所に必要な品を買いに行くのである。

ジョアキン・エウゼビオ著『ポンバル―8世紀にわたる歴史』

図7　アヴェイロのリア運河

図8　レイリアのロドリゲス・ロボ広場
（写真：S.ヴィラリニョ・ペレイラ、ルイザ・ヴィラリニョ『シアドの医者』、2003年、所収）

ヴィゼウ県のジョアン・ブランダン

　昔、旅をするのは、とても危険だった。実際上、街道はなかったし、道は、土で、泥に覆われていた。泥棒がいて旅人を襲ったし、家や店さえも襲った。
　ミドンイス出身の有名な強盗、ジョアン・ブランダンは、19世紀オリヴェイラ・ド・オスピタルやトンデラ、タブア、アルガニルなどのベイラ・アルタ地方を荒らし回った。

彼が初めて人を殺したのは、12歳のときで、的がわりにゴヴェイアの牧童を撃ち殺した。彼は、英雄と見なされることもあれば、悪者と見なされることもあった。

ある日の午後、私たちは皆いっしょに店にいた。土砂降りだった。その時とき、目を除いて顔を隠した一人の男がやってきた。馬から下り、馬の手綱を留め金にくくりつけ、雨をはたきながら、扉を通って中に入ってきた。「ここにコルメアルさんはいるか？」母は、祖父を呼びに行った。その男は、人を怖がらせるような顔をしていたが、小声で「真夜中頃に、15人分の夕食を用意しろ、ブランダンさんがミドンイスに向かっている途中だ。」と、祖父に伝言を伝えた。(…)深夜、私は、大きな音で目を覚ました。馬の群れが道を下っているように思われた。父は、扉を開けた。彼らは、列を作って中に入ってきた。全部で18人いた。皆、目だけ残して顔を隠し、帽子を被り、髭が濃かった。雨水を垂らしていた。武器を身に着けていたが、まるで戦争にでも行くようだった。母は、パン焼きがまのそばに身を隠した。私は、恐ろしさで震えながら、ワインの樽の後ろから覗いていた。彼らの一人が帽子を脱いで、それからつけ髭を外した。その男が、ジョアン・ブランダンだった。彼らは、おしゃべりし、笑いながら、食事をし、酒を飲んだ。父と母は、黙って給仕をしていた。出発する時間になると、カウンターの上に、お金が詰まった袋を放り投げて言った。「勘定をしろ。話はそれからだ。」彼らは、再び馬に乗り、大きな隊列を組んで、雨の中を出て行った(…)

ジョゼ・ロドリゲス・ミゲイス『天国の学校』（一部改変）

図9 コインブラーセイア間の旅客の輸送（写真：『イルストラサン・ポルトゥゲザ』誌、1912年4月29日号。S.ヴィラリニョ・ペレイラ、ルイザ・ヴィラリニョ『シアドの医者』、2003年、所収）

フィゲイラでの「海水浴」

海水浴の季節にフィゲイラの近くを通る旅行者は、フィゲイラに立ち寄るとよい。そうすれば、きっと満足して戻ってくるだろう。それには、フォルモセリャの駅で汽車を降りて、そこからモンテモル・オ・ヴェリョまでバテイラ船（小さな船）で［モンデゴ］川を渡り、そこで、船をやとう。フィゲイラまでの［川の］旅は、快適である。

『ヨーロッパ大陸旅行者のための案内書』（19世紀）。ジョゼ・マトゾ編『ポルトガル史』から引用。

表2

人口				
	1864	1878	1890	1900
アヴェイロ	6,395	6,852	8,860	9,979
カステロ・ブランコ	6,136	6,928	6,758	7,288
コインブラ	12,727	13,369	16,985	18,144
グアルダ	3,761	4,613	5,990	6,124
ラメゴ	7,844	8,124	8,685	9,471
レイリア	2,922	3,570	3,932	4,459
ヴィゼウ	6,399	6,956	7,996	8,057

ドーロ地方

ポートワイン

　1756年、ポンバル侯は、アルト・ドーロ葡萄栽培総合会社を創設した。同社は、ポートワインの生産・流通の独占権を得た。ポートワインという名称は、ワインがアルト・ドーロ地方［ドーロ川上流域］で生産されるにもかかわらず、その流通がポルト［＝港：英語名ポート］市を拠点としているという事実に拠る。18世紀以降、ポートワインは、外国、とくにイギリスで高い評価を得た。そのため、多くのイギリス人がポルトに住み、ワインの流通に携わった。それが、ポートワインの商標の中に、今日でもイギリス人の名字が使われているものがある理由である。

　ワインの樽は、いくつものワイン醸造元からレグアまで運ばれ、そこからドーロ川を下ってヴィラ・ノヴァ・デ・ガヤまで運搬された。ヴィラ・ノヴァ・デ・ガヤには、ワインを熟成させる地下蔵が設置された。輸送は、ラベロ船［ワイン樽運搬船］で行われた。各船は、60樽まで輸送できた。川の流れや風向きによって、運搬は、2日、もしくはそれ以上の日数を要した。

年表
1756年
アルト・ドーロ葡萄栽培総合会社創設。
1775年
ペナフィエルに毛織物工場、ポルトに亜麻布工場の設置を許可する法令。
1797年
ポルトのサン・ジョアン劇場の開業。
1823年
リスボンとポルト間の蒸気船就航。
1828年
ポルトでミゲルに対する反乱。
1832年
・ペドロ4世が指揮する自由主義者の軍隊がポルトに入る。
・ミゲル派の軍によるポルトの包囲。
1854年
穀物倉庫の略奪を伴う民衆暴動。
1864年
鉄道線がガヤに到達。
1877年
鉄道線がポルトに到達。
1884-1892年
モトジニョス人工港の建設。ポルト市および近隣の市と世界との結びつきが強まる。
1895年
ポルトの映画館での最初の公開上映。

図1　ドーロ川のラベロ船

フランス軍の侵攻：ポルトの占領

　ポルト市は1807年、スペイン軍とフランス軍に占領された。ジュノは、イギリス・ポルトガル連合軍に敗退した後、シントラで協定を結んだ。その条約では、占領の間に盗んだ品物の大部分を国外に持ち出すこ

表1

1821年の制憲議会に選出された代議員	
市町村名	代議員数
ペナフィエル	2
ポルト	6

とが可能であると定められていた。ポルト市民は、その協定を無視して、フランス軍の荷物を精査し、それによって盗品の大部分の流失を防いだ。

1809 年、フランス軍が、再度侵攻してきた。トラズ・オズ・モンテス地方から侵攻し、ポルトガル北部をドーロ川までの征服した。民衆の抵抗にもかかわらず、再びポルト市を占領した。そのとき、「船橋の悲劇」が起こった。フランス軍の脅威を眼前にして、人々は、ガヤに向かって川を渡ろうとした。ポルトガルの高官は、フランス軍の進軍を阻止しようとして、橋の一部を切断するようにすでに命じていた。そのため、何千人もの人々が、[それを知らずに、後ろから押し寄せる人々に押されて] 川に落ち、溺死した。

図2 ヴィラ・コンデ地区ミンデロのアレノザ・デ・パンペリド海岸にある、自由主義者派の軍隊の到着を記念するオベリスク。

サンタ・マリア・ダ・フェイラのアリファナ地区には、1809 年、フランスの将軍スールトの命令で銃殺刑に処された 100 人以上人々を追悼するオベリスクが建っている。スールトは、教会に逃げ込んだ子供や老人も、容赦することはなかった。銃殺刑は、フランス軍大佐の死の復讐を意図したものであった。

自由主義者の上陸

1832 年 7 月 8 日、ペドロ 4 世が指揮する自由主義者の軍隊がヴィラ・ド・コンデにあるカステロ・デ・サン・ジョアン・バティスタ要塞に上陸を試みた。しかしながら、要塞の守備隊は、自由主義者に合流することを拒否した。ペドロ 4 世の軍は、結局、ミンデロにあるアレノザ・デ・パンペリドの海岸に上陸した。翌日には、自由主義陣営の艦隊に所属する 1,500 名の兵士が、ポルト市を占領した。これらの兵士は、「ミンデロの勇者」として知られている。

ポルトの包囲

1832 年 7 月 7 日の夕方、ミゲル派の軍は、ペドロの艦隊を遠望した。艦隊は 8 日、ミンデロの海岸にいかりを下ろした。ペドロの軍は、8,000 人に満たなかった。（それにもかかわらず）ミゲル派の軍は、自由主義者の軍の上陸を阻止しようとはせず、あわただしく町から出て、ドーロ川の北と南に陣を構え、ポルトを包囲する動きを見せた。

自由主義者の陣営では、物資の欠乏が起こった。市内には、製粉所はなく、穀物の備蓄量は人数に対しては、わずかしかなかった。(...)

一方、敵は、近隣の村に陣を構え、厳しい包囲網を敷き、ポルト市への物資の流入を阻止した。

2月、ポルト市周辺の絶対主義者の軍は、3万9,000人を超えた。彼らは、物資の調達には、それほどの苦労はなかった。(...)

[1833年]7月5日［正しくは、7月26日］、ペドロは、リスボンに向け出航した。ポルトに対する砲撃は、依然として続いていた。

8月18日、サルダーニャは、[ドーロ川]北岸のミゲル派の軍隊がすでに撤退したのを知り、ヴァロンゴ街道に沿って追撃した。

包囲は解かれ、ポルトは自由になった。

ヒュー・オーエン『ポルトの包囲』（一部改変）

図3 エスピニョにある缶詰工場のポスター
1867年の鉄道の開通は、缶詰工業の発展に貢献した。19世紀、「海水浴に行く」また「海で養生する」習慣によって、多くの人々がエスピニョを訪れ、エスピニョは、ポルトガルの主要観光地の一つとなった。

郡の中心、ヴァロンゴ

1836年、マリア2世は、ヴァロンゴに郡の中心地という地位を与えた。その理由は、「わが尊い亡き父、皇帝陛下が、私に王座を取り戻し、国家を解放するために勝利を収めた数多くの戦いの一つであるポンテ・フェレイラの戦いを指揮した土地の名前として、ヴァロンゴという地名が呼び起こす栄光に満ちた思い出」にあった。

ポルトの男女

ポルトのフォスの夜会（「ソワレ」）は、とても賑やかである。

ご婦人方は、陽気で、生き生きとしている。ある種魅惑的な純真さで、愛情を込めて会話をする。その大げさな物言いや特有なイントネーションやリズムのせいで、彼女たちの会話はとても感じがよい(...)。

男たちは、声の調子も、雰囲気も、服装もイギリス風で、髭を入念に手入れし、ネクタイは派手で、短いフロックコート、分厚いブーツを身に着け、傘を持っている。彼らは、足早に、大股で歩き、いつも家族そろって食事をする。レストランやビュッフェ形式の食堂でも、旅行者や外国人の姿しか見かけない。

ラマリョ・オルティガン『辛辣な皮肉』（一部改変）

表2

ポルト市の人口			
1864	1878	1890	1900
86,000	105,000	138,000	168,000

エストレマドゥラ地方

アルデイア・ガレガ

1709年、アルデイア・ガレガ［モンティジョ］について、カルヴァリョ・ダ・コスタ司祭は、次のように書いている。
「.. そこには、王国で最良の9つの宿屋がある。(…) 日曜日を含めて毎朝9時に肉が売られ、時期に応じてとてもいい肉がある。」

さらに、アルデイア・ガレガには、リバテジョ地方で最良の石造りの埠頭があり、8隻の定期船が運航しており、またリスボンから定期船が毎日運航し、住民は船賃の支払いが免除されているという。

ジョアキン・タパディニャス『発見時代のアルデイア・ガレガ』（一部改変）

トレス・ヴェドラスの防衛戦

トレス・ヴェドラスの防衛戦は、要塞の連なる3つの線から成り立っている。第1線は、アリャンドラからソブラル・デ・モンテ・アグラソを通り、トレス・ヴェドラスおよびシザンドロ川の河口に達した。トレス・ヴェドラスのサン・ジョアン要塞は、リスボン北方10レグア圏をかたく守った建造物の偉容を今日に伝えている。第2線は、アルヴェルカとサンタ・イリア橋の間にあり、モンタシケとマフラを見渡し、エリセイラの北に至った。最後の第3線は、リスボンで、オエイラスの周囲に位置し、事態が差し迫ったとき、イギリス軍が船に乗り込む時間を稼ぐためのものであった。

カルダス・ダ・ライーニャ

ジョアン2世の王妃、レオノールは、皆が温泉の薬効の恩恵を受けられるように、カルダス・ダ・

年表
1729年
バルカレナの火薬工場の創設。
1742年
ジョアン5世が1ヶ月間、カルダス・ダ・ライーニャに滞在。アヴェイラスとオビドス間の道路が補修される。
1748年
コイナのガラス工場が、マリニャ・グランデに移転。
1773年
・カスカイスに織物工場を創設する法令。
・アルコバサに王立の亜麻布工場を創設する法令。
1861年
ピニャル・ノヴォからセトゥバルまで鉄道線の完成。
1868年
カスカイスにサンタ・マルタ灯台の建設。
1884年
ボヴォア・デ・サンタ・イリアに、ポルトガル初の化学肥料工場の設立。
1894年
アリャンドラにポルトガル初のセメント工場の設立。

表1

1821年の制憲議会に選出された代議員	
市町村名	代議員数
アルコバサ	1
アレンケル	1
リスボン	9
セトゥバル	2
トレス・ヴェドラス	2

ライーニャに病院の建設を命じた。王国中の人々が、富者も貧者も、その病院へ行ったが、支払いができる者だけが、お金を払えばよかった。ジョアン5世は、13回も湯治に訪れ、施設の拡大を命じた。

オビドスの潟の周辺では、狩猟が行われ、風景が最も美しいところには、人々が行楽に訪れた。ジョアン5世やジョゼ1世、カルロス1世がその地を訪れた。

カルダスの陶磁器

1886年、ラファエル・ボルダロ・ピニェイロは、カルダス・ダ・ライーニャに陶磁器の工場を創設した。そのとき以来、カルダスの陶磁器は、商業的な観点からも、芸術上の観点からも成功を収めている。1889年、パリ万博で、この工場は、金メダル一つと銅メダル2つを受賞し、ボルダロ・ピニェイロは、フランス政府から勲章を受けた。

ナザレ

漁業のおかげで、ナザレがかなり大きくなったのは、18世紀であった。しかし、フランス軍の侵入期、および自由主義者と絶対王政派との内戦期、漁師たちは、ペデルネイラに避難しなければならなかった。戦争で混乱するポルトガル王国に、海賊が襲撃を繰り返したからである。

19世紀末、ナザレの漁師は有名になった。ちょうど、それは、避暑客がナザレを訪れるようになった時期であった。

図1 カルダス・ダ・ライーニャのメルカド広場
（写真：S. ヴィラリニョ・ペレイラ、ルイザ・ヴィラリニョ『シアドの医者』、2003年、所収）

図2 ナザレの海岸
（写真：BPI／写真家不詳。S. ヴィラリニョ・ペレイラ、ルイザ・ヴィラリニョ『シアドの医者』、2003年、所収）

図3 エストリルのサント・アントニオ温泉、1880年
（写真：『イルストラサン・ポルトゥゲザ』誌、1888年11月21日号。S. ヴィラリニョ・ペレイラ、ルイザ・ヴィラリニョ『シアドの医者』、2003年、所収）

カスカイスの海岸

19世紀中頃、海岸へ行くのが流行し始めたとき、リスボンの貴族にとって第一級の海岸は、ペドロソスの海岸であった。19世紀末には、流行の海岸は、すでにカスカイスに変わっていた。海岸沿いにあるいくつかの貴族の館やシダデラ要塞の中にある王宮は、その証しであった。1889年、ルイス1世は、その王宮で死去したし、カルロス1世は、休養のため何度も王宮を訪れた。

アルコバサ修道院

1794年、ウィリアム・ベレスフォードは、修道院を次のように描写している。「... 天井は、金が塗られているか、彩色されており、床は、ペルシャ絨毯で覆われている。食卓はビロードの縁取りがあり、そこには銀製の立派な各種の水差しや鉢が置かれている ...」。

ポンバル侯は、修道院の工事を命じ、建物の修復と図書館の拡張が行われた。フランス軍の侵入期、および自由主義者と絶対王政派との内戦期、修道院は略奪された。

セトゥバルとパルメイラでの出来事

セトゥバルからアルマダまで、土地は松などの林に覆われていた。19世紀、土地は整地され、農業、とくにワイン生産に利用されるようになった。

自動車の初めての追突事故は、1895年10月20日に起こった。アヴィレス伯の石油自動車は、パルメラ経由で、バレイロからセトゥバルまで1時間かけて走った。パルメイラで、道を間違い、急な坂道を下りなければならなくなった。結局、自動車は、坂道を下ったところで、ロバをはねた。

図4 リスボン―カスカイス間の街道
(写真：BPI / Ed. J. P. Barros。S. ヴィラリニョ・ペレイラ、ルイザ・ヴィラリニョ『シアドの医者』、2003年、所収)

表2

人口				
	1864	1878	1890	1900
リスボン	210,000	227,674	301,206	356,009
セトゥバル	12,747	14,798	17,581	22,074

ミニョ地方

第1次フランス軍侵攻、シャヴェスからブラガまで

　シャヴェスからブラガへのわれわれの行軍は、戦闘の連続であった。国中と戦わなくてはならなかった。すべての住民、つまり男も、女も、子供も、年寄りも、神父も、皆が武器を手に取っていた。村々は放棄され、通路は監視されていた。(...) わが先鋒は、昼夜、しつこく苦しめられた。(...) 雲のように多数の武装した農民が、繰り返し攻撃を仕掛けてきた。このような人々は皆、実際、絶望的な怒りに身を任せているようであった。『スールト将軍の回顧』19世紀（一部改変）

ダルケの砂に埋められた財産

　フランス軍の侵入の間、ダルケ（ヴィアナ・ド・カステロ）の住民は、侵入者は奪えるものはすべて奪うということを知り、自分たちの財産や教会の財産を箱に詰めて砂の中に埋め、それらをフランス軍の略奪から守った。

ポンテ・デ・リマのフランシスコ・デ・サン・ルイス師

　フランシスコ・デ・サン・ルイス師は、ポンテ・デ・リマに生まれた。1808年、師は、フランス軍と戦い、1820年には、最初の自由主義政府に参加した。師は、過去を尊重するように努めたので、自由主義者は、師を臆病者であると非難し、絶対王政派は、師が自由主義者であるので、裏切り者と呼んだ。結局、6年間監獄で過ごすことになった。後、師は、枢機卿、またリスボン総大司教となった。

ブラガの最初の工場

　ルア・ノヴァ・デ・サンタ・クルスには、ブラカ

年表
1784年
ブラガで、ボン・ジェズス・ド・モンテ教会の建設開始。
1802年
ヴィゼラの製紙工場の創設。
1834年
自由主義者、ミニョを征服。
1846年
マリア・ダ・フォンテの反乱。この反乱は、**ヴィエイラ・ド・ミニョ**で起こった民衆蜂起で、租税、および公衆衛生法（死者を墓地に埋葬することを強制した法令）に反対した農民が担い手であった。マリア・ダ・フォンテは、**ボヴォア・ド・ラニョゾ郡のフォンテ・アルカダ**の若い女性で、反乱を始めた女性たちのグループのリーダーであった。
1853年
ブドウの木に感染するオイジウム（うどん粉病）の被害が拡大し始める。
1864年
ブラガのミニョ銀行の開業。
1882年
・ヴァレンサまで、ミニョ地方の鉄道網の完成。
・ブラガで、ボン・ジェジュス・ド・モンテへ行く、ポルトガル初のケーブルカーの建設。
1886年
ヴァレンサで、国際橋の開通。

表1

1821年の制憲議会に選出された代議員	
市町村名	代議員数
バルセロス	5
ブラガ	2
ギマランイス	5
ヴァレンサ	1
ヴィアナ	4

レンセ社会工場がある。われわれが調査を行うのは、ここである。
「工場は、いつ創設されましたか？」
「1866 年です。」マルティンス・セルケイラ氏は、答えた。「それは、蒸気機関を利用してフェルト帽を製造するために設立された最初の工場でした。」
「それでは、そのときまで、ブラガでは帽子は製造していなかったのですね。」
「いや、製造していました。でも、羊毛製の帽子を製造する数多くの小さな製造所においてでした。」
「数多くの？」
「そうです。数多くの製造所でした。そのような製造所は、セニョラ・ア・ブランカ広場から、ペオニスやサン・ヴィクトル・オ・ヴェリョ通りまで、またサン・ドミンゴス通りからタマンカまで軒を連ね、いくつもいくつもありました。何十も、本当に何十もありました。」
「手仕事で製造していたのですね。」
「すべての製造所は、手仕事で製造していました。」
「有名だったのは…？」
「それは、タシャやバイアス、マナメウやゼ・カネカなどの製造所です。」
マヌエル・アラウジョ『ブラガの工業』

図1　ヴィアナ・ド・カステロのアゴニアの聖母の祭り
1873 年にはすでに、ピニョ・レアルは、この祭りをアルト・ミニョ地方で「最も盛況な祭り」と考えていた。

ギマランイスでの工業の発展

　1884 年、歴史家アルベルト・サンパヨの発案で、ギマランイスにおいて、工業見本市が開かれた。また、鉄道がギマランイスまで開通したのも、このときである。
　この 2 つの出来事は、ギマランイスの工業の発展に貢献した。イギリスから綿紡績機が導入されて、工場が建設され、そこで製造された衣服が国中に販売されるようになったからである。
　マヌエル・ベルナルデス・アルヴェスの蒸気機関を利用した工場の規程を見ると、工場労働者が従った規則のいくつかが分かる。
- 次のことを行った場合、工員には、男女を問わず、60 レアルの罰金が科された。
- −工場の給水場で、顔を洗った場合。
- −中にいる人が出てくるのを待って、便所の戸口に立っていた場合。

図2　ギマランイスのトラル広場とアフォンソ・エンリケスの銅像（ソアレス・ドス・レイス作）
この銅像の完成式典には、国王ルイス 1 世が出席した。銅像は 1940 年、城の敷地に移された。
（写真：S. ヴィラリニョ・ペレイラ、ルイザ・ヴィラリニョ『シアドの医者』、2003 年、所収）

・歌を歌ったり、騒がしくした者には、100レアルの罰金が科された。

ミニョの土地

図3　ヴィゼラでの豚の販売
（写真：S. ヴィラリニョ・ペレイラ、ルイザ・ヴィラリニョ著『シアドの医者』、2003年、所収）

ミニョの土地は、数多くの所有者によって分割所有されているだけでなく、さらに細分されている。というのは、各所有者の所有地は、多かれ少なかれ、散在する数多くの小さな土地から成り立っているからである。つまり、一つの小耕地は、ブドウの木が覆いかぶさる小さなカシの木で、隣の小耕地と隔てられているのである。(...)さらに遠くに別の小耕地があり、こちらには、乾いた土地、あちらには湿った土地がある、という具合である。(...)このようなミニョの耕作地すべてに特徴的な状況からして、土地の耕作は相当費用がかかり、困難なものとなっている。(...)　『辛辣な皮肉』（一部改変）

ミニョからブラジルへ

移民の出発

「ドーロ川の河口で、私は何度となく、何百人ものミニョの若者が船で出航するのを見ました。

移民の数はきわめて多いので、どの人も少なくとも身内に一人はブラジルに移民した者がいました。彼らの遺す遺産がかなりの額になり、相続人を豊かにするようなこともしばしばありました。(...)

そのようなポルトガル人移民の影響では、故郷に残っていた両親やおじ・おば、兄弟たちの中にもブラジルへと渡った者が大勢いました。」

アルベルト・ピメンテル『ポルトガル人の鏡』19世紀（一部改変）

ブラジルでの移民

彼らは、奴隷のように食べ、眠り、働いた。一人分の食料は、干し肉、フェイジョン豆、キャッサバ粉で、昼食や夕食時に食べられるように、自分たちで調理する必要があった。住居は、サンザラ（センザラ）と呼ばれ、一部屋だけで、扉と窓はあるが、床板はなく、むしろがベッド代わりで、家具としては、座るための石が置いてあるだけだった。

『移民に関する第1回議会調査報告書』1873年

表2

人口				
	1864	1878	1890	1900
ブラガ	18,831	19,755	23,089	24,202
ギマランイス	7,568	7,980	8,611	9,104
ヴィアナ・ド・カステロ	9,263	8,816	9,682	9,990

リバテジョ地方

トマールの工業

　トマールは、1755年の地震で被害を受けなかったので、そこでは、ポンバル侯の時代やその次の時代に工業が発展した。1771年、昔の絹靴下工場は、帽子工場と統合し一つとなり、さらに、1788年には、ジャコメ・ラトンがここに綿紡績工場を設立することになる。(...)1840年には、紡績、製紙、皮革、蒸留、帽子の工場が合計7つあり、約650人の工員を雇用していたことが知られている。

　　　ジョゼ・アウグスト・フランサ『トマール』（一部改変）

アブランテスのフランス軍

　将軍ジュノは、24日の朝、アブランテスに到着した。ジュノは、プニェテを占領することでゼゼレ川の渡河を確保することを考えていた。プニェテは、川の左岸に位置する小さな村であったが、テジョ川との合流点にあり、軍事的な観点からは、アブランテス占領と一体をなすものであった。工兵隊大尉とカタルーニャ人工兵、フランス軍歩兵分遣隊が、プニェテに行き、住民の助力を得て、船橋を設置した。船橋には、1801年に使用された後、川のいくつもの場所に放置されていた船を使った。アブランテスは、相当な大きな町であった。町は、高台の南面にあり、高台の麓にテジョ川が流れていた。町への道は、狭く、困難であった。

　アブランテスの地理上の位置は、戦況に大きな影響を及ぼした。アブランテスがポルトガル侵入の要となるのに欠けていたのは、町の防備が不足しているという点だけであった。フランス軍は、アブランテスで苦しみから解放された。兵士には、食料と履き物が配給された。テジョ川の河口にイギリス軍が上陸するのではないかという、われわれが抱いていた不安や恐れも消えてなくなった(...)。フランスの将

年表
1759年
トマール王立帽子工場の創設。
1789年
マリア1世、リバテジョ地方全域に、ブドウの木の新規植え付けを許可。ブドウの木は以前、ポンバル侯の命令で伐採されていた。
1794年
トマールに最初の紡績工場設立。
1807年
11月26日、ジュノ、タンコスに到着。27日、ゴレガンに到着、28日、カルタショに到着。
1833年
ミゲル、リスボン占領を目指して、サンタレンに総司令部を置く。
1834年
自由主義者の軍隊、リオ・マヨールとトレス・ノヴァスを征服し、ペレスとアルモステルでミゲル派の軍隊に勝利を収める。トマール近郊、アセイセイラでミゲル派の軍隊の敗退。
1851年
サンタレンの労働者、農業機械の導入に反対して、農地に杭を打ち込み、石を投げ込む。
1861年
鉄道がサンタレンまで到達。

表1

1821年の制憲議会に選出された代議員	
市町村名	代議員数
オウレン	1
サンタレン	3
トマール	3

図1 ヴィラ・フランカ・デ・シラの市場のアズレージョ（彩色タイル）

図2 ガレガンにあったカルロス・レルヴァスの写真のアトリエ、1885年 カルロス・レルヴァスは、ポルトガルにおける写真の先駆者の一人であった。（写真：『イルストラサン・ポルトゥゲザ』誌、1885年11月16日号。S. ヴィラリニョ・ペレイラ、ルイザ・ヴィラリニョ『シアドの医者』、2003年、所収）

図3 アルメイリンにあるアロルナ農園の邸宅（19世紀）

軍［ジュノ］は、ポルトガルの首相に自らアブランテス到着を知らせた。「私は、4日でリスボンに到着する。」「わが軍の兵士は、いまだに銃を使用していないことを嘆いている。貴殿は、わが軍の兵士に銃を使用させるような事態を避けなければならない。さもなければ、最悪の事態が生じるであろう。」

フォワ将軍『半島戦争の歴史』1827年（一部改変）

フランス軍の撤退

1811年初頭、トレス・ノヴァスからサンタレンまでの戦線におけるマセナの状況は、ますます困難になった。ウェルズリーは、ベレスフォードをシャムスカに配備し、ヴィラ・フランカ・デ・シラまでの［テジョ川］左岸を支配下に収め、同時にサンタレンに対する包囲を強めた。

家畜や穀物を得るため、フランス軍は、略奪の対象とするテジョ川流域の地域をますます広めていた。一方、イギリスの元帥［ウェルズリー］は、差し迫った［フランス軍］撤退の際、侵略軍を追撃するため、カルタショの参謀本部に止まっていた。3月の初旬、ついに、マセナがサンタレンから退却したとの知らせが入った。フランス軍は、退却前、町の主要な建物に火を放ち、町中に悲惨な恐ろしい光景を現出させていた。サンタレンの2つの病院は、フランス軍が無慈悲に放置した病気の軍人であふれていた。

トマールへの道も同じ光景で、街道はけが人や死人であふれていた。マセナは3月8日、トマールに到着した。その間、ベレスフォードは、追撃の手を緩めず、アブランテスに到達した。

ジョアキン・ヴェリシモ・セラン『ポルトガル史』第7巻

図4 エントロンカメントにある鉄道博物館
この町は、1864年、北部線と東部線の交差地点のほとんど無人地に生まれた。今日、博物館の庭や広場で、昔の「鉄の馬」を見ることができる。

牛飼いと闘牛士

　夏の土曜日、サンタ・アポロニアにポルトガル鉄道の駅が再び姿を現した。せかせかとした陽気な群衆の騒がしさ。ふちなし帽子をかぶり、家畜を追う杖を持ち、青や白の線が入った黒い羊毛製の荷物袋を担ぐ奇抜な格好のリバテジョの人々、またヴィラ・フランカ、あるいはアリャンドラへ行く、絹のベルトを締め、スペイン風の帽子を目深にかぶった闘牛士もいる。

ラマリョ・オルティガン『温泉浴・鉱泉浴』19世紀

人　口

表2

人口の推移

郡	1864 出生	1864 死亡	1878 出生	1878 死亡	1878 住民数
アブランテス	869	762	722	427	24,706
アルメイリン	328	183	324	177	9,029
バルキニャ	132	68	105	58	3,675
ベナヴェンテ	210	155	187	132	5,326
カルタショ	357	192	344	199	11,163
シャムスカ	266	194	231	147	8,350
コンスタンシア	100	69	48	43	2,912
コルシェ	319	217	261	153	8,053
フェレイラ・デ・ゼゼレ	300	331	326	184	12,157
ゴレガン	86	89	110	94	3,706
マサン	319	336	350	209	11,447
オウレン	606	358	545	331	19,983
リオ・マヨール	238	173	242	166	9,226
サルヴァテラ	176	117	202	114	4,889
サンタレン	1,283	757	992	592	36,329
サルドアル	138	187	129	72	4,939
トマール	793	512	749	468	25,226
トレス・ノヴァス	931	419	901	424	27,246
総計	7,451	5,119	6,768	3,990	228,362

フレデリコ・アウグスト・ピメンテル『サンタレン県一般審議会に対する提案』1884年（一部改変）

　農業技術の改善は［農業の発展とは］切り離せない不可欠のものだが、そのような改善も見られない大土地所有地は、ポルトガル南部地方の遅れに、依然として大きな影響を及ぼしている。

　テジョ川以北の郡では、所有地は細分され、耕作は集約的であり、そこでは、人口密度はより高い。(…)たくさんの人々が、県の南部地方の狭い土地に残された［大土地所有者が］放置している沼地や湿地、稲田に群がっている。川筋がどう変わるか分からない川沿いの土地、あるいは水の流れもなければ、清掃もなされていない水路、また水が詰まり、(…)水の流れも排出もない数多くの湿地、それらが、死亡率に最も影響する主要な要因の一つである。

フレデリコ・アウグスト・ピメンテル『サンタレン県一般審議会に対する提案』1884年（一部改変）

トラズ・オズ・モンテス地方

トラズ・オズ・モンテスの中で最も生産高や人口が多い地方は、バルケイロスやメザン・フリオ、レグア、ヴィラ・レアル、サンタ・マルタ・デ・ペナギアンがある地方である。この地方は、土壌が肥沃であり、はじめは河川交通、後にはさらに道路交通の便にも恵まれた。倉庫や桟橋を備えたアルト・ドーロ葡萄栽培会社のドーロ川流域地方本部が川岸に置かれたのは、レグアであった。この会社は、レグアの発展に大きく貢献した。高台にある町、ペゾは、麓に向かって拡大したが、河川交通と商業の町、レグアは、川沿いに位置した。

レグアの近くに、カルダス・デ・モデロの温泉がある。「フェレイリニャ」として知られ、ポートワインの生産に携わり、貧しい人々を助けた女性、アントニア・フェレイラは、温泉の発展に貢献した。

ジュノに対する反乱

(...)トラズ・オズ・モンテス県は、フランス軍に対して最初に反対の声を上げた県であった。シャヴェスから、その叫びは、トラズ・オズ・モンテス北東部に広がった。

ヴィラ・レアルの人々は、国民軍のもとに集結した。国民軍の大佐は、そのような事態の推移を完全に支持していた。[フランス軍の]アルメイダ守備隊の隊長ロワゾンは、トラズ・オズ・モンテスやミニョの諸県の反乱を鎮圧するため、ただちにポルトに向かうように命令を受けた。ロワゾンはラメゴに到着したが、そこで、ドーロ川を渡るのにどこが最も適した地点であるのかという問題に直面した。フランス軍の将軍[ロワゾン]は、レグアの道を選び、そこに守備隊を置くとともに、メザン・フリオに陣を張った。しかし、彼は、

年表
1778年
トラズ・オズ・モンテスの紡績学校の創設。
1789年
シャヴェスの王立病院に「解剖学・外科教室」の創設。
1809年
第2次フランス軍侵入。
スル[将軍]の軍隊がトラズ・オズ・モンテスを経由して、ポルトに向かう。
1834年
自由主義派が、トラズ・オズ・モンテスを征服した。
1853年
ブドウの木に寄生するオイディウム(ウドンコ病菌)の被害が拡大し始める。
1870年
18世紀以来アルファンデガ・ダ・フェで生産されていた絹織物の生産高が17トンに達する。

表1

1808年のフランス軍に対する反乱	
日付	市町村名
6月6日	シャヴェス
6月8日	ヴィラ・ポカ・デ・アギアル
6月11日	ブラガンサ
6月13日	ミランダ・ド・ドーロ
6月16日	ヴィラ・レアル
6月17日	モンコルヴォ
	ミランデラ
	アルファンデガ・ダ・フェ

そこで足止めされた。レグアで部下が攻撃されたという知らせを受け、将軍はレグアにとって返し、町に容赦ない砲撃を加えた。彼は、この悲しい出来事で名をはせることになる。しかし、ロワゾンは結局進軍を阻まれ、いったんベイラ・アルタに戻り、別の経路でポルトに向かう決断をした。途上、家屋や穀物畑に火を放ちながら、ロワゾンはラメゴへの道をたどったが、つねに［ポルトガル人の］武装した集団に追撃され、後衛部隊は容赦のない攻撃を受けた。逃亡する軍が意図していたラメゴの略奪を防いだのは、まさにそのような武装集団であった。

ジョアキン・ヴェリシモ・セラン『ポルトガル史』第7巻（一部改変）

アマランテの敗北

(...)1823年2月、アマランテ伯を指導者とするヴィラ・レアルの反乱が勃発した。アマランテ伯は、トラズ・オズ・モンテス県で名声が高い人物であった。父親と同様、彼は、自由主義の受入を拒絶し、絶対主義の復興がなお可能であると考えていた。アマランテ伯の運動は、ブラガやシャヴェス、ブラガンサ、さらにトラズ・オズ・モンテスの北東部へ拡大したが、アマランテ伯は、自由主義政府に忠誠を誓う軍との戦いで敗北し、スペインへの亡命を余儀なくされた。

ジョアキン・ヴェリシモ・セラン『ポルトガル史』第7巻（一部改変）

農民の日常生活

ふつう、農民は、夜明けに、つまり夏は5時頃、冬は6時頃、起床した。

冬の月には、起床するとすぐに、家で朝食をとり、畑に向かった。夏は、起床するとすぐ畑に行き、そこで、8時半頃に家から運んでくる朝食をとった。

表2
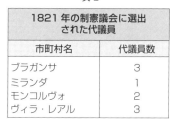

市町村名	代議員数
1821年の制憲議会に選出された代議員	
ブラガンサ	3
ミランダ	1
モンコルヴォ	2
ヴィラ・レアル	3

図1　ヴィラ・レアルの噴水、19世紀初頭（写真：S. ヴィラリニョ・ペレイラ、ルイザ・ヴィラリニョ『シアドの医者』、2003年、所収）

図2　アルヴァン自然公園にあるラマス・デ・オロの牛車

図3 ミランデラの市庁舎（旧タヴォラ家邸宅）
タヴォラ家は、ジョゼ1世暗殺事件に関与したとして告発され、一族は死刑に処された。

それから、正午までまた農作業に従事した。正午になると、また家から運んでくる食事、つまり昼食を食べた。夏には、昼食時間のあと、眠ったり、休んだりする時間があった。これが、セスタ（昼寝の時間）で、2時まで続いた。冬の間は、1時から日暮れまで働いた。夏の間は、2時から日暮れまでの間、だいたい5時頃間食をとるため、もう一度仕事を中断した。

日が暮れると、家に戻り、家族そろって、夕食をとった。そのときが、祈りの時間があった。夕食をとる食卓の周りで、あるいはかまどに向かって座り、皆でロザリオの祈りを唱えた。

表3

農民の食事			
朝食	昼食	間食	夕食
・料理：ジャガイモとオリーブ油 ・スープ：ケール（キャベツ）、フェイジャン豆、米 ・パン	・料理：ジャガイモ、豚肉の脂身 ・スープ：ケール（キャベツ）、フェイジャン豆 ・パン	・オリーブの実とパン	・スープ：ジャガイモ、ケール（キャベツ） ・パン

J.T. モンタルヴァン・マシャード『ヴィラ・レアル県の医療・衛生状況』(1950) 所収

表4

移民		
年	（ポルトガル）大陸部からの出国移民	ヴィラ・レアル県からの出国移民
1886	13,998	1,074
1890	29,427	3,070
1900	21,235	1,129

J.T. モンタルヴァン・マシャード『ヴィラ・レアル県の医療・衛生状況』(1950) 所収

表5

人口				
	1864	1878	1890	1900
ブラガンサ	4,754	5,071	5,840	5,535
ヴィラ・レアル	4,836	5,296	5,920	6,716

マデイラ

ワイン

　大部分がフンシャルのカピタニア（長官領）の領域にある南斜面は、最良のワインを産する場所である。一方、大部分がマシコのカピタニアにある北斜面は、質の劣るワインを産する。そのようなワインはめったに島から外に出ることはなく、島での消費に充てられるか、蒸留酒の製造に使われる。

　いくつかの史料から、生産の地理的な分布を知ることができる。1787年の史料によると、マデイラ諸島は2万2,053樽のワインを生産したが、ポルト・サント［島］の生産は、179樽に過ぎなかった。［マデイラ島の北部では、］サン・ヴィセンテが主要な生産地で、3,898樽を生産し、次いで、ポルト・ダ・クルスが1,245樽を生産した。南部で、最も多く、最もいいワインを生産してきたのは、フンシャル近郊の諸郡であった。フンシャルからは、最良の輸出用ワインが積み出された。ワインは長年、マデイラ島の交易の中心的な産物であり、17世紀中葉以降、生産は上昇し続けたが、19世紀の20年代に下降し始めた。致命的な打撃を被ったのは、19世紀中頃のことで、その原因は、ブドウの木を襲ったいくつもの病気であった。

アルベルト・ヴィエイラ（編）『マデイラの歴史』
（一部改変）

自由主義者の宣言

　マデイラの人々へ。若い王子、つまりミゲル親王を取り巻く野心のある残忍な一派がミゲル親王をそそのかし、兄である正統な国王の王座をまさに簒奪させようとしたことは、すでに明白である。自然法によっても、ポルトガルの公

年表
1744-1801年
マデイラからのワイン輸出が最大となる。
1748-1756年
マデイラ諸島、およびアソレス諸島の島民が6,000人以上、ブラジルへ移住。
1807年
フランスによる大陸封鎖を契機に、イギリスがマデイラを占領。
1821年
1月、マデイラで自由主義派が声明を発布。
1822年
自由主義派の憲法において、マデイラ諸島、およびアソレス諸島が「隣接島嶼地域」という呼称で呼ばれるようになった。
1834-1852年
イギリス人を中心に、年平均300人から400人の患者が転地療法のためマデイラ島に来訪。

図1　マデイラのワイン瓶のレッテル
ワインの「医学的な効能」とマデイラの風景が描かれている。結核をはじめ、いくつかの病気の療養に好適なマデイラ島の気候に惹かれて、19世紀には、ポルトガル人、外国人を問わず、何千もの人が島を訪れた。

年表

1841-1889年
約3万7,000人のマデイラ諸島の島民が、アメリカ大陸に移住。

1852年
オイディウム（ウドンコ病菌）の被害が、マデイラのブドウ樹に広がる。

1858年
カリエタで、灌漑用の用水路が完成。

1862年
フンシャルとカマラ・デ・ロボスに1,029人の女性の刺繍職人がおり、島全体では、559台の織機があった。

1863年
製粉用の水車が島全体で365あった。

1865年
マデイラに上陸したすべての奴隷を解放する法令が公布された。

1870年
海底ケーブルで、ポルトガル大陸部とマデイラが接続される。

1871年
マデイラは、52万7,883キログラムの砂糖を輸出。

1872年
フィロキセラ［虫］の被害が、マデイラのブドウ樹に広がる。

1876年
フンシャルの『ディアリオ・デ・ノティシアス』紙、創刊。

1888年
国会に下院議員を一人選出。

法によっても、ポルトガルの王座は、わが国の国王の長男が継承すべきものである。そして長男は、ペドロ4世である。諸国は、ペドロ4世がポルトガルの正統な国王であると承認し、ポルトガル人は、ペドロ4世に忠誠を誓った。

> 1828年6月22日、トラヴァソス・ヴァルデスの宣言
> 『ポルトガル国会の歴史のための史料』(1888) より
> アルベルト・ヴィエイラ（編）『マデイラの歴史』から引用

ミゲル派の宣言

マデイラ島の住民へ。ポルトガル国民の大切な一員へ。あなた方に対して、不道徳な行為があたかも美徳であるかのごとく説かれ、あなた方は、掠奪や冒瀆を悲しい気持ちで眺めてきた。われわれの正統な国王、すなわち（今日、ポルトガル王国の三身分が国王として承認している）ミゲル1世に対して、裏切り者である指導者が起こした反乱は、あなた方を、その意思に反して、あなた方の兄弟から引き離そうと意図していた。殺人者の短刀がわれわれを脅し、憐れにも、あなた方の中には、追放された者も多くいた。

> 1828年8月22日、マデイラ総督ジョゼ・マリア・モンテイロの宣言。『ポルトガル国会の歴史のための史料』(1888) より。アルベルト・ヴィエイラ（編）『マデイラの歴史』から引用

1836年のフンシャル

(…) しかしながら、この［ポルトガル］王国第三の都市には、すべてがない。埠頭がなく、外国人が足を濡らさず上陸できる桟橋一つない。街には、街灯も、墓地も、劇場もない。(…) まともに歩ける街路もない。街の歩道は完全に壊れているが、最も危険な穴でさえ、ふさぐお金がない。街路で群れをなす物乞いを収容する場所もなく、彼らは、同情や反感、嫌悪の対象となっている。頼りになる市警も存在しない。結局、文明国の都市や村に必ずあるすべてのもの、すべてのすばらしい施設など、ここには何もない。それは、手段がないからというだけでなく、それよりもむしろ、手段を探し求める術を知らないからである。

> 『フンシャル市会議事録』(1836年)。アルベルト・ヴィエイラ（編）『マデイラの歴史』から引用

図2　モンテの鉄道と運搬用のそり。フンシャル

表1

フンシャルの人口			
1864	1878	1890	1900
17,677	19,752	18,778	20,844

街道の建設

19世紀後半、大陸部と同じくマデイラでも、交通輸送政策が進展した。

1837年、緊急に街道を改良し、新たな交通網を建設する必要から、一つの委員会－「街道整備委員会」が創設された。

1824年8月19日付け国王書簡によると、街道の修復や建設のため、住民は各自、年間5日間、労働奉仕するか、1,000レアル支払うか、どちらかの義務を負っていた。設置された委員会は、そのための資金を徴収し、その資金を執行する権限をもっていた。

委員会の議事録や公文書、委員会が送付または受領した書簡から、委員会が、新たな道路を建設し、古い道路の修復を行い、橋を建設し、新しい道路を舗装し、擁壁を作り、整地し、道路や堤防、下水路の清掃を行ったことが分かる。

アルベルト・ヴィエイラ（編）『マデイラの歴史』（一部改変）

モンテの「鉄道」

鉄道は、1893年に建設され、まずフンシャルとモンテ間が開業し、その後、フンシャルとテレイロ・ダ・ルタ間が開業した。この新しい交通手段は、フンシャルの進歩にとってきわめて重要であった。なぜなら、マデイラ島で初めての速度の速い交通手段であったからである。

「フンシャル市は、冬の避寒地や保養地として、まれに見る好条件を備えており、同市には、毎年、相当数の外国人が訪れている。そのため、街の美しさや清潔さ、快適さを高める物質的な進歩を促すことが絶対に必要である。

外国人宿泊者の最大の楽しみは、荘厳な山々へのツアーであり、観光客がいちばん好む訪問地は、モンテの聖母である。

モンテ鉄道会社は、訪問の際の障害を取り除き、すばらしい行楽地モンテに人や商品を輸送する、簡単・安全・快適で、経済的な交通手段をポルトガル人や外国人に提供することになった。」『ディアリオ・デ・ノティシアス』紙、1904年1月26日付け。アルベルト・ヴィエイラ（編）『マデイラの歴史』から引用（一部改変）

図3　19世紀末、フンシャル市の風景（一部）

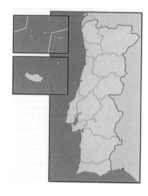

アソレス

農業

(...) 見聞した人は皆、農業技術はきわめて遅れていると感じた。フランシスコ・ボルジェス・ダ・シルヴァは1813年、「農業技術についてのわれわれの知識は、ローマ時代のものである。」と述べた。

最も一般的な道具は、大型で、幅広の鍬、そして刃が鉄で補強されているだけの木製の無輪犂（ローマ犂）であった。小麦はふつう、脱穀場で、牛がひく、重い脱穀そりで脱穀された。耕作には、農夫は、木製のくびきでつないだ一対の牛を使った。

機械式の脱穀機は、19世紀の前半が終わる頃に、サン・ミゲル島に導入された。マヤとポルト・フォルモゾの近郊に、イギリスから輸入された機械式の脱穀機が一台あったが、牛4頭で動かし、経費がかかった。そのほか、人が二人で動かす、移動式の小さな脱穀機も何台かあった。最初の蒸気機関は1848年、同島に設置され、小麦やトウモロコシの製粉や木材の製材に使用された。しかし、そのような試みは例外的で、農業一般は、きわめて遅れていた。

マリア・イザベル・ジョアン『19世紀のアソレス経済、社会、自治運動―』コスモス出版（一部改変）

工業

19世紀前半、島に存在した工業の大部分は、家内工業か、ふつう所有者である親方がごく少数の職人か徒弟とともに働く小さな作業場であった。そこでは、亜麻布や毛織物が製造され、ヤナギの籠やワラ帽子、粗製の陶磁器が作られ、また水力か風力の製粉機で、穀物の製粉が行われ、火酒が蒸留された。

1852年、アソレス諸島には、工場労働者は28人だけで、読み書きができたのは、そのうち10名であった。

年表
1748-1756年
6,000人以上のアソレス諸島やマデイラ諸島の島民が、ブラジルへ移住。
1771年
アソレス諸島をポルトガルの県の一つと認める法令。
1798年
アソレス諸島で、ジャガイモの栽培を促す法令。
1822年
マデイラ諸島やアソレス諸島が、自由主義憲法で、「隣接島嶼地域」と呼ばれるようになる。
1831年
将来のテルセイラ侯が指揮する自由主義派の軍人が上陸し、サン・ミゲル島で、ペドロ4世の軍隊が組織される。
1832年
・アングラが、ペドロ4世の滞在中、王国の首都となる。
・オルタがペドロ4世の訪問を受け、自由主義派に加わったことで、王により市に昇格した。
・自由主義派の軍隊が、ポルトに向け、アソレスを出発。

　1890年の調査報告に記載されている5,025人の賃金労働者のうち、3,500人が男性で、1,525人が女性であった。

　製糸や織物工業は、もっぱら女性を雇用し、タバコ産業の労働者の96%は、女性であった。

　工場労働者の圧倒的多数は、非識字者で、全体の11.8%―男性467人、女性126人―だけが、読み書きできた。

　　マリア・イザベル・ジョアン『19世紀の
　　アソレス経済、社会、自治運動―』コス
　　モス出版（一部改変）

図1　テルセイラ島のアングラ・ド・エロイズモ。この島は、自由主義者を支援する重要拠点であった。「主君ペドロとマリアの権利を支えるため」、アングラに1828年、臨時評議会が創設された。アングラは、自由主義を守る際に示した献身と勇気と忠誠を称えて、アングラ・ド・エロイズモ（英雄の町、アングラ）と呼ばれるようになった。
1829年、ヴィラ・ダ・プラヤは、上陸を試みた強力なミゲル派の艦隊に攻撃されたが、事なきを得た。その抵抗に対する報奨として、町は、プラヤ・ダ・ヴィトリア（勝利の海岸）と呼ばれるようになった。

社　会

　19世紀に外国人が書いたいろいろな文章を読むと、私たちは、サン・ミゲル島の大土地所有者がだいたいどのようなものであったか分かる。J.W. ウェブスターは、彼らのことを非常に否定的に描いている。「彼らの大部分は、大いに怠惰で、きわめて無知なまま、人生を送っている。彼

年表
1839年
新たな郡、ポヴォアサンの創設。農業が急速に発展し、「島の穀倉」として知られるようになった。
1856年
ジャコメ・コレイアがサンタナ宮殿を建設。カルロス1世が1901年にポンタ・デルガダを訪問した際、この宮殿に国王を迎えた。
1861年
サン・ミゲル島のポンタ・デルガダ港の工事の開始。
1865年
アソレス諸島に上陸したすべての奴隷を解放する法令。
1876年
ファヤル島のオルタ埠頭の工事開始。
1893年
海底ケーブルで、ポルトガル大陸部とアソレスが結ばれる。

らの幸せのほとんどすべては、食べて、寝て、金を貯めることにあるように見える。」

しかし、彼はまた、別の富裕な人々、すなわち町に住み、子弟を外国で勉強させるような人々のことも述べている。そうした若い相続人の中には、「フランス語や英語を話し、リスボンで刊行される格調高い『オ・パノラマ』誌を読む」者もいる。

下層階級は、基本的に、農村や都市の小土地所有者、小作人、職人、漁師、日雇い労働者からなる。最も恵まれていない社会集団は、日雇い労働者で、農村では、季節労働に従事できるだけなので、漁業に雇われたり、公共工事で働いたりする。ポンタ・デルガダやファヤルの埠頭の建設は、多くの労働力を要する大工事で、1862年－1863年には、ポンタ・デルガダの知事が次のように述べたほどであった。「この地区では、ブラジルへの移民は停止した。公共工事や人工港の工事、賃金の上昇が、このような結果に影響を及ぼした。」

マリア・イザベル・ジョアン『19世紀のアソレス経済、社会、自治運動―』コスモス出版（一部改変）

住 居

19世紀の最後の四半世紀、家屋は一般に平屋で、石材は玄武岩で、必ずしも漆喰塗ではなく、天井は茅であった。家屋の内部は石灰を塗った一、二の間仕切りで仕切られ、それで、入口の部屋と寝室を区切っていた。床は、土間で、ベッドを置く場所には、床が敷いてある場合もあった。家々の中には、すでにガラス窓がある家もあった。

家具はわずかで、台所用品は簡素であった。内部を豪華にしていたものは、家の主人が用いる自家製の美しいベッドカバーや聖人の像、

図2　サンタ・マリアのマヤの農地
ときには、農業を行うのに、石垣の建設が必要であった。18世紀、19世紀には、オレンジがサン・ミゲル島の重要な収入源となり、主にイギリスに輸出された。ブドウの木と同じく、オレンジの木も害虫の被害を受け、パイナップルや茶のような、新たな作物が必要となった。

それに油絵で彩色された松材の礼拝用祭壇だけであった。

マリア・イザベル・ジョアン『19世紀のアソレス経済、社会、自治運動―』コスモス出版（一部改変）

食 事

[19世紀の最後の四半世紀、] 貧しい人々、とくに女性は、家に一、二の椅子はあったにせよ、まだ「トルコ風に」床に座るほうを好み [食事のときには、][アソレス] 諸島で作った粗製の粘土製陶器を使い、手で食べた。裸足で歩くか、革ひも製の粗末なサンダルを履いた。聖人の祝日には、洗濯した服を着て、男性は靴を履いた。

食事の内容は、トウモロコシパンやジャガイモ、ヤマイモ、野菜、干魚か鮮魚、豚肉、あるいは庭で餌をついばむ鶏の肉が少々といった具合であった。農作物が不作の年には、飢饉に見舞われ、そのため、ときには桟橋で、穀物の積み込みに反対する暴動が起こった。

マリア・イザベル・ジョアン『19世紀のアソレス経済、社会、自治運動―』コスモス出版（一部改変）

図3　ベッドカバーを織り上げているところ

表1

人　口				
	1864	1878	1890	1900
アングラ・ド・エロイズモ	11,568	11,070	11,012	10,788
オルタ	8,278	7,446	6,879	6,575
ポンタ・デルガダ	15,733	17,635	16,767	17,620

年表とポルトガルの歴代国王

1654 年	ブラジルからオランダ人を追放。
1697 年	ブラジルで金の発見。最後のコルテス（身分制議会）。
1699 年	ブラジルから送付された金が初めて到着。
1703 年	メシュエン条約（ポルトガルとイギリスとの通商条約）。
1708 年	ジョアン5世、オーストリアのアナ・マリアと結婚。
1717 年	マフラ修道院の建設開始。コインブラ大学図書館の建設開始。
1720 年	リスボンに王立歴史アカデミー創設。
1727 年	ブラジルへコーヒー栽培導入。
1729 年	ブラジルでダイアモンドの発見。国王ジョゼが、マリアナ・ヴィトリアと結婚。
1731 年	アグアス・リヴレス水道橋の建設開始。
1747 年	ケルス宮殿の建設開始。
1748 年	アグアス・リヴレス水道橋の建設完了。
1749 年	ポルトのミゼリコルディア教会の建設開始。
1750 年	セバスティアン・ジョゼ・デ・カルヴァリョ・エ・メロ、内務大臣に任命される。
1755 年	リスボンでテジョ川のオペラが始まる。リスボンの地震。
1757 年	ポルトで、クレリゴスの塔の建設開始。
1759 年	ポンバル侯、イエズス会士を追放。タヴォラ一族の裁判。
1761 年	王国での奴隷制の廃止。
1770 年	商業が「高貴で、必要な、有用な職業」と宣言される。
1777 年	マリア1世、ポンバル侯を罷免し、追放する。
1779 年	リスボンのエストレラ大聖堂の建設開始。
1792 年	皇太子ジョアンが、母マリア1世の発狂により、政務を執行。
1799 年	皇太子ジョアンが、王国の摂政となる。
1807 年	フランス軍の第1次侵入（ジュノ）。
1808 年	ブラジルとの貿易を諸外国に開放。新聞『ガゼタ・ド・リオ・デ・ジャネイロ』の創刊。ブラジル銀行の創設。
1809 年	フランス軍の第2次侵入（スールト）。
1810 年	フランス軍の第3次侵入（マセナ）。イギリスとの通商条約。リオ・デ・ジャネイロの国立図書館の創設。
1811 年	フランス軍の退却。
1815 年	ブラジルが王国に昇格。
1816 年	ジョアン6世の戴冠。
1817 年	ゴメス・フレイレ・デ・アンドラーデ、絞首刑に処せられる。蒸気機関導入の初めての試み。
1818 年	（ポルトで）シネディオの創設。
1820 年	自由主義革命。
1821 年	ジョアン6世、ブラジルから帰国。ブラジルの摂政位をペドロにゆだねる。
1822 年	ブラジルの独立。ポルトガル初の憲法。
1823 年	「ヴィラフランカーダ」―絶対王政派の反乱。リスボン―ポルト間の蒸気船が就航。
1824 年	「アブリラーダ」―絶対王政派の反乱。
1825 年	ポルトガルがブラジルの独立を承認。

西暦17世紀　　1700　　西暦18世紀

1683 ペドロ2世　　1706 ジョアン5世　　1750 ジョゼ1世　　1777 マリア1世

1826年	ペドロ4世の名代として、王女マリアが摂政位に就く。ペドロが、マリア2世に王位を譲る。憲章の制定。
1828年	ミゲルが国王に就く。絶対王政の復活。
1831年	ペドロがブラジルの王位を譲位し、ポルトガルに帰国。
1832年	自由主義派が、ポルト近郊に上陸。ミゲル派の軍がポルトを包囲。
1833年	アルガルヴェから北上した自由主義主義者の軍がリスボンを占領。
1834年	アルモステルとアセイセイラの戦い。エヴォラ・モンテの協約。ペドロ4世、死去。
1835年	工業分野で、蒸気機関の使用が始まる。
1838年	ポルトガル初の工業博覧会。
1848年	リスボンのシアードにガス灯が設置される。
1852年	ポルトとブラガ、ギマランイス間に郵便馬車が開通。
1853年	郵便切手の使用開始。
1854年	電話線が初めて設置される。
1855年	ポルトの工業博覧会。
1856年	鉄道の最初の区間が開業。リスボン―カレガード間。
1858年	ポルトガルとアンゴラ間に蒸気船が就航。
1859年	国土全域でメートル法を採用。
1860年	ジュリオ・ディニスの最初の小説が刊行される。
1861年	文学高等学校の授業開始。
1863年	長子相続制を廃止する法令。
1864年	全土で、国勢調査を同時に実施。ポルトガルが鉄道で他のヨーロッパ諸国と結ばれる。『ディアリオ・デ・ノティシア』紙の創刊。
1867年	民間人の死刑廃止。
1868年	リスボンの水道会社、創設。
1869年	ポルトガルのすべての領土で奴隷制廃止。
1872年	初めてのストライキの運動。
1877年	ドーロ川に架かるマリア・ピア橋の建設が完了。
1878年	リスボンのシアードに電燈が設置される。週刊新聞『ア・ヴォス・ド・オペライロ（労働者の声）』の刊行開始。
1880年	リスボン水道会社、全市に水の供給ができる浄水場の開設。ラファエル・ボルダロ・ピニェイロが、「ゼ・ポヴィニョ」の人物像を創造。
1881年	衣料品および織物業の分野でストライキが起こる。リスボンで、『セクロ』紙が創刊。
1882年	リスボンで電話が開設。
1884年	最初の化学肥料工場が設立される。
1886年	金属工業の労働者のストライキ。
1889年	リスボン消防隊の創設。
1891年	ポルト、ガス・電気会社の創設。
1894年	最初のセメント工場が設立される。
1895年	ポルトガルで初めて自動車が利用される。
1896年	リスボンのレアル・コリセウで観客向けの初めての映画上映。

テーマ D 20世紀

1 王政の崩壊と第一共和政

2 新国家体制

3 1974年「4月25日」と民主制

1 王政の崩壊と第一共和政

1 共和革命と王政の崩壊
2 第一共和政

18世紀 | 19世紀 | 20世紀
1800 | 1900 | 2000

1890 イギリス、最後通牒
1891 ポルトにおける、王政に反対する共和主義者の最初の反乱
1908 国王暗殺
1910 王政の崩壊と共和国宣言
1911 共和国憲法の承認
1926 第一共和政の終焉

1 王政の崩壊と第一共和政

19世紀末、ポルトガル人の大部分の生活は、依然として苦しかった。ポルトガルがイギリスの最後通牒に屈服したことで、国民の大部分の不満は強まった。

1908年、国王カルロス1世と皇太子は、銃弾に倒れた。この出来事も、王政の危機を深めた。

ついに、1910年10月5日、共和革命が王政を打倒した。

共和政の宣言後、国の諸問題を解決することが必要だった。

共和政下の政権は、労働者に有利ないくつもの措置を講じたけれども、多くのポルトガル人は、ますます強い不満をもつようになった。

405

テーマD　20世紀

1 共和革命と王政の崩壊

苦しい生活状況

19世紀後半に工業の発展が見られたが、大部分のポルトガル人は、依然として農業に従事していた。工場は、リスボン周辺とポルト周辺に集中していた。鉄道や道路、港湾などを建設するには、いつも外国に資金を借りる必要があった。政府には、しばしば、そのような借金を返済し、その利子を支払うお金がなかったので、増税するか、あるいは新たな借り入れをするしかなかった。国の借金は、ますます増大した。このような状況下、中産階級や都市の労働者、農村の農業労働者の生活は、あいかわらず非常に苦しかった。金持ちだけが、いい生活を送っていた。

図1　貧しい子供たちが、一つ皿のものを皆で食べている（20世紀初頭、セラ・ダ・エストレラ）

2　工場労働者や農民の生活状況

リスボンとポルトの急激な成長は、人口の密集を招き、地方から到着したばかりの都市の住民に飢餓と劣悪な生活状況をもたらした。1890-1911年の間に、リスボンとポルトの人口は、約50%増加した。(…) 食費や住居費は上昇し、胃腸炎や結核 (…) のような病気が発生した。工場労働者の賃金は、生活費の増加ほどは上昇せず、一日の労働時間は、しばしば12-14時間に達した。(…) 農民は、夜明けから日暮れまで、飢えから逃れられないほどの低賃金で働いた。

D・ホイーラー『ポルトガル史、1910-1926』（一部改変）

・19世紀に最も成長したいくつかの都市の名前を言いなさい。
・次の人々が、どのような生活を送っていたか、説明しなさい。
　a) 工場労働者　b) 農民

共和党

1876年、ポルトガル共和党が創設された。共和党は、王政を打倒し、共和政を樹立することを目指した。つまり、権力を世襲する国王が国を統治する制度（世襲王政）から、選挙によって選ばれ、任期がある大統領が国を統治する制度（共和政）への転換を目指したのである。共和党は、その他にも、ポルトガルを近代化し、最も貧しい人々の生活状況を改善するための数多くの政策を提言した。

アフリカのポルトガル領植民地と関係がある一つの新たな出来事が、共和党がさらに多くの支持者を獲得する大きな要因となった。

図3 リスボンでの共和党大会
共和党は、集会や新聞を利用して、王政批判を行った。

アフリカの領土をめぐる争い

イギリス、ドイツ、フランスなどのヨーロッパ諸国は、アフリカにおける領土の獲得に関心を抱いていた。アフリカ大陸には、金、綿花、鉄など、ヨーロッパ工業の発展に必要な、多くの富があり、またそれは、ヨーロッパ諸国の工場で生産された製品の売れ残りを販売するための有望な市場でもあった。

アフリカの領土の領有をめぐる争いは、激しさを増した。アフリカに関心をもつ国々の代表が集まったベルリン会議（1884-1885年）では、領土の分割は、その地を誰が発見したかには束縛されず、その実効的な占有にもとづき行われると決められた。

そこで、ポルトガルは、軍人や科学者からなるいくつもの遠征隊をアフリカ大陸に派遣し、内陸部の領土の占有

図4 ポルトガル政府が提示したバラ色の地図にもとづく再現
バラ色の地図は、ポルトガルが権利を有すると考えていた領土をバラ色で示していた。

を試みた。1887年、ポルトガル政府は、国際社会にバラ色の地図を提示した（図4）。

図5 ポルトガル植民地が呼び起こした他国のどん欲さを描いたラファエロ・ボルダロ・ピニェイロの風刺画

6 イギリスの最後通牒

英国女王陛下の政府が望み、また主張していることは、次の通りである。現在シレ［アンゴラとモザンビークの間の地方］にいるすべての、そしていかなるポルトガル軍も同地から撤退するよう、モザンビークの総督に即時電文で指令を送ること。ピーター氏［イギリス大使］は、本日午後、回答を受領しない場合には、即時リスボンからの退去を余儀なくされるであろう。

　　　　1890年1月11日、ポルトガル政府に通告された最後通牒の原文の一部

> 答えなさい。
> a) 何が送られるのか
> b) 誰に送られるのか
> c) 誰によって送られるのか
> d) どのような脅しがかけられているのか

ポルトガルには、イギリスと対抗する軍事力はなく、結局、譲歩した。それに対して、多くのポルトガル人は、不満をもった。

私は、次のことができる。

1. 世紀末の工場労働者や農民の生活を特徴づける2つの形容詞を書くこと。
2. イギリスの最後通牒について、次の単語や表現を使って短い文章を書くこと。
   ポルトガル、イギリス、争い、アンゴラとモザンビークの間の領土、譲歩、バラ色の地図

1 王政の崩壊と第一共和政

1891年1月31日

　共和主義者や他の多くのポルトガル人は、イギリスが要求したアフリカの領土からの撤退に抗議する集会やデモを組織した。政府、とくに国王は、イギリスに譲歩したとして非難された。政府や国王の行為は、多くの人々には、祖国への裏切りと映った。共和主義者はまた、国が負う膨大な対外債務や最貧困層のきわめて悲惨な生活状況も、国王や王政のせいであるとした。

　1891年1月31日、ポルトで反王政の反乱（図3）が勃発した。次の史料を読みなさい。

図1　イギリスに対するポルトガルの屈服を暗示した版画

2　ポルトの共和主義者の反乱

　反乱軍は、ドン・ペドロ広場を出発し、サント・アントニオ通りを上り始めた。(…)
　多くの群衆が彼らに続いた。(…) 婦人たちは、窓から、歓喜の声を送り、拍手喝采した。(…)
　サント・アントニオ通りの右側、ヴィエラ・ドス・バニョスの辺りで、市の治安部隊が一斉射撃を行い、人々はパニックに陥った。通りは、犠牲者で覆われた。反乱軍は、市政府の建物まで下り、そこに集まった。レイタン大尉は、なおも市の治安部隊に対する反撃を試みたが、すでに時は遅かった。

ポルトのサント・アントニオ通り

コエリョ中尉『共和政の歴史』（一部改変）

・反乱が起こった都市を言いなさい。
・次のことを行ったのは、誰であったのか言いなさい。
　a) 反乱軍を指揮したのは　b) 反乱軍を迎え撃ったのは　c) 勝者は
・民衆は、どのように反応したのか言いなさい。

409

テーマD　20世紀

政府軍はすぐに秩序を回復したけれども、この事件は、ポルトガル人が王政に不満をもち、共和主義の受容が進んでいることを示した。

図3　1891年1月31日に起こったポルトでの共和主義者の反乱

年表
1890年
1月ーイギリスの最後通牒。
1891年
ポルトにおける共和政樹立の試みの失敗。政権交代。
1899年
共和主義者が、ポルトで3人の議員を選出。
1903年　およびそれ以降
ストおよびデモの数の増加。
1904年
政権交代。
1906年
・2度の政権交代。
・共和主義者が、リスボンで4人の議員を選出。
1907年
出版・報道の自由を制限する法律。
1908年
・国王暗殺。
・2度の政権交代。
・共和主義者がリスボンの市議会で勝利を収める。

国王暗殺

共和主義者の反体制運動は、王政政府が押さえ込もうとしたにもかかわらず、激化した。1907年、共和主義者に対する迫害は厳しくなり、新聞が政府や王政を批判するのを阻止するための法律も公布された。

不満が渦巻き、政治闘争が激化するこのような状況下、1908年2月1日、国王暗殺事件が起こった。広大な所領があるヴィラ・ヴィソザからの帰り、リスボンの王宮広場を馬車で通行中に、国王カルロス1世は、銃弾に倒れた。

国王とともに、皇太子ルイス・フィリペも死亡した（図4と5）。

カルロス1世の次男、マヌエル王子が、国王に推戴された（図6）。

410

1　王政の崩壊と第一共和政

図4　『ディアリオ・デ・ノティシアス』紙、1908年2月2日付けの第一面
（国王一家に対する重大なテロ事件、国王および皇太子ルイス・フィリペ死亡）

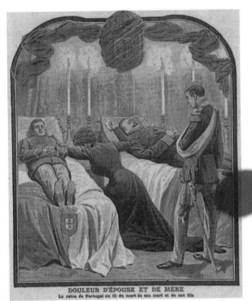

図5　カルロス1世と皇太子の通夜をする王妃アメリアと襲撃で負傷したマヌエル王子。

図6　フランスの新聞『ル・プティ・ジョルナル』紙の第一面。ポルトガルの新国王、マヌエル2世の姿が掲載されている。

私は、次のことができる。

1. 年表から、次の事項を選び出すこと。
   ①共和党の支持者が増加していることを裏付ける2つの出来事。
   ②王政が危機に直面していることを裏付ける一つの出来事。
   ③国王カルロス1世と皇太子が命を失った出来事。

テーマD　20世紀

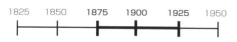

10月5日

　マヌエル2世は、力を増す共和主義者の勢力に対抗しようとして、王政派政党すべての支持を集めて国を統治しようと試みた。しかし、国を統治する上での経験不足（国王は当時、18歳に過ぎなかった）や取り巻きの陰謀、共和党支援者の増加などから、王政が終わりに近づいているのが感じられた。

　実際、1910年10月4日の未明、リスボンで共和革命が始まった。共和主義者の軍人や民衆は、武器を手に取り、その大多数は、現在のポンバル侯広場にあたるロトゥンダ広場に集結した。軍艦が、王族がいたネセシダーデス宮を砲撃し、王族は逃げ出した。王政に忠実な軍隊が数では勝っていたが、反乱を終結させるために態勢を整えることができなかった。図を見て、次の史料4を読みなさい。

図1　王政に忠実な軍は、リスボンのロシオ広場を占拠した。

図2　共和革命の勝利を伝えた『オ・セクロ』紙、1910年10月6日付けの第一面

図3　1910年10月5日、リスボンのロトゥンダ広場でバリケードを築いた市民や軍人

1　王政の崩壊と第一共和政

4　共和政の樹立

　勝利だ！　勝利だ！　ポルトガルで共和政が樹立される。

　午前8時、サン・ジョルジェ城に共和国の旗がひるがえった。リスボンの民衆は、街中で、喜びの拍手をおくり、共和政への支持を表した。(...)民衆は、カルモの兵舎へ行き、そこに収容されていた囚人をすべて解放した。囚人たちは、共和政の樹立を知ったとき、歓喜の涙を流した。(...)リスボンの民衆は、首都の街路を練り歩き、兵士に拍手喝采し、共和政の旗を打ち振った。

『オ・パイス』紙、1910年10月5日付け
（一部改変）

- 報道にある出来事について、次のことを言いなさい。
  a) それが起こった場所
  b) それが起こった日時
- 民衆は、それにどのように反応したのか説明しなさい。
- 史料に別の題目を考えなさい。

図5　テオフィロ・ブラガ（1834-1924）、臨時政府大統領。アソレス諸島サン・ミゲル島の出身で、ポルトガルの最も重要な作家の一人。

　いま見たように、共和革命は、勝利を収めた。1910年10月5日の朝、共和政が宣言され、8世紀続いたポルトガルの王政は終わりを告げた。

　共和政宣言後、テオフィロ・ブラガ（図5）を首班とする臨時政府が作られ、1911年8月、初代大統領が選出されるまで、ポルトガルを統治した。

　臨時政府は、王政と共和政の違いを印象づけるいくつもの措置を講じた。

- 新しい国旗が採用された。
- 国歌は、『ア・ポルトゥゲザ』になった。
- 通貨は、レアルからエスクードになった。
- 嫡出子と非嫡出子との平等が定められた。

年表
1910年
- 共和政の樹立；王族の亡命。
- 報道の自由を定めた法律。
- ストライキの動き。
- スト権。
- 新国旗と新国歌の採用。
- 離婚法。

1911年
- 国の通貨、エスクードの創設。
- 賃金労働者すべてに対して日曜日を義務的な週休とする。
- 鉄道員のゼネスト。
- 初等教育と大学教育の改革。
- 共和国憲法の承認。
- 王党派の反乱。

413

テーマD　20世紀

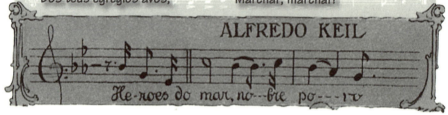

A Portuguesa

Heróis do mar, nobre Povo,
Nação valente, imortal,
Levantai hoje de novo
O esplendor de Portugal!
Entre as brumas da memória,
Ó Pátria, sente-se a voz,
Dos teus egrégios avós,
Que há-de guiar-te à vitória!
Às armas, às armas!
Sobre a terra, sobre o mar,
Às armas, às armas!
Pela Pátria lutar!
Contra os canhões
Marchar, marchar!

ALFREDO KEIL

He-roes do mar, no---bre po---vo

図6　『ア・ポルトゥゲザ』、1890年以降、共和主義者が歌い始め、のちに国歌になった。（作詞ロペス・デ・メンドンサ、作曲アルフレド・ケイル）

海の英雄、気高き民、
いさましい、不滅の国民、
いまふたたび甦らせよ
ポルトガルの栄光を！
追憶の霧のなかで、
祖国よ、なんじの偉大な祖先たちの
声を聞け、
なんじを勝利へと導く声を！
武器を取れ、武器を取れ！
陸に、海に向かって、
武器を取れ、武器を取れ！
祖国のために戦うべく！
大砲に向かって
突き進め、突き進め！

私は、次のことができる。

1. もう一度、図2を見て、次のことを言うこと。
   ①報道されている出来事。
   ②誰が革命を起こしたのか。
   ③誰が国を治めることになったのか。
   ④王族は、どうしたのか。
2. 年表をもとに、共和主義者が講じた措置の中で、自分が最も重要だと思うものを2つ挙げ、その理由を言うこと。

2 第一共和政

共和国憲法

臨時政府は、制憲議会選挙を実施した。この議会の役割は、新しい憲法を制定することであった。21歳以上の者か、1年以上世帯主であった者は、全員投票できたが、現役の軍人および非識字者は除外された（非識字者は、人口の約75%に達していた）。

1911年8月19日、1911年憲法として知られる、最初のポルトガル共和国憲法が承認されると、ポルトガルの国家元首は、国王から共和国大統領に替わった。しかし、共和国大統領は、現在のように、有権者によって選ばれていたわけではなかった。史料3を読み、図4の図解を見なさい。

図1 制憲議会に関する風刺画。ゼ・ポヴィニョ［注：庶民の象徴］が、制憲議会とは何をするところか、考え込んでいる。

図2 『ディアリオ・デ・ノティシアス』紙、1911年5月29日付けの一面
［注：制憲議会選挙を報道している］

テーマD　20世紀

3　第3編—主権と国家権力

第6条 – 国家の主権を担う機関は、立法権、行政権、司法権である (...)
第7条 – 立法権は、共和国の国会が行使する (...)
第26条 – 共和国の国会の権限は、次の通り。
　　1.– 法律を制定する (...)
　　19.– 共和国大統領を選出する。
　　20.– 共和国大統領を罷免する (...)
第36条 – 行政権は、共和国大統領と大臣が行使する。
第56条 – 共和国の司法権を担う機関は、一つの最高裁判所および［その他の］裁判所である (...)

1911年憲法からの抜粋

・次の各権力は、どの機関に属しているのか言いなさい。
　a) 立法権　b) 行政権　c) 司法権

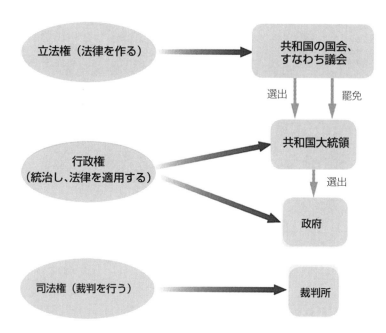

図4　1911年憲法における権力の割り当て

1 王政の崩壊と第一共和政

　図4の図解から、共和国大統領を選出し、罷免することができたのは、国会、つまり議会であったこと、そして内閣を任命したのは共和国大統領であったことが分かる。しかし、内閣は、議会において議員の多数派の支持があったときにだけ、政権を担うことができ、そうでないときには、辞職せざるを得なかった。議会の権力は、次に見るように、政治の大きな不安定要因となった。

図5　マヌエル・デ・アリアガ (1840-1917)。1911年8月24日、議会により、共和国の初代大統領に選出された。アソレス諸島、ファイアル島の出身。

| 1911年から1926年までの共和国大統領 ||
大統領	任期
マヌエル・デ・アリアガ	1911-1915
テオフィロ・ブラガ	1915
ベルナルディーノ・マシャド	1915-1917
シドニオ・パイス	1917-1918
カント・エ・カストロ	1918-1919
アントニオ・ジョゼ・デ・アルメイダ	1919-1923
マヌエル・テイシェイラ・ゴメス	1923-1925
ベルナルディーノ・マシャド	1925-1926

図6　ベルナルディーノ・マシャド (1851-1944)。2度、共和国大統領の職務に就いた。

私は、次のことができる。

1. もう一度、図4の図解を見て、次の権力機関を言うこと。
　①共和国大統領を選出し、罷免することができる機関。
　②政府を任命する機関。
　③最も大きな権力をもつ機関。

主な教育政策

共和主義者は、ポルトガルを近代化するためには、ポルトガルの教育を改善することがとりわけ必要であり、そうすることでのみ、他のヨーロッパ諸国に比べて遅れている状況からポルトガルは抜け出せると考えていた。さらに、彼らは、聖職者の一部が教育に対して保持している影響力もまた、ポルトガルが遅れている要因の一つと考えていた。

教育分野の改革はすべての教育課程にかかわっていたが、政府の主要な関心は、識字化すること、つまりいままでよりも多くの人々に読み書きを教えることであった(図1、図2)。

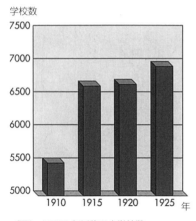

図1 小学校数の推移、1910-1925
(A.H. デ・オリヴェイラ・マルケス『ポルトガル史』第3巻)

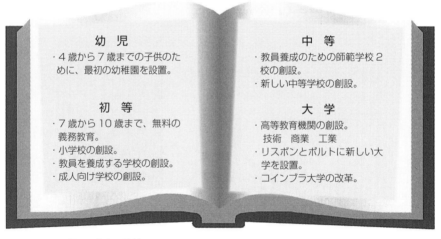

図2 教育の改革

政府主導(図書館の創設)であれ、民間主導(書物や数多くの雑誌、新聞の刊行)であれ、それらの施策も同様に、教育や文化の普及に役だった。しかし、国民の大部分は、依然として非識字者であった。とりわけ、農村部では、状況は深刻であった。農村部では、学校が不足しており、また多くの子供が家計を助けるために家の仕事の手伝いをしなければならず、学校に通う時間がなかったからである(図3)。

1　王政の崩壊と第一共和政

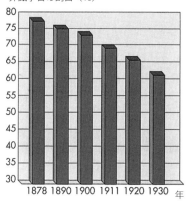

図3　非識字者の推移、1878-1930（A.H. デ・オリヴェイラ・マルケス『ポルトガル史』第3巻）

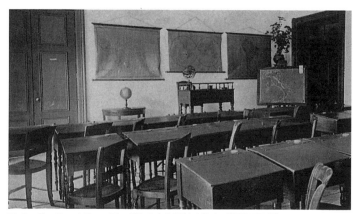

図4　ヴィラ・ノヴァ・デ・ガヤの中等学校の教室（当時の写真）

5　スト権

「臨時政府はまもなくスト権を認めたが（1910年12月）、そのときにはすでに労働者は先例のない激しいストライキを始めていた。1910年の最後の2ヶ月および1911年に、ポルトガルでは何十ものストライキが記録された。このストライキには、（…）工場労働者や商業・交通関係の労働者などあらゆる種類の労働者が参加した。農業労働者のストも多かった。ストの理由は、約半分は賃金に関するもので、残りは、同情ストや労働時間に関するものなどであった。」

　　　（A.H. デ・オリヴェイラ・マルケス『ポルトガル史』第3巻）（一部改変）
　　　A.H. デ・オリヴェイラ・マルケス『世界の教科書＝歴史　ポルトガル3』（金七紀男訳）、ほるぷ出版、1981年、p. 62（教科書の引用に合わせて一部改訳）

・次のことを言いなさい。
　a) ストライキを行った労働者　b) ストライキの主要な動機　c) 労働者に認められていた権利

テーマD　20世紀

図6　ストライキ報告

図7　1912年のカリス［リスボン公共交通］のストライキ
このストライキの間、乗客が一両の電車を力ずくで占拠した。

主な労働政策

　生活条件や労働条件の改善を求めて、職種―鉄道員、電話交換手、石工、パン製造人―に応じて、労働者は団結し、すでにある労働組合に加入したり、新しい労働組合を組織したりした。労働組合は、ストライキ、つまり労働者が労働を拒否し、賃金の改善や労働時間の短縮などの要求を受け入れるように、政府や雇い主に圧力をかける期間を設定した。ストライキによる麻痺状態は、共和政樹立の直後、頻繁に感じられた。なぜなら、労働者は、共和主義者はいままでの約束を果たさなければならないと考えたからである。

　第一共和政の時期、労働者の権利を認め、彼らの生活状況を改善しようとするいくつかの措置が講じられた。

・スト権
・一日8時間労働と週休1日の権利
・病気や老齢、労働災害に対する強制保険制度の創設

私は、次のことができる。

1. 図1と図3を比べて、結論を引き出すこと。
2. 自分が第一共和政時代の工場労働者であるとして、政府にやってほしいと望む措置を言い、その理由を説明すること。
3. クラスメートや先生とスト権について討論すること。

1　王政の崩壊と第一共和政

ポルトガルと第1次世界大戦

　第1次世界大戦は、1914年から1918年まで続いた。いくつもの国が参戦し、2つの陣営に分かれて戦った。一つの陣営のリーダーは、イギリスとフランスで、もう一方の陣営のリーダーは、ドイツであった。戦争の原因の一つは、アフリカの領土の支配をめぐる争いであった。すでに見たように、工業が大きく発展したヨーロッパ諸国は、自国の工業のためにアフリカが産出する原材料が必要であり、また余った製品をアフリカ大陸の人々に売る必要があった。

　1916年、ポルトガル政府は、イギリス政府の要請に応じて、ポルトガルの港に避難していたドイツの艦船を捕獲した。ドイツは、それによってポルトガルに宣戦を布告した。ポルトガルは、ドイツが触手を伸ばしていたアンゴラやモザンビークですでに戦火を交えていたが、1917年になって初めて軍隊をフランスへ派遣した。戦争は1918年、イギリスやフランス、その同盟国が勝利を収め、終結した。

年表
1914年
・第1次世界大戦の開始。
1917年
・ポルトガル軍が、ゴメス・ダ・コスタ将軍の指揮下、フランスへ出発。
・リスボンやポルトでストライキ、また店舗や倉庫への襲撃。
1918年
・食料品の配給制。
・第1次世界大戦の終結。
1919年
・王党派の反乱。
・ストライキ攻勢。
・8時間労働制。
・労働災害に対する強制保険制度。
1920年
・爆弾テロ頻発。
・パンの価格の上昇。全国でパン屋への襲撃。
・鉄道員のストライキ。
1921年
・ポルトガル共産党の創設。
・3度の政権交代。

図1　フランスの塹壕でのポルトガル兵士

テーマD　20世紀

図2　スープ・キッチン
都市の住民の一部は、貧困にあえぎ、社会福祉事業に頼っていた。1918年には、およそ5,000人もの貧しい人々が、毎日、リスボンの困窮者のための「福祉食堂」で食事していた。

増大する国民の不満

第1次世界大戦への参戦は、ポルトガルが抱える問題をさらに深刻なものとする要因となった。

- 製品の価格は、絶えず上昇したが、賃金の上昇は、物価の上昇を下回った。
- 国の歳出は、つねに歳入を上回り、輸入品や軍事費の支払いのため、外国から借り入れをしなければならなかった。借り入れの返済やその利子の支払いのために、政府は、増税せざるを得なかった。
- ストライキや反乱、食料品倉庫への襲撃、爆弾テロが頻発した。

ポルトガルが抱えるこれらの諸問題を解決する上で、共和主義者が直面した難題の一つは、不安定な政治に起因するものであった。

> **3　不安定な政治**
>
> 1910年以降におけるポルトガルの政治の一般的な特徴は、議会、大統領、政府の不安定にある。(...)16年間に議会の総選挙7回、大統領選8回、内閣［政府］の交替45回を記録した。(...) それには、多くの理由があった。国政における国会の比重が大きすぎたということも疑いもなくその一つであった。(...) 議会は政府のあらゆる行動に介入し、閣僚から常に説明を要求し、(...) 反対のための反対、(...) 攻撃がなされた。(...) 約20の内閣は、議会による内閣不信任投票のために大統領に総辞職を乞わなければならなかった。
> 　　(A.H. デ・オリヴェイラ・マルケス『ポルトガル史』第3巻)（一部改変）
> 　　A.H. デ・オリヴェイラ・マルケス『世界の教科書＝歴史　ポルトガル3』（金七紀男訳）、ほるぷ出版、1981年、pp. 88-89（教科書の引用に合わせて一部改訳）
>
> - 第一共和政期の大統領、および内閣の数を言いなさい。
> - なぜこのように内閣の数が多かったのかを説明する理由を2つ挙げなさい。
> - 政治的な不安定さとはどのようなことか言いなさい。

1 王政の崩壊と第一共和政

すでに見たように、このような不安定な政治の大きな要因は、議会が過大な権力をもっていたことであった。

また、共和党が互いに対立するいくつもの政党に分裂したこと、さらには王党派が、共和政を打倒し王政を復活させようとして、体制に攻撃を加えたことも、第一共和政の不安定な政治の原因となった。

大多数の人々の生活は、ますます苦しくなっていった。多くのポルトガル人、とりわけ都市の住民は、国に平和と政府の安定をもたらす強い政権を望んでいた。

図4　共和主義者により捕らえられた王党派の反乱の指揮官

図5　政権をめぐり混乱した状況にある会期中の議会

私は、次のことができる。

1．年表から、それぞれ図4と図5の説明となる出来事を選ぶこと。

用語集をまとめること。
ワークブックに、共和国、識字化、労働組合、ストライキの意味を書くこと。

テーマD　20世紀

図解-要約

王政の崩壊と第一共和政

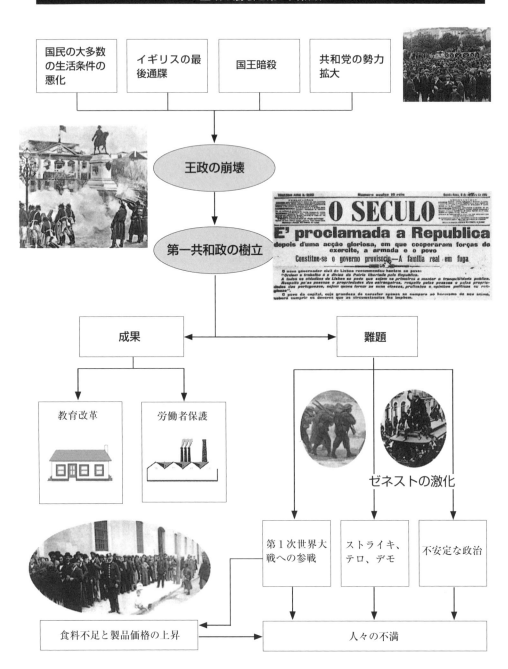

もう次のことができる。

1. ノートに次の表を写し、完成させること。

共和革命				
王政の危機の要因となった出来事3つ	誰が、反乱を起こす人を支援したか？	共和政が宣言された場所	終わりを迎えた体制	臨時政府が講じた措置3つ
・ ・ ・				・ ・ ・

共和政万歳！

2. 王政と共和政の主な違いを言うこと。

3. ノートに次の表を写し、完成させること。

共和政の主要な措置			
教育において	目的	労働において	目的
・ ・ ・		・ ・ ・	

第一共和政の危機		
政治的理由1つ	経済的理由2つ	社会的理由2つ
	・ ・	・ ・

4. どのような理由でポルトガル人の大多数が強い政府を望んでいたのか、説明すること。

次々に内閣が替わる！

2 新国家体制

1. 5月28日の軍事クーデター
2. サラザールと新国家体制
3. 公共事業政策
4. 自由の制限
5. 反体制運動
6. 植民地戦争

監獄の囚人（写真：パウロ・カリソ）

西暦19世紀　　西暦20世紀　　西暦20世紀
1900　　　　　　　　　　　　　2000

1926
第一共和政の終わり
軍部独裁の始まり

1961
植民地戦争の開始

1974
新国家体制の終わり

1933
新国家憲法、承認

1932
サラザールが
首相に就任

1968
マルセロ・カエターノ
がサラザールにかわり、
首相に就任

2 新国家体制

【工場】イワシ缶詰工場。自由を。賃金引き上げを。【工場】繊維工場 ... 【学校】オリヴェイラ・サラザール小学校
【駅】切符売り場【壁広告】フランス ... 【新聞】『ディアリオ・デ・ノティシアス』紙
【新聞の見出し】ルアンダで、武装集団が刑務所および公安警察本部を襲撃した。

テーマD　20世紀

1 5月28日の軍事クーデター

第一共和政の崩壊

すでに見たように、第一共和政期、不安定な政治や食料品価格の上昇、反乱、頻発するストライキは、人々に大きな不満を生み出した。図1を見なさい。

このような状況を前に、ポルトガル人の多くは、秩序を回復し、生活状況を改善する政府を望んだ。史料2を読みなさい。

図1　雑誌『ABC』に掲載された風刺画。第一共和政の晩年の政治・社会問題を皮肉っている。

2 新国家体制

② 軍の反乱

ポルトガル人へ！ 尊厳と名誉を重んじる人にとって、いまのポルトガルの状況は許しがたい。少数の専制者の活動に屈して、国民は人知れず、死を予感している。私は、自分の名誉のために、決起する！ 恐れを知らない、勇気と尊厳を備えた諸君、武器を手に取り、私のもとに来たれ (…)。

ポルトガルよ、戦闘に備えよ！ 国の尊厳と名誉をかけて！

軍人に向けてのゴメス・ダ・コスタ将軍の革命宣言
ブラガ、1926年5月28日（一部改変）

- 史料の著者が誰か言いなさい。
- なされた呼びかけの内容を確認しなさい。
- この呼びかけは、いつ、どこでなされたか言いなさい。
- 年表と図1をもとに、将軍の反乱の根拠となる理由を3つ挙げなさい。

年表
1923年
・全国各地で、パンの値上げに反対する騒動が起こる。
・2度の政権交代。
1924年
・劣悪な生活状況の改善を求めて、リスボンで大規模なデモ。
・クーデタ未遂。
・2度の政権交代。
1925年
・軍部の反乱の動き。
・2度の政権交代。
1926年
・ゴメス・コスタ将軍指揮下の軍部の反乱により、第一共和政は終わり、独裁体制が始まる。
・出版・報道の検閲を開始。
・独裁体制を打倒しようとする2度の試み。
1927年
・独裁体制を打倒しようとする新たな試み。数百人の死者。
・リスボンで、軍事独裁に反対する学生デモ。力による弾圧。
1927-1928年
オリヴェイラ・サラザール教授、新聞『ノヴィダーデス』に論文を掲載し、軍事独裁の財政政策を批判。

ゴメス・ダ・コスタ将軍は、1926年5月28日、ブラガで反乱を起こし、指揮下の軍の一部とともにリスボンに進軍した。全国各地から、それぞれ少人数ではあるが、軍人がこの動きに次第次第に加わった。

共和国大統領、ベルナルディーノ・マシャドは辞職し、権力を反乱者に引き渡した。第一共和政は、終わりを迎えた。

軍事独裁

1926年の反乱は、ポルトガルに軍事独裁を打ち立てた。

図3 ゴメス・ダ・コスタ将軍（1863-1929）。著名な軍人で、第1次世界大戦に従軍した。

テーマD　20世紀

・議会は、閉鎖された。
・内閣と国家元首は、軍部により選ばれるようになった。
・出版・報道は、検閲を受けるようになり、体制を批判できなくなった。
・ストライキとデモは、禁止された。

しかしながら、不安定な政治は継続し、国家の歳出は、歳入を大幅に上回った。そのため、依然として、外国に借り入れを要請する必要があった。

図4　新聞の検閲。記事がカットされると、別の記事に置き換える時間がないことがあり、その場合には、新聞の当該部分は、空白にならざるをえなかった。しかし、検閲は、その部分を空白のまま発行することを禁じていたので、『ドミンゴ・イルストラード』紙は、「本号は、検閲委員会による検印を受けた」という文章で、そのような空白の一つを埋めた。

私は、次のことができる。

1. ゴメス・ダ・コスタ将軍が起こした軍事反乱について、次のことを言うこと。
　①いつ起こったのか。
　②（それによって）終わりを迎えた時代は、どの時代か。
　③新たな政府の形態は、どのようなものだったのか。
2. 図4をもとに、軍事独裁が講じた措置を言うこと。
3. 前のページの年表から、軍事独裁が次の問題を解決できなかったことを示す出来事をそれぞれ選ぶこと。
　①不安定な政治。
　②財政危機。

2 サラザールと新国家体制

サラザールは、どのようにして政府の首班となったのか

　軍事独裁のもとでも、内閣は、頻繁に交代し、国の債務は、ますます増加した。

　1928年、政府の首班で、大統領選挙のただ一人の候補者であったオスカル・カルモナ将軍が共和国大統領に選出された。

　そのとき、著名なコインブラ大学教授、アントニオ・デ・オリヴェイラ・サラザールが財務大臣として招かれた。サラザールは、全省庁の支出を統制する権限を得ることを条件に、就任を受け入れた。

　新しい大臣は、財政を再編し、収入を増やすため、増税を行い、支出を減らすため、とくに医療と教育の費用や公務員給与を削減した。

　このような政策により、財務大臣就任後、最初の一年で、サラザールは、国家の収入額が支出額を上回る状態にすることに成功し（表1）、他の国に借り入れを依頼する必要がなくなった。

　この成功により、彼は、高い名声を得た。

　1932年、サラザールは、閣議議長、つまり今日の首相に相当する役職である政府の首班に任命された。彼は、1932年から1968年までこの職にあった。

年表
1928年
・オスカル・カルモナ将軍が共和国大統領に選出される。
・サラザールが財務大臣となる。
1931年
マデイラやアソレス、ポルトガル大陸部で独裁制に反対する反乱。
1932年
サラザールが政府の首班となる。
1933年
・サラザール憲法の承認。
・PVDE（監視・国家防衛警察）［政治警察］の創設。
1935年
唯一の候補者、オスカル・カルモナが共和国大統領に再選される。
1936年
タラファル強制収容所の創設。同収容所で、1949年までに32人の政治犯が死亡。

表1

1928-1929年の予算 （単位：1,000コント［1コント=1,000エスクード］）		
収入	支出	差引残高
2,175	1,900	275（黒字）

A.H.デ・オリヴェイラ・マルケス『ポルトガル史』第3巻所収（一部改変）

図1　サラザール、盾持ちの長
財務大臣としてのサラザールの仕事をからかう風刺画
［通貨名エスクードが「盾」の意味をもつことから、「通貨の守護者」も意味するかけことば］

テーマD 20世紀

サラザールの教え

1928年に始まった財政再建以降、ポルトガルの国債や通貨は、模範的な政策と金準備によって健全化し、今日では、世界で最も信用のある国債や通貨の一つとなった。

図2 サラザールの財政政策を賞賛したポスター
多額の紙幣［それでもなお、債務の支払いには不十分であった］を印刷する機械が表す第一共和政期の状況とは反対に、サラザールのもとでは、現金や金が大量に蓄積されている。

1933年の憲法

1933年、新憲法が承認され、軍事独裁は終わりを告げた。そして、サラザール自身が、第一共和政期とは異なる国家体制であることを示すため、「新国家」体制と名付けた新たな独裁の時代が始まった。

3　新憲法

第8条-§2　特別法が、思想の表現の自由や教育の自由、集会の自由、結社の自由を規制する。第一の自由に関しては、予防的、かつ抑制的な措置を講じて、世論の混乱を防止することとする。
第72条-§1　［共和国］大統領は、［有権者により］7年の任期で選出される。
第106条　政府は、閣議議長―1ないしは2以上の省の［大臣の］職務を兼務できる―と閣僚により構成される(…)。
第107条　閣議議長は、政府の政策全般に関して、大統領に対して責任を負う(…)。
1933年憲法抜粋

・憲法の本文で、独裁政治的な特徴を一つ、民主政治的な特徴を一つ挙げなさい。
・政府の首班は、誰に対して、政府の政策を報告しなければならなかったのか言いなさい。

2 新国家体制

　新憲法によると、共和国大統領と国民議会議員は、有権者によって選出された。しかし、ただ一つの政治組織―サラザールを支持する国民同盟―の存在しか許されていなかったので、選択の自由はなかった。サラザールは、大統領の権力を次第に奪っていった。国民議会は、政府が提出した法律をただ承認するだけであった。憲法は、表現の自由や結社の自由のような市民の自由を認めていた。しかしながら、そのような自由は、特別法で規制された。実際、そのような特別法は、憲法で保障された権利を尊重しなかった。このように、サラザールは、国家のただ一人の長となり、独裁政治を行った。

図4　1933年憲法への投票を訴えるポスター
新憲法は、1822年や1911年の憲法とは異なり、制憲議会ではなく、政府が制定した。
【図中のポルトガル語：ポルトガル人よ！　あなたたちは、無秩序と無規律を望むのか、それとも秩序と規律を望むのか？　もしも規律を望むのなら、新憲法に投票せよ！】

図5　ジョアン・アベル・マンタの風刺画（『サラザール時代のポルトガルの風刺画』カンポ・ダス・レトラス所収）、サラザールが政府の他のメンバーをどのように扱っているかをほのめかしている。

私は、次のことができる。
1. 表1や図1をもとに、サラザールの財政政策を説明すること。
2. 図5をもう一度見て、どのような理由で、サラザールは政府の他のメンバーに背中を向けているのか、またどのような理由で、彼らの頭は変形しているのか、説明しようとすること。

433

テーマD　20世紀

3 公共事業政策

サラザールがとった財政政策により、ポルトガルは、ある程度、資金を蓄積することができた。また、第2次世界大戦（1939-1945年）中、ポルトガルは参戦しなかったので、交戦国に物資の売却が可能となり、それは収入の増加に貢献した。

そのような資金の一部は、公共事業工事に投資された。

図1　1966年8月6日、リスボンでのサラザール橋（現在の「4月25日」橋）の開通、（『ディアリオ・デ・ノティシアス』紙の第一面）【新聞の見出し：サラザール橋開通、一億人のヨーロッパ人がテレビで旧大陸で最も長く、最も美しい橋を目にした。】

> ### 2　公共事業
>
> 　道路の建設と修復は長い間、新政府の誇りの象徴であった。道路総キロ数は25年間に倍増した(...)
>
> 　道路建設と同時に橋も建設され、ことにポルトのドーロ川に架かるアラビダ橋、テジョ川架橋のように壮大なものもあった。
>
> 　港湾施設も改善された。リスボンやレイションイス、その他で、ドック・波止場の拡充など大規模な事業が実施された。空港でも同じような事業が進められた。
>
> 　さらに、灌漑と電源開発も積極的に推進された。多くのダムが建設された。
>
> 　公共事業は他にも土木建築（労働者の住宅街）、福利厚生（病院）、スポーツ（スタジアム）など国民生活の多くの側面に及んだ。
>
> （A.H. デ・オリヴェイラ・マルケス『ポルトガル史』第3巻）（一部改変）
> A.H. デ・オリヴェイラ・マルケス『世界の教科書＝歴史　ポルトガル3』（金七紀男訳）、ほるぷ出版、1981年、p. 118（教科書の引用に合わせて一部改訳）

図3　観光事業の宣伝ポスター。主要な都市や町は、その魅力に人々の注意を向けようとした。
【ポスターの文言：ポルトガル、シントラ、荘厳なエデンの園】

・交通や電源開発設備、住居、医療、スポーツ施設をそれぞれ改善するのに貢献した建設工事を言いなさい。

2 新国家体制

以前は、山は地肌を露わにし、畑は乾ききり、道は通行不能であったが、今は、松林が青々とよみがえり、黄金色の穀物畑が広がり、すばらしい道路がポルトガルの端から端まで貫通している。

図4 道路建設政策の宣伝ポスター
公共事業政策を通して、サラザールは、ポルトガルの発展に必要な整備を行い、それによって、ポルトガル人や外国人に、新しいポルトガルを作り出すのは可能だということを示そうとした。

　これらの工事すべてのほか、全部で教室約2,500室分の学校も建設された。

　サラザールがとった公共工事の政策によって、ポルトガルの工業化は進展し、失業は大幅に減少した。19世紀と同様、主要な工業は依然として、大都市（リスボン、ポルト、セトゥバル）近郊に位置していた。最も発展していたのは、製鉄業や繊維工業、缶詰工業であった。

　新しい道路や空港、それにポルトガルの自然環境も、観光事業の発展に役だった。

年表
1937年
サラザールは、リスボンでの爆弾テロを無事に逃れる。
1939-1945年
第2次世界大戦。ポルトガルは、参戦しなかった。
1942年
・共産主義者の医師、フェレイラ・ソアーレスが、エスピーニョにある彼の診療所でPVDE［政治警察］によって殺害された。
・リスボン地区、とくにバレイロにあるCUF（連合製造会社）［製造業分野の複合企業］の工場労働者およそ2万人がストライキに参加。多くの参加者が投獄された。
1945年
・MUD（民主統一運動）の創設
・PVDEが、PIDE（国際・国家防衛警察）［政治警察］に再編。
・ポルトのペドラス・ルブラス空港が開港。
1950年
有名な共産主義の指導者、アルヴァロ・クニャルが終身刑に処される。
1951年
ヴィラ・フランカ・デ・シラでテジョ川をまたぐ橋が開通。カステロ・デ・ボデのダムが完成。
1966年
リスボンでサラザール橋が開通（現在の「4月25日」橋）。

435

テーマD　20世紀

図5　モンテ・オ・ノヴォ郡にある学校の教室
1959年当時、学校はふつう、男子だけの学校か、女子だけの学校であった。一つしか学校がないところでは、男子と女子が同じ教室で学んだが、同じ机に向かうことはなかった。

出国移民

　しかしながら、サラザールがとった公共事業政策も、ポルトガルが他のヨーロッパ諸国との間にあった遅れを解消するのには、十分なものではなかった。とくに農村部では、その劣悪な生活状況には変化が見られず、そのため、数多くのポルトガル人が、おもにフランスやドイツに移住した。

図6　廃れたロザン村
移民は、数多くの村が廃村となる大きな要因となった。

私は、次のことができる。

1. 道路、橋、学校、ダムの建設が、人々にもたらす恩恵をそれぞれ2つ言うこと。
2. 新国家体制期の建造物の中で、自分が最も重要だと考える建造物はどれか言い、その理由を説明すること。

2 新国家体制

4 自由の制限

抑　圧

すでに見たように、サラザールは、独裁的な統治を行った。彼は、第一共和政の諸悪の根源は、政党や労働組合、表現の自由にあると考えていた。

それゆえ、
- 政党の設立を禁止し、すでに見たように、政府を支持する政治組織である国民同盟を創設した。
- スト権を禁止し（ストライキは、公共の秩序に対する犯罪行為と考えられるようになり、力ずくで弾圧された）、労働組合は政府の統制下に置かれた。
- 新聞や映画、演劇、その他の出し物で世に広めるべきではないものを「カットする」事前検閲委員会を改組した。その目的は、新国家体制への批判を一切、封じ込めることであった（図1）。
- 政治犯の容疑者を取り締まるため、PVDE、すなわち監視・国家防衛警察（1945年以降、PIDE、国際・国家防衛警察と改称）を創設した。この警察は、サラザールの政治を批判する者、とくにポルトガル共産党（非合法政党）の活動家や支援者を追跡し、逮捕し、拷問した。こうして、サラザールの政策に反対しただけで、何千人もの人々が逮捕され、しばしば裁判もなしに、カシアスやペニシェの刑務所、または［アフリカの］カボ・ヴェルデにあったタラファルの強制収容所に送られた。

図1　検閲を受けたニュース。ニュースは、全部がカットされることもあれば、一部だけがカットされることもあった。書物は、事前の検閲の対象ではなかったが、もしも新国家体制の利害に反する内容があれば、押収された。

図2　共産党の2人の指導者、ディアス・ロレンソ（左）とアルヴァロ・クニャル（右）。2人は、何度も逮捕され、通算、それぞれ17年と15年、監獄にいた。

図3　政治犯が受けた拷問の事例（労働総同盟のパンフレットから）

テーマD　20世紀

4　政治警察の行動

　何日間も隔離され、食事を配る看守のほかには、誰とも話すことが許されなかった。(...)囚人は、喫煙も許されず、新聞や書物を読むこともできず、手紙の受け取りや訪問者との面会も許されなかった。(...)

　長期間の隔離の後、取調室に連行されると(...)、囚人は、何時間も直立の姿勢で立たされた。直立の姿勢には、単に直立して立つ場合とキリスト像の姿勢－つまり、直立し、壁に向き、壁には触れずに、腕を横に伸ばして立つ姿勢－をとる場合があった。足が腫れ上がり、身体中が痛み、頭が重く感じられ、破裂するかのように激痛が走るのに、時間はかからなかった。囚人が床に倒れ込むと、身体中が足蹴にされた。

「PIDE 関係書類」
（A.H. デ・オリヴェイラ・マルケス『ポルトガル史』第3巻）（一部改変）

・囚人に科す拷問を2種類、挙げなさい。
・誰が囚人を拷問するのか言いなさい。
・史料に別の題名を付けなさい。
・PIDE の行動について意見を述べなさい。

図5　1964年5月1日、警察機動隊は、民衆のデモを阻止するため、リスボンの中心街を占拠した。

図6　警察による家宅捜索が終わった後の『ジョルナル・ド・フンダン』紙の施設。同紙は、1965年、政治犯であるアンゴラ人作家に文学賞が贈られたことを報道したことで、発行停止となった。

2 新国家体制

図7　1937年4月、軍団の歌を練習するポルトガル軍団員

　1936年に創設され、18歳までの男女が加入した組織であるポルトガル少年団も、体制の維持に役立った。この組織は、指導者への信仰や軍人精神の育成を目指した。7歳から14歳までの生徒は皆、ポルトガル少年団に加入する義務があった。

　その他、体制を擁護し、共産主義と戦う武装組織であるポルトガル軍団（図7）があった。

図8　ポルトガル少年団の制服を着用した子供たち

私は、次のことができる。

1. 次のとき、尊重されなかった権利、あるいは自由―団結の自由、投票権、スト権、報道の自由、結社の自由―を選ぶこと
   ① 検閲が、新聞にいくつかの記事の掲載を禁止するとき
   ② 国民連合以外のすべての政党が禁止されたとき
   ③ 労働組合が、政府によって統制されるようになったとき
   ④ ストライキを行う労働者が、警察によって取り締まりを受けるとき
   ⑤ 多くのポルトガル人が、選挙に参加するのを妨げられるとき

テーマD　20世紀

5 反体制運動

1926年の軍事独裁の成立直後から、多くのポルトガル人が、自由を求める戦いを始め、取り締まりや逮捕から逃れるため、地下組織を作った。他にも、国外へ脱出した人々、つまり政治亡命者がいた。独裁に反対した人々は、新国家体制への反対勢力を形成した。

1945年の選挙

1945年、第2次世界大戦が民主的な国家（アメリカ合衆国、フランス、イギリス）、つまり市民の権利や自由が尊重されている国家の勝利で終わったとき、サラザール体制に対する反対勢力は、その勢力を増大させた。実際、サラザール主義に反対する人々は、第一共和政期のように、ふたたび自由に生活できると信じた。また、イギリスやアメリカ合衆国のような国々は、ポルトガルの独裁体制に不満をもち始めた。1945年、サラザールは、国民議会を解散し、議会選挙の実施を決めた。

この選挙に参加するため、反体制派は団結し、MUD（民主統一運動）を結成した。しかし、政府が設ける障害（野党は、自由に選挙運動を行うことも、開票を監視することもできず、野党に属すると見なされた多くの人々の名前は、投票できないように、有権者のリストから削除された）に直面して、MUDは、サラザールがけっして本当に自由な選挙を許すつもりがないことをすぐに悟った。そのため、MUDの指導者は、選挙に参加せず、棄権を呼びかける決定を下した（図1）。そのため、その選挙では、国民同

年表
1945年
立法議会選挙。非識字者は、投票権がなく、女性は、高等教育を受けた者か、世帯主である者だけが、投票できた。
1958年
・ウンベルト・デルガド将軍が、反対勢力の大統領候補となる。アメリコ・トマスが当選者と宣言される。
・いくつものストの動きが、警察の取り締まりを受ける。
1959年
アキリノ・リベイロの小説『狼が遠吠えするとき』が、作品に独裁体制への批判が含まれるとして、警察に押収される。
1960年
アルヴァロ・クニャルを含む、ポルトガル共産党の活動家10人が、ペニシェの刑務所から逃亡。
1962年
リスボンで、学生の抗議活動が、警察によって力づくの厳しい取り締まりを受ける。
1965年
・ウンベルト・デルガドがPIDE［政治警察］により暗殺される。
・マリオ・ソアレスがPIDEにより逮捕される。

図1　民主統一運動のポスター
同党の支援者の多くは、職を失うか、逮捕された。【ポスターの文言】自由な選挙でなければ、投票するな。

2 新国家体制

図2 マリオ・ソアレス（PIDEのファイルの写真）。独裁期に12度逮捕された。サン・トメーに追放（1968年）され、フランスへ亡命（1970年）せざるを得なかった。

図3 サ・カルネイロ（1934-1980）
国民連合の議員（1969-1973）であったが、政府の政策に反対した。結局、議員を辞職した。

盟は、対立候補がなく、候補者すべてが当選した。それ以降の選挙においても、状況は変わらなかった。

ウンベルト・デルガドの立候補

1958年、ウンベルト・デルガド将軍が大統領選挙に出馬し、反体制派すべての支持を集めた。選挙運動期間、将軍は、全国で民衆の大きな支持を得た。しかし、アメリコ・トマス、つまり国民連合が支持する候補者が、当選者であると宣言された。この選挙は、反体制派からは、不正選挙と見なされた。

図4 ウンベルト・デルガド将軍（1906-1965）が、選挙運動期間中、アヴェイロ市へ到着したときの様子。新聞記者がウンベルト・デルガドに、当選したら、サラザールはどうするのかと質問すると、将軍は、「もちろん、解任する。」と答えた。

テーマD　20世紀

5　エイラスでの投票に関するPIDEの捜査官の報告書

(...) エイラス行政区の投票所での選挙が、無事行われたことを、閣下にご報告いたします。

登録有権者は、638名でした。このうち、アメリコ・トマス海軍少将への投票が364票、野党候補のデルガド将軍への投票が83票という結果になりました。現実には、投票結果は、相当異なっていました。というのは、投票箱には、［デルガド］将軍への投票が263票あり、［アメリコ・トマス］海軍少将への投票は、101票しかなかったからです。

非公式な通達にもとづき、選挙管理委員会は、投票を終えたあと、有権者を投票所から出し、投票所にこれら［選挙管理委員会の］委員だけになる時間を作りました。(...) 選挙を監視する者は、一人も来ませんでした。

コインブラ、1958年6月8日
捜査官ジェラルド

『ポルトガル、20世紀』6巻で、ジョアキン・ヴィエイラが引用（一部改変）

・現実に次の得票を得た候補者は誰か言いなさい。
　a) より多くの得票　　b) より少ない得票。
・エイラス行政区の投票結果を書き換えたのは誰か言いなさい。

この選挙のあと、法律が変わり、共和国の大統領は、有権者の市民が直接選ぶのではなく、サラザールが信頼を置く選挙人団が選ぶことになった。サラザールは、ウンベルト・デルガドの立候補により脅威を感じ、法律を変えることで、1958年の大統領選挙と類似の状況が将来もう一度起こるのを避けようとした。

私は、次のことができる。

1. サラザール体制の反対派を3つ言うこと。
2. ウンベルト・デルガド将軍の政治活動を特徴づける形容詞を2つ書くこと。
3. 新国家体制時代に生きていたとして、自分がサラザール独裁体制の支持者になるか、反対派のメンバーになるか、周りのことすべてに無関心でいるかのうち、どの立場を取るのか言い、その理由を説明すること。

用語集をまとめること。
ワークブックに、独裁、検閲、表現の自由、政治の反対派の意味を書くこと。

2 新国家体制

6 植民地戦争

サラザールは、植民地の独立を拒否

　サラザールが直面した最もむずかしい問題の一つが、植民地戦争であった。

　第2次世界大戦後、領有する植民地の大半の独立を承認したフランスやイギリス、ベルギー、オランダのような他のヨーロッパ諸国とは反対に、ポルトガルは、アフリカやアジアの自国の領土を維持し続けようとした。

　ポルトガルの植民地が独立する権利をサラザールが認めなかったことから、アフリカ人の反乱やインド連盟との紛争が起こった。

戦　争

　最初の紛争は、1961年に起こった。ポルトガルが16世紀以来インドに保有していた領土、ゴアやダマン、ディウがインド連盟の軍によって占領されたのである。

　また、その年から、アフリカのポルトガル領植民地で独立運動が始まった。独立運動では、植民地の住民は、その目的を達成するため、ゲリラ戦を展開した。反乱を起こした最初の植民地は、アンゴラ（1961年）であった。それに対するサラザールの回答は、軍隊を派遣すること、つまり、「アンゴラへ、すばやく、大軍を」送ることであった。

　ギニア（1963年）とモザンビーク（1964年）が後に続いた。サラザールの対応は、いつも同じで、軍隊の派遣であった。

　サラザールは、ポルトガルには植民地はなく、海外県があるだけだ、つまりポルト

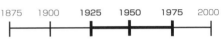

図1　『ディアリオ・デ・ノティシアス』紙、1961年2月5日付けのの第一面
【武装集団が昨日、［アンゴラの］ルアンダで、刑務所や公安警察の本部、放送局を襲撃したことを伝えている。】

テーマD 20世紀

図2 新国家体制期の植民地に関する宣伝ポスター【アンゴラは、ポルトガルの一部である。】

ガルの領土は、ミニョからチモールまで広がっている、と主張した。ポルトガルの立場は、大半の国々には、受け入れがたいものであった。

植民地戦争は、13年もの間続いた。この紛争では、何千人もの人々が死亡または負傷し、巨額の戦費が使われた。史料3を読みなさい。

3 戦争でのエピソード

ギニアの戦闘員が近くに迫ってきたので、ポルトガルの兵士は防御用の手榴弾を投げた。(...)攻撃開始から40分後、敵は、完全に姿を消した。(...)アントニオ・クララは、手榴弾で、胴体がばらばらだった。(...)下士官ルイ・アルベルトは、首筋に銃弾を受け、木の幹の後ろに倒れていた。カルロス・サルガドは、運転席で銃弾を受け、死亡していた。負傷者は、ビサウへ搬送され、その後リスボンへ送られた。

『エスプレソ』紙（1984年4月21日付け）に掲載された一兵士の証言。

・戦闘が行われた植民地はどこか、言いなさい。
・この戦闘で、戦死者や負傷者がいるのを示す文を2つ書き写しなさい。

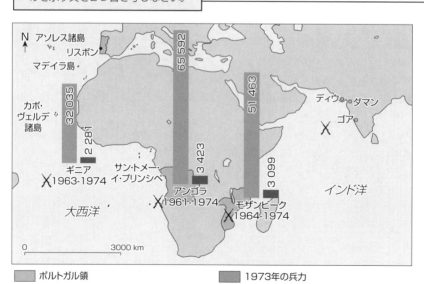

図4 植民地戦争、1961年-1974年（出典：雑誌『ヴィザン』2004年4月15日号、一部改変）

マルセロ・カエターノ政権

1968年、サラザールは転倒し、それがきっかけで、病状が深刻化した。共和国大統領アメリコ・トマスは、マルセロ・カエターノを閣議議長の職に任命した（図6）。

最初、新政府は、政治警察や検閲の活動を緩めた。しかし、まもなく、マルセロ・カエアターノ政権もサラザール主義を継承し、植民地戦争を継続し、反体制派を取り締まった。

年表
1961年
植民地戦争の始まり。
1968年
・マリオ・ソアレスが逮捕され、サン・トメーへ追放。
・マルセロ・カエアターノが、サラザールの後継として、閣議議長の職に就任。
1969年
国民議会選挙が実施される。国民同盟がすべての議席を独占。
1970年
サラザール、死去。
1973年
植民地戦争に不満をもつ一部の将校が、会合を始める。
1974年
独裁体制を終わらせる軍事クーデターの試みが失敗（3月16日）。

図5　ギニアでのポルトガル兵

図6　サンタレンのリバテジョの定期市を訪れたマルセロ・カエターノ（1906-1980）。1968年から1974年まで、閣議議長［内閣首班］の職にあった。

私は、次のことができる。

1. 植民地戦争について、それが起こった理由、それが継続した植民地、その結果2つを言うこと。
2. 同級生や先生と、民族が独立する権利について議論すること。

用語集をまとめること。
ワークブックに、植民地戦争の意味を書くこと。

テーマD　20世紀

図解－要約

新国家体制

第一共和政の諸問題

不安定な政治
・政府の頻繁な交代

社会危機
・ストライキ
・デモ
・爆弾テロ
・多くの反乱

経済危機
・国家の支出が収入を上回る
・食料不足／物価の上昇

1926年の軍事反乱／第一共和政の崩壊

軍事独裁
政治の安定は回復したが、財政危機は深刻化

サラザールが財務大臣に就任
財政収支の均衡

サラザールが閣議議長［内閣首班］に就任

公共建造物の建設
（道路、橋、学校、図書館、病院、ダム）

新国家体制
（サラザール独裁）

自由の制限
（反対派の取り締まり、検閲）と植民地戦争

新国家体制の支柱

検閲　　政治警察　　ポルトガル少年団　　ポルトガル軍団　　国民連盟

【ポスターの文言：愛国者よ、国民連盟の候補者に投票を。ポルトガルが、つねに平穏に航海するために。】

もう次のことができる。

1. ノートに次の表を写し、その表を完成させること。

5月28日の軍事クーデター					
国民の不満の理由3つ	反乱軍を指揮した将軍	そのとき、終わった政治体制	新しい政治体制	軍事独裁の政府が講じた措置3つ	
・ ・ ・				・ ・ ・	

2. 軍事独裁が解決できなかった主要な問題を2つ言うこと。

3. ノートに次の表を写し、その表を完成させること。

サラザールと新国家体制				
サラザールが就任した最初の政府の役職	1932年に任命された役職	公共事業政策		新国家体制の支柱
		実施された公共事業	その目的	
		・ ・ ・	・ ・ ・	・ ・ ・

4. サラザールの独裁に対して戦ったポルトガル人がいた。
   ①そのようなポルトガル人2人の名前を言うこと。
   ②そのような反体制派の人物の各々に何が起こったのか、説明すること。

5. ノートに次の表を写し、その表を完成させること。

植民地戦争			
解放運動は、何を目指したか	それに対して、サラザールはどのように対応したか	武装闘争が起こったアフリカ植民地	その結果を2つ

6. 新国家体制と自由について短い文章を書くこと。

3 | 1974年「4月25日」と民主制

■ 「4月25日」とポルトガル民主制の確立

リスボン、1974年5月1日［メーデー］の式典
【中央の文言：木曜日　4月25日】

19世紀　　　20世紀　　　21世紀
1900　　　　　　　　　　2000

1974
「4月25日」の革命
新国家体制の終わり
ギニア・ビサウの独立

1976
民主的な憲法の承認

1975
アンゴラ、モザンビーク、
カボ・ヴェルデ、サン・トメー・
イ・プリンシペの独立

3 1974年「4月25日」と民主制

【左上：新聞】『ディアリオ・ダ・マニャン』紙
RTP［ポルトガル・ラジオ・テレビ放送］のテレビ番組「家族との会話」で、マルセロ・カエターノは、ポルトガルの海外領土を守る必要があると語った。
【下段】左＝自由万歳、投票権万歳　右＝賃金引き上げ、みんなに家を。
【大きな張り紙】「4月25日」万歳。すべての人に平等な権利を保障する新憲法を …。
民衆は、国軍運動とともにいる。
【ポスター】団結した人民は、敗れることはない。国軍運動

449

テーマD　20世紀

1 「4月25日」とポルトガル民主制の確立

独裁の終わり

　民衆の不満は、ますます大きくなったが、その理由には、自由の欠如や生活費の高騰だけでなく、多くの若者が命を落とす植民地戦争もあった。植民地戦争は、アフリカの諸民族の独立に対する権利を擁護する世界の大部分の国からも、批判的な目で見られており、多くの国が、ポルトガル政府を厳しく非難した。

　1974年、軍の一部が結成した国軍運動（MFA）は、何ヶ月間も秘密裏に準備した軍事クーデターを決行し、独裁政治に終止符を打つ決断を下した。

図1 『ディアリオ・デ・ノティシアス』紙、1974年4月25日付けのの第一面
【記事の見出し：軍部の運動が勃発。国軍運動の指導部は、ポルトガル・ラジオ・クラブ［の放送］を通して、その目的が、現体制の打倒であると言明。】

2 「4月25日」

　ポルトガル［国民］は、本日早朝、ポルトガル・ラジオ・クラブ［の放送］を通して、軍が現体制に反対する運動を決行したことを知った。その後、国軍運動は、新たに声明を発表し、この運動は、1926年5月28日のクーデター以来、国民を抑圧し続けてきた体制から国民を解放することを目指したものであると伝えた。軍は、ギニアやアンゴラ、モザンビークでの［植民地］戦争を終結させる考えも表明した。

　革命軍は、早朝、国立放送局のスタジオを占拠した。革命軍は、同じく、ポルトガル・ラジオ・テレビ放送局、ポルトガル・ラジオ・クラブ放送局のスタジオも占拠した。

　リスボン市民は、言葉に表せないほど熱狂して、中心街の街路に繰り出した。

『ディアリオ・デ・リズボア』紙、
1974年4月25日付け（一部改変）

・言いなさい。
　a) 言及している出来事
　b) 誰がその出来事を起こしたのか
　c) いつ起こったのか
　d) 軍は、何をしようとしているのか
　e) 民衆は、どのように反応したのか。
・どのような理由で、ラジオ局やテレビ局の占拠が行われたのか、説明しなさい。

3 1974年「4月25日」と民主制

　12時間足らずで、軍は、ポルトガル主要都市の重要地点を支配下に収めた。実質上、抵抗はなかった。マルセロ・カエターノは、（リスボンのカルモ広場にある）カルモの［共和国護衛隊］本部に逃避し、降伏する条件として、上級士官の立ち会いを要求した。結局、彼は、アントニオ・スピノラ将軍に降伏した。

民衆は、国軍運動とともに

　国軍運動の成功には、民衆の支持が大きな役割を果たした。民衆は、軍を支持し、熱狂して街路に繰り出した。そして、新国家体制になおも忠実であった部隊の動向について、軍に情報を提供し、拍手喝采し、赤いカーネーションを配った。

　「4月25日」の出来事は、ほとんど犠牲者を伴わなかった。

　民衆の存在は、戦闘が起こるのを避ける上で、きわめて重要であった。

図3　手前は、リスボンのコメルシオ広場とカルモ広場を占拠した軍を指揮したサルゲイロ・マヤ大尉。コメルシオ広場で、反乱軍と戦うために派遣された軍の一部がサルゲイロ・マヤの部隊と合流したとき、彼は、革命の勝利を確信し、それに感動して、涙を見せないために、唇をかんだ。

年　表

4月24日
22時－オテロ・サライヴァ・カルヴァリョ、ポンティニャの兵営に到着。そこが、国軍運動の司令部の機能を果たす。
22時55分－パウリョ・デ・カルヴァリョの歌「エ・デポイス・ド・アデウス［そして、さよならのあとで］」がラジオで放送される。それが、軍事行動開始の最初の合図であった。

「4月25日」
0時20分－ゼカ・アフォンソの歌「グランドラ、ヴィラ・モレナ」がラジオで放送される。それが、軍事行動の実行を確認する合図であった。
1時00分－軍事運動の開始。
3時00分－ポルトガル・テレビ・ラジオ放送局と国立放送局、ポルトガル・ラジオ・クラブ放送局のスタジオが占拠される。ポルテラ空港が閉鎖。サルゲイロ・マヤ指揮下の反乱軍が、コメルシオ広場を占拠。
10時25分－軍が、リスボンのPIDE/DGS（国際・国家防衛警察／治安総局）［政治警察］の本部を包囲。
12時30分－サルゲイロ・マヤ指揮下の軍が、マルセロ・カエターノが逃げ込んだカルモ広場にある共和国護衛隊本部を包囲。
19時30分－拘束されたマルセロ・カエターノが、共和国護衛隊本部から出る。民衆の怒りから守るため、装甲車で護送される。

テーマD　20世紀

図4　1974年4月25日、リスボン、カルモ広場
この広場にある共和国護衛隊本部に、閣議議長マルセロ・カエターノら、政府のメンバーが何名か逃げ込んだ。民衆は、マルセロ・カエターノが降伏し、軍用車に入るまで、その場を離れなかった。マルセロ・カエターノとアメリコ・トマースは逮捕され、マデイラ島に移された。その後、彼らは、ブラジルへの亡命が許された。

私は、次のことができる。
1. 前のページの年表をもう一度読んで、次のことを言うこと。
   ①自分が、反乱軍の成功に最も役立ったと考える出来事。また、その理由を述べること。
   ②軍が使用した合図（サイン）。
2. どのような理由で、軍は合図を使用しなければならなかったのか、説明すること。
3. もしもこの時代に生きていたとして、自分も軍に拍手喝采するために街路に出るかどうか言い、その理由を説明すること。

自由の回帰

国軍運動の将校は、スピノラ将軍が議長を務める救国軍事評議会へ権力を引き渡した。この評議会は、臨時政府の成立まで国を統治する役割を果たした。

26日明け方、スピノラ将軍は、テレビを通じて、直ちに実行すべき国軍運動の計画を公表した。

その中で重要な項目は、次の通り。

- 共和国大統領と政府の解任
- 国民議会の解散
- 治安総局（マルセロ・カエターノが権力を掌握した後、PIDE に付けた名前）の即時廃止
- 政治犯すべての解放
- 検閲の廃止
- 平和を目指す海外領政策の策定

図1　国軍運動のプログラムを読み上げるアントニオ・スピノラ将軍。スピノラ将軍の隣は、救国評議会のメンバーの一人、コスタ・ゴメス将軍。

図2　PIDE/DGS（国際・国家防衛警察／治安総局）の職員の逮捕。1974年4月26日、リスボン

図3　革命数日後の『オ・プリメイロ・デ・ジャネイロ』紙と『オ・セクロ』紙の第一面【左：治安総局とポルトガル軍団の廃止―救国評議会が即時実施する措置―】【カッコ内：支持のデモが国中に広がる。：報道の自由と政治犯、政治亡命者の現状：救国評議会プログラム】【右：権力掌握第一日目、政治犯の解放と救国評議会新指導部の任命】

テーマD　20世紀

図4　カシアスの刑務所からの政治犯の解放。1974年4月26日。

図5　1974年4月28日、社会党書記長マリオ・ソアレスの亡命先からの帰国。到着時、彼は、サンタ・アポロニア駅のバルコニーから群衆に語りかけた。

　自由の回復によって、亡命者の帰国や政治犯の解放、5月1日（国際的な労働者の日）の祝典開催が可能となった。

> **6　街路に繰り出した民衆**
>
> 　私たちは、かつてこのようなものを見たことがない。リスボン［市民］すべてが、街路に繰り出していて、皆の感激は、想像を絶している。（…）今日は、労働者の記念日であり、市全体が街に出ている。（…）いたるところに、花、カーネーションがある。（…）若い労働者は、音楽に合わせて、踊っている。（…）私は、けっしてこの5月1日を忘れないだろう。（…）人口100万人の都市で、60万人の人々がデモ行進に参加している様をどのようにして描写することができるというのか？あるいは、いたるところに、つまり銃口に、すべての戦車に、すべての車に、兵士の手に、そしてデモ行進参加者の手にある赤いカーネーションの印象をどのようにして描写することができるというのか？
>
> 　　　　　　　　フィル・メイラー『ポルトガル：とてもあり得ない革命か？』1978年
>
> ・デモ参加者は、何を祝っているのか、言いなさい。
> ・喜びに満ちた雰囲気を表す表現を2つ書き写しなさい。
> ・このデモ行進が行われた日付を言いなさい。

454

3 1974年「4月25日」と民主制

図7 1974年5月1日。リスボン、イナテル[全国余暇利用協会]競技場での集会。

救国評議会は、大統領選挙まで、共和国大統領の職にスピノラ将軍を任命した。スピノラ将軍は、それを受けて、大学教授で弁護士のアデリノ・ダ・パルマ・カルロスを臨時政府の首班に指名した。

年表

4月26日
0時30分 – 国軍運動が、PIDE/DGSの職員の民衆に対する発砲により、5人死亡と伝える。「4月25日」の革命で唯一死者が出た事例。
1時30分 – 救国評議会がスピノラを大統領に指名。スピノラ、テレビを通して、国民に呼びかける。
7時00分 – アメリコ・トマス、拘束される。
9時30分 – リスボンのPIDE/DGSが降伏。約400人の職員が逮捕される。

4月27日
0時30分 – カシアスとペニシェの刑務所から政治犯が解放される。

4月28日
– マリオ・ソアレス、ポルトガルに帰国。

4月30日
– アルヴァロ・クニャル、ポルトガルに帰国。

私は、次のことができる。

1. 次の自由の中から、図7のデモ参加者が行使している自由を言うこと。
   団結の自由、集会の自由、表現の自由、結社の自由。
2. 図1と図2–図5、図7で表されている出来事とを関係づけること。
3. 「4月25日」と関係する人物の中で、そのうちの一人の略歴を書くこと。

テーマD　20世紀

植民地の解放

アフリカの新しい5カ国

　国軍運動の計画によると、植民地戦争に関しては、交渉により問題の解決を図ることになっていた。
　1974年7月には、早くも、共和国大統領スピノラ将軍は、アフリカ人の独立する権利を承認した。

図2　アンゴラからの帰還者のリスボンへの到着、1975年8月（ジョアキン・ヴィエイラ『20世紀のポルトガル』第8巻、読書クラブ発行）。約50万人のポルトガル人がポルトガルに帰国した。彼らの多くは、［帰国に際し］財産すべてを放棄せざるを得なかった。

1　植民地の独立

アンゴラ

カボ・ヴェルデ

ギニア・ビサウ

モザンビーク

サン・トメー・イ・プリンシペ

　共和国大統領が、独立への権利の即時承認を含む、ポルトガル海外領土の人々がもつ民族自決権の承認を語るべきときが訪れた。（…）
　いまこそ、ポルトガルやアフリカの領土、世界（の人々）が皆、待ち望んでいた歴史的な瞬間である。すなわち、ポルトガル領アフリカでの平和が、正義と自由にもとづき、ついに実現したのである。
　　アントニオ・スピノラ（共和国大統領）、1974年7月27日の演説（一部改変）

- 史料の著者は誰か、言いなさい。
- 何が承認されるのか、言いなさい。
- それを可能とした出来事に言及しなさい。
- 史料の表題としても使えそうな史料中の表現を一つ選びなさい。

　ポルトガル政府の代表と植民地の独立を求める武力闘争運動の代表者との間の交渉により、非植民地化［植民地の解放］が実現した。つまり、アフリカの領土の政府は、独立運動の担い手に引き渡され、ポルトガ

ルの兵士は、何万もの民間人とともに、ポルトガルに戻った（図2）。

その結果、5つの新しい独立国が誕生した（図3）。

アンゴラとモザンビークは、独立は達成したが、平和は訪れなかった。権力をめぐる闘争から、内戦が勃発した。

東チモールとマカオ

東チモールとマカオは、アフリカの植民地とは異なる経緯をたどった。

東チモールの領土は、1975年12月、インドネシアの侵略を受け、同国に併合された。何千人ものチモール人が、逮捕され、拷問を受け、処刑された。

長年にわたる武力闘争と国際社会の強い圧力によって、インドネシアは、東チモールの将来を決める住民投票の実施に同意した。この住民投票は、1999年8月30日に実施され、チモール人は、（その約80%が）インドネシアとの統合反対、つまり独立賛成に投票した。インドネシア軍は、インドネシアとの統合を支持する一部のチモール人の民兵組織とともに、チモールの人々の決定を受け入れず、破壊や死を引き起こした。

国際的な諸組織は、インドネシアに対して、住民投票の結果を受け入れるように圧力をかけた。2002年、東チモールは独立した。ポルトガルは、チモールの人々がもつ独立への権利をつねに支持してきた。

マカオは、1999年12月、ポルトガルと中国との間に結ばれた協定に従い、ふたたび中国の領土となった。

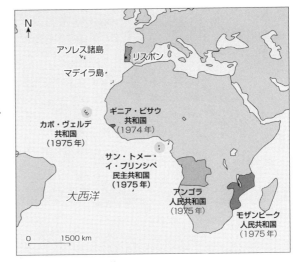

図3　新しいアフリカ諸国

図4　マカオと東チモールの領土

テーマD　20世紀

図5　当時ディリの司教であったカルロス・シメネス・ベロ師と海外でのチモール抵抗運動の代表者であったラモス・オルタが、東チモール住民の権利を擁護する上で優れた働きをしたとして、1996年ノーベル平和賞を受賞した。

図6　住民投票の結果を喜ぶチモールの人々(『ディアリオ・デ・ノティシアス』紙、1999年9月4日付けの第一面)。
【自由なチモール】

私は、次のことができる。

1. 次の地域で、独立した植民地を言うこと。
   ①アフリカ西海岸　　②アフリカ東海岸
2. インドネシアによって領土を占拠されてからのチモール人を特徴づける形容詞を3つ書くこと。

用語集をまとめること。
ワークブックに、非植民地化の意味を書くこと。

1976年の憲法

　国軍運動の計画に従い、1975年4月25日、制憲議会選挙が実施された。制憲政権議会議員の使命は、新国家体制の憲法に替わる新憲法を作成し、それを承認することであった。

　「独裁政治期」のあと、最初の自由な選挙であったこの選挙では、女性を含む、18歳以上のすべての（登録されている）市民が、投票権をもった。いくつもの政党が選挙に参加し、選挙活動の監視も行った。

　新憲法は、制憲議会議員の過半数の賛成を得て承認され、1976年4月25日に施行された。

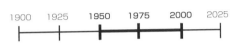

1　第一部　基本的な権利と義務

第13条-1. すべての市民は、（…）法の前に平等である。
第26条-2. いかなる者も、拷問、もしくは虐待あるいは残酷な刑罰を受けることはない。
第37条-1. すべての者は、自分の思想（…）を自由に表現し、広める権利をもつ。
第45条-1. 市民は、平和的に（…）集会を行う権利をもつ。
第47条-1. 結社の自由は、政党（…）を結成する（…）権利を含む。
第48条-2. 選挙権[投票する権利]は、普通[選挙]、平等[選挙]、秘密「選挙」のもと、18歳以上の（…）すべての市民に対して、これを認める。
第57条-1. 労働者の団結の自由は、これを認める。
第59条-1. スト権は、これを保障する。
　　　　　1976年『ポルトガル共和国憲法』抜粋

図2　雑誌『4月25日』の表紙。制憲議会選挙に触れている。
【上段：多数の政党のシンボル】
【中央：自由な国での自由な選挙】

・次のことを禁じている条文をそれぞれ言いなさい。
検閲の存在、単一政党制、囚人に対する虐待。

テーマD　20世紀

図3　1975年の制憲議会選挙では、有権者の市民は、長い列を作り、投票するのに何時間も待った。

　この憲法は、独裁政治の時期には尊重されていなかった基本的な権利や自由を保障した。
　それにより、ポルトガルに民主政治が復活した。
　1976年の憲法は、中央の権力と地方の権力が、それぞれどのように行使されるかについてのルールも定めている。
　1976年、「4月25日」以後、最初の大統領選挙が行われ、ラマリョ・エアネス将軍が大統領に選出された。共和国大統領は、民主的な規則の行使を保障し、それを尊重する立場を取った。

　ポルトガルに民主政治が樹立されたことで、ポルトガル人の生活には大きな変化が起こった。

図4　制憲議会の仕事始めとこの議会に選出された議員数。この他、マカオから議員が1名選出されたので、議員の合計は、250名であった。
【写真:社会党116、人民民主党81、ポルトガル共産党30、社会民主中央党16、ポルトガル民主運動5、人民民主連合1】

3 1974年「4月25日」と民主制

数字でみる民主政治		
	1974年	2004年
人口	860万人	1,040万人
高等教育機関の在籍者数	4万9,365人(1970年)	67万4,094人(2001年)
失業率	2.7%	6.4%
非識字率	25.6%	9%
平均寿命	67.5	75.9
電気の普及率	63.8%	99.5%
水道の普及率	47.4%	97.9%
人口10万人あたりの医師数	116.1	321.5 (2001年)
図書館	264	1917 (2001年)

出典：雑誌『グランデ・レポルタージェン』2004年4月24日号（一部改変）

図5 ヴィゼウのレペゼスにある「インファンテ・ドン・エンリケ［エンリケ親王］小・中学校」の生徒が作ったシール。
【シールの文字：私たちは、「4月（25日）」で勝利した。】

図6 現在の共和国議会で議席を占める政党のシンボルマーク。
【上段　左から右：社会党、社会民主党、民衆党】
【下段　左から右：左翼ブロック、ポルトガル共産党、緑の党】

年表
1973年
4月19日　マリオ・ソアレスらが、ドイツで社会党を創設。
1974年
5月7日　フランシスコ・サ・カルネイロらが、人民民主党を創設。
5月16日　臨時政府が成立。
9月30日　アントニオ・デ・スピノラ将軍が、共和国大統領を辞職。後継者は、コスタ・ゴメス将軍。
1975年
4月25日　制憲議会選挙。
1976年
4月2日　ポルトガル共和国憲法承認。
4月25日　共和国議会選挙［総選挙］。
6月27日　大統領選挙。ラマリョ・エアネス将軍が選出される。マデイラとアソレスで、自治地方議会選挙。
12月12日　最初の地方選挙。

私は、次のことができる。

1. 図1で描かれている市民の権利を2つ言うこと。
2. 上の表の情報をもとに、1974年4月25日以降、30年間にポルトガルで起こった変化について、同級生や先生と議論すること。

中央権力

中央政府の機関	全国の有権者が選挙で選ぶ		
	共和国大統領 （任期5年）	共和国議会 （議員の任期、4年）	政府 （首相、大臣、長官）
役割	・首相を任命・罷免する。 ・共和国議会の法律を公布・公表する。	・法律を作る。 ・政府の活動を監視する。	・行政と法律の執行に責任を負う。

3 1974年「4月25日」と民主制

私は、次のことができる。

1. 中央権力について
   ①それを構成する機関を言うこと。
   ②誰が、議員や大統領を選ぶのか言うこと。
   ③どのようにして、政府を作るのか、説明すること。
2. 大気汚染を減らすため、自家用車が都市の中を通行するのを禁止する法律が成立したと想像すること。
   ①そして、言うこと。　a) この法律の制定に責任を負う中央権力の機関はどれか。
   　　　　　　　　　　　b) この法律の施行に責任を負う中央権力の機関はどれか。
   ②自分がこの法律に賛成するかどうか言い、その理由を説明すること。

用語集をまとめること。
ワークブックに、投票権、民主主義、中央権力、政府、共和国議会の意味を書くこと。

テーマD　20世紀

自治地方、マデイラとアソレス

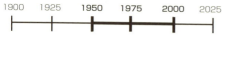

1976年憲法によると、「ポルトガルは、歴史上［の諸条約によって］確定したヨーロッパ大陸部の領土とアソレス諸島およびマデイラ諸島から成り立っている。」これら両諸島は（大陸から遠く離れた）大西洋上に位置し、特有の問題を抱えており、そのため住民は、自治権の拡大を望んだ。

　自治権は、19世紀末以降存在したが、つねに大きなものとは言えず、新国家体制期にはとりわけ制限された。

1　自治地方

　第6条　2．アソレス諸島およびマデイラ諸島は、独自の政治・行政上の憲章をもつ自治地方である。

1976年『ポルトガル共和国憲法』抜粋

　史料で読んだように、これらの地方は、独自の政府の機関をもち、それらを通して、その地方の問題の大部分を、直接かつ迅速に解決することが可能となっている。

次の表を見なさい。

図2　ポルトガル国旗とマデイラ自治地方およびアソレス自治地方の旗

機関	役割
自治地方議会	憲法や共和国の一般法を尊重した上で、各地方に特有の関心にもとづく法律を作る。
自治地方政府	自治地方に特有の行政上の施策すべてを実施する。

464

3 1974年「4月25日」と民主制

図3 アソレスの地方議会

図4 マデイラの地方議会

図5 マデイラ島の自動車道

図6 アソレス諸島サン・ミゲル島のポント・デルガドのマリーナ

テーマD　20世紀

図7　『ディアリオ・デ・ノティシア』紙、2004年10月18日付けの第一面

【上段】アソレス
社会党　56.96%　社会民主党＝社会民主中央党　36.83%　統一民主同盟　2.81%　左翼ブロック　0.97%
【大見出し】セザル、過半数を維持し、さらに議席増。
【見出し】マデイラでは、ジャルディンが勝利を収めたが、社会党も、過去最大の得票を獲得。
【記事】アソレスにおいて、56.9%の得票を得て、カルロス・セザルは、過半数を維持した上で、さらに議席を増やし、ヴィクトル・クルス率いる社会民主党と社会民主中央党の連合を破った。アルベルト・ジョアン・ジャルディンは、さらに新たな勝利を加えて、ふたたび過半数を獲得したが、ジャシント・セラン率いる社会党は、いままでの地方選挙で最良の結果を得た。アソレスでは、統一民主同盟は、地方議会の議席を失った。
【下段】マデイラ
社会民主党　53.67%　社会党　27.52%　社会民主中央党　7.03%　統一民主同盟　5.51%　左翼ブロック　3.56%

私は、次のことができる。

1. 自治地方について：
   ①国土のどの部分が自治地方であるのか、言うこと。
   ②それらの地方の自治を保障する文書が何かを言うこと。
   ③そのような自治はいつから存在したのか、説明すること。
   ④自治は、住民にとってどのような利点があるのか、述べること。

2. 図7を見て、
   ①各自治地方で最も得票が多かった政党はどれか、言うこと。
   ②勝利した政党が得た結果をもとに、過半数の意味を説明すること。

用語集をまとめること。
ワークブックに、自治地方の意味を書くこと。

3 1974年「4月25日」と民主制

地方権力

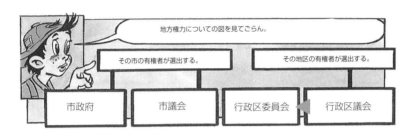

テーマD 20世紀

地方権力の権限の例

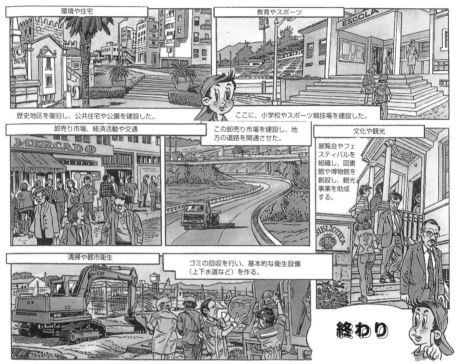

環境や住宅
歴史地区を復旧し、公共住宅や公園を建設した。

教育やスポーツ
ここに、小学校やスポーツ競技場を建設した。

卸売り市場、経済活動や交通
この卸売り市場を建設し、地方の道路を開通させた。

文化や観光
展覧会やフェスティバルを組織し、図書館や博物館を創設し、観光事業を助成する。

清掃や都市衛生
ゴミの回収を行い、基本的な衛生設備（上下水道など）を作る。

終わり

3 1974年「4月25日」と民主制

私は、次のことができる。

1. 中央権力や地方権力について勉強したので、これらの2つのうち、どちらの権力が次の問題の解決に責任を負うのか言うこと。
   ①自分が住んでいる街の道路の清掃。
   ②自分が暮らしている地区のスポーツ施設の建設。
   ③学校の学年歴の決定。

2. 自分の学校がある地方で、地方権力について、次のような情報を記載したカードを作ること。
   ・学校がある市の名前。
   ・市長の名前と市長が属している政党。
   ・最大の野党。
   ・学校がある行政区の名前。
   ・行政区委員会の委員長の名前と委員長が属している政党。
   ・最大の野党。

用語集をまとめること。
ワークブックに、地方権力、地方公共団体、市政府、行政区委員会の意味を書くこと。

テーマD　20世紀

図解 – 要約

1974年「4月25日」と民主制

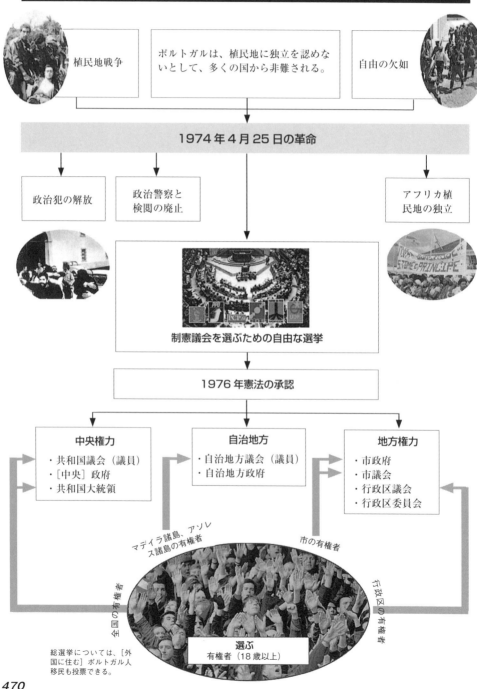

もう次のことができる。

1. ノートに次の表を写し、その表を完成させること。

「4月25日」の革命			
革命前の政治体制	民衆の不満を引き起こした理由2つ	1974年4月25日に起こったこと	国軍運動のプログラムで主張された措置3つ
	・ ・		・ ・ ・

中央権力			
中央権力とは	中央権力の機関	中央権力の役割	議員や共和国大統領を選出する人

地方権力			
地方権力とは	地方権力の機関	地方権力の役割	住民にとっての利益

2. 「『4月25日』のおかげで、息子は、もう植民地戦争には行かなくてすむ！」
この父親の喜びの理由を説明すること。

3. 「すべての人に平等な権利を保障する新憲法を。」
どの憲法のことを言っているのか言い、その憲法が「すべての人に平等な権利」を保障している例を2つ挙げること。

4. 「投票権万歳！」
ポルトガル人が自分たちの代表を自由に選ぶことができた選挙の例を2つ挙げること。

5. 「4月25日」とポルトガル人の自由や生活条件について、短い文章を書くこと。

自主研究

人権

- 人権とは何か？
- サラザール独裁体制の時代、人権は擁護されたのだろうか？1974年4月25日革命の後は、どうなのだろうか？
- なぜ、私たちにとって、人権について知ることが大切なのだろうか？

上記の質問すべてに答え、その結果を発表するのに、自分で、あるいはグループで、次のことをやりなさい。

- 例えば、第2次世界大戦時にドイツが設置した強制収容所、もしくはサラザール独裁体制と1974年4月25日革命についての映画を鑑賞する。
- 人権に関するアンケート調査に回答する。
- 1974年4月25日革命以前の時代を生きた人々に独裁政治や自由についてのアンケートを記入するように依頼する。
- 人権の侵害や擁護についてインターネットで情報を集める。
- 人権擁護の観点から際立った働きをした人物の簡単な伝記を作成する。
- 人権に関して短い詩を書く。
集めた情報とすでに行った作業をもとにして、君は次のことができる。
- アンケートやテキスト、伝記、詩のようなすでに作成した資料を用いて展示会を開くこと。
- 人権に関して、音楽の伴奏があるダンスやジェスチャーの出し物を準備すること。

図1 子供の靴屋、リスボン、20世紀の30年代

図2 第2次世界大戦中のドイツの強制収容所の囚人

教科、および教科外のカリキュラムで、歴史の勉強に役立つ活動
(提案)

教科と教科外の カリキュラム	活　動
国語（ポルトガル語）	・人権についてのテキストを調べる。 ・詩を作り、サラザール独裁体制の時代を生きた人々に記入してもらうアンケートを作成する。
英　語	・人権と関連する語彙の用語集を作成する。
ポルトガルの歴史と地理	・サラザール独裁体制期の人権侵害、もしくは1976年の民主憲法がポルトガル人に認めた権利に関する文書史料や図像史料を調べる。 ・独裁体制や1974年4月25日の革命についてのビデオを見る。 ・政治犯が収容されていた昔の刑務所を見学する。
理　科	・最貧国の子供の食事に関する情報を集め、それを「食事バランスガイド」と比較する。 ・食事に関する人権の手紙を書く。例えば、「人はすべて、野菜を食べる権利をもつ。」
算　数	・アンケートで集めた情報をもとに、グラフを作成する。
E.V.T.（視覚・技術教育）	・すでに行った作業の基本となる「人権の木」を企画・製作する。
音　楽	・人権に関して、音楽の伴奏があるダンスやジェスチャーの出し物を上演する。
学習法指導	・人権の侵害や擁護についてインターネットで情報を集める。 ・例えば、アリスティデス・デ・ソウザ・メンデスやテレザ・デ・サルダーニャのような、人権擁護の観点から際立った働きをした人物の簡単なテキストや伝記を作成する。
市民教育	・人権に関するアンケートに回答する。 ・1974年4月25日の革命後、ポルトガル人が獲得した権利を知る。 ・人権に関して、できればアムネスティ・インターナショナルのような人権擁護団体の代表者と議論する場を設ける。サラザール独裁体制の時代を生きた人々を招くこともできる。

20 世紀の私の住んでいる地方

アレンテージョ

アデライデ・カベテ（1867-1935）

エルヴァス生まれで、1900 年、医学校を卒業した。共和主義の理想を支持し、女性解放論者であった彼女は、共和政が宣言されたとき、リスボン市政府の建物に翻った最初の旗を、アナ・デ・カストロ・オゾリオといっしょに縫い上げた人物でもあった。軍事独裁が始まった 1926 年以降、彼女の活動には、制約が増した。1929 年には、アンゴラに避難し、死去する前年にポルトガルに帰国した。

カタリナ・エウフェミア（1928-1954）

1950 年代、アレンテージョの農業労働者は、彼らが働く大農園での低賃金に反対して闘争を行った。バレイザンでは、低賃金の改善を求めて、労働者はストライキに突入した。それに対して、共和国護衛隊（GNR）が農園を包囲した。農婦カタリナ・エウフェミアをリーダーとする一群の女性が、交渉のために警察の包囲を越えようとした。そして、対峙する共和国警護隊に対して、自分たちは、仕事と子供の空腹を癒やすパンのために戦っていると説明しようとしたとき、警護隊が発砲した 3 発の銃弾が彼女に当たった。そのときから、彼女は、自由とサラザール独裁体制が課す弾圧に対するアレンテージョの農業労働者の抵抗の象徴となった。

「新国家」体制に対するベジャの反乱

政府を打倒する試みは、1962 年 1 月 1 日、ベジャの兵舎への襲撃から始まった。その襲撃のリーダーの一人―ヴァレラ・ゴメス大尉―は、政府軍との戦闘で負傷し、死者 4 名を出したその運動は、失敗に終わった。

国外にいる［反体制派の一人］、マヌエル・セラが、ポルトガルに密入国し、軍人を勧誘し、武器を入手しようとベジャに向かった。当時の陸軍少佐、カラペス・マルティンスは、ヴァレラ・ゴメス大尉に発砲した後、その場から逃走し、共和国護衛隊（GNR）や公安警察（PSP）に切迫した事態を知らせた。

年表
1910 年
エストレモスで、後の元帥で、1974 年「4 月 25 日」後の初代共和国大統領、アントニオ・スピノラが生まれる。
1911 年
農業労働者のストライキ。
1913 年
多くの労働組合活動家が、エヴォラで逮捕される。
1943-1944 年
農業賃金労働者のストライキ。
1945 年
食料不足や物価上昇、「新国家」独裁体制に反対し、農業労働者の集会やストライキ。
1952、1953、1954 年
失業と飢えに反対し、賃金の上昇を求めて、農業賃金労働者のストライキ。
1958 年
アヴィスで、マラニャンダムが開業。
1960 年
生活の悪条件に反対し、コソで、労働者の日（メーデー）に、抗議ストライキ。
1962 年
・アルカセル・ド・サルで、労働者の日を祝うデモ。
・カヤ・カンポ・マヨールのダムが開業。

共和国護衛隊および公安警察は、エヴォラやエストレモスに駐屯している軍の支援を得て、ベジャの兵舎に向かい、事態を沈静化した。関係者の裁判は、何ヶ月も遅れ、1964年になって初めて行われた。

『オ・セクロ・イルストラード』紙、1974年4月27日付け

図1 ベジャの反乱のニュース

1974年「4月25日」に対する反応

ベジャ

数十人の民主主義者が、救国評議会に電報を送った。以下がその電報。「議会の本会議に集うベジャの民主主義者一同は、評議会がファシズム政府を打倒し、政治犯を解放し、検閲を廃止し、PIDE/DGS（国際・国家防衛警察／治安総局）を解散させ、人民国民行動党（ANP）[国民同盟の後継政党]やポルトガル軍団、ポルトガル少年団を解体したことに対し、敬意を表します。」

エヴォラ

市民生活は、まったく通常通りであった。住民の様子を見ると、自分たちが、歴史的な瞬間を生きているという意識があるのが分かる。[反乱軍の]部隊が、軍管区の兵舎を包囲したとき、人々は、部隊の命令に従い、歓声と拍手で軍を迎えた。

『オ・セクロ・イルストラード』紙、1974年4月27日付け

アルガルヴェ

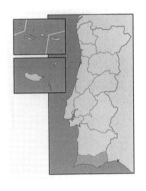

ジョゼ・カルロス・ダ・マヤ
(1878-1921)

オリャン生まれで、共和革命の参加者の一人。海軍士官で、早くから、反王制の陰謀に加わった。「10月5日」では、重要な役割を担った。4日に海軍の兵舎に入り、軍艦「ドン・カルロス」号の襲撃を指揮した。共和政樹立後、1911年には、制憲議会議員となった。

ドゥアルデ・パシェコ
(1899-1943)

ロレの生まれで、1933年、公共事業・交通通信大臣に就任した。「新国家」体制下に進められた幅広い公共事業政策の

責任者で、造幣局の工事やサン・ベント宮の改修、またリスボンのテジョ川沿いの港やリスボン空港、カスカイス自動車道とその高架橋、国立競技場およびリスボンとの接続道路、工科大学、国立統計院、大学都市などの建設をはじめとする数多くの公共事業は、彼の業績である。

1958年の選挙

ポルティマン市の投票を監視するために派遣されたPIDE［政治警察］の一捜査官の報告書によると、「新国家」体制の関係者の中には、人々が投票所に押しかける様子を見て、また反体制派が厳しい監視を続けていること、さらに彼らが各行政区を訪れて、ウンベルト・デルガド将軍への投票を熱心に呼びかけていることを目の当たりにして、同将軍の勝利を予想するようになり、選挙運動期間中に国民同盟が示した無関心さを批判する者も何人かいた。

「開票結果は、アメリコ・トマス元帥閣下842票（ただし、この数字には、反体制派が気づかないうちに投票箱に入れられた200票が含まれている）、ウンベルト・デルガド将軍328票であった。」

イヴァ・デルガド、カルロス・パシェコ、テルモ・ファリア（編）『1958年の選挙』（一部改変）

1958年のポルティマン

サラザールに宛てた手紙で、ポルティマンの市長は、選挙での（アメリコ・トマスの）勝利について、祝辞を述べるとともに、その機会を利用して、数ヶ月前からの魚のほぼ全面的な不足の結果生じた深刻な経済危機を原因とする同市に見られる強い不満について報告した。さらに、心配になるほど多くの人が、市政府を訪ねて、仕事を求めたり、また空腹を満たし薬を買うために、金の用立てを頼んだり、さらには、家賃の支払いが遅れたからといって、市営住宅から退去させないようにしてくれと頼んだりする人が何人もいることに言及した。

イヴァ・デルガド、カルロス・パシェコ、テルモ・ファリア（編）『1958年の選挙』（一部改変）

年表

1906年
南部の鉄道線が、ヴィラ・レアル・デ・サント・アントニオに到達。

1910年
アルガルヴェのコルティサで、労働者のストライキ。

1921年
オリーブ油が不足し、アルガルヴェの缶詰工場閉鎖。

1924年
ファロとオリャンで電話網の設置。

1932年
アルガルヴェで、労働者のストライキとデモ。

1934年
シルヴェスで、民間人だけで、新国家体制に反対する初めての革命の試み。

1955年
賃金の改善を求めて、ラゴスとオリャンの漁師のストライキ。

1968年
賃金の改善を求めて、オリャンの漁師のストライキ。

1975年
アルヴォルで、ポルトガル政府とアンゴラの独立運動勢力との間で、アンゴラ独立の日程を協議する会合。

ベイラ地方

アナ・デ・カストロ・オゾリロ (1872-1935)

マンガルデ生まれで、作家、共和主義者、女性解放運動家であり、ポルトガル女性共和主義同盟を創設した。共和政が宣言されたとき、リスボン市政府の建物に翻った最初の旗を、アデライデ・カベテといっしょに縫い上げた人物である。離婚法の制定にも尽力した。

カロリナ・ベアトリス・アンジェロ (1877-1911)

グアルダの生まれで、ポルトガル初の女性外科医で、またポルトガルのみならず、ラテン系諸国で、市政府の選挙で投票した最初の女性であった。

1911年の選挙法は、非識字者でない21歳以上の（あるいは、21歳未満だが、1年以上前から結婚している）市民に選挙権を与えた。

当時は、伝統的な考え方がきわめて強かったので、いつの日にか女性が投票を行うという考えが、法律の制定者の頭には浮かばなかった。しかし、カロリナ・ベアトリス・アンジェロは、法律上の要件を満たしていた。

未亡人で、母親であり、世帯主であった。彼女は、医者であり、それゆえ非識字者ではなかった。しかし、彼女が申請した有権者の登録は、受理されなかった。そこで、裁判に訴え、勝訴した。彼女が投票箱に票を投じたとき、ポルトガル史上初の出来事を是非とも見ようと駆けつけた多くの人々の大きな拍手が聞かれた。

その後すぐ、1913年7月の法令では、投票権は、男性の市民に限ると明記された。

ウンベルト・デルガドの選挙運動への検閲

ヴィゼウで、長い自動車パレードが行われた。将軍は、一群の学生と民衆によって歓呼の中、迎えられた。学生は、外套で将軍を覆った後に、その外套を地面に広げ、歓迎の意を表し、民衆は、将軍を車から引っ張り出して、

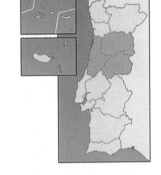

年表
1902年
コインブラで、共和党大会。
1903年
コインブラで、「ゼネ・スト」。
1904年
ベイラ・バイシャ地方で鉄道線の完成。
1907年
新しい機械の導入に反対して、コヴィリャンで労働者のストライキ。
1910年
コヴィリャンで、電話網の設置。
1911年
・ヴァレ・ド・ヴォーガの鉄道線の開業。
・フィゲイラ・ダ・フォスで電話網の設置、フィゲイラ・ダ・フォスとコインブラ間の電話接続。
1915年
ラメゴで、生活費の高騰に反対するデモ。
1922年
コヴィリャンで、第3回労働者全国大会。
1923年
コヴィリャンで、繊維工業の労働者のストライキ。
1928年
カステロ・ブランコやグアルダ、ピニェルで、軍部独裁に反対して、民間人の支援を受けた軍の蜂起。
1930年
トルトゼンド（コヴィリャン）で、羊毛工業労働者のストライキ。

拍手喝采の中、連れ歩いた。

　　　検閲によってカットされた地方紙のニュース。イヴァ・デルガド、カルロス・
　　　パシェコ、テルモ・ファリア（編）『1958年の選挙』所収。
　　　注：斜体の文字は、検閲によりカットされた部分。

図1　グアルダでのウンベルト・デルガド
(写真：ウンベルト・デルガド関係収集品／118、許諾：ポルトガル博物館協会／写真資料部門)

ウンベルト・デルガドの選挙運動と選挙

　リスボンからポルトへの旅の途中、列車は、いくつもの町で停車した。ファティマでは、列車が停車すると、約30人ないし40人の男が、大きな国旗と花束をもって車両に近づいた。花束を渡したあと、将軍に大きな拍手を送った。
　アヴェイロでは、出迎えた人々の熱狂は、将軍が感謝の気持ちを込めて列車の窓から姿を見せると、最高潮に達した。
　イリャヴォでは、投票の監視を命じられたPIDE［政治警察］の一捜査官の報告書によると、ショザ・ヴェリャ行政区を除いて、すべて、順調であった。ショザ・ヴェリャ行政区では、マヌエル・ダ・ネヴェス医師ら、反体制派の何人かが開票に立ち会うことを望んだ。選挙管理委員会の委員長が、それに同意しなかったので、拒否したことを文書で証明するよう要求したが、それも拒否された。彼らが騒ぎを起こそうとしたので、選挙管理委員会の委員長は、共和国護衛隊（GNR）の出動を要請し、部隊はすぐに到着した。また、第10歩兵連隊の一個小隊も到着した。反体制派は、直ちに解散を命じられたが、抵抗しなかった。
　　　イヴァ・デルガド、カルロス・パシェコ、テルモ・ファリア（編）『1958年の選挙』（一部改変）

ジョゼ・アフォンソ（1929-1987）

　アヴェイロ生まれで、9歳のときに、ベルモンテの市長であった伯父といっしょに暮らすようになった。そこで、初等教育を受け、またサラザールの熱烈な支持者であった

伯父により、ポルトガル少年団の制服を着用するように命じられた。

1940年、勉強を続けるため、コインブラに行った。1958年、ウンベルト・デルガドの選挙運動中に、最初のレコード、『コインブラのバラード』を録音した。

後年そこで没することになる都市にあったセトゥバル国立高等学校で教鞭を執った。彼は、たえず政治活動を続けたので、PIDE［政治警察］に何度も逮捕され、ついには、教育界から追放された。彼の歌の多くは、検閲により禁止された。「［最も大事なことを］決めるのは、一般民衆だ」と歌う彼の曲『グランドラ、ヴィラ・モレーナ』は、軍の部隊が革命運動を開始する合図として、ラジオ・レナセンサ放送局から放送され、「4月25日」のシンボルの一つとなった。

> 年表
> **1941、1946年**
> 生活条件の改善と民主制の樹立を要求する、コヴィリャン地方の繊維工業の労働者のストライキ。
> **1941年**
> 授業料の値上げと体制の独裁的性格に反対して、コインブラ大学学生のストライキ。
> **1942年**
> ヴァレ・デ・カンブラのカイマ川にあるドゥアルテ・パシェコのダムが開業。
> **1946年**
> ポルトを出発し、独裁体制の打倒を目指したクーデターの試みが、メアリャダで失敗。
> **1955年**
> 賃金の改善を要求して、フィゲイラ・ダ・フォスで漁師のストライキ。
> **1957年**
> PIDE（国際・国家防衛警察）による拷問に反対して、コインブラで何人もの弁護士が公開の抗議活動。
> **1960年**
> 劣悪な生活条件と労働組合活動の自由の欠如に反対して、トルトゼンドで、労働者の日（メーデー）に抗議のストライキ。
> **1965年**
> コインブラで、何人もの大学生の取り締まりと逮捕。
> **1968年**
> 賃金の改善を求めて、アヴェイロとフィゲイラ・ダ・フォスの漁師のストライキ。
> **1969年**
> 学生の高まる抗議に対抗して、教育大臣ジョゼ・エルマノ・サライヴァがコインブラ大学を閉鎖。
> **1976年**
> レイリアで、人民民主党の大会。サ・カルネイロが党首に選出される。

1974年「4月25日」に対する反応

レイリア

レイリアでは、事態は、完全に平穏であり、すべての公共施設や商業施設が業務を行っている。銀行だけは、ポルトガル銀行を除いて閉まっている。公安警察（PSP）は、街路にふたたび姿を見せたが、交通整理と通常のパトロールを行っているだけである。

アヴェイロ

アヴェイロでは、若者を主体とする何百人もの人々が、熱のこもったデモ行進を行い、マルセロ・カエターノ政権を打倒した国軍運動の成功を祝し、軍への感謝と支持を表明した。

コインブラ

コインブラでは、多数の人々が、コインブラ大学学生会の本部で国軍運動を支持する集会を行ったが、警察の妨害は一切なかった。集会場から、多くの人々が街へ繰り出し、行進する大通りや街路に沿って、その数は、増加していった。

『オ・セクロ・イルストラード』紙、1974年4月27日付け

ドーロ

1927年、軍事独裁に反対するポルトでの反乱

（…）1927年2月3日の明け方、第9軽騎兵連隊により、ポルトで革命運動が始まった。連隊は、総司令部の建物に向かい、すぐにそれを占拠し、師団長（…）、参謀本部長、その他の将校、また主要な市政府の当局者を捕虜とし、元ポルト師団長ソウザ・ディアス将軍が、革命軍の指導者として、そこにとどまった。すでにそのときには、武装した市民の集団が、戦略地点にバリケードを築き始めていた。同時に、ポルトの他の守備隊やペナフィエルやポヴォアからの兵員が反乱軍に合流した。

（…）陸軍大臣ガヤが到着すると、戦闘は、新たな展開を見せ、大砲での攻撃が優先された。一方、ポルトの周囲には、政府に忠実な軍の包囲網が敷かれた。

5日は一日中、両陣営の砲兵隊の戦闘が続き、（…）翌日の午後、ふたたび再開し、その後、一晩中、7日の早朝まで続いた。両者とも大きな損害はなかったが、政府軍の砲兵隊は、（…）見晴らしのいい地点—セラ・ダ・ピラル［の丘］、ヴィルジェン山、アフラダ—に布陣していたので、反乱軍の砲兵隊よりも数段、有利であるのが次第に明らかになった。というのは、反乱軍の大砲は、市内から砲撃していたので、［それに対する］政府軍の砲撃の結果、市街に火災や破壊が起こり、（…）住民への影響が

年表
1904年
リスボン-ポルト間に最初の電話線設置。
1907年
新しい機械の導入に労働者が抵抗して、**ポルト**で、工業部門のストライキ。
1908年
ドーロ川流域全域で、ブドウ栽培労働者の暴動。背景には、同部門の不況。
1910年
ポルトで共和党の大会。
1911年
ヴィラ・ノヴァ・デ・ガヤで、王党派の陰謀。
1917年
ポルトで、ストライキや反乱、食品・食料雑貨店への襲撃。

図1　軍事独裁に対する反乱の首謀者の拘束、ポルト、1927年。

きわめて深刻になっていたからである。

9日の明け方3時頃、反乱軍は、降伏を告げた。この革命の試みは、死者と負傷者を合わせて約500人という結果を残した。

『オ・ムンド』紙、1927年2月3日付け、A.H.デ・オリヴェイラ・マルケス『ポルトガル史』第3巻から引用（一部改変）

アントニオ・フェレイラ・ゴメス師 (1906-1989)

ペナフィエルのミリュンドス生まれで、1952年以降、ポルト司教の職にあった。1958年、オリヴェイラ・サラザールに対して、その政策を批判する書簡を送った。そのような行為に対する制裁として、ローマ訪問から戻ったとき、ポルトガルへの入国を禁じられ、10年間（1959-1969年）の国外亡命を余儀なくされた。

図2　ポルトの反乱のニュース、1927年、『オ・ムンド』紙

ウンベルト・デルガドへの民衆の支持：ポルト

ウンベルト・デルガドが、ポルトへ向けて出発した。(...) 私は、サン・ベント駅へ行き、彼の到着を待った。(...) 将軍の周りには、20万人以上の人々詰めかけていたが、私はいままでこれほど熱狂した人々を見たことがなかった。人々は皆、非常に興奮しており、宿泊予定のインファンテ・デ・サグレス・ホテルにいる将軍の近くに行くのは、至難の業だった。ホテル前の広場やその広場と交わるすべての街路で、またバターリャ広場や［アリアードスの］大通りで、群衆は、共和国万歳、自由万歳、「恐れ知らずの将軍」万歳と、飽きることなく、将軍に対して歓声を上げ続け

図3　ポルトでのウンベルト・デルガド（写真：ウンベルト・デルガド関係収集品／マリオ・カル・ブランダン＝コレクション、許諾：ポルトガル博物館協会／写真資料部門）

た。ウンベルト・デルガドが、自分が民衆から愛され、何百人の人々に抱擁され、接吻される、国民的な人気を博す候補者であると感じたのは、疑いなかった。それらの人々は、明け方まで、ホテルの前に残り、共和国護衛隊や機動隊と対峙した。結局、共和国護衛隊や機動隊は、デモの参加者を解散させることはできなかった。

ヴァスコ・ダ・ガマ・フェルナンデス『未完の証言』

1974年「4月25日」に対する反応：ポルト

ポルトでは、早朝、主要な交通の動脈は、平穏で、異常なところは少しもなかった。人々は、職場に向かい、街路にいつもより警官の数が少ないことにさえ、気づかなかった。しかし、市の中心部で仕事をしている人や用事で中心街を通る必要があった人は、すぐに状況がいつもと違うのに気がついた。アリアードス大通りや市庁広場で、第6騎兵連隊の装甲車が、警戒態勢を敷いていたからである。(...) 次第に、ポルト市全体に、その日の出来事が伝わっていった。もっとも、人々が事件に直接かかわることはなかった。情報は、会話や電話で、人々の口から口へ伝わり、またポルトガル・ラジオ・クラブ放送局やその他の放送局の放送を通じて広まった。市への出入りは、厳重な統制を受けた。自動車の通行する架橋は通行できたが、監視されていた。いくつかの教育施設は閉鎖された。

昼前になっても、人々は、クーデターが最終的に勝利を収めることができるのかどうか、あるいは、まだ抵抗の拠点があるのかどうか、それを知ろうとするのがやっとの状態だった。ポルトの多くの施設が、予防措置として業務を停止し始めた。

『ジョルナル・デ・ノティシアス』紙、1974年4月25日付け（一部改変）

年表
1919年
ポルトで、パイヴァ・コセイロを指導者とする王政復古の宣言。1月19日から2月13日まで継続。
1920年
ポルトで電話部門とコルク工業部門の労働者の騒乱。
1923年
ポルトで履物工業の労働者のストライキ。
1925年
アマランテで、電話網の設置。
1927-1928年
ポルトとヴィラ・ノヴァ・デ・ガヤで、民間人の支援を受けて、軍事独裁に反対する軍の蜂起。
1931年
ポルトで、独裁体制に反対するデモ。
1945年
ポルトで、10月5日に、共和制の樹立を記念し、「新国家」体制の終わりを要求するデモ。
1955年
・ポルトで、多数の反体制派の活動家の「予防的な」拘束。
・マトジニョとアフラダで、漁師のストライキ。
1957年
PIDE（国際・国家防衛警察）の拷問に反対し、同警察の活動に関する調査を要求して、ポルトの何人もの弁護士が、公開で抗議。
1958年
レイションイスとボヴォア・デ・ヴァルジンの港湾労働者が、賃上げを求めてストライキを行い、勝利。
1962年
アフリカでの戦争の継続と独裁的な政府に反対して、ポルトで、デモ。
1968年
賃上げと社会保障の改善を求めて、マトジニョとエスピニョ、アフラダの漁師のストライキ。
1971年
ポルトで、植民地戦争に反対する抗議のデモ。

エストレマドゥラ

「福祉食堂」

　パルメラ公爵夫人は、1892年以降、いわゆる「福祉食堂」の設立に尽力した。1910年、そのような食堂は、すでに6カ所、すべてリスボンにあり、貧しい人々にきわめて安価で、あるいはまったく無料で食事を提供した。

共和政の樹立

　共和政の革命組織は、全国に広がり、各地に「委員会」が作られ、革命の決行時には、それぞれの地域の住民を決起させよという命令を受けていた。共和主義者は、リスボンで共和国宣言がなされれば、（実際そうなったのだが）国中がそれを支持するだろうと考えていた。ただし、このような態勢であったにもかかわらず、リスボン近郊の市（モンティジョやセイシャル、バレイロ、アルマダ、ロレス）では、事前に蜂起が起こり、そこでは、早くも10月4日に共和政が宣言された。

アルフレド・ダ・シルヴァ（1871-1942）

　連合製造会社（CUF）創設の中心人物で、「ポルトガル最初の企業家」と考えられている。

　CUFは、1907年以降、バレイロに設立された。1910年には、ロウソクや肥料、石けん、油、缶詰用の油を製造する化学工業の6工場がすでに存在し、機械設備の修理部門もあった。工場のほか、倉庫や実験所、事務所、タンク、さらに労働者住宅まで付属していた。アルフレド・ダ・シルヴァは、そこで働く労働者のために、診療所や労働者の子供の学校、薬局を含む、社会事業の施設も設立した。

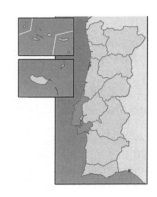

年表
1904年
・リスボンで、個人での電灯の使用が始まる。
・リスボンで、ポルトガル初の映画館が誕生。
・リスボン-ポルト間に最初の電話線設置。
1906年
リスボンで、最初の女子高等学校の設立。
1907年
新しい機械の導入に労働者が抵抗して、セトゥバルで、工業部門のストライキ。
1909年
セトゥバルでポルトガル共和党大会。
1911年
セトゥバルおよびリスボン地方で、労働者のストライキ。
1912年
アレンテージョ地方の農業労働者の闘争に連帯して、リスボンで、ゼネスト。
1913年
・リスボンで王党派の革命の試み。
・セトゥバルで電話網の設置。リスボン-セトゥバルの電話線の設置。
1914年
マフラで、権力の回復を目指す王党派の運動。
1919年
・リスボンで、王政復古の宣言。1月19日から24日まで継続。
・バレイロでCUF（連合製造会社）の労働者のストライキ。
1922年
セトゥバルで魚缶詰工業の労働者のストライキ。

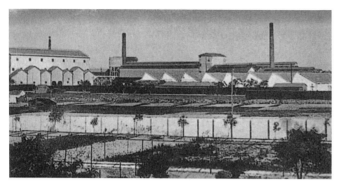

図1 バレイロのCUF（連合製造会社）の工場

CUFは、1910年以降も、発展を続けた。しかし、発展のペースは、それまでよりはゆっくりとしたものとなった。その原因は、労働問題や共和国政府による保護措置の不足にあった。共和国政府は、アルフレド・ダ・シルヴァを共和政の恐るべき敵で、国家の介入に不寛容な人物と見なしていた。そのような状況にもかかわらず、1916年には、バレイロのコンビナートでは、2,000人の工場労働者が働いていた。そこには、広々とした埠頭やバレイロ線やモイタ線に接続する16キロの鉄道線、さらには娯楽施設や商業施設もあった。

年表
1926年
・サカヴェンに軍の部隊の集結が完了し、ゴメス・ダ・コスタがリスボンに入城。
・リスボン-カスカイス間で、初めて鉄道の電化。
1928年
リスボンとセトゥバル、バレイロで、民間人の支援を受けて、軍事独裁に反対する軍の蜂起。
1932年
・リスボンとセトゥバルで、労働者のストライキとデモ。
・マリニャ・グランデで、労働者のストライキとデモ。
1934年
バレイロやセイシャル、マリニャ・グランデで、民間人のみによる「新国家」体制に反対する初めての革命の試み。
1942年
バレイロのCUF（連合製造会社）でストライキ。

労働者のストライキ

政府が制定した労働法に反対し、数千人の労働者が、1934年1月18日、ゼネストを決行した。マリニャ・グランデでは、労働者は、武器を手にして、治安警備の部隊を制圧し、市庁舎を占拠して、そこに赤旗を掲げた。

18日2時頃、私たちは、攻撃隊を編成した。一つのグループは、交通網を遮断しに行った。他の3つのグループは、同時に、市庁舎と電報局、GNR［共和国護衛隊］を占拠しに行った。武器は、猟銃が何丁かと、ピストルが2丁、爆弾がおよそ5個、それだけだった。市庁舎と電報局は、たやすく占拠できた。共和国護衛隊では、激しい抵抗があった。マリニャ・グランデの労働者は皆、街路にいて、武装した少数の仲間を応援した。共和国護衛隊本部は、完全に封鎖され、護衛隊には、降伏するのに15分の猶予が与えられた。護衛隊は、降伏を拒否した。攻撃が始まった。2時間の銃撃戦の後、彼らは、降伏した。(...) 午前5時、何千にも労働者が、町の街路を巡り、

勝利を祝した。

　6時頃、政府軍の最初の発砲が聞こえたとき、私たちは、やっとのことで約10人の仲間を集めて、GNRから奪ったカービン銃で武装し、町とレイリアを結ぶ街道を占拠しに向かった。仲間のほとんどは、GNRが降伏した後、疲れ果てて、何か食べに家に戻っていた。(...) 午前9時まで、私たちは、(...) 抵抗を続けたが、弾薬が尽きた。それ以上抵抗するのは、狂気の沙汰だった。政府は、私たちに対して、砲兵隊や騎馬隊、歩兵隊、機関銃手を派遣し(...)、さらに町の上空には、一機の飛行機さえ旋回していた。(...)

　　　一人の革命活動家の証言、A.H. デ・オリヴェイラ・マルケス『ポルトガル史』第3巻から引用（一部改変）

1958年の選挙

「国民同盟」の選挙運動の集会に出席するサラザール支持者が乗っていたリスボン−ポルト間の列車は、サカヴェンを過ぎた辺りで、茂みに隠れていた人々から石を投げられた。列車の乗客は、用心のため、窓とカーテンを閉めるように命じられた。

　　　イヴァ・デルガド、カルロス・パシェコ、テルモ・ファリア（編）『1958年の選挙』（一部改変）

図2　サンタ・アポロニア駅へのウンベルト・デルガドの到着

図3　アルマダでの市民集会への出席

図4　カルダス・ダ・ライーニャでのウンベルト・デルガド

（写真：図2、IAN/TT　LP、ファイル23、文書1297；図3、ウンベルト・デルガド関係収集品／26、図4、ウンベルト・デルガド関係収集品／81；許諾：ポルトガル博物館協会／写真資料部門）

1969年選挙での不正投票

　閣下にご報告いたします。私は、今月19日、11時頃、セトゥバル商工業学校へ来てほしいとの依頼を受けました。(国民同盟の立候補者)ミゲル・ロドリゲス・バストス氏とロジェリオ・ペレス・クラロ博士との会合に参加するためです。

　その会合で、ポルトガル軍団員による「回転木馬」を組織・指揮するように、私に協力依頼がありました。「回転木馬」の目的は、各自が自家用車で移動し、国民同盟が調達する死者や不在者などの証明書を利用して、別の投票所で2度、あるいは3度、4度と投票することです。例えば、アルマダの者がバレイロやセイシャル、モイタで投票し、モイタの者がアルマダやセジンブラで投票し、バレイロの者がアルマダ等々で投票するということです。そのために、各投票所の選挙管理委員会の委員長には、そのことをあらかじめ知らせておき、さらに証明書に印を付けて誰がそうなのか、分かるようにしておきます。

　(...)閣下が適切だと判断なさる結果を得るために、私は、次のような提案をいたします。CTT［郵便・電報・電話会社］で郵便の仕分作業（当市では作業は夜間も行われているが、特に夜間の仕分け作業）を行う職員の中に、信頼の置ける人物がいれば、CDE［民主選挙委員会：反体制派］が送付した候補者名簿を別の名簿と交換するように、［そのような人物に依頼するのが、］実際上、理想的だと思われます。

　別のやり方は、例えば、信頼のおける郵便配達人が、封筒を配達する前に、開封して名簿を確認し、別の名簿と交換するというやり方です。

1969年総選挙に関するポルトガル軍団セトゥバル地区本部の機密文書、A.H.デ・オリヴェイラ・マルケス『ポルトガル史』第3巻から引用（一部改変）

1974年3月16日のカルダス・ダ・ライーニャの反乱

　約300名の兵士が、15台の車両に分乗して、昨日の明け方5時頃、カルダス・ダ・ライーニャの第5歩兵連隊

年表

1957年
PIDE（国際・国家防衛警察）の拷問に反対し、同警察の活動に関する調査を要求して、**リスボンの何人もの弁護士**が、公開で抗議。

1959年
リスボンで、地下鉄の最初の路線が開業。

1960年
アルヴァロ・クニャル、およびポルトガル共産党の活動家9名が、**ペニシェの刑務所から逃亡**。

1961年
賃上げと社会保障の改善を求めて、**ペニシェの漁師のストライキ**。

1966年
リスボンで、テジョ川に架かるサラザール橋の開通。

1972年
リスボンで、PIDE/DGS（国際・国家防衛警察／治安総局）による、学生ジョゼ・リベイロ・ドス・サントスの暗殺。

1973年
・植民地戦争の終結のために闘い、自由と民主主義を復活させる目的で、**サン・ペドロ・ド・エストリルとコスタ・ダ・カパリカ**で、「大尉運動」の集会。
・オビドスで、「大尉運動」の集会。マルセロ・カエターノ政権打倒の可能性が議論される。

1974年
・カスカイスで行われた集会で、「大尉運動」は、国軍運動（MFA）と呼ばれるようになる。
・勾留されたPIDE（国際・国家防衛警察）の捜査官が、ペニシェの刑務所へ移送される。

から出発した。

　部隊は、リスボンに向かい、サンタレンを通過した。しかし、アルヴェルカで、リスボンの軍に行く手を阻まれた。そのため、部隊は、連隊の兵舎に引き返した。

　カルダスには、13時頃、軍が到着した。連隊の兵舎は包囲され、反乱兵は、降伏を迫られた。降伏の期限が告げられ、約10分後、彼らは、降伏した。何人もの将校が拘束され、おそらくはリスボンへ連行された。

『ジョルナル・デ・ノティシアス』紙、1974年3月17日付け

1974年「4月25日」に対する反応：セトゥバル

　19時、商店が閉まったあとで、救国評議会を支持するデモが予告通り行われた。市外から来訪した多くの者を含め、何百人もの若者がプラカードを掲げて市内の街路を行進し、ボカジェ広場に集まるように呼びかけた。広場では、人々は、「自由万歳」と叫び声を上げ、兵士にも参加するように求めた。

『オ・セクロ・イルストラード』紙、1974年4月27日付け

ミニョ

ナルシゾ・フェレイラ（1862-1933）

　企業家で、ヴィラ・ノヴァ・デ・ファルマリカンのペドメ生まれ。繊維工業の分野でポルトガル最大の企業家一族の一つの創始者。リバ・ダヴェに移り住み、1890年、小さな町ペナ・カブランに工場を設立した。企業経営のかたわら、ポルトガル北部の繊維工業の中心地の一つに変貌する小さな田舎町、リバ・ダヴェの社会に重要な貢献をした。都市基盤の整備のほか、町に、病院や劇場、多くの小学校を建設した。

ヴィルジニア・デ・ファリア・モラ（1915-1998）

　サラザール独裁体制と闘う反体制運動家で、女性の権利の擁護者。ギマランイスのサン・マルティン・ド・コンデ生まれ。1933年以降、ポルトガル共産党の活動家となり、MUD［民主統一運動］に参加した。政治活動により、1950年代には、およそ10回投獄され、どのようなものであれ、国家とかかわる職業には就くことができなかった。ウンベルト・デルガドの立候補を支援し、1968年から1972年まで、民主反体制運動の大会に参加した。1974年「4月25日」以後、共和国議会議員で、ポルト市議会の一員であった。

ウンベルト・デルガドの選挙戦

年表
1905年
ブラガで、電話網の設置。
1912年
パイヴァ・コセイロが指揮する王党派の軍が、ヴェレンサとカベセイラス・デ・バストを占拠。
1926年
ファフェとギマランイス、ヴィラ・ノヴァ・デ・ファマリカンで、電話網の設置。
1935年
ギマランイスで、「新国家」体制を支援するデモを含む、「労働祭」が実施される。
1936年
「国家革命」の10周年を記念して、サラザールがブラガを訪問。
1948年
「新国家」体制に反対する論説を公刊したアベル・ヴァルジン司祭をリスボンからクリステロ（バルセロス市）の教区に移送。
1952年
カヴァドのダムの開業。
1955年
ブラガで、多数の反体制派の活動家の「予防的な」拘束。
1960年
劣悪な生活条件と労働組合活動の自由の欠如に反対して、ギマランイスで、労働者の日に抗議のストライキ。
1972年
ヴィラリニョ・ダス・フルナスのダムの開業。

ヴァレンサでは、反体制派の候補者［ウンベルト・デルガド］は、アメリコ・トマスの672票に対して、1,260票を獲得した。このような結果については、「新国家」体制［政府］が、あり得る原因として指摘した数多くの原因のほかに、［ウンベルト・デルガド］将軍への投票をやめさせようと、聖職者がとったゆきすぎた行動にその責任があるにちがいないと、人々は考えている。聖職者は、「おびただしいでたらめ」を言ったが、「結局は、打ち負かそうとした相手の宣伝をしたことになってしまった」のである。次のような例が挙げられている。司祭の中には、将軍に投票する者は、50ミル・レイスの罰金を支払わなければならないとか、さらには、将軍に投票するような女性は、一人の夫では満足せず、7人の夫を必要とするような女性であるとか、教会で説教した司祭がいたというのである。このような「恥ずべき」結果の責任をとって、市長と「国民同盟」市本部長は辞任した。

ブラガは、［ウンベルト・デルガドの］選挙戦が禁止された都市であった。新国家体制は、この都市を［もっぱら］自らが選挙戦を行う市と決めており、国全体の傾向を反映し、北部の他の都市で見られたような、将軍に対する民衆の支持を恐れていた。［ウンベルト・デルガド］将軍は、ブラガを訪問することも、禁じられていた。

イヴァ・デルガド、カルロス・パシェコ、テルモ・ファリア（編）『1958年の選挙』（一部改変）

1974年「4月25日」に対する反応：ブラガ

サ・デ・ミランダ高等学校やマリア2世高等学校の生徒たち、小学校［後期課程］や商業学校、工業学校の生徒たち、さらに師範学校の生徒たちが、何千人も、軍の勝利をたたえて、市内の街路を行進した。19時には、国軍を支持して、ブラガ市の民主派が組織した別のデモが行われた。

『オ・セクロ・イルストラード』紙、1974年4月27日付け

リバテジョ

アメリコ・トマスの選挙戦

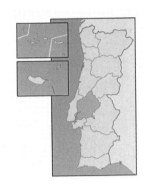

「国民同盟」の選挙運動の集会に出席するサラザール支持者が乗っていたリスボン-ポルト間の列車がエントロンカメントを過ぎたころのこと、列車は、工事箇所を通過するのに速度を緩めた。すると、乗客は、作業員に対して、窓から「国民同盟」の宣伝文句を投げかけた。それに対して、保線工事に従事していたCP［ポルトガル鉄道］に雇用された何人かの労働者は、乗客に向かって、政府に対する見下したような身振りを見せ、侮蔑的な言葉を発した。

イヴァ・デルガド、カルロス・パシェコ、テルモ・ファリア（編）『1958年の選挙』（一部改変）

ウンベルト・デルガドの選挙戦

5月30日、ウンベルト・デルガドがサンタレンに到着したとき、平日の12時にもかかわらず、何千人もの人が、サ・ダ・バンデイラ広場に押し寄せ、文字通り、広場を埋め尽くした。広場に通じる街路、とくにシダーデ・ダ・コヴィリャン通りやピエダーデ広場、レプブリカ公園も同様であった。かつて見たことがないほどの群衆が、街路を駆け巡った。

サンタレン、およびその周辺の市では、結果は、次の通りであった。

・投票者　1万8,103人
・アメリコ・トマス　6,907票（38.16%）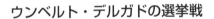
・ウンベルト・デルガド　1万1,196票（61.84%）

リオ・マヨールでは、ウンベルト・デルガドは1,022票を獲得し、アメリコ・トマスは、974票を獲得したが、反体制派の運動は一切ないと報じていた新聞『オ・リオマヨレンセ』は、選挙結果を掲載しなかった。

イヴァ・デルガド、カルロス・パシェコ、テルモ・ファリア（編）『1958年の選挙』（一部改変）

年表

1914年
トマールで、第1回全国労働者大会の開催。同大会で、全国労働者同盟が創設される。

1915年
トマールで、民衆暴動。

1916年
トマールの部隊の協力を得て、マシャド・ドス・サントスを指導者とする軍の反乱。

1918年
サンタレンで、電話網の設置。

1928年
エントロンカメントで、民間人の支援を受けて、軍事独裁に反対する軍の蜂起。

1929年
リバテジョで、小麦栽培促進運動の実施。

1943-1944年
共和国護衛隊（GNR）が、農業賃金労働者のストライキを、多くの企業家の支援を受けて激しく取り締まる。

1945年
リバテジョで、食料不足や物価上昇、「新国家」独裁体制に反対する農業労働者の集会とストライキ。

1949年
食料不足や失業、飢えに反対して、農業労働者のストライキとデモ。共和国護衛隊（GNR）による、それらに対する激しい取り締まり。

1951年
・カステロ・ド・ボデのダムの開業。
・ヴィラ・フランカ・デ・シラで、テジョ川に架かるカルモナ元帥橋の開通。

1962年
一日8時間労働を要求して、農業労働者のストライキ。

図1 サンタレンでのウンベルト・デルガド。(ウンベルト・デルガド関係収集品／San 7、許諾：ポルトガル博物館協会／写真資料部門)

サルゲイロ・マヤと4月25日

　サンタレン騎兵実施学校から、1974年4月25日、国軍運動の最も精力的な活動家の一人であるサルゲイロ・マヤ大尉が指揮する装甲車10両と240名の兵士からなる部隊が出発した。この部隊は、リスボンのコメルシオ広場を占拠した。広場では、独裁体制を打倒することを目的とした軍事クーデターのいくつかの決定的な出来事が起こった。サルゲイロ・マヤの装甲車部隊を討伐するため、政府側の軍が派遣されたが、その一部は、結局、反乱軍に合流した。サルゲイロ・マヤと彼の部隊は、その後カルモの［共和国護衛隊］本部を包囲した。本部には、閣議議長マルセロ・カエターノが逃げ込んでいたが、降伏せざるを得なかった。

トラズ・オズ・モンテス

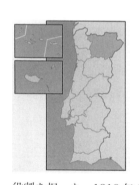

アントニオ・ジョアキン・グランジョ（1881-1921）

　シャヴェス生まれで、共和政の成立以前、共和主義を広める上でも、トラズ・オズ・モンテス地方のシャヴェスやベイラ地方で共和党や革命の拠点を組織する上でも、重要な役割を担った。1910年10月8日、生まれ故郷で共和政の樹立を宣言した。また、制憲議会議員を皮切りに代議士を務めた。1911年および1912年の王党派の反乱に際しては、共和国のために戦った。

　第1次世界大戦では、ポルトガル派遣軍の一員として、フランドル地方で戦闘に参加した。

20世紀中頃のヴィラ・レアル県

　幼児死亡率－ヴィラ・レアル県では、幼児死亡率が高い。例えば、リベイラ・デ・

ペナ郡では、1947年9月に20人が死亡したが、そのうち18人は、3歳以下の子供であった。このような状況や多数の死産には、さまざまな原因がある。農村の住民に対する医療は、きわめて不十分である。農村の女性が妊娠しても、検査も、医療も受けられない。妊娠や出産が正常であれば、問題はない。しかし、事故、あるいは合併症が起こると、しばしばそれが治療できるものであっても、母親か、子供か、あるいはその両方が命を失うことになる。また、農村の女性は、必要に迫られて、出産の直前まで、激しい労働に従事し、転倒したり、打撲を負ったりする危険があり、それが死亡率の高さの原因になっている。助産婦は、数がきわめて少ない。出産はすべて、妊婦と同じく無知な素人の手で行われる。危険な状況になると、ときには医者が呼ばれることもあるが、そのときには、たいてい、すでに手遅れである。

水の供給－ヴィラ・レアルとシャヴェスでは、飲み水には、水源の水を使うことを考えているが、シャヴェスでは、まだそれでは必要な水の半分しか賄えない。一方、レグアでは、水質の良いコルゴ川から水を引いており、1949年の干ばつのときを除けば、その水で、すべての需要を十分に賄える。つい最近まで、すべての農村では、井戸を使っていたが、その水は、道や家畜小屋から地中にしみこんだ水で、危険で、いくつもの病気の原因になっていた。近年、水路や水くみ場、貯水池、貯水槽を設置する努力がなされてきた。例えば、シャヴェス郡では、ほとんどすべての集落では、すでに飲料水の供給がある。

J・T・モンタルヴァン・マシャド『ヴィラ・レアル県の医療・衛生事情』1950年

年表

1911年
ブラガンサを経由して、パイヴァ・コセイロが指揮する王党派の第1次侵入。

1912年
パイヴァ・コセイロが指揮する王党派の第2次侵入。3つの部隊に分かれ、ポルトガルに入り、うち一つは、シャベスにまで到達。

1914年
・シャヴェスで、後の元帥で、1974年「4月25日」後の共和国大統領、フランシスコ・ダ・コスタ・ゴメスが生まれる。
・ブラガンサで、権力の回復を目指す王党派の運動。

1915年
500人以上が、レグアの鉄道の駅を襲撃し、ポンバラルから運ばれたワインの樽を破壊。

1926年
シャヴェスで軍事反乱の試み。

1933年
ブラガンサ歩兵連隊が開始した、共和主義者による軍事反乱。「新国家」体制に反対。

ウンベルト・デルガドの選挙運動への検閲

　ブラガンサでは、将軍は、つねに数多くの人々に囲まれて、オープン・カーで移動し、PSP［公安警察］の警察官が列を作って取り囲んでいたが、ほとんど群衆を制止することはできなかった。
　シャヴェスでは、将軍は、響き渡る歓声で迎えられた。窓やバルコニーには、人が群がり、そこから花びらや緑と赤の紙吹雪を投げていた。

　検閲によってカットされた地方紙のニュース。イヴァ・デルガド、カルロス・パシェコ、テルモ・ファリア（編）『1958年の選挙』所収
　注：斜体の文字は、検閲によりカットされた部分

マデイラ

マデイラでの共和政の樹立

　共和政の旗は、市の共和党委員会によって、午後3時45分にサン・ロレンソ要塞に掲げられた。そのとき、交響楽団が［のちに国歌となる］『ア・ポルトゥゲザ』を演奏し、憲法広場では、そこに集まっていた多数の人々の熱狂的な歓声と大きな喝采がわき起こった。

　『オ・ジョルナル』紙、1910年10月6日付け（一部改変）

フンシャルでの検閲

　1932年4月、フンシャルの検閲委員会［の決定］に異議を申し立てた、検閲総局宛ての書簡の写し。

　今月17日、いつもの時刻に、検閲委員会に本紙の校正刷りを送ったところ、すべての校正刷りが、次のような注といっしょに送り返されてきました。「追って通知のあるまで、発刊一時停止」。私たちは、二度目の校正刷りを送りましたが、検閲の担当官は、それらを読みもせずに、赤で線を引きました。

　18時頃、郵便で、当地の検閲委員会から書簡が届きましたが、その書簡によりますと、内務大臣の命令で、本紙は、罰金1,000エスクードが科され、罰金を支払ったのちに初めて刊行できるということです。同じ書簡に、どの記事かも、その記事が掲載された日付も明記せず、その罰金が科されたのは、本紙が検閲担当官を侮辱する記事を掲載したからだと書かれていました。しかし、本紙は、検閲担当官の検閲を受けずに一行も記事を掲載できないのに、いったい、どのようにしてそんなことが可能なのでしょうか？

年表
1912年
フンシャルで、電話網の設置。
1916年
ドイツの潜水艦が、フンシャルを砲撃し、ポンティニャに停泊していた船を撃沈。
1917年
ドイツの潜水艦が、フンシャルを砲撃。
1923年
『ジョルナル・ダ・マデイラ』紙の創刊。
1926年
カリェタやカマラ・デ・ロボス、マシコ、ポンタ・ド・ソル、ポルト・ダ・クルス、リベイラ・ブラヴァ、リベイラ・グランデ、サンタナ、サンタ・クルス、サン・ヴィセンテで電話網の設置。
1931年
「飢餓の政令」の公布。2月6日の「小麦の反乱」の原因となる。
1936年
「牛乳の反乱」。
1942年
フンシャルで、郵便局の建物が完成。
1946年
フンシャルで、国立高等学校の建設。
1957年
フンシャルで、バレイロス競技場の建設。
1958年
フンシャルで、商工業学校の建設。
1960年
ポルト・サント空港の開港。
1964年
フンシャルで、サンタ・カタリナ空港の開港。
1967年
マデイラ地方放送局が放送開始。

検閲の担当官は、民主主義者という言葉や同じ政治思想をもつ人という言葉、あるいはその他のつまらない言葉が本紙にあると、手加減せず削除するのに、いったいどのようにして彼に対する侮蔑的な記事を見過ごすことがありうるのでしょうか？

『ディアリオ・ダ・マデイラ』紙、1974年4月27日付け（一部改変）

新聞『オ・レ-ニャウ-ニャウ』と政治的なユーモア

　『オ・レ-ニャウ-ニャウ』は、月に3回発行される、ユーモラスな内容の新聞で、1929年から1977年まで、マデイラの社会と政治を、注意深く、かつ批判的に描いた。マデイラのゼ・ポヴィーニョと呼ばれた一人の庶民を中心に、話は展開する。その風刺漫画とおもしろい文章のおかげで、権力への直接的な批判が不可能であった時代に、新聞は大きな成功を収めた。

　マデイラ諸島の大新聞は、大土地所有者、あるいは宗教団体の所有で、同時に厳しい検閲の対象だった。それらと違った語り口をもつ『オ・レ-ニャウ-ニャウ』は、新聞の売り上げといくぶんかの広告収入だけで経営を行っていた。

　新聞の第一面の上欄には、手袋をはめた手で刺激されて、しっぽが宙に浮いたネコが描かれている。ネコの口から発せられるうなり声が、新聞のタイトルである。この新聞は、48年間、検閲が行われるなか、必要に迫られて、行間を読む術を身につけるしかなかった人々の生活の一部となった。

　アルベルト・ヴィエイラ（編）『マデイラの歴史』（一部改変）

年表
1972年
マデイラで、初めてのテレビ放送（白黒放送）。
1973年
フンシャルで、地方病院の開業。
1976年
地方議会の選挙が行われ、社会民主党が勝利。
1985年
地方選挙で、社会民主党が絶対多数。
2000年
社会民主党が、地方選挙で、ふたたび絶対多数。
2003年
欧州連合がヨーロッパ諸地方の公式地図を改訂。セルヴァジェンス諸島が、マデイラ諸島の一部として記載される。
2004年
社会民主党が、ふたたび、地方選挙で絶対多数を占める。

「小麦粉の革命」

　1931年1月26日、政府は、のちに「飢餓の政令」と

して知られた政令を公布し、小麦や小麦粉の自由な輸入を禁じ、製粉業者のグループにこれらの輸入の独占権を付与した。人々は皆、1月29日にデモを行い、この新しい制度に対して抗議したが、政府は、その制度を断念することはなかった。それに対して、2月6日には、フンシャルの港湾労働者のストライキが起こり、それは、ゼネストや一般の人々が製粉所を襲撃するという事態に発展した。この民衆反乱は、1930年代を特徴づけたマデイラ諸島での民衆騒乱期の開始を告げるものとなった。1931年4月4日、民主体制の復活を目的とする、独裁体制に反対するマデイラの反乱が勃発し、その反乱には、軍人も参加していた。

1936年8月、バターの製造や牛乳の流通は、乳製品委員会が行い、民間人はバターの製造や流通には従事できないという国の法制に反対し、ファヤル行政区で民衆反乱が起こった。それが、最後の民衆反乱となった。

アルベルト・ヴィエイラ(編)『マデイラの歴史』(一部改変)

図1 『オ・レ・ニャウ・ニャウ』紙に掲載された風刺画に見られる「小麦の反乱」
【何度も、ネズミが製粉所に忍び込むと、ついに…】
【新しい穀物輸入制度で恩恵を受けた製粉業者の3人が、「独占」という文字の上の鍋に入っている粉をひき、同時に、我慢強いゼ・ポヴィニョを殴りつけている】

1974年5月1日

国中で、すべての村や町、都市で、そして救国評議会の朗報が伝わったすべての場所で、民衆は、街路に出て、プラカードを描き、声がかれるまで喜びの叫び声を上げた。

マデイラでも、同じだった。国軍の支援を得て、「5月1日のデモ」が行われ、みな大喜びであった。

数多くの—あらゆる社会階層や年齢の人々が、10時—数百人の人々はそれよりもずっと前—にコレジオ広場に集まり、口々に、いままで拒否されていた自分たちの権利の回復を要求した。分かりやすい、はっきとした、さまざまな言葉、例えば、「団結した人民は、けっして敗北しない」「軍は、民衆とともにある」「植民地戦争の終結—兵士の帰還」などと書かれたプラカードが、群衆の間で、揺れていた。(…)多くの人々が、本当にさらに多くの人々が、民衆の権力と自由の回復を求めていた。

『ジョルナール・ダ・マデイラ』紙、1974年5月3日付け(一部改変)

図2 1969年、フンシャルでのマルセロ・カエターノ

アソレス

アソレスでの共和政の樹立

ポンタ・デルガダにおける共和政宣言

リスボンで革命が勃発し、共和政が樹立されたという知らせが、(...)歓喜の中で迎えられた。

ポルトガル共和国宣言の儀式は、今月の9日に行われた。

それは、荘厳な光景で、出席者は、みな感動した。

歩兵大隊は、市庁舎の前に整列し、軍楽隊は、国歌『ア・ポルトゥゲザ』を演奏した。

『ポルトガル・マデイラ・エ・アソレス』紙、1910年10月28日付け（一部改変）

1931年の反乱

ポンタ・デルガダの革命評議会は、国全体の自由と進歩を愛するサン・ミゲル島の人々すべてに大いなる敬意を表する。

(...) そして、次のように伝達する。

ーマデイラ島（反乱軍が島全体を占拠）で始まった革命運動がリスボンと大陸部全体へと広がったので、革命評議会は、その義務を果たし、サン・ミゲル島の公共サービスすべてを掌握した。

ー秩序を精力的に維持し、市民の正当な利益すべてを尊重させる。

ーポルトガル共和国の統一と繁栄を保障する完全な民主制ー人民の、人民のための政府ーを最終的に樹立するため、刷新的・建設的な革命思想に従い、サン・ミゲル島［住民］の正当な望みすべてを代弁する。

ポンタ・デルガダ、1931年4月8日。

『コレイオ・ドス・アソレス』紙、1931年4月9日付け（一部改変）注：当時のポルトガル語を尊重した。

年表

1917-1918年
ドイツの潜水艦が、数多くのポルトガルの艦船を撃沈するほか、アソレスやマデイラのような防備の弱い地方を攻撃。

1926年
・王党派のクーデター後、ゴメス・ダ・コスタ将軍がアソレスに追放される。
・ポンタ・デルガダに電話網の設置。

1929年
リベイラ・ケンテに、カナリョ発電所の設置。

1931年
軍事独裁に反対して、サン・ミゲル島やテルセイラ島で、政治犯の流刑者による反乱。

1943年
サラザール、第2次世界大戦中、連合国にアソレスの軍事基地を貸与。

1953年
トゥネイスの発電所の建設。

1976年
地方議会の選挙が行われ、社会民主党が勝利。

1985年
地方選挙で、社会民主党が絶対多数。

2000年
社会党が地方選挙に勝利し、絶対多数を獲得。

2004年
社会党が地方選挙に勝利し、ふたたび、絶対多数を獲得。

アメリコ・トマスの選挙戦

　コリゼウ・ミカエレンセ劇場で、
　愛国心、および国民同盟の共和国大統領候補、アメリコ・トマス海軍少将への信頼をはっきり示す記憶に残る大会が開かれた。
　一昨日、16時頃、予告されていた国民同盟主催の選挙運動集会が、農業大臣の司会によって行われた。
　当地の穏やかで勤勉な住民の気持ちを代弁して、愛国心をはっきりと示した記憶に残る集会であった。一昨日の午後、コリゼウ・ミカエレンセ劇場には、めったにないほどの多くの人々が押し寄せたが、このことは、この集会が、サン・ミゲル島の住民が抱く愛国心、および国民同盟の共和国大統領候補、アメリコ・トマス海軍少将への信頼、言い換えれば、秩序と労働を重んじるポルトガルへの信仰と信頼を、これまでの30年間と変わりなく示すものであることを意味している。
　劇場の巨大なホール全体が、お祭りのような雰囲気で、ます席や天井桟敷からは、旗や標章、美しい織物が垂れ下がっていた。舞台には、奥に、大きな国旗とアメリコ・トマス海軍少将の肖像画が掲げられていた。
　『アソレス』紙、1958年6月3日付け（一部改変）注：当時のポルトガル語を尊重した

Correio dos Açôres
A MAIOR TIRAGEM E EXPANSÃO DA IMPRENSA AÇOREANA

ラゴア市と大統領選挙

　中央政府から受け取る恩恵の順位表で第1位と考えられる同市には、1945年以降、12年間だけで、独自の学校のある貧困者や漁師向けの団地の建設、新規の重要な幹線道路の開通、数多くの街道の修復と拡張、数十の家屋への衛生設備の設置と改善、全行政地区で学校の建設、広範囲にわたる大規模な公共工事、そして住居用水道管の設置、貯水・配水設備の整備のための何千コントもの予算、さらにほんの数週間前には、内務大臣の決裁でサンタ・クルスの豪雨の被災家族への助成金などの恩恵が付与された。
　上述のすべて恩恵や受益者自身が我々より詳しく知っている恩恵に報いるかわりに、日曜日の投票では、反体制派へ156票の投票があった。これは、論評の余地のない恩を忘れた行為である。
　大使閣下、テオトニオ・ペレイラ博士の言葉を繰り返すと、いったいどうして、これほどの愚行をいとも簡単に行うことができるのだろうか？
　『コレイオ・ドス・アソレス』紙、1931年4月9日付け（一部改変）注：当時のポルトガル語を尊重した

1974年5月1日

アソレス軍総司令部は、アソレス諸島の住民に、次のことを伝達する。

予定通り、今日、ポンタ・デルガダで、5月1日（労働者の日）を祝う民衆のデモが行われ、その間、繰り返し、国軍および救国評議会に対して拍手喝采が送られた。デモには、約2,000人が参加し、人々は、熱狂的に、国軍運動が宣言した原則への支持を表明した。デモは、秩序正しく、整然と行われた。

リベイラ・グランデでも、今朝、小規模なデモがあり、まったく整然と行われた。

アソレス軍総督、海軍少将、デシオ・ブラガ・ダ・シルヴァ、

ポンタ・デルガダ、1974年5月1日。

『アソリアノ・オリエンタル』紙、1974年5月4日付け（一部改変）

表1

市	ポンタ・デルガダ地区の選挙結果	
	アメリコ・トマス元帥	ウンベルト・デルガド将軍
ポンタ・デルガダ	6,026	427
リベイラ・グランデ	1,706	71
ヴィラ・フランカ・ド・カンポ	1,117	26
ラゴア	679	156
ポヴォアサ	1,703	2
ノルデステ	256	-
ヴィラ・ド・ポルト	560	15
計	12,047	697

『アソレス』紙、1958年6月10日付け（一部改変）

図1　昨日、13時30分頃、サン・ミゲル島に、ジョアン・ギリェルメ・レゴ・アルダの遺体が到着した。アルダは、20歳の学生で、すでに消滅したDGS（治安総局）本部近くのデモの際、DGSの構成員による機関銃の連続発射の犠牲となり、リスボンで死亡した。棺は、国旗に覆われ、軍が敬意を表するなか、生まれ故郷の行政区、サント・アントニオ・アレン・カペラスに運ばれ、そこで葬儀が執り行われた。

『アソリアノ・オリエンタル』紙、1974年5月4日付け（一部改変）

ポルトガル史年表とポルトガルの歴代国王・大統領

1876 年	ポルトガル共和党創設。	1926 年	5 月 28 日の軍事クーデター。
1884 年	ベルリン会議始まる。	1927 年	軍部独裁に対する軍事反乱がポルトで勃発。数百人が死亡、600 人以上が投獄または国外追放。
1887 年	バラ色の地図を提示。		
1890 年	最後通牒。		
	事前の許可がない公開の集会を禁止。	1928 年	カルモナ将軍が共和国大統領に選出される。サラザールが財務大臣就任を受け入れる。
1891 年	共和主義者の反乱 (ポルト)。		
1895 年	ポルトとリスボンに (初等教育の教師を養成するため) 師範学校を創設。		
		1929 年	サラザールの友人、マヌエル・ゴンサルヴェス・セレジェイラがリスボン総大司教・枢機卿の職に就く。
1904 年	リスボンに、ポルトガル最初の映画館「サロン・イデアル」誕生。		
		1932 年	サラザールが政府の首班となる。
1908 年	国王暗殺:カルロス 1 世と皇太子ルイス・フィリペが暗殺される。	1933 年	「新国家」体制を樹立する新憲法が承認される。
1909 年	セトゥバルで、第 1 回共和党大会開催。	1934 年	マリニャ・グランデをはじめ、各地で労働運動。
1910 年	10 月 5 日の共和革命。		国民同盟の第 1 回大会。
	王族の国外亡命。	1936 年	ポルトガル軍団およびポルトガル少年団の創設。
	出版の自由を認める法律。		
1911 年	制憲議会議員選挙。		政治犯を収容するタラファル「強制収容所」創設。
	ポルトガル共和国憲法承認。		
	リスボンとポルトに新しい大学を設置。	1937 年	サラザールが、爆弾テロを無事に逃れる。
	マヌエル・デ・アリアガが初代共和国大統領に選出される。	1939 年	第 2 次世界大戦勃発。
		1945 年	国民議会の解散。
1913 年	アフォンソ・コスタを首班とする内閣が成立。		数多くのポルトガル人が、新たに設立された民主統一運動 (MUD) に参加。
1914 年	全国労働者同盟の創設。		
	第 1 次世界大戦が始まる。		国民同盟が、すべての議員を「選出」。
1915 年	マヌエル・デ・アリアガが共和国大統領を辞任。		第 2 次世界大戦の終結。
1916 年	ポルトガルが第 1 次世界大戦に参戦。	1951 年	クラヴェイロ・ロペス将軍が共和国大統領に選出される。
1917 年	シドニオ・パイスが指揮する軍事反乱が勝利。		カステロ・デ・ボデのダムが完成。
1918 年	シドニオ・パイスがテロの犠牲となり死亡。	1955 年	ポルトガル、国連に加入。
		1958 年	ウンベルト・デルガド将軍が、共和国大統領選挙に立候補。
1921 年	ポルトガル共産党創設。		
1922 年	ガゴ・コティニョとサカドゥラ・カブラルが、南大西洋を飛行機で初めて横断。		アメリコ・トマスが、大統領選挙に「勝利」を収める。
		1959 年	ウンベルト・デルガドが国外へ亡命。
			リスボンで、地下鉄の最初の路線が開業。

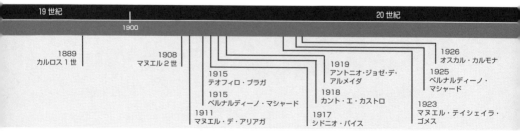

1961年	アンゴラでの戦争の開始。 ゴア、ダマン、ディウの領土が、インド連邦により併合される。 アルヴァロ・クニャルが共産党の書記長に選出される。
1963年	ギニアでの戦争の開始。 ポルトで、アラビダ橋が開通。
1964年	モザンビークでの戦争の開始。
1965年	ウンベルト・デルガドがPIDE（政治警察）により暗殺される。
1966年	サラザール橋(現在の「4月25日」橋)の開通。
1968年	サラザールに替わり、マルセロ・カエターノが閣議議長の職に就く。
1970年	フランシスコ・サ・カルネイ、ピント・バルセマン両議員が国民議会に検閲を廃止する法律案を提出。
1972年	反体制派グループが、植民地戦争に抗議して、ラトの礼拝堂を占拠。
1973年	一部の青年将校が、独裁制の打倒を目指し、秘密裏に集会を開く。 ドイツで、ポルトガル社会主義行動の活動家によって、社会党が創設される。
1974年	軍事クーデターが「新国家」体制を終結させる。 スピノラ将軍が、救国評議会により共和国大統領に任命される。 アデリノ・ダ・パルマ・カルロスを首班とする第1次臨時政府が成立。 ヴァスコ・ゴンサルヴェスを首班とする第2次臨時政府が成立。 スピノラ将軍が共和国大統領を辞任。後継者は、コスタ・ゴメス将軍。 サ・カルネイロを党首とする人民民主党（社会民主党）の創設。 ギニア・ビサウの独立。
1975年	制憲議会選挙。 アンゴラ、サン・トメー、モザンビーク、カボ・ヴェルデの独立。 インドネシアが東チモールに侵入。
1976年	ピニェイロ・デ・アゼヴェド元帥を首班とする第6次臨時政府の成立。 ポルトガル共和国憲法の承認。 共和国議会選挙。 ラマリョ・エアネスが共和国大統領に選出される。 マリオ・ソアレスを首相とする、新憲法下での第1次内閣が成立。
1979年	ポルトガル史上初めて、女性—マリア・デ・ルルデス・ピンタジルゴーが政府の首班に就任。 社会民主党主、サ・カルネイロが新憲法下での第6次内閣を組閣。
1980年	サ・カルネイロ、死去。 ラマリョ・エアネスが共和国大統領に再選される。
1985年	ポルトガル、ヨーロッパ経済共同体への加盟条約に調印。
1986年	マリオ・ソアレスが共和国大統領に選出される。
1987年	カヴァコ・シルヴァを党首とする社会民主党が総選挙で勝利を収め、議席の過半数を獲得。
1991年	マリオ・ソアレスが共和国大統領に選出される。
1992年	ポルトガルがヨーロッパ共同体［理事会］議長国となる。
1995年	アントニオ・グテレスを党首とする社会党が、総選挙に勝利。
1996年	ジョルジェ・サンパイオが共和国大統領に選出される。 ラモス・オルタとカルロス・シメネス・ベロが、ノーベル平和賞を受賞。
1999年	社会党が総選挙で勝利。
2001年	ジョルジェ・サンパイオが共和国大統領に再選される。
2002年	社会民主党が総選挙に勝利。 東チモールの独立。
2005年	社会党が総選挙に勝利し、議席の過半数を獲得。

20世紀 — 21世紀 (2000)

- 1951 クラヴェイロ・ロペス
- 1958 アメリコ・トマス
- 1974 アントニオ・スピノラ
- 1974 コスタ・ゴメス
- 1976 ラマリョ・エアネス
- 1986 マリオ・ソアレス
- 1996 ジョルジェ・サンパヨ

訳者あとがき

　本書は、ポルトガルの「基礎教育」第 2 期（ほぼ日本の小学校 5 年、6 年に相当）の教科「ポルトガルの歴史と地理」の教科書、『ポルトガルの歴史と地理』（カセン、テスト出版、2004 年、2005 年）(Ana Rodrigues Oliveira, Arinda Rodrigues, Francisco Cantanhede, *História e Geografia de Portugal*, 5o ano vols. 1-2, 6o ano vols. 1-2, Cacém, Texto Editores, 2004, 2005.) の翻訳である。著者のアナ・ロドリゲス・オリヴェイラ氏とフランシスコ・カンタニェデ氏は、歴史教育が、またアリンダ・ロドリゲス氏は、地理教育が専門である。3 氏とも、長年にわたり、ポルトガルの学校で教育活動に従事している。本書の特徴の一つは、ポルトガルの代表的な歴史研究者 A. H. デ・オリヴェイラ・マルケス博士 (1933-2007) が校閲者として名前を連ねていることで、そのこともあり、彼の代表作『ポルトガル史』からの引用が豊富に利用され、随所に小学校課程の歴史教科書のレベルを超えた内容が盛り込まれている。

　本教科書の原書は、4 分冊（5 年生第 1 分冊 80 ページ、第 2 分冊 112 ページ、6 年生第 1 分冊 112 ページ、第 2 分冊 136 ページ）からなり、テーマ A「イベリア半島－最初の住民からポルトガルの形成（12 世紀）まで」、テーマ B「13 世紀からイベリアの統一と再独立 (17 世紀) まで」、テーマ C「18 世紀のポルトガルから自由主義社会の成立まで」、テーマ D「20 世紀」で構成されている。本訳書では、地理を対象とするテーマ D の後半部分「4. 今日のポルトガル－社会と人文地理」（原書 6 年生第 2 分冊、76-135 ページ）は割愛し、書名も『ポルトガルの歴史—小学校歴史教科書—』とした。

　以下、ポルトガルの教育制度と歴史教育を概観し、さらに本書の特色について考えてみる。
[教育制度]
　ポルトガルの学校は、1986 年の教育制度基本法 (LBSE) にもとづき、「基礎教育」（日本の小学校、中学校に相当）の第 1 期 4 年、第 2 期 2 年、第 3 期 3 年、および「中等教育」（日本の高等学校に相当）の 3 年からなる。「基礎教育」第 1 期には、原則 6 歳で入学する。「中等教育」のうち、職業教育等の課程を除き、高等教育（大学レベル）への進学を前提とする課程は、科学・技術コース、視覚芸術コース、社会・経済学コース、言語・人文科学コースの 4 コースに分かれており、コースにより履修科目が異なっている。近年、「中等教育」までが原則として義務教育となった。
[歴史教育]
　ポルトガルの学校では、歴史に関する教科は、「基礎教育」第 2 期と第 3 期、および「中等教育」で履修する。このうち、「基礎教育」第 3 期（日本の中学校に相当）で学習する教科「歴史」（3 年間）は、基本的にはヨーロッパの歴史であり、その一部でポルトガル

史を扱うのみである。「中等教育」（日本の高等学校に相当）で「歴史」を必修科目として学習するのは、「言語・人文科学」コースの生徒のみで、彼らが履修する教科「歴史A」（3年間）の内容は、「基礎教育」第3期の場合と同じく、ヨーロッパを中心とする世界史であり、一部でポルトガル史を扱うのみである。「社会・経済学コース」の生徒は、選択科目として「歴史B」（2年間）の授業を学習するが、その内容は、ポルトガル史の内容を含むとはいえ、主としてヨーロッパを中心とする16世紀以降の世界史である。

このように見てくると、現在の課程では、ポルトガル史を体系的に学習するのは、日本の小学校の5年、6年に相当する「基礎教育」第2期の「ポルトガルの歴史と地理」だけということになる。今回、世界の教科書シリーズとしてポルトガル小学校歴史教科書を選択したのは、このような理由による。

［本書の特色］

本教科書は、1999年制定の『「ポルトガルの歴史と地理」プログラム』（教育省基礎教育部編、1999）（「イベリア半島」［地理分野、歴史分野］、「過去のポルトガル」［歴史分野］、「現在のポルトガル」［地理分野］）の3区分で構成）に基づいている。歴史分野の学習では、『プログラム』にもとづき、基本的に通史の形式をとっており、同時に、各時代の日常生活、およびポルトガル史や各地方史にかかわる人物の記述を重視している。

内容的には、一つの柱は、ポルトガルの成立・存続にかかわる事項であり、ローマの征服やイスラームの半島支配に対する抵抗、また国家の形成や独立の維持、あるいはスペインからの「再独立」、さらにはナポレオン軍の侵略に対する抵抗などが詳しく取り上げられている。また、ポルトガルの海外進出の歴史も、ポルトガルの世界史的な役割として、大きくと取り上げられている。いま一つの柱は、サラザール・カエターノ体制と1974年の「4月25日革命」に関する記述である。現代史を重視し、多くの困難の上に成り立つ現在の民主体制を維持する大切さを生徒に理解させようとしている。

ポルトガルの教科書は、教育省の指針にもとづき大きな枠組みが規定されている。そのため構成の大枠はどの教科書でも大きく異なることはない。ただし、その具体的な内容に関しては、それぞれの教科書に特色がある。本教科書は、上述のように、リベラルな思想をもつオリヴェイラ・マルケス氏が校閲にあたり、同氏の著作からの引用も多い。一例だけ挙げれば、2. 新国家体制、4. 自由の制限の項で引用されている「政治警察の行動」の史料（p. 438）などは、「政治犯が受けた拷問の事例」に関する図版（p. 437）などとともにやサラザール・カエターノ体制下の弾圧を批判したもので、歴史について主体的に考えることを、生徒に強く意識させる内容となっている。

ポルトガルの歴史については、わが国でもすでにいくつかの優れた叙述がある。A. H. デ・オリヴェイラ・マルケス氏の『ポルトガル史』にはすでに邦訳（金七紀男訳『世界の教科書＝歴史　ポルトガル』3巻、ほるぷ出版、1981年）があり、また同書の翻訳者、金七紀男氏による『ポルトガル史』（彩流社、1996年、増補新版、2010年）もある。その他、世界各国史のシリーズには『スペイン・ポルトガル史』（立石博高編、山川出版社、2000年）がある。本書を、そのような著作と併せて読むと、ポルトガルの歴史に対す

る理解がさらに深まることになる。本書には、多数の図版（原書ではカラー印刷）が収録されており、学習者に視覚的な情報を通して内容を理解させる工夫がなされている。また、ポルトガル史の大きな流れが理解できるように配慮されている一方で、具体的な史料が数多く掲載され、また原書の各分冊の巻末の記述は、学習者の歴史に対する興味を呼び起こす役割を担っている。

　グローバル化が語られ、グローバル人材の育成の重要性が強調されるとき、草の根的な真の異文化理解には、それぞれの文化に関する生の情報が必要である。それぞれの国の学校の生徒が使う各国の歴史に関する教科書は、彼らがどのような歴史認識をもつのかを知り、それを理解する上で最良の素材である。その意味で、本訳書がポルトガル理解に少しでも役立つことを祈っている。

　本書が出版されるにあたっては、明石書店の大江道雅氏に、言葉で表せないほどのご支援をいただいた。同氏なくしては、文字通り、本書は存在しなかった。また、本郷書房の古川文夫氏には、大変お世話になり、最後までご迷惑をおかけした。両氏に厚く感謝の意を表したい。
　最後に、翻訳の作業を暖かく見守ってくれた妻もとみと家族にも感謝の気持ちを伝えたい。

　　　2016 年 3 月

　　　　　　　　　　　　　　　　　　　　　　　　　　　　　　東　　明彦

(注)本書は、『「ポルトガルの歴史と地理」プログラム』（1999 年）に準拠した「カリキュラム指針」（2001-2002 年）に従っている。2014-2015 年（5 年）、2015-2016 年（6 年）には、同『プログラム』に明示された内容の階層化と歴史・地理の内容の学際的な関連性を念頭に置き、教科書が準拠すべき新「カリキュラム目標」が設定された。ただし、教科の枠組み自体には大きな変更はない。

| 図版出典 | 文献の記載方法は原則として原書通り。ただし、同一文献は、原則として2度目から省略。

【5-1, 5-2】
- Almeida, Carlos Alberto Ferreira de e Barroca, Mário Jorge, *História da Arte em Portugal - o Gótico*, Editorial Presença
- Mattoso, José (dir.), *História de Portugal*, Círculo de Leitores
- Saraiva, José Hermano (dir.), *História de Portugal*, Alfa
- Vieira, Alberto (coord.), *História da Madeira*, Secretaria Regional da Educação
- *A Caravela e as Condições de Navegação na Época dos Descobrimentos*, Roteiro-Guia para Visitas de Estudo à Caravela Boa Esperança
- *A Vida na Idade Média*, Enciclopédia Visual, Verbo
- *Atlas do Mundo Medieval*, Círculo de Leitores
- *Islão - De Bagdade a Córdova*, Taschen
- *História da Arte em Portugal*, Alfa
- *História do Mundo*, Selecções do Reader's Digest
- *História da Vida Quotidiana*, Selecções do Reader's Digest
- *Le Moyen Âge en Lumière*, Fayard
- *Memória de Portugal - O Milénio Português*, Círculo de Leitores
- *Portugal na Abertura ao Mundo*, Comissão Nacional para as Comemorações dos Descobrimentos Portugueses
- *Parques e Reservas Naturais de Portugal*, Editorial Verbo
- *Portugal Passo a Passo - Algarve*, Clube Internacional do Livro
- *Portugal Passo a Passo - Beira Alta e Beira Baixa*, Clube Internacional do Livro
- *Portugal Passo a Passo - Douro Litoral*, Clube Internacional do Livro
- *Portugal Passo a Passo - Trás-os-Montes*, Clube Internacional do Livro
- *Religiões do Mundo*, Civilização Editora
- *Roma Antiga*, Enciclopédia Visual, Editorial Verbo
- *Vida e Sociedade - No Tempo da Cavalaria*, Editorial Verbo

【6-1】
- Cidade, Hernâni e Ribeiro, Ângelo (coord. J. H. Saraiva), *História de Portugal*, vol. VI, Quidnovi
- Cidade, Hernâni (coord. J. H. Saraiva), *História de Portugal*, vol. VII, Quidnovi
- Figueiredo, Sousa (coord.), *A Moda através do Postal Ilustrado - 1900-1950*, Ecosoluções, Consultores Associados, Lda.
- Madureira, Nuno Luís, *Lisboa - Luxo e Distinção*, Fragmentos
- Marques, A. H. de Oliveira, *História de Portugal*, vol. III, Editorial Presença
- Marques, A. H. de Oliveira e Serrão, Joel (dir.), *Portugal - da Monarquia para a República*, Editorial Presença
- Mattoso, José (dir.), *História de Portugal*, vols. IV - V, Círculo de Leitores
- Meco, José, *O Azulejo em Portugal*, Publicações Alfa
- Monteiro, Florival Baiôa, *A Azulejaria do Convento de Nossa Senhora da Conceição de Beja*, Região de Turismo Planície Dourada, Beja
- Pereira, José Costa (coord.), *Dicionário Enciclopédico de História de Portugal*, Selecções do Reader's Digest
- Ponte, Miguel Nunes da e Ponte, Luís Nunes da, *Memórias de Gaia através do Postal Ilustrado*, Miguel Nunes da Ponte, Lda. - Edições e Publicações
- Ramalho, Margarida Magalhães, *Comboios com Histórias*, Instituto Nacional do

Transporte Ferroviário / Assírio & Alvim
- Reis, António (dir.), *Portugal Contemporâneo*, vol. I - vol. II, Publicações Alfa
- Saraiva, José Hermano (dir.), *História de Portugal*, vol. III, Selecções do Reader's Digest
- Vieira, Joaquim, *Portugal Século XX*, vols. I - III, Círculo de Leitores
- Villarinho, Luísa, *Um Médico no Chiado*, edição da autora
- *A Monarquia Portuguesa - Reis e Rainhas na História de um Povo*, Selecções do Reader's Digest
- *História da Arte em Portugal*, vols. IX - XI, Publicações Alfa
- *Portugal Passo a Passo - Alto Alentejo e Baixo Alentejo*, Clube Internacional do Livro
- *Portugal Passo a Passo - Beira Litoral*, Clube Internacional do Livro
- *Portugal Passo a Passo - Minho*, Clube Internacional do Livro
- *Portugal Passo a Passo - Ribatejo*, Clube Internacional do Livro
- *Portugal Passo a Passo - Açores e Madeira*, Clube Internacional do Livro
- *Revista Nossa História*, n.º 9, julho de 2004

【6-2】
- Delgado, Iva (coord.), Pacheco, Carlos e Faria, Teimo, *Humberto Delgado: as Eleições de 58*, Vega
- Magalhães, Ana Maria e Alçada, Isabel, *25 de Abril*, Assembleia da República - Divisão de Edições
- Mattoso, José (dir.), *História de Portugal*, vol. VII, Círculo de Leitores
- Medina, João (dir.), *História Contemporânea de Portugal - Monarquia Constitucional*, tomo II, Multilar
- Medina, João (dir.), *História Contemporânea de Portugal - Estado Novo*, tomo II, Multilar
- Ponte, Miguel Nunes da e Ponte, Luís Nunes da, *Memórias de Gaia Através do Postal Ilustrado*, Miguel Nunes da Ponte, Lda. - Edições e Publicações
- Reis, António (dir.), *Portugal Contemporâneo*, vol. III, Selecções do Reader's Digest
- Santos, Boaventura de Sousa, Cruzeiro, Maria Manuela e Coimbra, Maria Natércia, *O Pulsar da Revolução: Cronologia da Revolução de 25 de Abril (1973-1976)*, Afrontamento
- Vieira, Joaquim, *Portugal Século XX*, vols. IV - VIII, Círculo de Leitores
- *25 Abril - Memórias*, Lusa
- *Factos Desconhecidos da História de Portugal*, Selecções do Reader's Digest

[原著者紹介]

アナ・ロドリゲス・オリヴェイラ

リスボン大学卒（歴史学）、リスボン新大学博士課程修了（歴史学博士）。中世史専攻。現在、リスボン新大学中世研究所研究員。長く学校教育活動に従事。多くの学校教科書を執筆。著書『ポルトガル中世の王妃たち』（リスボン、2010）など。

アリンダ・ロドリゲス

リスボン大学卒（地理学）、教育・科学高等研究所（ISEC）大学院課程（教育学）修了。長年リスボン近郊の学校で教職・教育活動に従事。多くの学校教科書を執筆。

フランシスコ・カンタニェデ

歴史学学士。専門課程（教育学）修了。長年リスボン近郊の学校で教職・教育活動に従事。多くの学校教科書を執筆。

[原著校閲]

A・H・デ・オリヴェイラ・マルケス（1933-2007）

リスボン大学卒、リスボン新大学教授等を歴任。ポルトガルを代表する歴史家。『ポルトガル史』（リスボン、1972-74）［邦訳『世界の教科書＝歴史ポルトガル』全3巻、金七紀男訳、ほるぷ出版、1981］をはじめ著書、論文多数。

【訳者略歴】

東　明彦（あずま　あきひこ）

1981年、大阪外国語大学大学院外国語学研究科修士課程修了。大阪外国語大学教授を経て、現在、大阪大学大学院言語文化研究科教授。
1979年–1980年、コインブラ大学「言語・文化コース」留学。
1985年–1987年、在リオデジャネイロ日本総領事館外務省専門調査員。
2003年、文部科学省在外研究員（リスボン新大学）。日本ラテンアメリカ学会会員、日本ポルトガル・ブラジル学会［AJELB］会員。
［主要訳書］『ブラジルの歴史—ブラジル高校歴史教科書—』（世界の歴史教科書シリーズ7）（共訳、明石書店、2003年）

世界の教科書シリーズ ㊹
ポルトガルの歴史 —小学校歴史教科書—

2016年4月30日　初版第1刷発行

著　者　アナ・ロドリゲス・オリヴェイラ
　　　　アリンダ・ロドリゲス
　　　　フランシスコ・カンタニェデ
校　閲　A・H・デ・オリヴェイラ・マルケス
訳　者　東　明彦
発行者　石井昭男
発行所　株式会社 明石書店
〒101-0021　東京都千代田区外神田6-9-5
電話03（5818）1171
FAX 03（5818）1174
振替　00100-7-24505
http://www.akashi.co.jp
組版　本郷書房
装丁　上野かおる
印刷／製本　モリモト印刷株式会社

（定価はカバーに表示してあります）　ISBN978-4-7503-4346-4

História e Geografia de Portugal, vol.1
Copyright © Texto Editores, 2004
All rights reserved
Published by arrangement with Texto Editores, Cacém, Portugal
through Tuttle-Mori Agency, Inc., Tokyo

◆ 世界の教科書シリーズ ◆

❶ 新版 韓国の歴史 【第三版】
国定韓国高等学校歴史教科書
大槻健、君島和彦、申奎燮 訳
◎2900円

❷ わかりやすい 中国の歴史
中国小学校社会科教科書
小島晋治 監訳　大沼正博 訳
◎1800円

❸ わかりやすい 韓国の歴史
国定韓国小学校社会科教科書
石渡延男 監訳　三橋ひさ子、三橋広夫、李彦叔 訳
◎1400円

❹ 入門 韓国の歴史 【新装版】
国定韓国中学校国史教科書
石渡延男 監訳　三橋広夫 訳
◎2800円

❺ 入門 中国の歴史
中国中学校歴史教科書
小島晋治 監訳　並木頼寿 監訳
大里浩秋、川上哲正、小松原伴子、杉山文彦 訳
◎3900円

❻ タイの歴史
タイ高校社会科教科書
中央大学政策文化総合研究所 監修
柿崎千代 訳
◎2800円

❼ ブラジルの歴史
ブラジル高校歴史教科書
C・アレンカール、L・カルピ、M・V・リベイロ 著
東明彦、アンジェロ・イシ、鈴木茂 訳
◎4800円

❽ ロシア沿海地方の歴史
ロシア沿海地方高校歴史教科書
ロシア科学アカデミー極東支部 歴史・考古・民族学研究所 編
村上昌敬 訳
◎3800円

❾ 概説 韓国の歴史
韓国放送通信大学校歴史教科書
宋讃燮、洪淳権 著　藤井正昭 訳
◎4300円

❿ 躍動する韓国の歴史
民間版代案韓国歴史教科書
全国歴史教師の会 編　三橋広夫 訳
日韓教育実践研究会 訳
◎4800円

⓫ 中国の歴史
中国高等学校歴史教科書
人民教育出版社歴史室 編集　小島晋治、大沼正博、
川上哲正、白川知多 訳
◎6800円

⓬ ポーランドの高校歴史教科書 【現代史】
アンジェイ・ガルリツキ 著
渡辺克義、田口雅弘、吉岡潤 監訳
◎8000円

⓭ 韓国の中学校歴史教科書
中学校歴史国定史
三橋広夫 訳
◎2800円

⓮ ドイツの歴史 【現代史】
ドイツ高校歴史教科書
W・イェーガー、C・カイツ 編著
小倉正弘、永末和子 訳
中尾光延 監訳
◎6800円

⓯ 韓国の高校歴史教科書
高等学校歴史国定史
三橋広夫 訳
◎3300円

⓰ コスタリカの歴史
コスタリカ高校歴史教科書
イバン・モリーナ、スティーヴン・パーマー 著
国本伊代、小澤卓也 訳
◎2800円

⓱ 韓国の小学校歴史教科書
初等学校国定社会・社会探究
三橋広夫 訳
◎2000円

〈価格は本体価格です〉

◆ 世界の教科書シリーズ ◆

⑱ ブータンの歴史
ブータン王国教育省教育部 編
平山修 監訳
大久保ひとみ 訳
◎3800円

⑲ イタリアの歴史【現代史】
ロザリオ・ヴィッラリ 著
村上義和・阪上眞千子 訳
◎4800円

⑳ インドネシアの歴史
イ・ワヤン・バドリカ 著
石井和子 監訳
菅原由美、田中正臣、山本肇 訳
◎4500円

㉑ ベトナムの歴史
ベトナム中学校歴史教科書
ファン・ゴク・リエン 監修
今井昭夫 監訳
伊藤悦子、小川有子、坪井未来子 訳
◎5800円

㉒ イランのシーア派イスラーム学教科書
イラン高校国定宗教教科書
富田健次 訳
◎4000円

㉓ ドイツ・フランス共通歴史教科書【現代史】
1945年以後のヨーロッパと世界
ペーター・ガイス、ギヨーム・ル・カントレック 監修
福井憲彦、近藤孝弘 監修
◎4800円

㉔ 韓国近現代の歴史
検定韓国高等学校近現代史教科書
韓哲昊、金基承 ほか著
三橋広夫 訳
◎3800円

㉕ メキシコの歴史
メキシコ高校歴史教科書
ホセ・デ・ヘスス・ニエト・ロペス ほか著
国本伊代 監訳
島津寛 共訳
◎6800円

㉖ 中国の歴史と社会
中国中学校新設歴史教科書
課程教材研究所・綜合文科課程教材研究開発中心 編
並木頼寿 監訳
◎4800円

㉗ スイスの歴史
スイス高校現代史教科書（中立国とナチズム）
バルバラ・ボンハーゲ、ペーター・ガウチ ほか著
スイス文学研究会 訳
◎3800円

㉘ キューバの歴史
キューバ中学校歴史教科書
先史時代から現代まで
キューバ教育省 編
後藤政子 訳
◎4800円

㉙ フィンランド中学校現代社会教科書
15歳 市民社会へのたびだち
タルヤ・ホンカネン、ペトリ・ニエメラ、マリエ・エメス みどり 訳
髙橋睦子 監訳
藤田真利子 訳
◎4000円

㉚ フランスの歴史【近現代史】
フランス高校歴史教科書
19世紀中頃から現代まで
マリエル・シュヴァリエ、ギヨーム・ブレル 監修
福井憲彦 監訳
遠藤ゆかり、藤田真利子 訳
◎9500円

㉛ ロシアの歴史【上】古代から19世紀前半まで
ロシア中学・高校歴史教科書
A・ダニロフ ほか著
吉田衆一、A・クラフツェヴィチ 監修
◎6800円

㉜ ロシアの歴史【下】19世紀後半から現代まで
ロシア中学・高校歴史教科書
A・ダニロフ ほか著
吉田衆一、A・クラフツェヴィチ 監修
◎6800円

〈価格は本体価格です〉

◆ 世界の教科書シリーズ ◆

㉝ **世界史のなかのフィンランドの歴史**
フィンランド中学校近現代史教科書
ハッリ・リンダ=アホ、マルヤーナ=ニエミ ほか著
百瀬宏 監修 石野裕子、高瀬愛 訳
◎5800円

㉞ **イギリスの歴史【帝国の衝撃】**
イギリス中学校歴史教科書
ジェイミー・バイロン ほか著 前川一郎 訳
◎2400円

㉟ **チベットの歴史と宗教**
チベット中学校歴史宗教教科書
チベット中央政権文部省 著 石濱裕美子、福田洋一 訳
◎3800円

㊱ **イランのシーア派イスラーム学教科書Ⅱ**
イラン高校国定宗教教科書【3・4年次版】
富田健次 訳
◎4000円

㊲ **バルカンの歴史**
バルカン近現代史の共通教材
南東欧における民主主義と和解のためのセンター（CDRSEE）企画
クリスティナ・クルリ 総括責任 柴宜弘 監訳
◎6800円

㊳ **デンマークの歴史教科書**
デンマーク中学校歴史教科書
古代から現代の国際社会まで
イェンス・オーイェ・ポールセン 著 銭本隆行 訳
◎3800円

㊴ **検定版 韓国の歴史教科書**
高等学校韓国史
キム・サンギュ、イム・ヘンマン、イ・インソク、チョン・ヘンヨル、パク・チュンヒョン、パク・ボミ 著 三橋広夫、三橋尚子 訳
◎4600円

㊵ **オーストリアの歴史**
【第二次世界大戦終結から現代まで】
ギムナジウム高学年歴史教科書
アンドレア・ヴァルト=エドゥアルト・シュタウディンガー=アロイス・シャイヒャー=ヨーゼフ・シャイドル 著 中尾光延 訳
◎4800円

㊶ **スペインの歴史**
スペイン高校歴史教科書
J. アロステギ・サンチェス、M. ガルシア・セバスティアン、C. ガタル・アルモント、J. パラフォクス・ガジェゴ、M. リスケス・コルベーリャ 著 立石博高 監修 竹下和亮、内村俊太、久木正雄 訳
◎5800円

▶以下続刊

㊷ **東アジアの歴史**
韓国高等学校歴史教科書
アン・ビョンウ、キム・ヒョンゴン、イ・イクス、シン・ソンゴン、ハム・ドンジュ、キム・ジョンイン、チョン・チャンヒョン、チョン・ヨンヨン、ファン・ジスク 著
三橋広夫、三橋尚子 訳
◎3800円

㊸ **ドイツ・フランス共通歴史教科書【近現代史】**
ウィーン会議から1945年までのヨーロッパと世界
ペーター・ガイス、ギヨーム・ル・カントレック 監修
福井憲彦、近藤孝弘 訳
◎5400円

㊹ **ポルトガルの歴史**
小学校歴史教科書
アナ・ロドリゲス・オリヴェイラ、アリンダ・ロドリゲス、フランシスコ・カンタニェデ、A. H. デオリヴェイラ・マルケス 校閲
東明彦 訳
◎5800円

〈価格は本体価格です〉

ポルトガルを知るための55章【第2版】
エリア・スタディーズ 12　村上義和、池俊介編著　●2000円

セネガルとカーボベルデを知るための60章
エリア・スタディーズ 78　小川了編著　●2000円

現代スペインを知るための60章
エリア・スタディーズ 116　坂東省次編著　●2000円

スペインのガリシアを知るための50章
エリア・スタディーズ 88　坂東省次、桑原真夫、浅香武和編著　●2000円

マドリードとカスティーリャを知るための60章
エリア・スタディーズ 131　川成洋、下山静香編著　●2000円

カタルーニャを知るための50章
エリア・スタディーズ　立石博高、奥野良知編著　●2000円

現代バスクを知るための50章
エリア・スタディーズ 98　萩尾生、吉田浩美編著　●2000円

アンダルシアを知るための53章
エリア・スタディーズ 110　立石博高、塩見千加子編著　●2000円

スペイン内戦　包囲された共和国1936-1939
ポール・プレストン著　宮下嶺夫訳　●5000円

ブラジルを知るための56章【第2版】
エリア・スタディーズ 14　アンジェロ・イシ　●2000円

ブラジルの人種的不平等　多人種国家における偏見と差別の構造
世界人権問題叢書 74　エドワード・E・テルズ著　伊藤秋仁、富野幹雄訳　●5200円

ブラジルのアジア・中東系移民と国民性の構築
世界人権問題叢書 95　ジェフリー・レッサー著　鈴木茂、佐々木剛二訳　●4800円

ブラジル史
世界歴史叢書　ボリス・ファウスト著　鈴木茂訳　●5800円

EU（欧州連合）を知るための63章
エリア・スタディーズ 124　羽場久美子編　●2000円

現代ドイツを知るための62章【第2版】
エリア・スタディーズ 18　浜本隆志、髙橋憲編著　●2000円

現代フランス社会を知るための62章
エリア・スタディーズ 84　三浦信孝、西山教行編著　●2000円

〈価格は本体価格です〉

エリア・スタディーズ 33	イギリスを知るための65章【第2版】	近藤久雄、細川祐子、阿部美春編著	●2000円
エリア・スタディーズ 2	イタリアを知るための62章【第2版】	村上義和編著	●2000円
エリア・スタディーズ 96	イタリアを旅する24章	内田俊秀編著	●2000円
エリア・スタディーズ 95	トルコを知るための53章	大村幸弘、永田雄三、内藤正典編著	●2000円
エリア・スタディーズ 121	クロアチアを知るための60章	柴宜弘、石田信一編著	●2000円
エリア・スタディーズ 137	セルビアを知るための60章	柴宜弘、山崎信一編著	●2000円
エリア・スタディーズ 48	バルカンを知るための66章【第2版】	柴宜弘編著	●2000円
エリア・スタディーズ 128	スイスを知るための60章	スイス文学研究会編	●2000円

エリア・スタディーズ 120	現代アラブを知るための56章	松本弘編著	●2000円
エリア・スタディーズ 144	パレスチナを知るための60章	臼杵陽、鈴木啓之編著	●2000円
エリア・スタディーズ 104	イスラエルを知るための60章	立山良司編著	●2000円
	イスラーム世界事典	片倉もとこ編集代表	●2900円
	アラブ・イスラエル紛争地図	マーティン・ギルバート著　小林和香子監訳	●8800円
	イスラーム世界歴史地図	デヴィッド・ニコル著　清水和裕監訳	●15000円
	現代ヨーロッパと移民問題の原点　1970・80年代、開かれたシティズンシップの生成と試練	宮島喬	●3200円
	兵士とセックス　第二次世界大戦下のフランスで米兵は何をしたのか？	メアリー・ルイーズ・ロバーツ著　佐藤文香監訳　西川美樹訳	●3200円

〈価格は本体価格です〉